읽으면 저절로 외워지는
기적의 암기공식

# 일본어
# 한자
# 암기
# 박사 2

## 상용한자 심화학습

SD에듀
(주)시대고시기획

읽으면 저절로 외워지는 기적의 암기 공식!
<일본어 한자암기박사> 1, 2권이 다시 새롭게 태어났습니다.
이 책에 적용된 '한자 3박자 연상 학습법'이
일본어 한자 학습의 정도가 되었습니다.

1. 새롭게 개정된 <일본어 한자암기박사>는 ❶ 간단명료한 어원 풀이, ❷ 일본 한자와 다른 정자의 어원 풀이, ❸ 속자, 동자 등 관련된 모든 한자들의 어원 풀이, ❹ 활용 빈도에 따른 단어와 풀이를 보다 새롭게 갈고 닦고 추가하였습니다.

2. '한자 3박자 연상 학습법'으로 더욱 정교하게 다듬었습니다.

   '한자 3박자 연상 학습법'은 한자가 비교적 어원이 분명하고 공통부분으로 된 한자가 많은 점을 이용하여 ① 실감나는 생생한 어원으로, ② 공통부분이 있는 한자들과 관련된 한자들도 익히면서, ③ 그 한자가 쓰인 단어들까지 생각해 보는 것이지요.

   이 중 ①, ②단계를 예로 들어봅니다.
   ㉠ 수곤인고(囚困因固) – 에운담(口)으로 된 한자
      에워싸여(口) 갇힌 사람(人)은 죄인이니 죄인 수(囚)
      에워싸인(口) 나무(木)는 자라기가 곤란하니 곤란할 곤(困)
      에워싸인(口) 큰(大) 울타리에 말미암아 의지하니 말미암을 인, 의지할 인(因)
      에워싸서(口) 오래(古) 두면 굳으니 굳을 고(固)

3. 한자에서 어원을 생각하는 방법은 아주 간단합니다.

   한자를 딱 보아서 부수나 독립된 한자들로 쪼개지지 않으면 그 한자만으로 왜 이런 모양에 이런 뜻의 한자가 나왔는지 생각해 보고, 위의 예처럼 부수나 독립된 한자들로 쪼개지면 쪼개진 한자들의 뜻을 합쳐 보면 됩니다.

4. 하나의 한자에 둘 이상의 뜻이 있으면 반드시 그럴 이유가 있으니, 무조건 외는 시간에 왜 그럴까를 생각해 보세요.

   해의 둥근 모양과 가운데 흑점을 본떠서 만든 해 일(日)에 어찌 '날 일'의 뜻도 있을까?
   생각해 보면 금방 해가 뜨고 짐으로 구분하는 날이니 '날 일'이 되었음을 알게 되지요.

**5.** 한자를 익히면 그 한자가 쓰인 단어들까지 생각해 보세요.

한자를 익힐 때 그 한자가 쓰인 단어들까지 생각해 보면, 많은 단어의 뜻을 분명히 알게 되고 그 한자를 더 확실히 익힐 수 있습니다.

**6.** '한자 3박자 연상 학습법'으로 한자를 익히면 이런 효과가 있습니다.

이 책을 읽으면서 '오! 이 한자가 바로 이렇게 되었구나! 아! 그래서 이 한자에 이런 뜻이 생겼구나! 어? 이 한자가 이런 말에도 쓰이네!'라는 탄성이 저절로 나오며 짜릿한 희열마저 느낄 수 있습니다.

억지로 외는 대신 그 한자가 만들어진 어원을 생각하며 이해하는 구조니, 한자 몇 자 아는 데 그치지 않고 '한자 3박자 연상 학습법'이 완전히 몸에 익혀져, 어떤 한자라도 자신 있게 분석해 보고 뜻을 생각해 볼 수 있는 실력도 길러집니다.

또 한자 어원에 담긴 세상의 진리와 번뜩이는 아이디어도 익혀, 생활에 100배, 1,000배 활용할 수 있으니, 무슨 일을 하더라도 그 분야 전문가가 됩니다.

**7.** 이 책은 사전이 필요 없는 독학용으로 구성했습니다.

본문에 쓰인 한자들은 물론 주석에 나온 한자들까지 일일이 주석을 달아, 이 책만으로도 완전 학습이 되도록 했습니다. 한자를 익히면 일본어는 물론 중국어 공부에도 큰 도움이 되니, 빠르게 세계의 중심이 되어가는 한자문화권의 당당한 주역으로 우뚝 설 여러분의 모습이 눈에 선합니다.

이 책으로 부디 큰 꿈 이루세요.

여러분을 사랑하는 저자 **박원길, 박정서** 올림

# 일본어 한자에 대하여

## ◉ 우리나라 한자(정자)와 일본 한자의 차이점

❶ 일본어 문자는 히라가나(Hiragana)와 가타카나(Katakana), 漢字 이렇게 세 종류의 문자를 사용합니다.

❷ 정자를 주로 쓰는 우리나라 한자와 달리, 일본 한자는 정자를 쓰되 획수가 많은 한자는 약자 또는 일본에서 만든 국자(国字)를 쓰기도 합니다.

❸ 정자도 쓰고 약자도 쓰는 우리나라와 달리, 일본 한자는 정자나 약자, 국자 중에서 어느 하나로 통일하여 씁니다.

❹ 글자 쓰는 방법의 차이로 총획이나 필순, 부수가 우리나라 한자와 다른 한자도 있습니다.

❺ 음으로만 읽는 한국 한자나 중국 한자(간체자)와 달리 일본 한자에서는 음으로도 읽고(音読), 훈으로도 읽는데(訓読), 음과 훈이 여러 개인 경우도 있고, 한 단어 속에 음독과 훈독이 섞인 경우도 있습니다.

## ◉ 오십음도

⋯→ 일본어의 히라가나와 가타카나를 자음 10자, 모음 5자씩 세워 구성한 일본어의 음절표입니다.

### 히라가나

|  | あ 행 | か 행 | さ 행 | た 행 | な 행 | は 행 | ま 행 | や 행 | ら 행 | わ 행 |  |
|---|---|---|---|---|---|---|---|---|---|---|---|
| あ 단 | あ [a] | か [ka] | さ [sa] | た [ta] | な [na] | は [ha] | ま [ma] | や [ya] | ら [ra] | わ [wa] | ん [n] |
| い 단 | い [i] | き [ki] | し [shi] | ち [chi] | に [ni] | ひ [hi] | み [mi] |  | り [ri] |  |  |
| う 단 | う [u] | く [ku] | す [su] | つ [tsu] | ぬ [nu] | ふ [fu] | む [mu] | ゆ [yu] | る [ru] |  |  |
| え 단 | え [e] | け [ke] | せ [se] | て [te] | ね [ne] | へ [he] | め [me] |  | れ [re] |  |  |
| お 단 | お [o] | こ [ko] | そ [so] | と[to] | の [no] | ほ [ho] | も [mo] | よ [yo] | ろ [ro] | を [o] |  |

### 가타카나

|  | ア 행 | カ 행 | サ 행 | タ 행 | ナ 행 | ハ 행 | マ 행 | ヤ 행 | ラ 행 | ワ 행 |  |
|---|---|---|---|---|---|---|---|---|---|---|---|
| ア 단 | ア [a] | カ [ka] | サ [sa] | タ [ta] | ナ [na] | ハ [ha] | マ [ma] | ヤ [ya] | ラ [ra] | ワ [wa] | ン [n] |
| イ 단 | イ [i] | キ [ki] | シ [shi] | チ [chi] | ニ [ni] | ヒ [hi] | ミ [mi] |  | リ [ri] |  |  |
| ウ 단 | ウ [u] | ク [ku] | ス [su] | ツ [tsu] | ヌ [nu] | フ [fu] | ム [mu] | ユ [yu] | ル [ru] |  |  |
| エ 단 | エ [e] | ケ [ke] | セ [se] | テ [te] | ネ [ne] | ヘ [he] | メ [me] |  | レ [re] |  |  |
| オ 단 | オ [o] | コ [ko] | ソ [so] | ト [to] | ノ [no] | ホ [ho] | モ [mo] | ヨ [yo] | ロ [ro] | ヲ [o] |  |

# 한자 3박자 연상 학습법

## ◎ 한자 3박자 연상 학습법이란?

한자암기박사 시리즈에 적용한 학습법은 '한자 3박자 연상 학습법'입니다. 이 책은 일본어 한자를 익히는 책이지만, 각 페이지에 적용한 학습법을 보다 쉽게 이해하여 학습의 능력을 높여 드리기 위해서 한국 한자로 쉽게 설명하였습니다. 한국 한자나 일본 한자나 중국 한자(간체자)나 학습법은 모두 똑같습니다.

한자 3박자 연상 학습법(LAM; Learning for Associative Memories)은 어렵고 복잡한 한자를 무조건 통째로 익히지 않고 부수나 독립된 한자로 나누어 ❶ 머리에 쏙쏙 들어오는 생생한 어원으로, ❷ 동시에 관련된 한자들도 익히면서, ❸ 그 한자가 쓰인 단어들까지 생각해 보는 방법입니다.

이런 방법으로 된 책의 내용을 좀 더 체계적으로 익히기 위해서 ❶ 제목을 중심 삼아 외고, ❷ 그 제목을 보면서 각 한자들은 어떤 공통점과 차이점으로 이루어진 한자들인지 구조와 어원으로 떠올려 보고, ❸ 각 한자들이 쓰인 단어들은 무엇인지 생각해 보세요. 그래서 어떤 한자를 보면 그 한자와 관련된 한자들로 이루어진 제목이 떠오르고, 그 제목에서 각 한자들의 어원과 단어들까지 떠올릴 수 있다면 이미 그 한자는 완전히 익히신 것입니다.

그럼, 한자 3박자 연상 학습법의 바탕이 된 7가지 학습법을 살펴봅시다.

## ◉ 한자 3박자 연상 학습법의 바탕이 된 7가지 학습법

### (1) 어원(語源)으로 풀어 보기

한자에는 비교적 분명한 어원이 있는데 어원을 모른 채 글자와 뜻만을 억지로 익히니 잘 익혀지지 않고 어렵기만 하지요. 한자의 어원을 생각하는 방법은 아주 간단합니다. 한자를 보아서 부수나 독립된 한자로 나눠지지 않으면 그 한자만으로 왜 이런 모양에 이런 뜻의 한자가 나왔는지 생각해 보고, 부수나 독립된 한자로 나눠지면 나눠서 나눠진 한자들의 뜻을 합쳐 보면 되거든요. 그래도 어원이 생각나지 않을 때는 상상력을 동원하여 나눠진 한자의 앞뒤나 가운데에 말을 넣어 보면 되고요.

> **4고(古姑枯苦)** ➡ 오랠 고, 옛 고(古)로 된 한자
> 많은(十) 사람의 입(口)에 오르내린 이야기는 이미 오래된 옛날 이야기니 오랠 고, 옛 고(古)
> 여자(女)가 오래(古)되면 시어머니 할머니 시어미 고, 할미 고(姑)
> 나무(木)가 오래(古)되면 마르고 죽으니 마를 고, 죽을 고(枯)
> 풀(艹) 같은 나물도 오래(古)되면 쇠어서 쓰니 쓸 고(苦)
> 또 맛이 쓰면 먹기에 괴로우니 괴로울 고(苦)

### (2) 공통부분으로 익히기

한자에는 여러 한자가 합쳐져 만들어진 한자가 많고, 부수 말고도 많은 한자에 공통부분이 있으니 이 공통부분에 여러 부수를 붙여 보는 방법도 유익합니다.

> **5망맹(亡忘忙妄芒盲)** ➡ 망할 망(亡)으로 된 한자
> 머리(亠)를 감추어야(乚) 할 정도로 망하여 달아나니 망할 망, 달아날 망(亡)
> 또 망하여 죽으니 죽을 망(亡)
> 망한(亡) 마음(心)처럼 잊으니 잊을 망(忘)
> 마음(忄)이 망할(亡) 정도로 바쁘니 바쁠 망(忙)
> (그릇된 생각이나 행동으로) 정신이 망한(亡) 여자(女)처럼 망령되니 망령될 망(妄)
> 풀(艹)이 망가진(亡) 티끌이니 티끌 망(芒)
> 망한(亡) 눈(目)이면 장님이니 장님 맹(盲)

이 한자들을 옥편에서 찾으려면 망할 망(亡)은 머리 부분 두(亠)에서, 잊을 망(忘)과 바쁠 망(忙)은 마음 심(心)부에서, 망령될 망(妄)은 여자 녀(女)부에서, 티끌 망(芒)은 초 두(艹)부에서, 장님 맹(盲)은 눈 목(目)부에서 찾아야 하고, 서로 연관 없이 따로따로 익혀야 하니 어렵고 비효율적이지요. 그러나 부수가 아니더라도 여러 한자의 공통인 망할 망(亡)을 고정해 놓고, 망한 마음(心)처럼 잊으니 잊을 망(忘), 마음(忄)이 망할 정도로 바쁘니 바쁠 망(忙), (그릇된 생각이나 행동으로) 정신이 망한 여자(女)처럼 망령되니 망령될 망(妄), 풀(艹)이 망가진 티끌이니 티끌 망(芒), 망한 눈(目)이면 장님이니 장님 맹(盲)의 방식으로 이해하면 한 번에 여러 한자를 쉽고도 재미있게 익힐 수 있지요.

# 한자 3박자 연상 학습법

## (3) 연결고리로 익히기

한자에는 앞 글자에 조금씩만 붙이면 새로운 뜻의 한자가 계속 만들어져, 여러 한자를 연결고리로 익힐 수 있는 경우도 많습니다.

**도인인인(刀刃忍認)**
칼 모양을 본떠서 칼 도(刀)
칼 도(刀)의 날(丿) 부분에 점(丶)을 찍어서 칼날 인(刃)
칼날(刃)로 심장(心)을 위협하는 것 같은 상황도 참으니 참을 인(忍)
남의 말(言)을 참고(忍) 들이 알고 인정하니 알 인, 인정할 인(認)

칼 모양을 본떠서 칼 도(刀), 칼 도(刀)에 점 주(丶)면 칼날 인(刃), 칼날 인(刃)에 마음 심(心)이면 참을 인(忍), 참을 인(忍)에 말씀 언(言)이면 알 인, 인정할 인(認)이 되지요.

## (4) 비슷한 한자 어원으로 구별하기

한자에는 비슷한 한자가 많아서 혼동되는 경우가 많은데, 이것도 어원으로 구별하면 쉽고도 분명하게 구별되어 오래도록 잊히지 않습니다.

**분분(粉紛)**
쌀(米) 같은 곡식을 나눈(分) 가루니 가루 분(粉)
실(糸)을 나누면(分) 헝클어져 어지러우니 어지러울 분(紛)

**여노서노(如奴恕怒)**
여자(女)의 말(口)은 대부분 부모나 남편의 말과 같으니 같을 여(如)
여자(女)의 손(又)처럼 힘들게 일하는 종이니 종 노(奴)
예전과 같은(如) 마음(心)으로 용서하니 용서할 서(恕)
일이 힘든 종(奴)의 마음(心)처럼 성내니 성낼 노(怒)

## (5) 그림으로 생각해 보기

한자가 부수나 독립된 한자로 나눠지지 않으면 이 한자는 무엇을 본떠서 만들었는지 생각해서 본뜬 물건이 나오면 상형(象形)이고, 본뜬 물건이 나오지 않으면 보이지 않는 무슨 일을 추상하여 만든 경우로 지사(指事)지요.

**상형(象形)으로 된 한자**
가지 달린 나무를 본떠서 나무 목(木)
높고 낮은 산을 본떠서 산 산(山)

**지사(指事)로 된 한자**
일정한 기준보다 위로 오르는 모양을 생각하여 위 상, 오를 상(上)
일정한 기준보다 아래로 내리는 모양을 생각하여 아래 하, 내릴 하(下)

## [6] 하나의 한자에 여러 뜻이 있으면 그 이유를 생각해서 익히기

한자도 처음 만들어질 때는 하나의 한자에 하나의 뜻이었지만, 생각이 커지고 문화가 발달할수록 더 많은 한자가 필요하게 되었어요. 그럴 때마다 새로운 한자를 만든다면 너무 복잡해지니, 이미 있던 한자에 다른 뜻을 붙여 쓰게 되었지요.

그러나 아무렇게 붙여 쓰는 것이 아니고 그런 뜻이 붙게 된 이유가 분명히 있으니, 무조건 외는 시간에 "이 한자는 왜 이런 뜻으로도 쓰일까?"를 생각하여 "아~하! 그래서 이 한자에 이런 뜻이 붙었구나!"를 스스로 터득하면서 익히면 훨씬 효과적입니다. 앞에 나왔던 쓸 고, 괴로울 고(苦)의 경우도 '쓸 고'면 쓸 고지 어찌 '괴로울 고'의 뜻도 될까? 조금만 생각해도 '맛이 쓰면 먹기에 괴로우니 괴로울 고(苦)'가 되었음을 금방 알게 되지요.

## [7] 한자마다 반드시 예(例)까지 알아두기

한자를 익히면 반드시 그 한자가 쓰인 예(例)까지, 자주 쓰이는 단어나 고사성어 중에서 적절한 예(例)를 골라 익히는 습관을 들이세요. 그러면 "어? 이 한자가 이런 말에도 쓰이네!"하면서 그 한자를 더 분명히 알 수 있을뿐더러 그 한자가 쓰인 단어들까지도 정확히 알 수 있으니, 정확하고 풍부한 어휘력(語彙力)을 기를 수 있는 지름길이죠.

단어 풀이도 무조건 의역으로 된 사전식으로 알지 마시고, 먼저 아는 한자를 이용하여 직역(直譯)해 보고 다음에 의역(意譯)해 보는 습관을 들이세요. 그래야 한자 실력도 쑥쑥 늘어나고 단어의 뜻도 분명히 알 수 있거든요.

## ◉ 기대되는 효과

이상 7가지 방법을 종합하여 '한자 3박자 연상 학습법'이 만들어졌습니다.

'한자 3박자 연상 학습법'으로 한자를 익히면 복잡하고 어려운 한자에 대하여 자신감을 넘어 큰 재미를 느낄 것이며, 한자 3박자 연상 학습법이 저절로 익혀져 한자 몇 자 아는 데 그치지 않고 어떤 한자를 보아도 자신 있게 분석해 보고 뜻을 생각해 볼 수 있는 실력도 길러집니다.

또 일상생활에서 만나는 어려운 단어의 뜻을 막연히 껍데기로만 알지 않고 분명하게 아는 습관이 생겨, 정확하고 풍부한 어휘력이 길러지고, 정확하고 풍부한 어휘력을 바탕으로 자신 있는 언어생활, 사회생활을 하게 되며, 나아가 일본어나 중국어도 70% 이상 한 셈이 될 것입니다.

# 이 책의 구성과 특징

## ◎ 책의 구성

본 교재 2권에서는 총 1,100字의 일본어 한자들을 공통점이 있는 한자들끼리 묶어 총 480개의 그룹으로 나눈 뒤(001번~480번) '한자 3박자 연상 학습법'에 따라 공부할 수 있도록 구성하였습니다.

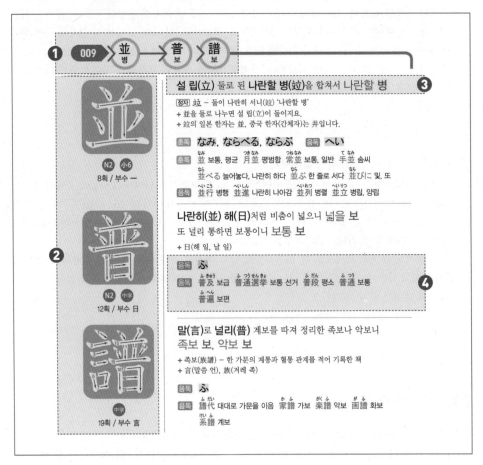

❶ **제목** ▌ '관련된 한자들, 연결고리로 된 한자들, 비슷하여 혼동되는 한자들'과 같이 서로 관련된 한자들을 한데 묶은 그룹의 제목입니다.

❷ **필순/난이도/총획/부수** ▌ 각 한자들의 필순 및 난이도, 총획, 부수 등을 함께 수록하였으며, 어원의 경우 필순을 고려하여 풀었기 때문에 필순도 같이 익히는 것이 좋습니다.

❸ **어원 풀이** ▌ 각 한자의 어원을 철저히 분석하여 원래의 어원에 충실하면서도 가장 쉽게 이해되도록 간단명료하게 풀었습니다. 이 어원을 그대로만 외지 마시고 이를 참고해 더 나은 어원도 생각해 보며 한자를 익히면 보다 분명하게 익혀집니다.

❹ **훈독/음독 & 예시 단어** ▌ 각 한자들의 훈독/음독 및 일본어 능력 시험에 자주 출제되거나 실생활에서 빈번히 쓰이는 단어들을 수록하였습니다.

## ◯ 한자 3박자 연상 학습법에 따른 학습법

### 1박자 학습

첫 번째로 나온 한자는 아래에 나온 한자들의 기준이 되는 '기준 한자'이며, 1박자 학습 시에는 기준 한자부터 우측에 설명되어 있는 생생한 어원과 함께 익힙니다. (또한 필순/난이도/총획/부수 등이 표시되어 있으니 참고하며 익히십시오.)

**실 립(立) 둘로 된 나란할 병(竝)을 합쳐서 나란할 병**

정자 竝 – 둘이 나란히 서니(竝) '나란할 병'
+ 竝을 둘로 나누면 설 립(立)이 둘이지요.
+ 竝의 일본 한자는 並, 중국 한자(간체자)는 并입니다.

**훈독 なみ, ならべる, ならぶ  음독 へい**

훈독 並 보통, 평균 月並 평범함 常並 보통, 일반 手並 솜씨
並べる 늘어놓다, 나란히 하다 並ぶ 한 줄로 서다 並びに 및, 또
음독 並行 병행 並進 나란히 나아감 並列 병렬 並立 병립, 양립

N2 小6
8획 / 부수 一

### 2박자 학습

기준 한자를 중심으로 파생된 다른 한자들(첫 번째 한자 아래에 나온 한자들)을 우측의 생생한 어원과 함께 자연스럽게 연상하며 익히도록 합니다.

**나란히(並) 해(日)처럼 비춤이 넓으니 넓을 보**
또 널리 통하면 보통이니 **보통 보**

+ 日(해 일, 날 일)

음독 ふ
음독 普及 보급 普通選挙 보통 선거 普段 평소 普通 보통
普遍 보편

N2 中学
12획 / 부수 日

**말(言)로 널리(普) 계보를 따져 정리한 족보나 악보니**
**족보 보, 악보 보**

+ 족보(族譜) – 한 가문의 계통과 혈통 관계를 적어 기록한 책
+ 言(말씀 언), 族(겨레 족)

음독 ふ
음독 譜代 대대로 가문을 이음 家譜 가보 楽譜 악보 画譜 화보
系譜 계보

中学
19획 / 부수 言

### 3박자 학습

어원을 중심으로 한자들을 자연스럽게 연상하며 익히는 것과 함께 각 한자들의 일본어 훈독 및 음독을 파악하고 일본어 능력 시험에 자주 출제되는 단어, 혹은 실생활에서 빈번히 쓰이는 관련 단어들을 익히도록 합니다.

# 이 책의 **구성과 특징**

## ◎ 학습 효과를 2배로 올리는 부가 콘텐츠

### ❶ 일본어 한자 쓰기 훈련 노트 (별도 구매)

 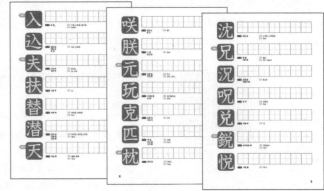

본 교재에 수록된 일본어 한자들을 직접 써 볼 수 있는 '일본어 한자 쓰기 훈련 노트'를 별도로 구매하여 활용하실 수 있습니다. 한자는 모양새가 복잡하기 때문에 직접 써 보는 것이 매우 중요하며, 또한 눈으로 만 익히고 끝내기보다 직접 쓰는 연습까지 병행이 되어야 머리에 훨씬 더 잘 각인될 수 있으니 쓰기 훈련 노트를 꼭 활용하며 공부해 보시기 바랍니다.

### ❷ 일본어 한자암기 훈련 유튜브 영상

또한, [어원 + 훈독 + 음독 + 단어]를 직접 읽어 주는 음성이 삽입된 '일본어 한자암기 훈련 유튜브 영상'을 교재와 함께 학습하실 수 있습니다. 영상에서는 기준이 되는 한자를 바탕 으로 다른 한자들이 어떻게 형성되는지 '시각적으로 보여 주며 설명'하기 때문에 보다 쉽고 빠른 연상 암기가 가능합니다. (좌측의 QR코드를 스캔하거나 유튜브에서 '일본어 한자암기 박사'를 검색하면 훈련 채널로 이동)

日本語漢字

# 일본어
# 한자
# 암기
# 박사

## 상용한자
## 심화학습

入 入
입 입

**N4** **小1**
2획 / 제부수

사람이 머리 숙이고 들어가는 모양을 본떠서 들 입

훈독 **いる, いれる, はいる**　음독 **にゅう**

훈독 大入り 입장객이 많음　入れる 넣다　手入れ ① 손질함 ② 단속
入り込む ① 억지로 들어가다 ② 잠입하다

음독 入籍 입적　入選 입선　入場 입장　加入 가입　購入 구입
四捨五入 반올림　投入 투입

**N2** **中学**
5획 / 부수 辵(辶)

들어(入) 갈(辶) 공간에 다 담거나 채워 가득 차니
담을 입, 채울 입, 찰 입

+辶(뛸 착, 갈 착)

훈독 **こむ, こめる**

훈독 込む ① 혼잡하다, 붐비다 ② 복잡하다　込み合う 붐비다, 혼잡하다
込み上げる 치밀어 오르다, 복받치다　当て込む 기대하다
申し込み 신청　込める ① 속에 넣다 ② 재다
込め物 사이에 채우는 물건

---

**도움말**

〈1권에서 한자 3박자 연상 학습법으로 한자를 익혀보니 어떠세요?〉

'한자 3박자 연상 학습법'은 한자가 가지고 있는 어원이 비교적 분명하고 공통부분으로 된 한자가 많은 점을 이용하여 어렵고 복잡한 한자를 ① 머리에 쏙쏙 들어오는 생생한 어원으로, ② 동시에 관련된 한자들도 익히면서, ③ 그 한자가 쓰인 단어들까지 함께 생각하며 익히는 연상 학습법입니다.

복잡하고 어려운 한자를 무조건 외는 방식이 아니라 그런 한자가 만들어진 어원을 생각하며 이해하는 방식이니, 이해가 바탕이 되어 보다 분명하게 익혀지고, 한자에 담긴 세상의 진리와 번뜩이는 아이디어까지 익혀 생활에 활용할 수도 있으며, 한자 3박자 연상 학습법이 저절로 몸에 익혀져, 어떤 한자를 보아도 자신 있게 분석해 보고 뜻을 유추해 볼 수 있는 안목도 생깁니다.

또 일상생활에서 만나는 어려운 단어의 뜻을 막연히 껍데기로만 알지 않고 분명하게 아는 습관이 길러지고, 정확하고 풍부한 어휘력(語彙力)이 길러질 것이며, 정확하고 풍부한 어휘력을 바탕으로 자신 있는 언어생활, 당당한 사회생활도 하게 되며, 중국어를 포함한 한중일 한자를 아주 쉽게 익힐 수 있습니다.

+ 어휘력(語彙力) - 어휘를 마음대로 부리어 쓸 수 있는 능력
+ 語(말씀 어), 彙(무리 휘), 力(힘 력)

**N2** **小4**
4획 / 부수 大

한(一) 가정을 거느릴 만큼 큰(大) 사내나 남편이니
**사내 부, 남편 부**

훈독 **おっと** 음독 **ふ, ふう**

훈독 夫<sup>おっと</sup> 남편

음독 農夫<sup>のうふ</sup> 농부 凡夫<sup>ぼんぷ</sup> 보통 평범한 사람

---

**N1** **中学**
7획 / 부수 手(扌)

손(扌)으로 남편(夫)을 도우니 **도울 부**

음독 **ふ**

음독 扶育<sup>ふいく</sup> 부육(도와서 양육함) 扶助<sup>ふじょ</sup> 부조 扶植<sup>ふしょく</sup> 심음, 뿌리박음
扶養<sup>ふよう</sup> 부양

---

**N2** **中学**
12획 / 부수 曰

두 사내(夫夫)가 말하며(曰) 바꾸니 **바꿀 체**

훈독 **かえる, かわる** 음독 **たい**

훈독 替<sup>か</sup>える 바꾸다, 교환하다 替<sup>か</sup>え歌<sup>うた</sup> 곡조는 같고 가사만 바꾼 노래
替<sup>か</sup>え劣<sup>おと</sup>り 바꾸어서 전보다 더 못한 일 替<sup>か</sup>え玉<sup>だま</sup> 가짜, 대역
替手<sup>かえで</sup> 교체하는 사람 入<sup>い</sup>れ替<sup>か</sup>える 갈아 넣다
差<sup>さ</sup>し替<sup>か</sup>える 바꿔 놓다 替<sup>か</sup>わる 바꾸다

음독 交替<sup>こうたい</sup> 교체 代替<sup>だいたい</sup> 대체

예외 両替<sup>りょうがえ</sup> 환전 着替<sup>きが</sup>え 옷을 갈아입음

---

**N1** **中学**
15획 / 부수 水(氵)

물(氵)소리에 두 사내(夫夫)의 말소리(曰)가 잠기니 **잠길 잠**
또 잠기도록 감추고 숨기니 **감출 잠, 숨길 잠**

정자 潛 - 물(氵)에 자취 없이(旡) 소리 없이(旡) 말하지도(曰) 못하고 잠기니
'잠길 잠', 또 잠기도록 감추고 숨기니 '감출 잠, 숨길 잠'

+ 旡(없을 무, = 无) - 제목번호 224 참고

훈독 **ひそむ, もぐる, くぐる** 음독 **せん**

훈독 潜<sup>ひそ</sup>む 숨어 있다, 잠복하다 潜<sup>もぐ</sup>る ① 잠입하다 ② 잠수하다
潜<sup>もぐ</sup>り込<sup>こ</sup>む 몰래 들어가다 潜<sup>くぐ</sup>る 빠져 나가다 犬潜<sup>いぬくぐ</sup>り 개구멍

음독 潜入<sup>せんにゅう</sup> 잠입 潜水<sup>せんすい</sup> 잠수 潜在<sup>せんざい</sup> 잠재 潜伏<sup>せんぷく</sup> 잠복

**N4** **小1**
4획 / 부수 大

세상에서 **제일(一) 큰(大)** 것은 하늘이니 하늘 천

훈독 **あめ, あま**　　음독 **てん**

훈독 天つ 하늘의　天つ風 하늘에 부는 바람

음독 天運 천운　天下一品 천하일품　天涯 천애, 하늘 끝　先天的 선천적
　　　天候 기후, 날씨　天気予報 일기예보　天然 천연　晴天 맑게 갠 하늘

예외 天晴 훌륭함, 눈부심

---

**N2** **中学**
9획 / 부수 口

**입(口)**을 **이쪽저쪽(ソ)**으로 벌리며 **하늘(天)** 보고 웃듯 꽃이 피니 웃을 소, 필 소

정자 咲 – 입(口)을 나누어(八) 벌리며 하늘(天) 보고 웃듯 꽃이 피니 '웃을 소, 필 소'

훈독 **さく**

훈독 咲き揃う (꽃이) 모두 피다
　　　咲く (꽃이) 피다　咲き乱れる 만발하다
　　　咲き誇る (꽃이) 화려하게 피다, 한창 피다
　　　咲き匂う 아름답게 피다　咲き出す (꽃이) 피기 시작하다

---

**N1** **中学**
10획 / 부수 肉(月)

자기 **몸(月)**을 **이쪽저쪽(ソ)의 하늘(天)**에 일컫는 나니
나 짐
또 **몸(月)**으로 **이쪽저쪽(ソ)의 하늘(天)**에서 느끼는 조짐이니
조짐 짐

정자 朕 – 자기 몸(月)을 팔(八)방의 하늘(天)에 일컫는 나니 '나 짐'
　　　또 몸(月)으로 팔(八)방의 하늘(天)에서 느끼는 조짐이니 '조짐 짐'

+ '짐'은 원래 나를 지칭하였는데 진시황 이후부터 임금이 자기를 이르는 말로 쓰이게 되었습니다.
+ 조짐(兆朕) – 길흉(吉凶)이 일어날 동기가 보이는 변화 현상
+ 月(달 월, 육 달 월), 兆(조짐 조, 조 조), 吉(길할 길, 상서로울 길), 凶(흉할 흉)

음독 **ちん**

음독 朕 짐(왕이 자기를 일컫는 말)

**N3** **小2**
4획 / 부수 儿

하늘과 땅(二) 사이에 **사람**(儿)이 원래 으뜸이니
**원래 원, 으뜸 원**

+ 二('둘 이'지만 여기서는 하늘과 땅으로 봄)

**훈독** もと **음독** げん, がん

**훈독** 元帳 원장(부기에서 가장 기초가 되는 장부) 家元 본가

**음독** 元素 원소 多元 다원 元日 원일, 설날, 1월 1일 元来 원래
次元 ① 차원 ② 사물을 생각하는 입장, 착안하고 있는 면

---

**中学**
8획 / 부수 玉(王)

구슬(王) 같은 **으뜸**(元)가는 것을 구경하며 노니
**구경할 완, 놀 완**

**훈독** もてあそぶ **음독** がん

**훈독** 玩ぶ 가지고 놀다 玩び 장난감, 놀림감

**음독** 食玩 과자나 음료를 사면 덤으로 주는 장난감 玩読 완독 玩弄 우롱
玩物 물건을 가지고 놂 玩具 완구 玩味 음미 愛玩犬 애완견

+ '玩具'는 'おもちゃ'로도 읽을 수 있습니다.

---

**N1** **中学**
7획 / 부수 儿

오래(古) 참은 **사람**(儿)이 능히 이기니 **능할 극, 이길 극**

+ 古(오랠 고, 옛 고)

**음독** こく

**음독** 克服 극복 克明 극명 克己 극기 克復 전쟁을 끝냄
下克上 하극상 相克 상극

---

**N2** **中学**
4획 / 부수 匸

감싸 주는(匸) 어진사람(儿)이 진정한 짝이니 **짝 필**
또 (한 필 두 필 하고) 하나씩 천(베)이나 말을 세는 단위니
**하나 필, 단위 필**

+ 匸(감출 혜, 덮을 혜, = ㄴ)

**훈독** ひき **음독** ひつ

**훈독** 数匹 몇 마리

**음독** 匹敵 필적

참고자
4획 / 부수 冖

무엇으로 **덮인(冖)** 곳에 **사람(尢)**이 머무르니
**머무를 유**

+ 尢[사람 인 발, 어진사람 인(儿)의 변형]

中学
8획 / 부수 木

**나무(木)**로 머리가 **머물러(尢)** 베도록 만든 베개니
**베개 침**

+ 옛날에는 나무토막으로 베개(목침)를 만들었지요.
+ 木(나무 목)

훈독 **まくら** 　음독 **ちん**

훈독 枕 베개　北枕 머리를 북쪽으로 두고 잠　枕上 머리맡
음독 枕席 잠자리　枕頭 베갯머리, 머리맡(= 枕元)
枕腕 왼손을 오른손 팔꿈치에 받치고 글씨를 쓰는 일

N2 中学
7획 / 부수 水(氵)

**물(氵)**에 **머물러(尢)** 잠기니 **잠길 침**

훈독 **しずむ, しずめる** 　음독 **ちん**

훈독 沈む ① 가라앉다 ② (해나 달이) 지다　泣き沈む 슬픔에 잠겨 울다
伏し沈む 생각에 잠기다　沈める 가라앉히다
음독 沈下 침하　沈毅 침착하고 의젓함　沈吟 깊이 생각함　沈滞 침체
沈痛 침통　沈殿 침전　沈着 침착　沈没 침몰　沈黙 침묵
消沈 소침(의기나 기세 등이 사그라지고 까라지다)

**N3** **小2**
5획 / 부수 儿

동생을 **말하며(口)** 지도하는 **사람(儿)**이 형이고 어른이니
형 형, 어른 형

**훈독** あに  **음독** けい, きょう

**훈독** 兄(あに) (나의) 형, 오빠

**음독** 諸兄(しょけい) 제형, 여러분  仲兄(ちゅうけい) 둘째 형  父兄会(ふけいかい) 학부모회

**예외** 従兄弟(いとこ) 사촌 형제

---

**N2** **中学**
8획 / 부수 水(氵)

**물(氵)**이 점점 불어나서 위험한 상황을 하물며 **형(兄)**이
모르겠는가에서 상황 황, 하물며 황

+ 형이 동생을 데리고 물놀이 갔을 때를 생각하고 만든 글자
+ 상황(狀況) – (일이 되어 가는) 과정이나 형편
+ 일본 한자와 정자가 다른 경우 '일본 한자(정자: 훈과 음)'의 방식으로 주를
  달았습니다.
+ 状(狀: 모습 상, 문서 장)

**음독** きょう

**음독** 海況(かいきょう) 바다의 기상 상황  近況(きんきょう) 근황  現況(げんきょう) 현황  好況(こうきょう) 호황
実況(じっきょう) 실황  盛況(せいきょう) 성황  状況(じょうきょう) 상황  不況(ふきょう) 불황

---

**中学**
8획 / 부수 口

**입(口)**으로 **형(兄)**이 비니 빌 주

+ 무슨 일이 있으면 연장자가 처리하고 빌기도 하지요.

**훈독** のろう  **음독** じゅ

**훈독** 呪う(のろう) 저주하다  呪い(のろい) 저주(= 呪詛)

**음독** 呪言(じゅげん) 저주의 말  呪術(じゅじゅつ) 주술, 마술  呪符(じゅふ) 부적  呪力(じゅりょく) 주력
呪文(じゅもん) 주문

---

**참고자**
7획 / 부수 儿

**요모조모(丷)** 생각하여 **형(兄)**이 마음을 바꾸니 바꿀 태

**정자** 兌 – 요모조모 나누어(八) 생각하여 **형(兄)**이 마음을 바꾸니 '바꿀 태'
+ 요모조모 – 사물의 요런 면 조런 면
+ 八(여덟 팔, 나눌 팔)

**음독** だ

N2 中学
15획 / 부수 金

무딘 **쇠(金)**를 **바꾸어(兌)** 날카로우니 날카로울 예

[정자] 鋭

+ 쇠도 사용하면 무디어지니 바꿔 끼워야 하지요.
+ 金(쇠 금, 금 금, 돈 금)

[훈독] **するどい** [음독] **えい**

[훈독] 鋭い 날카롭다, 예리하다, 예민하다

[음독] 鋭利 예리 気鋭 기백이 날카로움
鋭化 날카로워짐 鋭角 예각 鋭感 예민한 감각 鋭敏 민감함

---

N1 中学
10획 / 부수 心(忄)

슬픈 일도 **마음(忄)** **바꿔(兌)** 생각하면 기쁘니 기쁠 열

[정자] 悦

+ 모든 일은 정말 어떻게 생각하느냐에 따라 달라지지요.
+ 忄(마음 심 변)

[훈독] **よろこぶ** [음독] **えつ**

[음독] 喜悦 희열 満悦 만족하여 기뻐함
悦服 기쁜 마음으로 복종함 悦楽 기뻐하고 즐거워함

---

N1 中学
11획 / 부수 肉(月)

벌레가 **몸(月)**을 **바꾸려고(兌)** 허물을 벗으니 벗을 탈

[정자] 脱

+ 동물 중 일부는 허물을 벗지요.
+ 月(달 월, 육 달 월)

[훈독] **ぬぐ, ぬげる** [음독] **だつ**

[훈독] 脱ぐ 벗다 脱げる (모자, 구두 등이) 벗겨지다

[음독] 脱衣 탈의 脱線 탈선 脱出 탈출 脱色 탈색 脱退 탈퇴
脱皮 탈피 脱落 탈락 遺脱 유탈 解脱 해탈 誤脱 오탈
虚脱 허탈(= 気抜け)

---

N1 中学
15획 / 부수 門

**문(門)** 안에서 하나씩 **바꿔가며(兌)** 검열하니 검열할 열

[정자] 閲

+ 검열(検閲) – 어떤 행위나 사업 등을 살펴 조사하는 일
+ 門(문 문), 検(検: 검사할 검)

[음독] **えつ**

[음독] 閲読 열독, 내용을 훑어 읽음 閲覧室 열람실
閲歴 경력, 이력(= 履歴) 検閲 검열 校閲 교열

**N4** **小1**
5획 / 제부수

사람이 팔다리 벌리고 **땅(一)**에 서 있는 모습에서 **설 립**

**+** 一('한 일'이지만 여기서는 땅으로 봄)

훈독 **たつ, たてる**　　음독 **りつ, りゅう**

훈독 立ち止まる 멈추어 서다　献立 식단, 메뉴
逆立ち 물구나무 서기　腹立ち 화냄, 성냄
組み立てる 조립하다, 구성하다

음독 確立 확립　樹立 수립　建立 절당탑을 건립함　建立 건립

---

**N2** **中学**
11획 / 부수 米

**쌀(米)**을 하나씩 **세운(立)** 낟알이니 **낟알 립**

**+** 米(쌀 미)

훈독 **つぶ**　음독 **りゅう**

훈독 粒 알　粒揃い 알알이 모두 고름　粒立つ 알알이 솟아나다
大粒 알갱이가 큼(↔ 小粒 알갱이가 작음)　穀粒 곡물의 낟알
米粒 쌀알　一粒 한 알

음독 粒子 입자　細粒 (흙, 가루 등의) 작은 알갱이　素粒子 소립자

---

**中学**
8획 / 부수 手(扌)

**손(扌)**으로 **세워(立)** 끌고 가니 **끌고 갈 랍**

**+** 扌(손 수 변)

훈독 **ひしぐ**　음독 **ら**

훈독 拉ぐ 기운을 꺾다　打ち拉ぐ 기력이나 의욕을 잃게 하다

음독 拉致 납치

**+** '拉致'는 'らっち'로도 읽을 수 있습니다.

**설 립(立) 둘로 된 나란할 병(竝)을 합쳐서 나란할 병**

정자 竝 - 둘이 나란히 서니(竝) '나란할 병'
+ 並을 둘로 나누면 설 립(立)이 둘이지요.
+ 竝의 중국 한자(간체자)는 并입니다.

훈독 なみ, ならべる, ならぶ　음독 へい

훈독 並 보통, 평균　月並 평범함　常並 보통, 일반　手並 솜씨
並べる 늘어놓다, 나란히 하다　並ぶ 한 줄로 서다　並びに 및, 또

음독 並行 병행　並進 나란히 나아감　並列 병렬　並立 병립, 양립

N2　小6
8획 / 부수 一

**나란히(並) 해(日)처럼 비춤이 넓으니 넓을 보**
**또 널리 통하면 보통이니 보통 보**

+ 日(해 일, 날 일)

음독 ふ

음독 普及 보급　普通選挙 보통 선거　普段 평소　普通 보통
普遍 보편

N2　中学
12획 / 부수 日

**말(言)로 널리(普) 계보를 따져 정리한 족보나 악보니**
**족보 보, 악보 보**

+ 족보(族譜) - 한 가문의 계통과 혈통 관계를 적어 기록한 책
+ 言(말씀 언), 族(겨레 족)

음독 ふ

음독 譜代 대대로 가문을 이음　家譜 가보　楽譜 악보　画譜 화보
系譜 계보

中学
19획 / 부수 言

N1 中学
11획 / 부수 土

흙(土)을 갈라지게(咅) 부수어 나무가 잘 자라도록 북돋우고
더하니 북돋울 배, 더할 배

+ 咅 - 서서(立) 입(口)으로 뱉는 침처럼 갈라지니 '침 부, 갈라질 부'

훈독 つちかう    음독 ばい

훈독 培う ① (초목을) 가꾸다 ② 기르다
음독 培養 배양 栽培 재배

N1 中学
11획 / 부수 阜(阝)

언덕(阝)처럼 양쪽에서 갈라(咅) 모시니 모실 배

+阝(언덕 부 변)

음독 ばい

음독 陪審 배심(재판에 일반인이 참여하는 제도) 陪侍 귀인을 모심

N1 中学
15획 / 부수 貝

재물(貝)을 갈라(咅) 배상하니 배상할 배

+ 배상(賠償) - (남에게 끼친 손해를) 갚아 줌
+ 貝(조개 패, 재물 패, 돈 패), 償(갚을 상, 보상할 상)

음독 ばい

음독 賠償 배상

N1 中学
10획 / 부수 刀(刂)

갈라지게(咅) 칼(刂)로 쪼개니 쪼갤 부

+刂[칼 도(刀)가 글자의 오른쪽에 붙는 방으로 쓰일 때의 모양으로 '칼 도 방']

음독 ぼう

음독 剖検 부검 解剖 해부

11

**N3** **小1**
9획 / 제부수

**N2** **小3**
11획 / 부수 立

**N1** **中学**
14획 / 부수 彡

**서서(立) 말하듯(曰) 내는 소리니 소리 음**

+ 가로다 – '말하다'를 예스럽게 이르는 말
+ 曰(가로 왈)

훈독 **おと, ね**    음독 **おん, いん**

훈독 音沙汰 소식, 연락  音色 음색  虫の音 벌레 소리
음독 音域 음역  音韻 한자의 음운  音響 음향  音頭 선창, 선도, 앞장
音符 음표

---

**소리(音)를 적은 글자 열(十) 개 정도면 되는 문장이나 글이니**
**문장 장, 글 장**

+ 十(열 십, 많을 십)

음독 **しょう**
음독 章句 문장의 단락  印章 인장  憲章 헌장

---

**글(章)을 붓(彡)으로 써서 드러나게 밝히니**
**드러날 창, 밝힐 창**

+ 彡('터럭 삼, 긴머리 삼'이지만 여기서는 털로 만든 '붓'으로 봄)

음독 **しょう**
음독 表彰 표창  顕彰 (숨어 있는 선행을) 밝히어 알림

N3 小3
13획 / 부수 心

**소리(音)를 듣고 마음(心)에 생각되는 뜻이니 뜻 의**

+ 心(마음 심, 중심 심)

음독 い

음독 意気込む 분발하다, 벼르다  意義 의의, 뜻  意図 의도
意地悪 심술궂음, 짓궂음, 심술쟁이  好意 호의  熱意 열의
決意 결의  意欲 의욕

---

N1 中学
16획 / 부수 心(忄)

**마음(忄) 속에 뜻(意)을 기억하고 생각하니**
**기억할 억, 생각할 억**

+ 忄[마음 심, 중심 심(心)이 글자의 왼쪽에 붙는 변으로 쓰일 때의 모양으로
'마음 심 변']

음독 おく

음독 憶測 억측  記憶 기억  追憶 추억

---

中学
17획 / 부수 肉(月)

**몸(月)에서 뜻(意)이 나오는 가슴이니 가슴 억**
또 가슴으로 느끼는 생각이니 **생각 억**

+ 마음이 가슴에 있다고 생각하여 심장을 본떠서 '마음 심(心)'이고, 몸(月)에
서 뜻(意)이 나오는 곳은 가슴이라는 데서 '가슴 억, 생각 억(臆)'입니다.
+ 月(달 월, 육 달 월)

음독 おく

음독 臆病 겁쟁이  臆中 마음속  臆面 기가 죽은 모양
臆見 자기 혼자의 판단

**N1** **中学**
12획 / 부수 門

문(門) 안에서 **나무(木)**를 가꿀 정도로 한가하니
**한가할 한**

+ 툉 閒 – 문(門) 안에서 달(月)을 볼 정도로 한가하니 '한가할 한'

음독 **かん**

음독 閑暇 한가  閑居 조용한 거처  閑散 한산  閑静 조용하고 고요함
<sub>かん か</sub> <sub>かんきょ</sub> <sub>かんさん</sub> <sub>かんせい</sub>
閑寂 한적  閑職 한직
<sub>かんじゃく</sub> <sub>かんしょく</sub>

예외 長閑 마음이 편하고 한가로움
<sub>のど か</sub>

**中学**
17획 / 부수 門

문(門) 안이 **소리(音)**만 들릴 정노로 어두우니 **어두울 암**
또 사리에 어두워 어리석으니 **어리석을 암**

+ 툉 暗 – 해(日)가 지고 소리(音)만 들릴 정도로 어두우니 '어두울 암'
  또 어둡게 몰래하니 '몰래 암'

훈독 **やみ**

훈독 闇 어둠(= 暗闇)  闇路 어두운 밤길
<sub>やみ</sub> <sub>くらやみ</sub> <sub>やみ じ</sub>

**참고자**
12획 / 부수 門

(윤달이 되면 대궐 밖에 나가지 않고)
문(門) 안에만 **왕(王)**이 있었던 윤달의 풍습에서 **윤달 윤**

+ 태양력에는 4년마다 한 번의 윤일이 있고(2월 29일), 태음력에서는 5년에
  두 번의 비율로 윤달이 있지요.

훈독 **うるう**   음독 **じゅん**

훈독 閏月 윤달  閏年 윤년
<sub>うるうづき</sub> <sub>うるうどし</sub>

음독 閏月 윤달  閏年 윤년
<sub>じゅんげつ</sub> <sub>じゅんねん</sub>

**N1** **中学**
15획 / 부수 水(氵)

**물(氵)**이 **윤달(閏)**처럼 남아돌면 살림이 윤택하고 이익이
붙으니 **윤택할 윤, 붙을 윤**

+ 윤택(潤沢) – ① 윤이 나서 번지르르 함
           ② 살림이 넉넉함
+ 沢(澤: 연못 택, 은혜 택)

훈독 **うるおう, うるおす, うるむ**   음독 **じゅん**

훈독 潤う ① 축축해지다 ② 풍부해지다  潤す 적시다  潤む 물기를 띠다
<sub>うるお</sub> <sub>うるお</sub> <sub>うる</sub>

음독 潤滑 윤활  潤色 윤색  潤沢 ① 광택, 윤 ② 이득
<sub>じゅんかつ</sub> <sub>じゅんしょく</sub> <sub>じゅんたく</sub>

**N1** **中学**
10획 / 제부수

머리 **세우고(立)** 몸을 길게 **펴며(宅)** 하늘로 오르는 용이니
**용 롱**

[정자] 龍 – 머리 세우고(立) 몸(月)을 꿈틀거리며(睥) 하늘로 오르는 용이니
'용 롱'

+ 용은 전설 속의 동물로 신성하게 여겨 임금이나 큰 인물을 나타내기도 하
지요.
+ 立(설 립), 宅[아뢸 신, 펼 신, 원숭이 신, 아홉째 지지 신(申)의 변형], 月
(달 월, 육 달 월)

[훈독] **たつ**  [음독] **りゅう, りょう**

[훈독] 竜の落し子 해마

[음독] 竜虎 용호(용과 범) 登竜門 등용문

---

**N1** **中学**
13획 / 부수 水(氵)

물(氵)이 **용(竜)**이 하늘로 오를 때처럼 세차게 비 오거나 세게
흐르는 여울이니 **비 올 롱, 여울 랑**

[정자] 瀧 – 물(氵)이 용(龍)이 하늘로 오를 때처럼 세차게 비 오거나 세게 흐
르는 여울이니 '비 올 롱, 여울 랑'

+ 여울 – 강이나 바다의 바닥이 얕거나 폭이 좁아 물살이 세게 흐르는 곳

[훈독] **たき**

[훈독] 滝 폭포 滝飲み 꿀꺽꿀꺽 마심

---

**N1** **中学**
22획 / 부수 竹(⺮)

대(⺮)조각을 **용(龍)**처럼 구부려 만든 대바구니니
**대바구니 롱**

+ ⺮[대 죽(竹)이 부수로 쓰일 때의 모양]

[훈독] **かご**  [음독] **ろう**

[훈독] 籠 바구니 籠枕 대나무 베개(죽침) 籠耳 들은 것을 이내 잊어버림
屑籠 휴지통

[음독] 籠居 칩거 籠城 농성(① 성문을 굳게 닫고 성을 지킴 ② 어떤 목적을
이루기 위하여 한자리를 떠나지 않고 시위함)
籠絡 농락, 잘 구슬림('새장과 고삐'로, 남을 교묘한 꾀로 휘어잡아서
제 마음대로 놀리거나 이용함)

**N1** **中学**
22획 / 부수 衣

용(龍)이 갑자기 비를 내려 **옷(衣)**을 젖게 하듯이 엄습하거나
이어받으니 **엄습할 습, 이어받을 습**

+ 엄습(掩襲) – 가리고 불시에 습격함
+ 衣(옷 의), 掩(가릴 엄)

**훈독** おそう　　**음독** しゅう

**훈독** 襲う 습격하다, 덮치다
**음독** 襲業 가업을 이어받음　襲撃 습격　襲来 습래(습격해 옴)
　　　逆襲 역습　急襲 급습　世襲 세습

---

**015** 嫡 적 ＞ 摘 적 ＞ 滴 적

**N1** **中学**
14획 / 부수 女

**여자(女)** 중 **밑동(商)**처럼 중요한 본마누라니
**본마누라 적**

+ 윤 商(장사할 상, 헤아릴 상) – 1권 제목번호 153 참고
+ 商 – 머리 부분(亠)을 받친(丷) 성(冂)처럼 오래된(古) 밑동이나 뿌리니
　　　'밑동 적, 뿌리 적'
+ 亠(머리 부분 두), 冂(멀 경, 성 경), 古(오랠 고, 옛 고)

**음독** ちゃく

**음독** 嫡出 본처 소생　家嫡 집안의 대를 이을 맏아들
　　　+ '家嫡'은 'けちゃく'로도 읽을 수 있습니다.

---

**N1** **中学**
14획 / 부수 手(扌)

**손(扌)**으로 과일의 **밑동(商)**을 따니 **딸 적**

**훈독** つむ, つまむ　　**음독** てき

**훈독** 摘む 뜯다, 따다　摘まむ ① (손가락으로) 집어 먹다 ② 요약하다
**음독** 摘出 적출　摘発 적발　摘要 적요　指摘 지적

---

**물(氵)** 중 나무의 **밑동(商)**으로 떨어지는 물방울이니
**물방울 적**

**훈독** しずく, したたる　　**음독** てき

**훈독** 滴 물방울　滴る 물이 방울져 떨어지다
**음독** 硯滴 연적　点滴 링거 주사

**N2** **中学**
14획 / 부수 水(氵)

**N1** **中学**
9획 / 부수 巾

머리 부분(亠)을 받치고(丷) 덮어(冖) 수건(巾) 같은 면류관을 쓴 제왕이니 제왕 **제**

+ 면류관 – 제왕의 정복(正服)에 갖추어 쓰던 관
+ 亠(머리 부분 두), 冖(덮을 멱), 巾(수건 건), 正(바를 정), 服(옷 복, 먹을 복, 복종할 복)

**훈독** みかど   **음독** てい

**훈독** 帝 천황, 황제
（みかど）

**음독** 帝位 제위 帝王 제왕 帝国 제국 皇帝 황제
（てい い）（てい おう）（てい こく）（こう てい）

**N1** **中学**
15획 / 부수 糸

실(糸)로 제왕(帝)처럼 중요하게 맺으니 맺을 **체**

+ 糸(실 사, 실 사 변)

**훈독** しめる, しまる   **음독** てい

**훈독** 締める ① 죄다 ② 닫다, 잠그다 締め切り 마감 戸締まり 문단속
（し）                        （し き）      （と じ）
抱き締める 꽉 껴안다 締まる ① 단단히 죄이다 ② 야무지다
（だ し）              （し）

**음독** 締結 체결 締約 체약
（てい けつ）（てい やく）

**中学**
16획 / 부수 言

말(言)을 제왕(帝) 앞에서 할 때처럼 살피니 살필 **체**
또 살펴서 깨닫는 진리니 진리 **체**

+ 言(말씀 언)

**훈독** あきらめる   **음독** てい

**훈독** 諦める 체념하다, 단념하다
（あきら）

**음독** 諦観 체념하여 관망함 諦念 체념, 도리를 깨닫는 마음
（てい かん）        （てい ねん）
要諦 요체, 요점
（よう てい）

17

참고자

10획 / 부수 方

## 서(亠) 있는 방향(方)의 곁이니 곁 방

+ 亠[설 립(立)의 변형], 方(모 방, 방향 방, 방법 방)

N1 中学

12획 / 부수 人(亻)

## 사람(亻)의 곁(旁)이니 곁 방

훈독 かたわら, そば, はた, わき　음독 ぼう

훈독 傍ら 곁, 옆 (かたわ)

음독 傍観 방관 (ぼうかん)　傍線 밑줄 (ぼうせん)　傍受 방수 (ぼうじゅ)(무선 통신에서, 통신을 직접 받는 사람이 아닌 다른 사람이 그 통신을 우연히 또는 고의적으로 수신함)　傍若無人 방약무인 (ぼうじゃくぶじん)(곁에 사람이 없는 것처럼 아무 거리낌 없이 함부로 말하고 행동하는 태도)　傍証 방증 (ぼうしょう)　傍題 부제 (ぼうだい)　近傍 근방 (きんぼう)

---

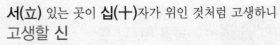

**N2** **中学**
7획 / 제부수

서(立) 있는 곳이 **십(十)**자가 위인 것처럼 고생하니
**고생할 신**
또 먹기에 고생스럽도록 매우니 **매울 신**

훈독 **からい, つらい** 음독 **しん**

훈독 狡っ<sup>こす</sup><sup>から</sup>辛い 빈틈없이 교활하다
甘<sup>あま</sup>辛<sup>から</sup>い 맛이 달면서도 짭짤하다 또는 맵다

음독 辛酸<sup>しんさん</sup> 괴로움과 쓰라림　辛抱<sup>しんぼう</sup> 인내, 참고 견딤　辛辣<sup>しんらつ</sup> 신랄

---

**N2** **小3**
8획 / 부수 干

하나(一)만 바꿔 생각하면 **고생(辛)**도 행복하니 **행복힐 행**
또 행복은 누구나 바라니 **바랄 행**

+ 모든 것은 마음먹기에 따라 달라지지요. 조금만 바꿔 생각하면 고생도 행복이 되니, 고생할 신, 매울 신(辛) 위에 한 일(一)을 붙여서 '행복할 행, 바랄 행(幸)'을 만들었네요. 정말 철학이 깃든 글자의 어원입니다.

훈독 **さいわい, しあわせ, さち** 음독 **こう**

훈독 幸<sup>さいわ</sup>い 다행히　幸<sup>さち</sup> ① 행복, 행운 ② 사냥과 낚시로 잡은 것
海幸<sup>うみさち</sup> 바다에서 나는 것, 해산물　幸<sup>しあわ</sup>せ ① 행복함 ② 운수

음독 幸甚<sup>こうじん</sup> 다행　幸福<sup>こうふく</sup> 행복　射幸<sup>しゃこう</sup> 사행(요행을 바람)

---

**N1** **中学**
10획 / 부수 宀

집(宀)안일을 **고생하며(辛)** 주재하니 **주재할 재**
또 나랏일을 주재하는 재상이니 **재상 재**

+ 주재(主宰) – 중심이 되어 맡아 처리함. 또는 그 사람
+ 재상(宰相) – 임금을 돕고 모든 관원을 지휘 감독하는 2품 이상의 벼슬
+ 宀(집 면), 主(주인 주), 相(서로 상, 모습 상, 볼 상, 재상 상)

음독 **さい**

음독 宰相<sup>さいしょう</sup> 재상　宰領<sup>さいりょう</sup> ① 감독관 ② 단체 여행의 인솔자

N2 小2
3획 / 부수 丶

많은(九) 것들이 점(丶)처럼 둥글둥글한 알이니
**둥글 환, 알 환**

+ 九(아홉 구, 클 구, 많을 구), 丶(점 주, 불똥 주)

**훈독** まる, まるい, まるめる   **음독** がん

**훈독** 丸太 통나무   丸洗 일본 옷을 뜯지 않고 그대로 세탁함
丸み 둥그스름한 모양, 원만한 느낌   丸さ 둥긂   丸木橋 외나무다리

**음독** 弾丸 탄환, 총알   砲丸 포환

---

N1 中学
11획 / 부수 土

다행히(幸) 좋은 환(丸)약을 구하여 잡으니 **잡을 집**
또 잡아서 집행하니 **집행할 집**

+ 집행(執行) – '잡아서 행함'으로, 실제로 시행함
+ 行(다닐 행, 행할 행, 항렬 항)

**훈독** とる   **음독** しつ, しゅう

**훈독** 執る 일을 진행하다, 맡다
**음독** 執権 집권   執行官 집행관   執筆 집필   執務 집무   執拗 집요
固執 고집   執着 집착   執念 집념

---

中学
15획 / 부수 手

다행히(幸) 환(丸)약을 구하여 손(手)에 잡으니
**잡을 지**

+ 환약(丸藥) – 약재를 가루로 만들어 반죽하여 작고 둥글게 빚은 약
+ 手(손 수, 재주 수, 재주 있는 사람 수), 藥(藥: 약 약)

**음독** し

**음독** 真摯 진지(마음 쓰는 태도나 행동 등이 참되고 착실함)

**참고자**

12획 / 부수 草(艹)

### 풀 무성하듯(丵) 크게(大) 번거로우니 번거로울 복

+ 丵 – 고생할 신, 매울 신(辛) 위에 점 셋을 더 붙여 풀 무성한 모양을 나타
내어 '풀 무성할 착'

+ 번거롭다 – ① 일의 갈피가 어수선하고 복잡한 데가 있다.
② 조용하지 못하고 좀 수선스러운 데가 있다.
③ 귀찮고 짜증스럽다.
여기서는 ①의 뜻.

N1 中学

14획 / 부수 人(亻)

### 사람(亻) 중 번거로운(業) 일을 처리하는 종이니 종 복

| 훈독 | しもべ | 음독 | ぼく |
|---|---|---|---|

훈독 しもべ 僕 하인 종

음독 ぼく 僕 나, 저(남성어) ぎぼく 義僕 의복, 충복 げぼく 下僕 하인 こうぼく 公僕 공무원

N1 中学

15획 / 부수 手(扌)

### 손(扌)으로 번거롭게(業) 두드리니 두드릴 박

| 음독 | ぼく |
|---|---|

음독 ぼく ぼくさつ 撲殺 박살 ぼくめつ 撲滅 박멸 だぼくしょう 打撲傷 타박상

예외 すもう 相撲 스모(일본 전통 스포츠 중 하나)

2획 / 부수자

사람(人)이 몸을 구부려 싸니 쌀 포

N1 中学
6획 / 부수 日

해(日)을 묶어 싼(勹) 듯 속이 꽉 차니 찰 순

또 날(日)을 묶어 싼(勹) 단위인 열흘이니 열흘 순

+ 日(해 일, 날 일)

음독 **しゅん, じゅん**

음독 旬 제철, 사물의 가장 알맞은 시기 旬余 열흘 남짓 一旬 열흘 동안
下旬 하순 三旬 30일간 初旬 초순 上旬 상순 中旬 중순
旬の物 제철 음식

N1 中学
10획 / 부수 歹

죽은(歹) 뒤 열흘(旬) 안에 따라 죽으니 따라 죽을 순

+ 歹 – 하루(一) 저녁(夕) 사이에 뼈가 부서지고 죽으니 '뼈 부서질 알, 죽을
사 변'

+ 夕(저녁 석)

음독 **じゅん**

음독 殉国 순국 殉教 순교 殉職 순직 殉情 순정(모든 것을 바치려는 사랑)

**N4** **小2**
3획 / 부수 一

하늘(一) 아래 **싸여(勹)** 있는 물건도 많으니 **많을 만**

또 많은 숫자인 일만이니 **일만 만**

정자 萬 – 풀(艹)밭에는 원숭이(禺)도 많으니 '많을 만'
　　　　또 많은 숫자인 일만이니 '일만 만'

+ 禺 – 밭(田)에 기른 농작물을 발자국(内) 남기며 훔쳐 먹는 원숭이니 '원숭이 우'
+ 内 – 성(冂)처럼 사사로이(厶) 남긴 발자국이니 '발자국 유'
+ 一('한 일'이지만 여기서는 하늘로 봄), 勹[쌀 포(勹)의 변형], 冂(멀 경, 성 경), 厶(사사로울 사, 나 사)

훈독 **よろず**　음독 **まん, ばん**

훈독 八百万の神 모든 신, 뭇신들

음독 万年筆 만년필　万年雪 만년설　万歳 만세　千辛万苦 천신만고

---

小4
9획 / 부수 木

나무(木) 중 **언덕(厂)**에 **많이(万)** 자라는 칠엽수니
**칠엽수 회**

+ 칠엽수(七葉樹) – 칠엽수과의 낙엽 교목. 잎이 떡갈나무 모양으로 5~7개가 달린 일본 열도 특산종임
+ 葉(잎 엽), 樹(세울 수, 나무 수)

훈독 **とち**

훈독 栃木県 토치기 현(관동 지방 북부에 있는 내륙 현)

---

**N1** **中学**
7획 / 부수 力

굴 바위(厂) 밑 같은 상황에서도 **많이(万)** 힘(力)쓰니
**힘쓸 려**

정자 勵
+ 厂(굴 바위 엄, 언덕 엄), 力(힘 력)

훈독 **はげむ, はげます**　음독 **れい**

훈독 励む 힘쓰다　励み ① 힘씀, 노력함 ② 자극, 격려　励ます 격려하다

음독 励行 힘써 함　励声一番 크게 한 번 소리 지름　激励 격려

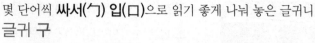

**N1** **小5**
5획 / 부수 口

몇 단어씩 **싸서(勹) 입(口)**으로 읽기 좋게 나눠 놓은 글귀니
**글귀 구**
또 **구부리고(勹) 구멍(口)**으로 들어가는 모습처럼 굽으니
**굽을 구**

+ 勾(글귀 구, 굽을 구)의 속자 – 제목번호 025 참고
+ 口(입 구, 말할 구, 구멍 구)

음독 **く**

음독 字句 자구 句点 일본어의 마침표(。) 慣用句 관용구

**N1** **中学**
8획 / 부수 手(扌)

손(扌)을 **구부려(句)** 잡으니 **잡을 구**

+ 扌(손 수 변)

음독 **こう**

음독 拘禁 구금 拘束 구속 拘置 구치 拘留 구류

**N1** **中学**
15획 / 부수 馬

말(馬) 중 몸이 잘 **구부려지는(句)** 망아지니 **망아지 구**

+ '아지(児枝)'는 '아이 가지'라는 뜻으로, 소의 새끼는 송아지, 말의 새끼는
  망아지처럼 '아지'가 들어가면 어린 새끼를 이르는 말입니다. '싹아지'라는
  말도 풀잎의 어린싹인 '싹아지'에서 온 말이지요.
+ 馬(말 마), 児(兒: 아이 아), 枝(가지 지)

훈독 **こま**  음독 **く**

훈독 駒 ① 망아지 ② (장기의) 말 駒組み (장기에서) 말을 벌여 놓은 진형
음독 白駒 백마

참고자
8획 / 부수 草(艹)

풀(艹)처럼 **굽어(句)** 사는 모습이 구차하니 **구차할 구**
또 구차하지만 진실로 구하니 **진실로 구**

+ 구차(苟且) – 군색스럽고 구구함, 가난함
+ 艹(초 두), 且(또 차, 구차할 차)

훈독 **いやしくも**  음독 **こう**

훈독 苟も ① 적어도 ② 만약, 만일

N2 小4
5획 / 부수 勹

### 싸고(勹) 한 몸(己)처럼 되도록 묶어 싸니 쌀 포

정자 包 – 싸고(勹) 또 뱀(巳)처럼 긴 실로 묶어 싸니 '쌀 포'
+己[몸 기, 자기 기, 여섯째 천간 기(己)의 변형], 巳(뱀 사, 여섯째 지지 사)

훈독 つつむ　음독 ほう

훈독 包む 싸다, 포장하다　包み ① 싸는 일, 싼 물건, 보따리 ② 숨기는 일
上包み 겉포장

음독 包囲 포위　包括 포괄　包含 포함　包摂 포섭　包丁 식칼
包帯 붕대

N2 中学
8획 / 부수 手(扌)

### 손(扌)으로 둘러싸(包) 안으니 안을 포

정자 抱

훈독 だく, いだく, かかえる　음독 ほう

훈독 抱く (팔·가슴에) 안다　抱く (마음에) 품다
抱える ① 껴안다 ② 책임지다, 떠안다

음독 抱懐 회포　抱合 ① 껴안음 ② 화합　抱負 포부　抱擁 포옹
介抱 간호

N1 中学
8획 / 부수 水(氵)

### 물(氵)에 싸인(包) 듯 일어나는 물거품이니 물거품 포

정자 泡
+氵(삼 수 변)

훈독 あわ　음독 ほう

훈독 泡 거품　泡立つ 거품이 일다　泡立て器 거품기　白泡 흰 거품
음독 泡沫 물거품　気泡 기포

+ '泡沫'은 'うたかた'로도 읽을 수 있습니다.

예외 発泡 발포

## 돌(石)을 싸서(包) 던지는 대포니 대포 포

[정자] 砲

+ 옛날의 대포는 돌을 멀리 던지기 위하여 만든 도구였지요.
+ 石(돌 석)

[음독] **ほう**

[음독] 砲煙 포연, 총이나 포를 쏠 때 나는 연기　砲兵 포병　砲門 포문
砲火 ① 대포를 발사할 때 일어나는 불 ② 전쟁, 전투　砲弾 포탄
砲丸 포환　砲撃 포격　砲口 포구　砲声 포성　砲台 포대

[예외] 無鉄砲 무모함

---

## 몸(月)을 둘러싸듯(包) 구성하는 세포니 세포 포

[정자] 胞

+ 세포(細胞) – 생물체를 이루는 기본 단위
+ 月(달 월, 육 달 월), 細(가늘 세)

[음독] **ほう**

[음독] 胞子 포자　液胞 액포(성숙한 식물 세포에 들어 있는 구조물)
気胞 기포　同胞 동포　肺胞 물고기의 부레

[예외] 細胞 세포

---

## 밥(食)으로 싸인(包) 듯 배부르니 배부를 포

[정자] 飽

+ 飠[일본 한자에서 밥 식, 먹을 식(食)이 글자의 왼쪽에 붙는 변으로 쓰일 때의 모양으로 '밥 식, 먹을 식 변']
+ 飠[정자에서 밥 식, 먹을 식(食)이 글자의 왼쪽에 붙는 변으로 쓰일 때의 모양으로 '밥 식, 먹을 식 변']

[훈독] **あきる, あかす**　　　[음독] **ほう**

[훈독] 飽きる 물리다, 싫증나다　飽かす 물리게 하다, 싫증나게 하다
飽く迄 어디까지나, 철저하게　飽きっぽい 금방 싫증이 나다

[음독] 飽食 포식　飽満感 포만감　飽和 포화

中学
4획 / 부수 ク

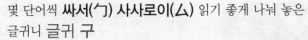

몇 단어씩 **싸서(ク) 사사로이(厶)** 읽기 좋게 나눠 놓은 글귀니 **글귀 구**
또 **구부리고(ク) 사사로이(厶)** 들어가는 모습처럼 굽으니 **굽을 구**

+ 句(글귀 구, 굽을 구)의 정자 - 제목번호 023 참고
+ ク(쌀 포), 厶(사사로울 사, 나 사)

**음독** こう
**음독** 勾配 ① 경사 ② 비탈, 사면 勾留 구류, 구금

中学
4획 / 부수 ク

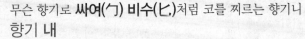

무슨 향기로 **싸여(ク) 비수(匕)**처럼 코를 찌르는 향기니 **향기 내**

+ 비수(匕首) - 짧고 날카로운 칼
+ 匕(비수 비, 숟가락 비)

**훈독** におう
**훈독** 匂う 향기가 나다 匂い 향기

N1
3획 / 부수 勹

싸(勹) 한 점(丶)의 물이나 담을 수 있는 구기 같은 작은 그릇이니 **구기 작, 작은 그릇 작**

+ 동 勺 – 싸인(勹) 하나(一)의 구기 같은 작은 그릇이니 '구기 작', '작은 그릇 작'
+ 쌀 포(勹) 안에 점 주(丶)를 넣기도 하고 한 일(一)을 넣기도 합니다.
+ 구기(口器) – 곤충 등의 입 주위에 있는 먹이를 섭취하는 기관
+ 작(勺) – 용량의 하나로, 한 홉의 10분의 1
+ 口(입 구, 말할 구, 구멍 구), 器(器: 그릇 기, 기구 기)

N1 中学
10획 / 부수 酉

술(酉)을 작은 그릇(勺)에 따르니 **술 따를 작**
또 술 따를 때는 상대의 술 실력을 참작하니 **참작할 작**

+ 참작(參酌) – 참고하여 알맞게 헤아림
+ 酉(술 그릇 유, 술 유, 닭 유, 열째 지지 유), 参(參: 참여할 참, 석 삼)

훈독 **くむ**　　음독 **しゃく**

훈독 酌む 술 마시다, 술 따르다

음독 酌取り 술을 따름　酌量 작량　参酌 참작　晩酌 저녁 반주

예외 相酌 서로 권커니 잣거니 하며 술을 마심　仲酌 ① 중매함 ② 중재함

N1 中学
11획 / 부수 金

쇠(金)로 작은(勺) 갈고리처럼 만들어 고기를 낚는 낚시니
**낚을 조, 낚시 조**

+ 金(쇠 금, 금 금, 돈 금)

훈독 **つる**　　음독 **ちょう**

훈독 釣る 낚다　釣 낚시　釣り合う 균형이 잡히다, 어울리다

釣餌 낚싯밥　釣鐘 큰 종　釣り銭 잔돈, 거스름돈(= お釣り)

釣瓶 두레박　海釣 바다낚시　釣竿 낚싯대　釣り針 낚싯바늘

음독 釣魚 조어, 낚시질

**N1** 中学
11획 / 부수 口

**입(口)을 다하여(曷) 꾸짖거나 부르니 꾸짖을 갈, 부를 갈**

[정자] 喝
+曷 – 해(日)를 피해 둘러싸인(勹) 곳으로 비수(匕)처럼 숨으면 어찌 더위가 그쳐 다하지 않겠는가에서 '어찌 갈, 그칠 갈, 다할 갈'
+口(입 구, 말할 구, 구멍 구)

[음독] **かつ**

[음독] 大喝一声 대갈일성  一喝 일갈
喝采 갈채  喝破 갈파(큰소리로 꾸짖어 기세를 눌러 버림)

**N1** 中学
11획 / 부수 水(氵)

**물(氵)이 다하여(曷) 마르니 마를 갈**

[정자] 渴
+氵(삼 수 변)

[훈독] **かわく**  [음독] **かつ**

[훈독] 渇く ① 목이 마르다 ② 몹시 바라다  渇き 목마름, 갈증
[음독] 渇 ① 목마름 ② 갈망  渇愛 갈애  渇感 갈증  渇水 갈수
渇筆 갈필  渇望 갈망

**N1** 中学
13획 / 부수 衣(衤)

**옷(衤)의 수명이 다하여(曷) 변한 갈색이니 갈색 갈**
**또 갈색의 베옷이니 베옷 갈**

[정자] 褐
+옷을 오래 입으면 색도 퇴색되지요.
+衤(옷 의 변)

[음독] **かつ**

[음독] 褐色 갈색  褐炭 갈탄

**N1** 中学
11획 / 부수 手(扌)

**손(扌)으로 힘을 다하여(曷) 높이 거니 걸 게**

[정자] 揭
+扌(손 수 변)

[훈독] **かかげる**  [음독] **けい**

[훈독] 揭げる ① 내걸다 ② 언급하다 ③ 걷어 올리다
[음독] 揭額 기념하여 그 사람의 사진 등을 액자에 넣어 내걺
揭載 게재  揭示 게시  揭出 게시하여 내놓음  揭揚 게양
別揭 별게(따로 게시함)

말(言)을 다하려고(曷) 찾아가 뵙고 아뢰니
## 뵐 알, 아뢸 알

정자 謁

+ 言(말씀 언)

음독 **えつ**

음독 謁見 알현　拝謁 배알(지위가 높거나 존경하는 사람을 찾아가 뵘)

풀(艹) 중 힘을 다하여(曷) 뻗어 가는 칡이니 **칡 갈**

정자 葛

+ 칡은 어딘가로 계속 뻗어가며 자라지요.
+ 葛은 정자와 일본 한자 모양이 같지만, 부수 부분만 3획의 艹로, 총 획수가
  12획입니다.
+ 艹[초 두(艹)의 약자로, 일본 한자는 모두 이 형태로 쓰임]

훈독 **くず**　　음독 **かつ**

훈독 葛 칡

음독 葛藤 갈등

N2 小4
4획 / 제부수

기지개 **켜며(ㅡ) 사람(人)**이 하품하는 모양에서 하품 **흠**
또 하품하며 나태하면 능력이 모자라니 모자랄 **결**

**훈독** **かける, かく** **음독** **けつ**

**훈독** 欠ける 빠지다, 없다 欠く 부족하다, 없다, 빠뜨리다
**음독** 欠員 결원 欠格 결격 欠席 결석 欠食 결식 欠損 결손
欠如 결여 欠点 결점 欠乏 결핍

N2 中学
7획 / 부수 口

**입(口)**으로 **하품(欠)**하듯 입김을 부니 불 **취**

＋ 口(입 구, 말할 구, 구멍 구)

**훈독** **ふく** **음독** **すい**

**훈독** 吹く ① (바람이) 불다 ② (입으로) 불다 吹き替え 더빙
吹き出物 뾰루지, 부스럼
**음독** 吹奏楽 취주악 吹管 쉬관 吹鳴 취명, 불어서 울림
**예외** 吹雪 눈보라

N1 中学
8획 / 부수 火

**불(火)**을 **하품(欠)**하듯 입김을 불어 때니 불 땔 **취**

＋ 불을 처음 붙일 때 불(火)이 잘 타도록 하품(欠)하듯 입김을 불지요.
＋ 火(불 화)

**훈독** **たく** **음독** **すい**

**훈독** 炊く 밥을 짓다
**음독** 炊煙 밥 짓는 연기 炊事 취사(= 炊爨) 炊飯器 밥솥
炊婦 취사부(부엌에서 일하는 여자) 雑炊 죽

**N2** **小3**
6획 / 부수 欠

얼음(冫)처럼 차갑게 대하고 **하품(欠)**하며 미루는 다음이니
**다음 차**
또 다음으로 이어지는 차례와 번이니 **차례 차, 번 차**

+ 冫[얼음 빙(氷)이 부수로 쓰일 때의 모양으로 점이 둘이니 '이 수 변'이라 부름]

훈독 **つぐ**　음독 **じ, し**
훈독 次ぐ日 다음날, 이튿날
음독 次男 차남　次代 다음 세대　席次 석차　次第 순서, 차차

---

**小4**
9획 / 부수 草(艹)

초(艹)목 중 줄기에 **차례(次)**로 가시가 난 가시나무니
**가시나무 자**

+ 艹[초 두(艹)의 약자]

훈독 **いばら**
훈독 茨 가시나무　茨城 이바라키 현(일본 현의 하나)　茨の道 가시밭길
野茨 찔레나무

---

**中学**
10획 / 부수 心

본심 **다음(次)** 가는 대충의 **마음(心)**으로 행동하여 방자하니
**방자할 자**

+ 방자(放恣) – 일관된 태도 없이 제멋대로임
+ 心(마음 심, 중심 심), 放(놓을 방)

음독 **し**
음독 恣意的 자의적　恣行 자행　専恣 제멋대로임, 방자함

---

**N1** **中学**
16획 / 부수 言

말(言)을 **차례(次)**로 말하여(口) 물으니 물을 자

+ 言(말씀 언), 口(입 구, 말할 구, 구멍 구)

훈독 **はかる**　음독 **し**
훈독 諮る 의견을 묻다, 상의하다
음독 諮詢 자순(윗사람이 아랫사람에게 의견을 물어 의논함)
諮問委員 자문 위원

## 030 盜(도) 羨(선)

**N2** **中学**
11획 / 부수 皿

**차례(次)로 그릇(皿)의 음식을 훔치니 훔칠 도**

[정자] 盜 – 침(氵) 흘리며 하품(欠)하듯 입 벌리고 그릇(皿)의 음식을 훔치니 '훔칠 도'

+ 氵('삼 수 변'이지만 여기서는 침으로 봄), 皿(그릇 명)

[훈독] **ぬすむ**    [음독] **とう**

[훈독] 盜む ① 훔치다, 속이다 ② 표절하다  盜人 ぬすびと 도둑

[음독] 盜作 とうさく 노작, 표절  盜賊 とうぞく 도적  盜聽 とうちょう 도청  盜難 とうなん 도난
盜伐 とうばつ 도벌  盜用 とうよう 도용  强盜 ごうとう 강도

**中学**
13획 / 부수 羊(䒑)

**양(䒑)처럼 침(氵) 흘리며 하품(欠)하듯 입 벌리고 부러워하니 부러워할 선**

+ 䒑[양 양(羊)의 변형], 氵('삼 수 변'이지만 여기서는 침으로 봄)

[훈독] **うらやむ, うらやましい**    [음독] **せん**

[훈독] 羨む うらや 부러워하다  羨ましい うらや 부럽다, 샘이 나다

[음독] 羨慕 せんぼ 부러워 흠모함  羨望 せんぼう 선망  欽羨 きんせん 부러워함

---

[도움말]

**〈한국 상용한자와 일본 상용한자〉**

한국 교육부에서 지정한 한국 교육용 상용한자는 1800字이고, 일본 문부 과학성에서 지정한 일본 상용한자는 2136字입니다.

한국 교육용 상용한자 1800字 중 일본 상용한자에 들어가지 않은 글자는 154字, 일본 상용한자 2136字 중 한국 기초한자에 들어가지 않은 글자는 490字입니다.

한국과 일본 상용한자에서 공통 한자는 1646字, 이 중 동일 한자는 1172字고, 획이 하나라도 틀린 한자는 474字 정도인데, 이 474字도 한국 한자에서 약자로 사용하고 있는 한자들이니, 서로 관련 지어 쉽게 익힐 수 있습니다.

**N1** **小2**
2획 / 제부수

옛날 칼 모양을 본떠서 **칼 도**

+ 글자의 오른쪽에 붙는 부수인 방으로 쓰일 때는 '칼 도 방(刂)'

훈독 **かたな**　음독 **とう**

훈독 刀 외날의 칼, 검　刀傷 칼에 베인 상처

음독 刀剣 칼과 검　快刀 잘 드는 칼　執刀 집도

예외 竹刀 죽도　太刀魚 갈치　秋刀魚 꽁치

---

**N1** **中学**
3획 / 부수 刀

**칼 도(刀)**의 날(丿) 부분에 **점(丶)**을 찍어서 **칼날 인**

+ 한자에서는 점 주, 별똥 주(丶)나 삐침 별(丿)로 무엇이나 어느 부분을 강조합니다.

훈독 **は, やいば**　음독 **じん**

훈독 刃 날　両刃 양쪽에 날이 있거나 또는 그런 물건(↔片刃 한쪽 날)

음독 凶刃 흉인, 좋지 아니한 일에 쓰인 칼. 특히 살인하는 데 쓰인 칼

---

**N1** **中学**
7획 / 부수 心

**칼날(刃)**로 **심장(心)**을 위협하는 것 같은 상황도 참으니 **참을 인**
또 **칼날(刃)**로 **심장(心)**을 위협하듯이 잔인하니 **잔인할 인**

+ 잔인(殘忍) - 인정이 없고 모짊
+ 心(심장을 본떠서 만든 글자로 마음 심, 중심 심), 殘(殘: 잔인할 잔, 해칠 잔, 나머지 잔)

훈독 **しのぶ**　음독 **にん**

훈독 忍ばせる ① 숨겨 놓다, 숨기다, 잠입시키다, 남 모르게 행동하다
② 감추어 가지다, 몰래 품다

음독 忍耐 인내　忍従 참고 따름　忍者 (둔갑술에 의한) 밀정

---

**N1** **中学**
7획 / 부수 邑(阝)

**칼(刀) 두(二)** 개로 **고을(阝)**을 어찌 지킬 것인가에서 **어찌 나**
또 **칼(刀) 두(二)** 개로 **고을(阝)**을 지키면 짧은 시간에 당하니 **짧은 시간 나**

+ 宀 邦(나라 방) - 제목번호 284 참고
+ 阝(고을 읍 방)

음독 **な**

음독 旦那 남편　一刹那 한 찰나, 일순간

**N2** **中学**
5획 / 부수 口

칼(刀)처럼 날카롭게 입(口)으로 부르니 **부를 소**

+ 口(입 구, 말할 구, 구멍 구)

훈독 **めす**　음독 **しょう**

훈독 召す 드시다, 잡수시다　召し上がる 드시다

음독 召見 소견(윗사람이 아랫사람을 불러내어 만나 봄)
召還 소환(파견한 사람을 불러 들어오게 함)　召集 소집　召命 소명
応召 응소(소집 영장을 받고 군에 복무하기 위해 지정된 곳으로 감)

**N1** **中学**
8획 / 부수 水(氵)

물(氵)이 불러(召) 온 듯 항상 고여 있는 늪이니 **늪 소**

+ 늪　물이 항상 고여 있는 곳

훈독 **ぬま**　음독 **しょう**

훈독 沼 늪　沼地 늪지대

음독 湖沼 호수와 늪　沼沢 늪과 못

예외 沼田 수렁논　沼田 사람의 성씨

**N2** **中学**
11획 / 부수 糸

실(糸)처럼 불러(召) 이으니 **이을 소**

또 이어서 소개하니 **소개할 소**

+ 糸(실 사, 실 사 변)

음독 **しょう**

음독 紹介 소개

**N1** **中学**
12획 / 부수 言

말(言)로 불러(召) 알리니 **알릴 조** (≒ 告)

+ 윗사람이 아랫사람에게 알리는 데 쓰이는 글자
+ 言(말씀 언), 告(알릴 고, 뵙고 청할 곡)

훈독 **みことのり**　음독 **しょう**

훈독 詔 조칙, 임금의 말씀 (= 詔勅)

음독 詔書 조서

N3 小2
4획 / 부수 刀

N1 中学
9획 / 부수 穴

**일곱(七)** 번이나 **칼(刀)**질 하여 모두 끊으니 모두 체, 끊을 절
또 끊어지듯이 마음이 간절하니 간절할 절

훈독 **きる, きれる**　　음독 **せつ, さい**

훈독 切り替える 완전히 바뀌다, 교체되다　切符 표, 티켓
　　一切れ 한 조각, 한 토막

음독 切除 절제, 잘라냄　切迫 절박　切に 간절히, 진심으로, 부디
　　懇切 간절

---

**구멍(穴)**으로 **모두(切)** 훔치니 훔칠 절

정자 竊 – 구멍(穴) 뚫어(釆) 물건이 있을 것이라 점(卜) 친 안(內)에 성(冂)
　　같은 금고를 열고 사사로이(厶) 훔치니 '훔칠 절'

+ 穴(구멍 혈, 굴 혈), 釆(분별할 변, 나눌 변), 卜(점 복), 內[안 내(內)의 약
자], 冂(멀 경, 성 경), 厶(사사로울 사, 나 사)

음독 **せつ**

음독 窃盗 절도　窃取 절취　剽窃 표절

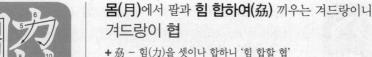

中学

10획 / 부수 肉(月)

몸(月)에서 팔과 **힘 합하여(劦)** 끼우는 겨드랑이니
**겨드랑이 협**

+ 劦 – 힘(力)을 셋이나 합하니 '힘 합할 협'
+ 겨드랑이 – 양편 팔 밑의 오목한 곳
+ 月(달 월, 육 달 월)

훈독 **わき**   음독 **きょう**

훈독 脇<sup>わき</sup> 겨드랑이　脇差<sup>わきざし</sup> 허리에 차는 호신용의 작은 칼　脇腹<sup>わきばら</sup> 옆구리

脇目<sup>わきめ</sup> 곁눈질　脇役<sup>わきやく</sup> 조연　片脇<sup>かたわき</sup> 옆, 한구석

음독 脇息<sup>きょうそく</sup> 팔걸이

---

N1 中学

10획 / 부수 肉(月)

**힘 합하여(劦) 몸(月)을 눌러 위협하니 위협할 협**

훈독 **おびやかす, おびえる, おどす, おどしつける,
おどかす**

음독 **きょう**

훈독 脅<sup>おびや</sup>かす 위협하다, 협박하다　脅<sup>おび</sup>える 겁내다　脅<sup>おど</sup>しつける 몹시 협박하다

脅<sup>おど</sup>す ① 위협하다, 협박하다 ② 등치다

脅<sup>おど</sup>かす ① 위협하다 ② 깜짝 놀라게 하다

음독 脅威<sup>きょうい</sup> 위협　脅迫<sup>きょうはく</sup> 협박

N1 中学
6획 / 부수 力

## 적은(少) 힘(力)이면 못나니 못날 렬

+ 힘이 적다는 것은 못나고 능력이 적다는 말이지요.
+ 少(적을 소, 젊을 소)

훈독 **おとる** 음독 **れつ**

훈독 劣る 뒤떨어지다, 딴 것만 못하다

음독 劣悪 열악 劣勢 열세 劣等感 열등감 下劣 야비함 優劣 우열

N1 中学
8획 / 부수 手(扌)

## 손(扌)으로 입(口)을 틀어막고 칼(刀)로 후리거나 유괴하니 후릴 괴, 유괴할 괴

[정자] 拐 – 손(扌)으로 입(口)을 틀어막고 힘(力)으로 후리거나 유괴하니
      '후릴 괴, 유괴할 괴'

+ 후리다 – 휘둘러 때리거나 치다.
+ 扌(손 수 변), 刀(칼 도)

음독 **かい**

음독 拐帯 괴대, 위탁을 받은 금품을 가지고 달아남 誘拐 유괴

N2 小4
5획 / 부수 力

## 힘(力)써 말하며(口) 용기를 더하니 더할 가

+ 力(힘 력), 口(입 구, 말할 구, 구멍 구)

훈독 **くわえる, くわわる** 음독 **か**

훈독 加える ① 더하다, 보태다 ② 주다, 베풀다

加わる ① 가해지다, 더해지다 ② 참가하다, 가담하다

음독 加湿 가습 加熱 가열 いい加減 적당함, 알맞음 参加 참가, 참석
増加 증가 追加 추가 加減 가감, 더하기와 빼기

N1 中学
9획 / 부수 木

## 더하여(加) 나무(木)로 꾸민 시렁이니 꾸밀 가, 시렁 가

+ 시렁 – 물건을 얹어 놓기 위해 벽에 붙여 만든 선반
+ 木(나무 목)

훈독 **かける, かかる** 음독 **か**

훈독 架ける 걸쳐 놓다, 가설하다 架かる (다리 등이) 놓이다

음독 架空 가공 架橋 가교(다리를 놓음) 架設 가설 高架 고가
書架 서가 担架 들것

38

(쟁기로 갈아지는 흙이 모나고 일정한 방향으로 넘어가니)

쟁기로 밭 가는 모습을 본떠서 **모 방, 방향 방**

또 쟁기는 밭을 가는 중요한 방법이니 **방법 방**

**N3** **小2**
4획 / 제부수

**훈독** かた    **음독** ほう

**훈독** 話し方 이야기하는 방식, 태도, 말투  あの方 저 분  敵方 적의 편
仕方 하는 방법, 수단, 방식

**음독** 方角 ① 방위 ② 방향 ③ 수단, 방법  方向 방향  方策 방책
方針 방침  方陣 방진(네모지게 친 진)  方程式 방정식  地方 지방
他方 ① 다른 방향 ② 한편  長方形 직사각형

**예외** 彼方 저쪽  方舟 방주

---

**흙(土)으로 사방(方)을 막아 집을 짓고 사는 동네니 동네 방**

또 동네에 사는 아이니 **아이 방**

또 동네에 있는 가게나 절이니 **가게 방, 절 방**

+ 옛날에는 흙으로 집을 지었지요.
+ 土(흙 토)

**N2** **中学**
7획 / 부수 土

**음독** ぼう, ぼっ

**음독** 坊や 사내 아이  坊主 주지  赤ん坊 갓난 아기  坊ちゃん 도련님

---

**여자(女)가 여러 방법(方)으로 방해하니 방해할 방**

**훈독** さまたげる    **음독** ぼう

**훈독** 妨げる 방해하다, 지장을 주다

**음독** 妨害 방해  妨止 방지

**N1** **中学**
7획 / 부수 女

**N1** 中学
10획 / 부수 糸

실(糸)을 일정한 **방향(方)**으로 뽑으니 실 뽑을 방

+ 糸(실 사, 실 사 변)

훈독 **つむぐ**　음독 **ぼう**

훈독 紡ぐ 실을 뽑다

음독 紡織 방직　紡績 방적　混紡 혼방

---

**N1** 中学
8획 / 부수 肉(月)

몸(月)을 **사방(方)**으로 늘어나게 하는 기름이니 기름 방

+ 月(달 월, 육 달 월)

음독 **ぼう**

음독 脂肪 지방

---

**N1** 中学
8획 / 부수 戶

집(戶)의 어떤 **방향(方)**에 설치한 방이니 방 방

또 방에서 주로 생활하는 아내니 **아내 방**

+ 戶(戶: 문 호, 집 호)

훈독 **ふさ**　음독 **ぼう**

훈독 房 송이, 술　房飾り 술 장식　乳房 유방　花房 꽃송이

음독 房事 방사　姉女房 연상의 아내　閨房 규방　暖房 난방
　　独房 독방　冷房 냉방

---

**N1** 中学
7획 / 부수 草(艹)

풀(艹) 향기가 **사방(方)**으로 퍼져 꽃다우니 꽃다울 방

훈독 **かんばしい**　음독 **ほう**

훈독 芳しい 향기롭다

음독 芳恩 상대방의 은혜　芳香 방향　芳名 좋은 평판, 명성
　　芳紀 방기, 방년(20세 전후의 한창 젊은 꽃다운 나이)

N2 小3
8획 / 부수 攵(攴)

어떤 **방향(方)**으로 가도록 **쳐(攵)** 놓으니 놓을 방

+ 攵(칠 복, = 攴)

**훈독** はなす, はなつ, はなれる, ほうる

**음독** ほう

**훈독** 手放す ① 손을 놓다, 손에서 놓다 ② (자식 등을) 떼어 놓다 ③ 내버려두다  放し飼い 방목  開け放す 활짝 열어 놓다

**음독** 放散 방산, 퍼지다  放恣 방자  放送局 방송국  放射能 방사능
放縦 방종  放棄 포기  放牧 방목  追放 추방

---

N1 中学
10획 / 부수 人(亻)

**사람(亻)**이 주체성을 **놓아버리고(放)** 남을 모방하니
모방할 방

+ 모방(模倣) – 다른 것을 본뜨거나 본받음
+ 模(본보기 모, 본뜰 모, 모호할 모)

**훈독** ならう　　**음독** ほう

**훈독** 倣う 모방하다, 따르다

**음독** 模倣 모방

---

中学
13획 / 부수 人(亻)

**사람(亻)**을 **흙(土)**바닥에 **놓고(放)** 대함이 거만하니
거만할 오

+ 거만(倨慢)하다 – 잘난 체하며 남을 업신여기는 데가 있다.
+ 倨(거만할 거), 慢(거만할 만, 게으를 만)

**훈독** おごる　　**음독** ごう

**훈독** 傲る ① 거만하다, 교만하다 ② 우쭐해지다

**음독** 傲岸 오만함, 거만함  傲然 거만한 모양  傲慢 오만
驕傲 교만(= 倨傲)

**N1** **小6**
3획 / 제부수

사람이 엎드려 절하는 모양에서
## 몸 기, 자기 기, 여섯째 천간 기
+⊕ 已(이미 이, 따름 이), 巳(뱀 사, 여섯째 지지 사), 卩(무릎 꿇을 절, 병부 절, = 卪)

훈독 **おのれ**　　음독 **こ, き**

훈독 己 자기

음독 一己 자기 혼자　自己 자기, 자기 자신　利己 자신의 이익만 생각하는 것
知己 지기, 지인　克己 극기, 자제

---

**N1** **中学**
6획 / 부수 女

여자(女) 중 자기(己)처럼 소중히 모셔야 할 왕비니
## 왕비 비
+ 女(여자 녀)

훈독 **きさき**　　음독 **ひ**

훈독 妃 왕비

음독 王妃 왕비

---

**N1** **中学**
7획 / 부수 心

자기(己)를 생각하는 마음(心)이면 아무 일이나 함부로 못하고 꺼리니 꺼릴 기
+ 자기를 생각하면 아무 일이나 함부로 못하지요.
+ 心(마음 심, 중심 심)

훈독 **いむ, いまわしい**　　음독 **き**

훈독 忌む 꺼리다, 기피하다　忌み言葉 길흉의 징조로 꺼리는 말
忌まわしい 꺼림칙하다, 불길하다

음독 忌憚 기탄　忌中 상중　忌日 기일　忌避 기피
厭忌 염기(꺼리고 싫어함)

巳 사 → 巴 파 > 把 파 > 色 색

**N1**
3획 / 부수 己

뱀이 몸 사리고 꼬리를 든 모양에서 **뱀 사**
또 뱀은 여섯째 지지니 **여섯째 지지 사**

+ 사람이 엎드려 절하는 모양에서 '몸 기, 자기 기, 여섯째 천간 기(己)',
己의 한쪽이 약간 올라가면 '이미 이, 따름 이(己)', 완전히 붙으면 '뱀 사,
여섯째 지지 사(巳)'로 구분하세요.

훈독 **み** 　음독 **し**

훈독 巳年 뱀띠, 뱀의 해

음독 上巳 일본의 다섯 명절의 하나로, 음력 3월 삼짇날의

---

**N1**
4획 / 부수 己

뱀(巳)이 **먹이(丨)**를 물고 꼬리를 소용돌이 모양으로 돌리니
**뱀 파, 꼬리 파, 소용돌이 모양 파**

훈독 **ともえ**

훈독 巴 ① 소용돌이치는 모양 ② 물건이 원형을 그리며 도는 모양

巴投げ (유도에서) 배대 되치기

---

**N1** 　中学
7획 / 부수 手(扌)

손(扌)으로 **뱀(巴)**을 잡으니 **잡을 파**

음독 **は**

음독 把握 파악 把持 꽉 쥠, 꼭 붙잡음

예외 把手 손잡이

---

**N3** 　小2
6획 / 제부수

사람(ク)이 **뱀(巴)**을 보고 놀라는 얼굴빛이니 **빛 색**

+ ク[사람 인(人)의 변형]

훈독 **いろ** 　음독 **しき, しょく**

훈독 色鉛筆 색연필 桜色 연분홍색, 담홍색 旗色 형세, 전황

色づく ① 물이 들다, 색을 띠게 되다 ② 여자 티가 나다, 이성에 눈을 뜨다

声色 ① 음색, 목청 ② 성대모사

음독 色彩 채색 脚色 각색 退色 퇴색 変色 변색 物色 물색

原色 원색 삼원색에 속하는 색

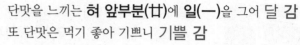

**N2** **中学**

5획 / 제부수

단맛을 느끼는 **혀 앞부분(甘)**에 **일(一)**을 그어 달 감

또 단맛은 먹기 좋아 기쁘니 **기쁠 감**

+ 한자에서 어느 부분이나 무엇을 강조할 때는 점 주, 불똥 주(丶)나 한 일 (一), 또는 삐침 별(丿)을 사용합니다.

훈독 **あまい, あまえる, あまやかす**   음독 **かん**

훈독 甘い 달다   甘口 (술, 간장, 된장 등의) 단맛이 돎

甘える 응석 부리다, 어리광 부리다   甘えん坊 응석꾸러기

甘やかす 응석 부리게 하다

음독 甘雨 단비   甘言 감언   甘苦 고락   甘受 감수   甘味 감미

甘露 감로

---

**N1** **中学**

11획 / 부수 糸

**실(糸)**을 **단(甘)** 감으로 물들인 감색이니 **감색 감**

+ 감색(紺色) – 검푸른 남색

+ 익지 않은 땡감으로 옷감에 물들이면 검푸른 색이 되는데 이것이 감색이지요.

+ 糸(실 사, 실 사 변), 色(색 색)

음독 **こん**

음독 紺糸 감색 실   紺色 감색   紺地 감색의 천, 바탕색이 감색인 것

紺染め 감색으로 물들임   紺青 감청

N1 中学
9획 / 부수 甘

달콤한(甘) 짝(匹)들의 사랑이 너무 심하니 심할 심

+ 甘[달 감, 기쁠 감(甘)의 변형], 匹(짝 필, 단위 필) - 제목번호 004 참고

훈독 **はなはだしい**    음독 **じん**

훈독 甚だ 매우, 몹시, 심히 甚だしい 심하다, 대단하다

음독 甚大 심대 激甚 (피해 등이) 극심함(= 劇甚)
深甚 (뜻, 마음이) 매우 깊음

---

N1 中学
12획 / 부수 土

흙(土)처럼 심하게(甚) 다루어도 견디니 견딜 감

+ 土(흙 토)

훈독 **たえる**    음독 **かん**

훈독 堪える 견디다

음독 堪忍 ① 인내 ② 용서함 堪能 ① 숙달함, 뛰어남 ② 충분함, 만족함
+ '堪能'은 'たんのう'로도 읽을 수 있습니다.

---

N1 中学
11획 / 부수 力

심하게(甚) 힘(力)으로 눌러 조사하고 생각하여 마치니
조사할 감, 생각할 감, 마칠 감

+ 力(힘 력)

음독 **かん**

음독 勘案 감안 勘考 깊이 생각함 勘校 (문서 등을) 비교하여 생각함
勘合 감합, 조사하여 맞추어 봄 勘定 계산 勘当 의절
勘違い 착각, 오해 勘弁 용서 割り勘 더치페이

**N1** 中学
9획 / 부수 木

달콤한(甘) 나무(木) 열매는 아무나 찾으니 **아무 모**

+ 아무 - 꼭 누구라고 말하거나 꼭 무엇이라고 지정하지 않고 가리킬 때 쓰는 말

음독 **ぼう**

음독 某 아무개, 어떤 이 　某国 모국 　某氏 모씨 　某所 모처
某年某月 모년 모월

---

**N1** 中学
16획 / 부수 言

말(言)이나 행동을 **아무(某)**도 모르게 꾀하고 도모하니
**꾀할 모, 도모할 모**

+ 言(말씀 언)

훈독 **はかる** 　　음독 **ぼう, む**

훈독 謀る 꾀하다 　謀 꾀, 계략

음독 謀議 모의 　謀殺 모살(미리 꾀하여 사람을 죽임) 　謀略 모략
策謀 책모, 계략 　参謀 참모 　首謀 주모 　謀反 모반

---

**N1** 中学
12획 / 부수 女

여자(女)를 **누구(某)**에게 중매하니 **중매할 매**

+ 중매(仲媒) - 중간에서 혼인이 이루어지도록 하는 일
+ 女(여자 녀), 仲(버금 중, 중개할 중)

음독 **ばい**

음독 媒介 매개 　媒体 매체 　媒材 매개가 되는 재료 　媒酌 중매, 중매인
媒染剤 매염제(섬유에 색소가 직접 물들지 못하는 물감을 고착시키는 물질)
触媒 촉매

**참고자**
8획 / 부수 八

단(甘)것을 **받침대(丌)**에 올려 유인하는 그쪽이니 **그 기**

+ 甘[달 감, 기쁠 감(甘)의 변형], 丌(대 기)

훈독 **その, それ, そ**

훈독 其の上 더구나, 게다가, 또한

其の内 가까운 시일 안에, 머지않아, 그럭저럭

---

**N1** **中学**
12획 / 부수 木

나무(木)판에서 하는 바로 **그(其)** 놀이는 바둑이나 장기니
**바둑 기, 장기 기**

+ 木(나무 목)

음독 **き**

음독 棋局 바둑판 棋子 바둑돌 棋士 기사

---

**N1** **中学**
12획 / 부수 欠

그런(其) 저런 말을 하며 **모자라게(欠)** 속이니 **속일 기**

+ 欠(하품 흠, 모자랄 결)

훈독 **あざむく** 음독 **ぎ**

훈독 欺く ① 속이다 ② 깔보다

음독 欺瞞 기만 詐欺 사기

---

**N1** **中学**
13획 / 부수 石

그(其) 돌(石)로 하는 놀이는 바둑이니
**바둑 기, 바둑돌 기**

+ 石(돌 석)

음독 **ご**

음독 碁 바둑 碁石 바둑돌 碁打ち 바둑을 둠 碁盤 바둑판

N4 小1
3획 / 제부수

N1 中学
6획 / 부수 口

## 많이(十) 땅(一)에 있는 흙이니 흙 토

＋ 열까지 안다는 데서 열 십, 많을 십(十)을 크게 쓰면 선비 사, 군사 사, 칭호나 직업 이름에 붙이는 말 사(士), 넓은 땅을 나타내기 위하여 아래(一)를 넓게 쓰면 흙 토(土)로 구분하세요.

훈독 **つち**　　음독 **ど, と**

훈독 土 땅, 토지　赤土 ① 적토 ② 적흑색의 그림물감

음독 土木 토목　粘土 점토, 찰흙　土壤 토양, 흙, 땅　泥土 진흙

## 입(口)을 흙(土)에 대고 토하니 토할 토

훈독 **はく**　　음독 **と**

훈독 吐く ① 토하다 ② (생각을) 토로하다

음독 吐息 한숨　吐血 토혈　吐瀉 토사　嘔吐 구토　音吐 목소리, 음성

예외 反吐 토함, 구역질

참고자
7획 / 부수 土

흙(土) 위에 **두 사람(人人)**이 앉으니 앉을 **좌**

훈독 **すわる**　음독 **ざ**

---

中学
10획 / 부수 手(扌)

손(扌)으로 **앉아(坐)** 꺾으니 꺾을 **좌**

+ 扌(손 수 변)

훈독 **くじく, くじける**　음독 **ざ**

훈독 挫く ① 삐다, 접질리다 ② (기세를) 꺾다　挫ける (기세가) 꺾이다

음독 挫骨 접질림　挫折 좌절(= 頓挫)　挫傷 좌상, 타박상
挫滅 (외부로부터의 강한 충격으로) 으스러짐

---

N2 小6
10획 / 부수 广

집(广)에서 **앉는(坐)** 자리나 위치니 자리 **좌**, 위치 **좌**

+ 앉을 좌(坐)는 '앉는다'라는 뜻이고, 자리 좌, 위치 좌(座)는 '앉는 자리'를 뜻합니다.
+ 广(집 엄)

훈독 **すわる**　음독 **ざ**

훈독 座り込み 농성, 주저앉아 움직이지 않음

음독 座標 좌표　座右 신변, 곁　上座 상석　星座 별자리
玉座 ① 임금이 앉는 자리 ② 부처가 앉는 자리

예외 胡座 책상다리로 앉음

**N2** **小4**

11획 / 부수 阜(阝)

언덕(阝)과 언덕(坴)이 높고 낮게 이어진 육지니 **육지 륙**

+ 坴 – 흙(土)에 사람(儿)이 또 흙(土)을 쌓아 만든 언덕이니 '언덕 륙'
+ 阝(언덕 부 변), 土(흙 토), 儿(어진사람 인, 사람 인 발)

훈독 **おか** 음독 **りく**

훈독 陸稲 <sup>おか ぼ</sup> 육도, 밭벼

+ '陸稲'는 'りくとう'로도 읽을 수 있습니다.

음독 陸路 <sup>りく ろ</sup> 육로 陸曹 <sup>りく そう</sup> 일본 육상의 자위대의 하사관 離陸 <sup>り りく</sup> 이륙

陸橋 <sup>りっきょう</sup> 육교, 구름다리

---

**N1** **中学**

13획 / 부수 目

눈(目)을 언덕(坴)처럼 높이 뜨고 대하며 화목하니
**화목할 목**

+ 기쁘거나 좋으면 눈을 빛내며 크게 뜨고 높이 우러러보지요.

훈독 **むつまじい, むつむ** 음독 **ぼく**

훈독 睦まじい <sup>むつ</sup> 사이가 좋다, 화목하다 睦む <sup>むつ</sup> 화목하게 지내다

음독 親睦 <sup>しん ぼく</sup> 친목 和睦 <sup>わ ぼく</sup> 화목

---

**참고자**

8획 / 부수 夊

흙(土)이 쌓여 **사람(儿)**이 **천천히 걸어야(夊)** 할

높은 언덕이니 **높을 릉, 언덕 릉**

+ 夊(천천히 걸을 쇠, 뒤져 올 치)

---

**N1** **中学**

11획 / 부수 阜(阝)

언덕(阝)처럼 높이(夌) 만든 임금 무덤이나 큰 언덕이니
**임금 무덤 릉, 큰 언덕 릉**

또 언덕(阝)처럼 높은(夌) 자세로 남을 업신여기니
**업신여길 릉**

훈독 **みささぎ** 음독 **りょう**

훈독 陵 <sup>みささぎ</sup> 능

음독 陵墓 <sup>りょう ぼ</sup> 능묘 陵辱 <sup>りょうじょく</sup> 능욕 陵駕 <sup>りょう が</sup> 능가

**N1** 참고자
6획 / 부수 土

('홀'은 천자가 제후를 봉할 때 주는 신표로)

영토를 뜻하는 **흙 토(土)**를 두 번 반복하여 홀 **규**, 영토 **규**

또 홀을 만들던 상서로운 서옥이니 서옥 **규**

+ 제후(諸侯) - 천자의 영토 일부를 받아 다스리는 일종의 지방 관리
+ 홀(笏) - 조선 시대에 벼슬아치가 임규을 뵐 때 손에 쥐던 물건
+ 서옥(瑞玉) - 상서로운 구슬
+ 諸(諸: 모든 제, 여러 제), 侯(과녁 후, 제후 후), 瑞(상서로울 서)

음독 **けい**

음독 圭璋 규장 刀圭 의술

---

참고자
8획 / 부수 厂

굴 바위(厂)기 있는 **땅(圭)**의 언덕이니 언덕 **애**

+ 굴 바위 - 굴 위에 있는 바위
+ 厂(굴 바위 엄, 언덕 엄)

---

**N1** 中学
11획 / 부수 水(氵)

물(氵)과 맞닿은 **언덕(厓)** 같은 물가니 물가 **애**

또 물가는 땅의 끝이니 끝 **애**

음독 **がい**

음독 涯分 신분에 알맞음, 자기 분수  境涯 신세  際涯 땅의 끝
無涯 끝이 없음

---

中学
11획 / 부수 山

산(山) 언덕(厓)에 있는 낭떠러지니 낭떠러지 **애**

+ 낭떠러지 - 깎아지른 언덕

훈독 **がけ**　음독 **がい**

훈독 崖 낭떠러지, 벼랑, 절벽  崖っ縁 벼랑 끝  崖道 벼랑길
음독 断崖 낭떠러지  崖下 절벽 밑, 벼랑(낭떠러지) 아래

N1 中学
8획 / 부수 人(亻)

### 사람(亻)이 서옥(圭)으로 꾸며 아름다우니 아름다울 가

+ ㉤ 住(살 주) - 1권 제목번호 168 참고
+ 서옥(瑞玉) - 상서로운 구슬
+ 상서(祥瑞)롭다 - 복되고 좋은 일이 있을 듯하다.
+ 瑞(상서로울 서), 玉(구슬 옥)

**훈독** よい   **음독** か

**음독** 佳句 가구, 잘 지은 글귀 佳景 아름다운 경치 佳肴 맛 좋은 요리
佳人 가인, 미녀 佳節 경사스러운 날 佳麗 곱고 품위가 있음

N2 中学
9획 / 부수 寸

### 영토(圭)를 마디마디(寸) 나누어 봉하니 봉할 봉

+ 봉하다 - ① 문 · 봉투 · 그릇 등을 열지 못하게 꼭 붙이거나 싸서 막다.
         ② 임금이 신하에게 영지를 내려주고 영주(領主)로 삼다.
+ 寸(마디 촌, 법도 촌), 領(거느릴 령, 우두머리 령), 主(주인 주)

**음독** ふう, ほう

**음독** 封印 봉인 封鎖 봉쇄 口封じ 입막음 同封 동봉
開封 개봉(= 封切り) 封建 봉건 封筒 봉투

+ '封切り'은 영화의 개봉을 말할 때는 'ふうぎり'로도 읽을 수 있습니다.

**예외** 完封 완봉 密封 밀봉

참고자
8획 / 부수 卜

### 서옥(圭)처럼 점(卜)치면 반짝이며 나오는 점괘니 점괘 괘

+ 점괘(占卦) - 점을 쳐서 나온 괘
+ 卜(점 복), 占(점칠 점, 점령할 점)

**훈독** うらない, うらなう   **음독** け, か

**음독** 卦 점괘 卦算 문진 本卦還り 환갑

N2 中学
11획 / 부수 手(扌)

### 손(扌)으로 점괘(卦)를 기록하여 거니 걸 괘

+ 扌(손 수 변)

**훈독** かかる, かける, かかり

**훈독** 掛かる 걸리다 掛値 에누리 腰掛 ① 걸상 ② 임시 직업
掛ける 걸다 掛け算 곱셈 掛軸 족자 掛図 괘도 掛け橋 사다리

兀 올 ▶ 尭 요 ▶ 暁 효

참고자

3획 / 부수 人(儿)

**한(一) 사람(儿)이 우뚝하니 우뚝할 올**

+ 윤 丌 – 무엇을 받친 대의 모양에서 '대 기'
+ 우뚝하다 – ① 두드러지게 높이 솟아 있는 상태이다.
　　　　　　 ② 남보다 뛰어나다.

음독 **こつ**

---

참고자

8획 / 부수 人(儿)

**많은(十) 풀(艹)을 우뚝하게(兀) 쌓아 높으니 높을 요**
**또 높이 추앙하는 요임금이니 요임금 요**

정자 堯 – 흙(土)이 많이 쌓여 우뚝하게(兀) 높으니 '높을 요'
　　　　 또 높이 추앙하는 요임금이니 '요임금 요'
+ 요순(堯舜) – ① 중국 고대의 성군(聖君)인 요임금과 순임금
　　　　　　　② 성군(聖君)을 비유하여 이르는 말
+ 十(열 십, 많을 십), 艹(초 두), 土(흙 토), 舜(무궁화 순, 순임금 순),
　 聖(聖: 성스러울 성, 성인 성), 君(임금 군)

훈독 **たかい**　　음독 **ぎょう**

---

N1　中学

12획 / 부수 日

**해(日)가 높이(尭) 떠오르는 새벽이니 새벽 효**
**또 해(日)처럼 높이(尭) 깨달으니 깨달을 효**

정자 曉

훈독 **あかつき**　　음독 **ぎょう**

훈독 暁(あかつき) 새벽, 새벽녘

음독 暁闇(ぎょうあん) 새벽어둠　暁星(ぎょうせい) 샛별　暁天(ぎょうてん) 새벽하늘　今暁(こんぎょう) 오늘 새벽
　　 春暁(しゅんぎょう) 봄날의 새벽

N4 小1
5획 / 제부수

사람(丿)은 흙(土)에 나서 사니
날 생, 살 생, 사람을 부를 때 쓰는 접사 생

+ 丿[사람 인(人)의 변형]

**훈독** なま, き, いきる, いかす, うまれる, おう, はえる

**음독** せい, しょう

**훈독** 生煮え ① 덜 삶아짐, 설익음 ② 분명치 않음 芽生える ① 싹트다,
움트다 ② 사물이 일어나기 시작하다 生一本 ① 순수 ② 강직

**음독** 生涯 생애, 일생, 평생 生活 생활 厚生 후생 生産 생산
生滅 ① 생멸 ② 생사 ③ 나타남과 사라짐

---

N1 中学
9획 / 부수 牛(牜)

소(牜) 중 산(生) 채로 바쳐지는 희생이니 희생 생

+ 참 犧(희생 희) – 제목번호 177 참고
+ 희생(犧牲) – ① 제물로 쓰는 짐승
                ② 목숨 · 재물 · 명예 등을 버리거나 바침
                ③ 목숨이나 재물 등을 불의에, 또는 강제로 잃음
+ 牜(소 우 변)

**음독** せい

**음독** 犧牲 희생

---

N2 中学
8획 / 부수 女

여자(女)가 자식을 낳아(生) 다른 사람과 구별하기 위하여
붙인 성씨니 성씨 성
또 여러 성씨들이 모인 나라의 백성이니 백성 성

**음독** せい, しょう

**음독** 姓氏 성씨 姓名 성명 同姓 동성 百姓 ① 농민, 농가 ② 시골뜨기

---

N1 中学
11획 / 부수 阜(阝)

언덕(阝)도 차분히(夂) 오르며 잘 살려고(生) 노력하면
높고 성하니 높을 륭, 성할 륭

정자 隆 – 언덕(阝)도 차분히(夂) 오르며 한(一)결같이 잘 살려고(生) 노력하면
            높고 성하니 '높을 륭, 성할 륭'
+ 글자 가운데에 한 일(一)이 없으면 일본 한자, 있으면 정자
+ 阝(언덕 부 변), 夂(천천히 걸을 쇠, 뒤져 올 치)

**음독** りゅう

**음독** 隆起 융기 隆盛 융성 法隆寺 奈良현에 있는 절

참고자
4획 / 부수 士

**비뚤어진(丿) 선비(士)**는 간사하여 나중에 큰 죄업을 짊어지니 간사할 임, 짊어질 임, 아홉째 천간 임
또 지도의 방위 표시에서 **네 방위(十)의 땅(一)** 중 위쪽, 즉 북방을 **가리키니(一)** 북방 임

+ 丿('삐침 별'이지만, 여기서는 삐뚤어진 모양과 가리키는 모양으로 봄), 士 (선비 사, 군사 사, 칭호나 직업 이름에 붙이는 말 사)

훈독 **みずのえ**　　음독 **じん**

훈독 壬申 임신(육십갑자의 하나)
　みずのえさる

음독 壬申 임신(육십갑자의 하나)
　じんしん

---

N1 中学
7획 / 부수 女

**여자(女)**가 새 생명을 **짊어지듯(壬)** 아이 배니
아이 밸 임

음독 **にん**

음독 妊娠 임신　妊婦 임부(= 妊産婦 임산부)　避妊 피임　不妊 불임
　にんしん　　にんぷ　　　にんさんぷ　　　ひにん　　ふにん

---

中学
11획 / 부수 水(氵)

**물(氵)** 묻은 **손톱(爫)**으로 **간사하게(壬)** 굴며 음란하니
음란할 음

+ 음란(淫乱) – 음탕하고 난잡함
+ 음탕(淫蕩) – [주색(酒色)에 마음을 빼앗겨 행실이] 음란하고 방탕함
+ 爫(손톱 조), 乱(亂: 어지러울 란), 蕩(방탕할 탕, 쓸어버릴 탕, 넓을 탕), 酒(술 주), 色(색 색)

훈독 **みだら**　　음독 **いん**

훈독 淫ら 음란(난잡, 추잡)한 모양
　みだ

음독 淫佚 ① 음란함 ② 유흥을 탐닉함　淫行 음행　淫乱 음란
　いんいつ　　　　　　　　　　　　　いんこう　　いんらん

姦淫 간음　書淫 독서광
かんいん　　しょいん

55

N1 中学
7획 / 부수 廴

임무를 **맡고(壬) 걸어가(廴)** 일하는 조정이나 관청이니
## 조정 정, 관청 정

+ 윤 延(끌 연, 늘일 연) – 1권 제목번호 115 참고
+ 조정(朝廷) – 임금이 정사를 펴며 의식을 행하는 곳
+ 廴(길게 걸을 인), 朝(아침 조, 조정 조, 뵐 조)

음독 **てい**

음독 開廷 개정 宮廷 궁정, 대궐 出廷 출정 退廷 퇴정 法廷 법정

N1 中学
13획 / 부수 舟

**배(舟)**가 **조정(廷)**만한 작은 거룻배니
## 거룻배 정, 작은 배 정

+ 거룻배 – 돛을 달지 않은 작은 배
+ 舟(배 주)

음독 **てい**

음독 艇 작은 배 艇庫 보트 창고 艇長 정장 競艇 모터보트 경주

하늘(一) 땅(一) 사람(一)의 뜻을 두루 꿰뚫어(丨) 보아야 하는
임금이니 **임금 왕**
또 임금처럼 그 분야에서 으뜸이니 **으뜸 왕**
또 **구슬 옥(玉)**이 부수로 쓰일 때의 모양으로 **구슬 옥 변**

N2 小1
4획 / 제부수

음독 **おう**
음독 王冠 왕관 王権 왕권 帝王 제왕 王妃 왕비
예외 勤王 근왕(왕을 위해 진력하고 충성을 다함)

해(日)나 왕(王)처럼 빛나게 성하니 **성할 왕**
+ 성(盛)하다 – 기운이나 세력이 한창 왕성하다.
+ 盛(성할 성)

中学
8획 / 부수 日

음독 **おう**
음독 旺盛 왕성

개(犭)가 왕(王)이나 된 것처럼 날뛰며 미치니 **미칠 광**
+ 犭(큰 개 견, 개 사슴 록 변)

N1 中学
7획 / 부수 犬(犭)

훈독 **くるう, くるおしい**   음독 **きょう**
훈독 狂う 미치다  狂おしい 미칠 듯하다, 미친 것같이 보이다
음독 狂気 광기  狂犬 광견  狂言 기담, 재담  狂乱 광란  熱狂 열광
発狂 발광

입(口)에 맞는 음식을 임금(王)께 보이고 드리니
**보일 정, 드릴 정**
정자 呈 – 입(口)에 맞는 음식을 짊어지고(壬) 가서 보이고 드리니
'보일 정, 드릴 정'
+ 壬(간사할 임, 짊어질 임, 아홉째 천간 임, 북방 임) – 제목번호 051 참고

N1 中学
7획 / 부수 口

음독 **てい**
음독 呈出 제출  献呈 헌정  謹呈 근정  贈呈 증정

**N2** **小3**
6획 / 부수 人

**사람(人)이 왕(王)이 되면 모든 것이 갖추어져 온전하니
온전할 전**

정자 全 – 조정에 들어가(入) 왕(王)이 되면 모든 것이 갖추어져 온전하니
'온전할 전'

+ 온전하다 – ① 본바탕 그대로 고스란하다.
② 잘못된 것이 없이 바르거나 옳다.
+ 王 위에 사람 인(人)이면 일본 한자, 들 입(入)이면 정자

훈독 **まったく, すべて**　　음독 **ぜん**

훈독 全うする 완수하다, 다하다　全て 전부

음독 完全 완전　全焼 전소　全盛 전성　全幅 전폭

---

**N1** **中学**
10획 / 부수 木

**나무(木)로 만들어 온전하게(全) 박는 나무못이니
나무못 전**

**또 나무못처럼 병에 박은 병마개니 병마개 전**

정자 栓

+ 나무로 된 도구에는 나무못을 박아야 온전하지요.
+ 木(나무 목)

음독 **せん**

음독 栓 마개　栓抜き 병따개　活栓 밸브

---

**中学**
13획 / 부수 言

**말(言)로 온전하게(全) 설명하니 설명할 전**

+ 言(말씀 언)

음독 **せん**

음독 詮方 취할 방법, 수단　詮索 탐색　詮無い 도리 없다, 별 수 없다
所詮 결국, 마침내

N2　小5
11획 / 부수 貝

주인(主)이 꾸어간 돈(貝)을 갚으라고 꾸짖으며 묻는
책임이니 꾸짖을 **책**, 책임 **책**

훈독 **せめる**　음독 **せき, しゃく**

훈독 責め ① 벌로 주는 육체적·정신적 고통, 고문 ② 책망, 비난 ③ 책임,
임무

음독 呵責 가책 責務 책무 譴責 견책(허물이나 잘못을 꾸짖고 나무람)

---

N1　中学
13획 / 부수 人(亻)

사람(亻)이 책임지고(責) 갚아야 할 빚이니 빚 **채**

음독 **さい**

음독 債鬼 빚쟁이 債権 채권 債務 채무 国債 국채 社債 사채
負債 부채

---

N1　中学
14획 / 부수 水(氵)

물(氵)로 꾸짖듯이(責) 담그거나 적시니 담글 **지**, 적실 **지**

훈독 **つける, つかる**

훈독 漬ける 잠그다, 담그다 漬物 채소 절임 塩漬 소금에 절인 식품
漬かる 잠기다, 침수되다, 맛이 들다, 익다

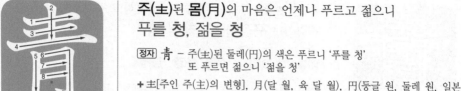

**N3** **小1**
8획 / 제부수

주(主)된 몸(月)의 마음은 언제나 푸르고 젊으니
## 푸를 청, 젊을 청

[정자] 青 – 주(主)된 둘레(円)의 색은 푸르니 '푸를 청'
　　　또 푸르면 젊으니 '젊을 청'

+ 主[주인 주(主)의 변형], 月(달 월, 육 달 월), 円(둥글 원, 둘레 원, 일본
화폐 단위 엔) – 제목번호 345 참고

[훈독] **あおい**　　[음독] **せい, しょう**

[훈독] 青 파랑　青息 한숨　青木 생나무, 상록수, 식나무
青写真 청사진　青菜 ① 푸성귀, 푸른 채소 ② 순무
青二才 풋내기

[음독] 青果 청과　青史 역사　青銅 청동　群青 군청(짙은 남색)

[예외] 真っ青 새파랗다

---

**N1** **中学**
15획 / 부수 言

말(言)로 푸르게(青), 즉 희망 있게 청하니 청할 청

[정자] 請
+ 言(말씀 언)

[훈독] **こう, うける**　　[음독] **せい**

[훈독] 請う 청하다　請ける ① (돈을 치르고) 찾다 ② 맡다, 인수하다
請負 청부(일을 완성하는 대가로 일정한 보수를 받기로 약속하고
　그 일을 떠맡음)　請け状 문서 수령증

[음독] 請暇 청원 휴가　請願 청원　請求 청구　請託 청탁　懇請 간청
要請 요청

[예외] 強請る 조르다

**N4** **小1**
8획 / 제부수

덮여 있는(人) 한(一) 곳의 흙(土)에 반짝반짝(丷) 빛나는 쇠나 금이니 쇠 금, 금 금
또 금처럼 귀한 돈이니 돈 금

+ 人('사람 인'이지만 여기서는 덮여 있는 모양), 土(흙 토), 丷('점 주, 불똥 주'지만 여기서는 반짝반짝 빛나는 모양)

[훈독] **かね, かな**  [음독] **きん**

[훈독] 針金 <sup>はりがね</sup> 철사  有り金 <sup>あ がね</sup> ① 시잿돈 ② 현재 수중에 지닌 돈, 가진 돈
金縛り <sup>かなしば</sup> ① 가위눌림 ② 단단히 묶음 ③ 돈으로 자유를 속박함

[음독] 借金 <sup>しゃっきん</sup> 돈을 꿈, 빚, 꾼 돈  奨学金 <sup>しょうがくきん</sup> 장학금  償金 <sup>しょうきん</sup> 상금  税金 <sup>ぜいきん</sup> 세금

**N1** **中学**
13획 / 부수 金

쇠(金) 중 잘 녹아(八) 구멍(口)으로 흐르는 납이니
납 연

[정자] 鉛

+ 八(여덟 팔, 나눌 팔), 口(입 구, 말할 구, 구멍 구)

[훈독] **なまり**  [음독] **えん**

[훈독] 鉛 <sup>なまり</sup> 납

[음독] 鉛管 <sup>えんかん</sup> 납으로 만든 파이프  鉛毒 <sup>えん どく</sup> 납 중독  鉛筆 <sup>えんぴつ</sup> 연필  鉛粉 <sup>えんぷん</sup> 납 가루

**中学**
10획 / 부수 金

아버지(父)처럼 크게 쇠(釜)로 만든 가마니 가마 부

+ 가마 – 가마솥. 아주 크고 우묵한 솥
+ 父(아비 부), 釜[쇠 금, 금 금, 돈 금(金)의 획 줄임]

[훈독] **かま**  [음독] **ふ**

[훈독] 釜 <sup>かま</sup> 솥, 가마  釜敷 <sup>かましき</sup> 냄비 받침

[음독] 釜中 <sup>ふ ちゅう</sup> 솥 안

[예외] 後釜 <sup>あと がま</sup> 후임

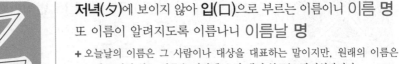

**N4** **小1**

6획 / 부수 口

저녁(夕)에 보이지 않아 **입(口)**으로 부르는 이름이니 이름 **명**

또 이름이 알려지도록 이름나니 **이름날 명**

+ 오늘날의 이름은 그 사람이나 대상을 대표하는 말이지만, 원래의 이름은
  눈에 보이지 않는 어두운 저녁에 소리 내어 부르는 말이었답니다.

훈독 **な**  음독 **めい, みょう**

훈독 名残 ① 지난 뒤에도 그 영향이 아직 남아 있음, 자취, 흔적 ② 추억,
기념 ③ 잊혀지지 않음  名札 명찰, 명패, 문패

음독 名誉 ① 명예, 영예 ② 자존심, 체면  雷名 세상에 떨친 명성
異名 딴 이름

---

**N1** **中学**

14획 / 부수 金

쇠(金)로 **이름(名)**을 새기니 **새길 명**

음독 **めい**

음독 銘打つ 물건에 이름을 붙이다  銘柄 상표  銘酒 명주  銘文 명문
刻銘 각명  座右の銘 좌우명  無銘 무명

---

**N2** **小4**

6획 / 부수 口

(세상 만물의 이름이 각각 다름을 나타내기 위하여)

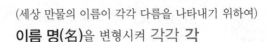

**이름 명(名)**을 변형시켜 **각각 각**

훈독 **おのおの**  음독 **かく**

훈독 各々 각각, 각기, 각자

음독 各位 각위, 여러분  各省 각성, 여러 성[우리나라의 각부(部)에 해당]
各種 각종  各所 각처

---

**N2** **中学**

12획 / 부수 糸

실(糸)로 **각각(各)**을 이으니 **이을 락**

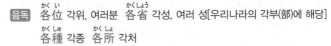

훈독 **からむ, からまる, からめる**  음독 **らく**

훈독 絡む 얽히다, 얽매이다  絡まる 얽히다, 휘감기다  絡める 얽다
絡み付く 휘감기다  絡繰る 조종하다

음독 連絡 연락  経絡 경락  短絡 단락  脈絡 맥락, 혈관

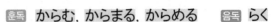

吾<br>오 悟<br>오

N1

7획 / 부수 口

N1 中学

10획 / 부수 心(忄)

다섯(五) 손가락, 즉 손으로 자신을 가리키며 **말하는(口)** 나니
나 오

+ 五(다섯 오), 口(입 구, 말할 구, 구명 구)

| 훈독 | **われ, わが** | 음독 | **ご** |

훈독 吾<sup>われ</sup> 나, 자신 吾<sup>わ</sup>が 나의, 우리의
음독 吾人<sup>ごじん</sup> 오인, 우리들

---

마음(忄)에 **나(吾)**를 깨달으니 깨달을 오

+ 忄(마음 심 변)

| 훈독 | **さとる** | 음독 | **ご** |

훈독 悟<sup>さと</sup>る 분명히 이해하다, 깨닫다
음독 悟得<sup>ごとく</sup> 깨달아 진리를 알게 됨 悟了<sup>ごりょう</sup> 오료(완전히 깨달음)
　　 穎悟<sup>えいご</sup> 매우 영리함 改悟<sup>かいご</sup> 개오(잘못을 뉘우치고 고침)
　　 解悟<sup>かいご</sup> 깨달음 覚悟<sup>かくご</sup> 각오

+ '解悟'는 'げご'로도 읽을 수 있습니다.

N2 中学
9획 / 부수 木

나무(木)도 오래(古)되면 마르고 죽으니
**마를 고, 죽을 고**

훈독 **かれる, からす**　음독 **こ**

훈독 枯れる 마르다, 시들다　枯らす 말리다, 시들게 하다

음독 枯渇 고갈　枯槁 ① 시들어 마름 ② 쇠약해짐　枯死 고사　枯木 고목

예외 木枯らし 초겨울의 찬바람

---

N2 小4
8획 / 부수 口

에워싸(口) 오래(古)두면 굳으니 **굳을 고**
또 굳은 듯 진실로 변치 않으니 **진실로 고**

+ 口(에운담)

훈독 **かたい, かたまる, かためる**　음독 **こ**

훈독 固まり ① 덩어리 ② 뭉치 ③ 어떤 경향이 극단적으로 강한 사람
固唾 긴장했을 때 입안에 괴는 침

음독 頑固 ① 완고, 외고집 ② 나쁜 상태가 오래감, 끈질김
凝固 응고, 엉겨 굳어짐　堅固 ① 견고 ② 건강함, 튼튼함 ③ 확실함, 의심 없음

---

中学
16획 / 부수 金

쇠(金)로 굳게(固) 만든 금고에 가두니 **금고 고, 가둘 고**

음독 **こ**

음독 禁錮 금고(자유형의 하나로 교도소에 가두어 두기만 하고 노역은 시키지 않음)

---

N1 中学
14획 / 부수 竹(𥫗)

대(𥫗)처럼 지조가 굳어(固) 잡것과 섞이지 않는 낱낱이니
**낱 개**
또 낱낱이 세는 개수니 **개수 개**

+ 동 個 – 사람(亻) 성격이 굳어져(固) 개인 행동을 하는 낱낱이니 '낱 개'
+ 𥫗 [대 죽(竹)이 부수로 쓰일 때의 모양]

음독 **か**

음독 箇所 개소, 곳, 군데　箇条 개조, 조항, 항목

64

N2 小6
8획 / 부수 草(艹)

풀(艹)이 만약 들쑥날쑥하다면 자주 쓰는 **오른(右)**손으로 잘라 같게 하니 만약 **약**, 같을 **약**, 반야 **야**
또 쑥쑥 자라는 **풀(艹)**이나 힘센 **오른(右)**손처럼 젊으니
젊을 **약**

+ 苦(쓸 고, 괴로울 고) - 1권 제목번호 020 참고
+ 반야(般若) - 대승 불교에서, 만물의 참다운 실상을 깨닫고 불법을 꿰뚫는 지혜
+ 般(옮길 반, 일반 반)

훈독 **わかい, もしくは**  음독 **じゃく, にゃく**

훈독 若い 젊다  若々しい 젊디젊다, 싱싱하다  若者 젊은이

음독 若年 나이가 젊거나 또는 그 사람  若輩 젊은이, 청년, 풋내기
老若男女 남녀노소

---

N1 中学
15획 / 부수 言

청하는 **말(言)**과 같이(若) 허락하고 대답하니
허락할 **락(낙)**, 대답할 **락(낙)**

+ 言(말씀 언)

음독 **だく**

음독 唯唯諾諾 유유낙낙(명령하는 대로 순종함)  快諾 쾌락
許諾 허락  承諾 승낙

---

N1 中学
10획 / 부수 匸

감추어(匸) 만약(若)의 것까지 숨기고 숨으니
숨길 **닉**, 숨을 **닉**

+ 匸(감출 혜, 덮을 혜, = ㄴ)

음독 **とく**

음독 匿名 익명  蔵匿 감춤, 숨김  秘匿 비닉(몰래 감춤)

**N2** **小1**
5획 / 제부수

## 언덕(厂) 밑에 있는 돌(口)을 본떠서 돌 석

+ 厂 [굴 바위 엄, 언덕 엄(厂)의 변형], 口('입 구, 말할 구, 구멍 구'이지만 여기서는 돌로 봄)

훈독 **いし** 음독 **せき, しゃく, こく**

훈독 石弓 석궁 石橋 돌다리 石頭 ① 돌처럼 단단한 머리 ② 완고하다

음독 石階 돌계단 石灰 석회 一石二鳥 일석이조 隕石 운석
柱石 주석, 기둥, 의지하는 중요한 사람 石高 수확한 미곡의 양

---

中学
8획 / 부수 女

## 여자(女)가 돌(石)을 던지듯 질투하니 질투할 투

+ 图 妒 – 여자(女)가 집(戶)에서 밖에 있는 여자를 질투하니 '질투할 투'
+ 질투(嫉妬) – 시새우고 미워함
+ 戶(戶: 문 호, 집 호), 嫉(시기할 질)

훈독 **ねたむ** 음독 **と**

훈독 妬む 샘하다, 질투하다

음독 妬心 질투심 嫉妬 질투

---

**N1** 中学
8획 / 부수 手(扌)

## 손(扌)으로 돌(石)을 치워 개척하니 개척할 척
## 또 손(扌)으로 돌(石)에 새겨진 글씨를 눌러 박으니 박을 탁

음독 **たく**

음독 拓殖 척식, 개척과 식민 拓地 척지, 개간 開拓 개척 拓本 탁본
魚拓 어탁(물고기 탁본)

**N4** **小1**
4획 / 부수 丨

사물(口)의 가운데를 **뚫어**(丨) 맞히니 가운데 중, 맞힐 중

+ 口('에운담'의 변형이지만 여기서는 사물로 봄), 丨(뚫을 곤)

훈독 **なか** 　음독 **ちゅう, じゅう**

훈독 　中黒<sup>なかぐろ</sup> 중점(・) 中身<sup>なかみ</sup> 알맹이, 내용 夜中<sup>よなか</sup> 한밤중

음독 　中間<sup>ちゅうかん</sup> 중간 中性<sup>ちゅうせい</sup> 중성 中止<sup>ちゅうし</sup> 중지 中断<sup>ちゅうだん</sup> 중단 中立<sup>ちゅうりつ</sup> 중립
　　　意中<sup>いちゅう</sup> 의중 十中八九<sup>じっちゅうはっく</sup> 십중팔구 日中<sup>にっちゅう</sup> 주간, 낮 一日中<sup>いちにちじゅう</sup> 하루종일
　　　夢中<sup>むちゅう</sup> ① 꿈 속 ② 열중함, 몰두함

---

**N2** **小4**
5획 / 부수 口

중립(屮)을 **지키며**(乀) 써야 하는 역사니 역사 사

+ 역사(歷史) – 인류 사회의 변천과 흥망의 과성이나 또는 그 기록
+ 屮[가운데 중, 맞힐 중(中)의 변형], 乀(파임 불'이지만 여기서는 굳게 지키는 모양으로 봄), 歷(歷: 지낼 력, 겪을 력)

음독 **し**

음독 　国史<sup>こくし</sup> 국사 史跡<sup>しせき</sup> 사적

---

**N1** **中学**
6획 / 부수 口

한(一)결같이 중립(屮)을 **지키며**(乀) 공정하게 일해야 하는 관리니 관리 리

음독 **り**

음독 　吏員<sup>りいん</sup> 관리, 공무원(= 役人<sup>やくにん</sup>) 能吏<sup>のうり</sup> 유능한 관리

N1 小4
7획 / 부수 水(氵)

물(氵) 가운데(中) 섞인 듯 화하고 트이니 **화할 충, 트일 충**
또 물(氵)과 위에 언 얼음 **가운데(中)**처럼 비니 **빌 충**
또 빈 공중으로 날아오르니 **오를 충**

+ 화(和)하다 – ① (무엇을) 타거나 섞다.
　　　　　　　② (날씨나 바람·마음 등이) 온화하다.
　화(化)하다 – 다른 상태가 되다.
　　　　　　　여기서는 和의 뜻.
+ 沖은 일본어에서 ① 물가에서 멀리 떨어진 바다 위 또는 호수 위 ② (논밭·벌판에서) 앞에 멀리 트인 곳을 나타내기도 합니다.

훈독 **おき**　　음독 **ちゅう**

훈독 沖 앞바다　沖合 앞바다 부근　沖釣 바다낚시
沖縄県 오키나와 현(일본 현의 하나)

음독 沖積層 충적층　沖する 높이 올라가다
沖虚 ① 허무하다, 덧없다 ② 공허하다, 내용이 없다

---

中学
7획 / 부수 丨

(고대에 화폐로 사용되었던) 조개를 꿰어 놓은 꿰미니

**꿸 관, 꿰미 천**

또 무엇을 꿰어 놓은 꼬챙이처럼 바다 쪽으로 길게 뻗은

땅 이름이니 **땅 이름 곶**

+ 곶 – 바다로 좁고 길게 뻗은 반도보다 작은 육지

훈독 **くし**

훈독 串 꼬챙이, 꼬치　串柿 곶감　串焼き 꼬치구이　串刺し 꼬챙이에 꿰

---

N2 中学
11획 / 부수 心

꿰어진(串) 마음(心)처럼 늘 생각나는 근심이니 **근심 환**

+ '가운데(中) 가운데(中)의 마음(心)에 맺힌 근심이니 근심 환'이라고도 합니다.
+ 心(마음 심, 중심 심)

훈독 **わずらう**　　음독 **かん**

훈독 患う (병을) 앓다, (병이) 나다　長患い 오랜 병(을 앓음), 숙환
음독 患苦 환고(근심 때문에 생기는 고통)　患者 환자　患難 환난
患部 환부　後患 후환

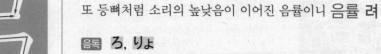

N1 中学
7획 / 부수 口

등뼈가 서로 이어진 모양을 본떠서 **등뼈 려**
또 등뼈처럼 소리의 높낮음이 이어진 음률이니 **음률 려**

음독 **ろ, りょ**

음독 呂律 말씨, 말투 語呂 어조 律呂 음률

---

中学
9획 / 부수 人(亻)

**사람(亻)** 중 **등뼈(呂)**처럼 이어지는 짝이니 **짝 려**

음독 **りょ**

음독 僧侶 승려 伴侶 반려

69

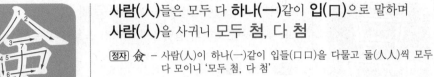

참고자

8획 / 부수 人

사람(人)들은 모두 다 하나(一)같이 입(口)으로 말하며
사람(人)을 사귀니 모두 첨, 다 첨

[정자] 僉 – 사람(人)이 하나(一)같이 입들(口口)을 다물고 둘(人人)씩 모두
다 모이니 '모두 첨, 다 첨'

[음독] せん

---

N1  中学

10획 / 부수 人(亻)

사람(亻)들은 대부분 다(僉) 검소하니 검소할 검

[정자] 儉

[음독] けん

[음독] 儉素 검소  儉約 검약, 절약(= 節儉)  勤儉 근검
けん そ          けん やく              せっけん        きんけん

---

양쪽 다(僉) 칼날이 있는 칼(刂)이니 칼 검

[정자] 劍

+ 칼날이 양쪽으로 된 칼은 칼 검(劍), 한쪽으로 된 칼은 칼 도(刀)입니다.
+ 刂(칼 도 방)

[훈독] つるぎ   [음독] けん

[훈독] 劍 양날 검
つるぎ

[음독] 劍客 검객  劍が峰 높고 날카로운 산봉우리  劍豪 검술의 명인
けん かく        けん みね                            けん ごう
劍術 검술  劍道 검도  劍難 칼로 입는 재난  真劍 진검
けんじゅつ      けん どう      けんなん              しんけん

N1  中学

10획 / 부수 刀(刂)

70

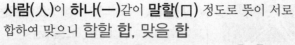

N3 小2
6획 / 부수 口

사람(人)이 하나(一)같이 말할(口) 정도로 뜻이 서로
합하여 맞으니 **합할 합, 맞을 합**
또 곡식의 양을 재는 단위인 홉으로도 쓰여 **홉 홉**
+ 1홉은 1되의 10분의 1
+ 口(입 구, 말할 구, 구멍 구)

**훈독** あう, あわせる   **음독** ごう, がっ, かっ

**훈독** 合口 이야기나 뜻이 통하는 일  合わす 합치다
落ち合う (약속한 곳에서) 만나다, 합류하다
問い合わせる 문의(조회)하다, 물어서 확인하다

**음독** 合格 합격  合議 합의  合流 합류  統合 통합  合作 합작
合算 합산  合奏 합주  合唱 합창  合体 합체  歌合戦 노래 대항전

N2 中学
12획 / 부수 土

흙(土)에 풀(艹)을 합하여(合) 이겨 쌓은 탑이니 **탑 탑**
+ 옛날에는 흙으로도 탑을 쌓았는데, 더 견고하도록 황토 흙에 풀을 넣어 반
죽하여 쌓았지요.
+ 土(흙 토), 艹(초 두)

**음독** とう

**음독** 尖塔 첨탑  石塔 석탑, 묘석  金字塔 금자탑
五重の塔 오륜탑, 오층탑

N1 中学
12획 / 부수 手(扌)

손(扌)으로 풀(艹)을 합쳐(合) 놓고 올라타니 **탈 탑**
+ 딱딱하거나 거친 곳에 타야 할 때, 부드러운 풀을 모아 깔아 놓고 그 위에
올라탐을 생각하고 만든 글자

**음독** とう

**음독** 搭載 탑재  搭乗 탑승  搭乗券 탑승권

N4 小2
4획 / 부수 人

사람(人)이 하나(一)같이 **모여드는(フ)** 때가 바로 이제 오늘이니 이제 금, 오늘 금

+ フ[이를 급, 미칠 급(及)의 변형]

훈독 **いま**　음독 **こん, きん**

훈독 今更 이제 와서　今時分 ① 지금쯤, 이맘때 ② 요즘, 이제

음독 今夏 올 여름　今後 이후, 앞으로　今暁 오늘 새벽　今昔 지금과 옛날
今度 이번　今夜 오늘밤

예외 今年 올해　今宵 오늘밤　今朝 오늘 아침

---

N1 中学
7획 / 부수 口

입(口)으로 **지금(今)** 읊으니 읊을 음

음독 **ぎん**

음독 吟詠 음영, 시에 가락을 붙여 노래함　吟味 음미
詩吟 한시에 가락을 붙여 읊음　吟遊詩人 음유시인
苦吟 고심하여 시가를 지음, 시가를 짓느라 고심함

---

中学
12획 / 부수 玉(王)

구슬(王)과 **구슬(王)**이 **지금(今)** 바로 부딪친 듯 맑은 소리를 내는 거문고니 거문고 금

훈독 **こと**　음독 **きん**

훈독 琴 거문고

음독 琴曲 거문고 곡　琴瑟 금슬　琴線 거문고 줄　木琴 실로폰
手風琴 손풍금

---

N2 中学
7획 / 부수 口

**지금(今)** 입(口)에 머금으니 머금을 함

훈독 **ふくむ, ふくめる**　음독 **がん**

훈독 含む 포함하다　含める 포함시키다　煮含める 맛이 스며들도록 조리다
含み ① 포함함, 품음 ② (속에 든) 뜻·내용, 함축 ③ 여유, 양해
言い含める 알아듣게 말하다

음독 含嗽 양치질함　含羞 부끄러워함　含蓄 함축　含量 함량　包含 포함

**N2** **小4**
8획 / 부수 心

지금(今) 마음(心)에 떠오르는 생각이니 생각 념

+ 心(마음 심, 중심 심)

음독 **ねん**

음독 念願 염원 観念 단념, 체념 信念 신념 専念 전념 断念 단념
通念 통념

**中学**
11획 / 부수 手(扌)

손(扌)으로 생각(念)을 비틀 듯 궁리하여 짜내니
비틀 념, 짜낼 념

훈독 **ひねる, ねじる** 음독 **ねん**

훈독 捻る ① 비틀다 ② 뒤틀다 ③ 생각을 짜내다 捻る 뒤틀다, 쥐어짜다

음독 捻挫 염좌 捻出 ① 변통함 ② 짜냄 捻転 뒤틀림

**中学**
11획 / 부수 貝

누구나 지금(今) 앞에 재물(貝)이 있으면 탐내니 탐낼 탐

+ 貝(조개 패, 재물 패, 돈 패)

훈독 **むさぼる** 음독 **どん**

훈독 貪る 탐내다, 탐하다, 욕심 부리다

음독 貪欲 탐욕 貪吏 탐관오리

+ '貪吏'의 '貪'은 'たん'으로도 읽을 수 있습니다.

N1 中学
5획 / 부수 日

해(日)가 지평선(一) 위로 떠오르는 아침이니 아침 단

+ 윤 ㅌ(뻗칠 궁, 펼 선) - 제목번호 071 참고

음독 たん

음독 一旦 ① 일단 ② 한때, 잠시, 잠깐　元旦 정월 초하루
月旦 매월 초　旦那 남편

N1 中学
7획 / 부수 人(亻)

사람(亻)은 아침(旦)이면 다만 그날 일을 생각하니 다만 단

+ 다만 - 다른 것이 아니라 오로지

훈독 ただし

훈독 但し 단, 다만　但し書 단서

N1 中学
9획 / 부수 肉(月)

몸(月)에서 날(日)마다 한(一)결같이 쓸개즙을 내는 쓸개니
쓸개 담
또 쓸개에서 나온다는 담력이니 담력 담

정자 膽 - 몸(月) 상태를 살펴(詹) 필요한 만큼의 쓸개즙을 내는 쓸개니
'쓸개 담'
또 쓸개에서 나온다는 담력이니 '담력 담'

+ 담력(膽力) - 겁이 없고 용감한 기운
+ 詹 - 언덕(厂)의 위·아래에서 사람들(⺈·儿)이 말하며(言) 살피니 '살필 첨'
+ 月(달 월, 육 달 월), 厂(굴 바위 엄, 언덕 엄), ⺈[사람 인(人)의 변형], 儿
(어진사람 인, 사람 인 발), 言(말씀 언)

훈독 きも　음독 たん

훈독 胆試し 담력 시험

음독 胆 쓸개　胆石 담석　胆汁 담즙　胆力 담력　落胆 낙담
大胆 ① 대담 ② 겁 없음 ③ 당돌함, 무모함　臥薪嘗胆 와신상담

**N1**
6획 / 부수 二

하늘(一) 아래 햇(日)살이 땅(一) 위에 뻗쳐 펴지니
**뻗칠 긍, 펼 선**

+ 𠦝 旦(아침 단) - 제목번호 070 참고
+ 一('한 일'이지만 여기서는 하늘·땅으로 봄)

훈독 **わたる**　음독 **こう, せん**

**N1** 中学
9획 / 부수 心(忄)

마음(忄)은 항상 무엇으로 **뻗치니(亘)** 항상 항

+ 마음은 항상 무엇을 원하고 생각하며 어디론가 뻗어가지요.
+ 항상(恒常) - 늘
+ 常(항상 상, 보통 상)

훈독 **つね**　음독 **こう**

훈독 恒<sup>つね</sup>に 항상
음독 恒温<sup>こう おん</sup> 항온(언제나 일정한 온도)　恒久<sup>こう きゅう</sup> 영구
恒産<sup>こう さん</sup> 일정하고 안정된 재산·생업　恒心<sup>こう しん</sup> 한결같은 마음
恒常<sup>こう じょう</sup> 항상, 늘, 언제나　恒例<sup>こう れい</sup> 항례(보통 있는 일)
恒星<sup>こう せい</sup> 항성(늘 같은 자리에 있는 것처럼 보이는 별)

**N1** 中学
9획 / 부수 土

흙(土)을 펴서(亘) 친 담이니 담 원

훈독 **かき**

훈독 垣越<sup>かき ご</sup>し 울타리 너머　垣根<sup>かき ね</sup> 울타리　垣覗<sup>かき のぞ</sup>き 울타리 틈으로 엿봄
竹垣<sup>たけ がき</sup> 대나무 울타리

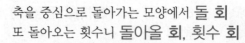

**N3** **小2**
6획 / 부수 口

축을 중심으로 돌아가는 모양에서 **돌 회**
또 돌아오는 횟수니 **돌아올 회, 횟수 회**

| 훈독 | **まわる, まわす, めぐる** | 음독 | **かい, え** |

훈독　回る 돌다　回り道 돌아서 가는 길　回す 돌리다
　　　回り ① 돎 ② 차례로 방문함 ③ 회전　後回し 뒤로 미룸
　　　手回し ① 손으로 돌림 ② 준비

음독　回顧 회고　回数 횟수　回想 회상　奪回 탈회, 탈환, 되빼앗음
　　　回答 회답　回避 회피　回復 회복　回遊 회유　回覧 회람

---

**참고자**
13획 / 부수 亠

머리(亠) 돌려(回) 아침(旦)부터 일에 열중하는 높은 믿음이니
**높을 단, 믿음 단**

+ 亠(머리 부분 두)

---

**N1** **中学**
16획 / 부수 土

흙(土)을 높이(亶) 쌓아 만든 제단이나 단상이니
**제단 단, 단상 단**

+ 제단(祭壇) – 제사지내는 단
+ 단상(壇上) – 교단이나 강단 등의 위
+ 祭(제사 제, 축제 제), 上(위 상, 오를 상)

| 음독 | **だん, たん** |

음독　壇上 단상　演壇 연단(연극이나 강연을 하는 사람이 서는 단)
　　　花壇 화단　劇壇 극단　教壇 교단　土壇場 막판　文壇 문단
　　　登壇 등단(일정한 활동 분야에 처음으로 등장하는 것)

**N1** **中学**
12획 / 부수 日

해(日)가 셋이나 빛나듯 반짝이는 수정이니 수정 정
또 수정처럼 맑으니 맑을 정

+ 수정(水晶) – 석영이 육각기둥 꼴로 결정된 것
+ 육면체인 수정에 해가 비치면 각 면에서 반짝이지요.

음독 しょう

음독 液晶 액정 結晶 결정

**中学**
10획 / 부수 冖

덮이듯(冖) 넘어가는 해(日) 때문에 오후 여섯(六) 시 정도면
어두우니 어두울 명
또 어두우면 저승 같고 아득하니 저승 명, 아득할 명

+ 계절에 따라 다르지만 평균 여섯 시 정도면 어두워지지요.

음독 みょう, めい

음독 冥加 행운 冥護 가호 冥界 저승(= 冥府) 冥福 명복
幽冥 가물가물하고 어두움 冥界 지옥, 저승길

+ '冥界'은 'みょうかい'로도 읽을 수 있습니다.

**N4** **小3**
6획 / 부수 宀

집(宀)에서 여자(女)가 살림하면 어찌 편안하지 않을까에서
어찌 안, 편안할 안

또 편안하게 사도록 값이 싸니 쌀 안

훈독 やすい    음독 あん

훈독 安い 싸다 安物 값싼 물건, 싸구려 安らかだ ① 편하다 ② 평안하다

음독 安易 손쉬움, 안이함 安逸 안일 安閑 편안하고 한가함
安危 안위 安固 탄탄함 安静 안정 安息 안식 安打 안타
安臥 편안한 자세로 누움 治安 치안 安寧 아무 탈 없이 편안함

**N1** **中学**
10획 / 부수 宀

좋은 날(日)을 맞아 편안하게(安) 여는 잔치니 잔치 연

훈독 うたげ    음독 えん

훈독 祝いの宴 축하연

음독 宴会 연회 宴席 연석 饗宴 향연 盛宴 성연(성대한 연회)
祝宴 축하연(= 賀宴) 酒宴 술잔치

참고자

10획 / 부수 草(艹)

풀(艹)에 해(日)처럼 큰(大) 영향을 미치는 것이 없으니
가리지 말라는 데서 없을 막, 말 막
또 풀(艹)에는 해(日)가 가장 큰(大) 영향을 미치니 가장 막

[정자] 莫

+ 莫은 '없을 막, 말 막'처럼 부정사나 금지사로 쓰이기도 하고, '가장 막'처럼
  최상급으로 쓰이기도 하니, 앞뒤 문맥을 살펴서 해석해야 합니다.

[음독] ばく, ぼ, も, まく

[음독] 索莫 삭막, 황폐하여 쓸쓸하고 적적한 모양
　　　 落莫 적막, 어쩐지 (마음이) 쓸쓸함　莫大 막대

N1 中学

13획 / 부수 水(氵)

물(氵)이 없어서(莫) 생기는 사막이니 사막 막
또 사막처럼 아무것도 없어 막막하니 막막할 막

[정자] 漢

[음독] ばく

[음독] 漠然 막연　漠々 막막함　広漠 광막(넓고 아득함)
　　　 茫漠 ① 넓고 아득함 ② 종잡을 수 없음

N1 中学

14획 / 부수 肉(月)

몸(月) 속의 여러 기관들이 섞이지 않도록(莫) 경계를 이루는
얇은 막이니 막 막

[정자] 膜

+ 月(달 월, 육 달 월)

[음독] まく

[음독] 角膜 각막(눈의 겉을 싼 투명한 막)　結膜 결막
　　　 横隔膜 횡격막(배와 가슴 사이를 분리하는 근육)

**없는(莫) 힘(力)**을 보충하려고 사람을 모집하니
**모집할 모**

정자 募

+ 모집(募集) – 사람이나 작품, 물품 등을 일정한 조건 아래 널리 알려 뽑아
모음
+ 力(힘 력), 集(모일 집, 모을 집, 책 집)

훈독 **つのる**　음독 **ぼ**

훈독 募る ① 점점 심해지다 ② 모으다　降り募る (비가) 점차 세차게 내리다

음독 募金 모금　募集 모집　募兵 모병　応募 응모　公募 공모

---

정신이 **없을(莫)** 정도로 **마음(忄)**에 사모하니 **사모할 모**

정자 慕

+ 사모(思慕) – 애틋하게 생각하고 그리워함
+ 글자의 왼쪽에 붙는 부수인 변으로 쓰일 때는 忄(마음 심 변), 글자의 발에
붙는 부수인 발로 쓰일 때는 忄(마음 심 발)이나 '心'을 그대로 쓰이기도 합
니다.
+ 思(생각할 사)

훈독 **したう**　음독 **ぼ**

훈독 慕う ① 뒤를 좇다 ② 연모하다, 그리워하다

恋い慕う 연모하다, 그리워하다

음독 慕情 모정　欽慕 흠모　思慕 사모　追慕 추모　恋慕 연모

**참고자**
9획 / 부수 日

아침(旦)마다 **없던(勿)** 해가 떠서 비치는 볕과 햇살이니
## 볕 양, 햇살 양

+ 㥠 易(쉬울 이, 바꿀 역, 주역 역, 점칠 역) – 1권 제목번호 306 참고
+ 勿(말 물, 없을 물) – 1권 제목번호 306 참고

**N1** **中学**
12획 / 부수 手(扌)

손(扌)으로 **햇살(昜)**처럼 빛나게 날리고 높이니
## 날릴 양, 높일 양

**훈독** あげる, あがる　　**음독** よう

**훈독** 揚げ物 튀김　揚がる 튀겨지다

荷揚げ 뱃짐을 부리거나 또는 그 노동자

揚げる 튀기다　揚げ幕 무대로 통하는 출입구에 드리운 막

**음독** 揚水 양수　揚言 공공연하게 말함　意気揚々 의기양양

鷹揚 의젓함, 대범함　顕揚 현양(선양)　飛揚 날아오름

宣揚 선양

병(疒)이 **햇살(昜)**처럼 퍼지는 종기나 상처니
## 종기 양, 상처 양

+ 종기(腫気) – 피부가 곪으면서 생기는 큰 부스럼
+ 疒(병들 녁), 腫(부스럼 종), 気(氣: 기운 기, 대기 기)

**음독** よう

**음독** 瘍 부스럼　膿瘍 농양(신체의 조직 내에 고름이 생기는 병)　腫瘍 종양

**中学**
14획 / 부수 疒

N4 小1
5획 / 제부수

빛나는(丿) 해(日)는 희고 밝으니 **흰 백, 밝을 백**

또 흰색처럼 깨끗하니 **깨끗할 백**

또 깨끗하게 분명히 아뢰니 **아뢸 백**

훈독 **しろい, しら**   음독 **はく, びゃく**

훈독 白酒 3월 3일에 마시는 하얀 단 술   黒白 ① 흑백 ② 일의 선악
白粥 흰 죽   白髪 흰머리

음독 白骨 백골   白菜 배추   白晳 흰 피부   白昼 백주, 대낮
白寿 99세[일백 백(百)에서 一(한 일)이 빠진 나이]   白米 백미
白濁 백탁(보얗게 흐림)   白砂青松 백사청송(아름다운 해변의 견치)
白夜 백야

+ '白夜'는 'はくや'로도 읽을 수 있습니다.

N1 中学
7획 / 부수 人(亻)

사람(亻) 머리가 흴(白) 정도로 나이든 맏이나 우두머리니
**맏 백, 우두머리 백**

+ 나이 들수록 머리가 희어지니, 머리가 흴 정도로 나이든 사람이 맏이거나
우두머리지요.

음독 **はく**

음독 伯兄 맏형   画伯 화백   伯仲 ① 장남과 차남 ② 세력이 팽팽함
伯叔 ① 형과 아우 ② 백부와 숙부

N1 中学
8획 / 부수 手(扌)

손(扌)으로 무엇을 **아뢰려고(白)** 치니 **칠 박**

음독 **はく, ひょう**

음독 拍手喝采 박수갈채   拍車 박차   拍動 (심장) 박동   脈拍 맥박
拍子 박자   拍子木 딱따기   一拍 ① 일박 ② 한 번 손뼉을 침 ③ 한 박자

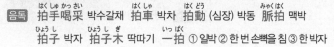

**N2** 中学
8획 / 부수 水(氵)

물(氵)이 하얗게(白) 보이도록 배들이 항구에 대고 묵으니
**배 댈 박, 묵을 박**
또 물(氵)에 깨끗이(白) 씻으면 마음도 산뜻하니 **산뜻할 박**

+ 옛날 배는 돛을 달았고 돛은 대부분 흰색이었으니, 물이 하얗게 보임은 배
들이 모여 묵는 것이지요.

훈독 **とまる, とめる**    음독 **はく**

훈독 泊める 정박시키다, 묵게 하다
泊まる 묵다, 머무르다  泊まり番 숙직
음독 外泊 외박  宿泊 숙박  停泊 정박  漂泊 유랑, 방랑

---

**N1** 中学
11획 / 부수 舟

배(舟)에 흰(白) 돛을 단 큰 배니 **큰 배 박**

+ 요즘 배는 작으나 크나 동력을 이용하여 다니지만, 옛날에는 작은 배는 노로,
큰 배는 돛을 달고 다녔지요.
+ 舟(배 주)

음독 **はく**

음독 舶載 (외국에서) 배로 실어 옴  舶用 선박용
舶来 박래(다른 나라에서 물건이 배에 실려 옴), 외래

---

**N1** 中学
8획 / 부수 辵(辶)

하얗게(白) 질린 얼굴로 뛰어갈(辶) 정도로 무슨 일이 닥치니
**닥칠 박**

+ 辶(뛸 착, 갈 착)

훈독 **せまる**    음독 **はく**

훈독 迫る ① 다가오다, 다가가다 ② 좁혀지다
음독 迫害 박해  迫撃 접근하여 공격함  気迫 기백, 기개  急迫 급박
強迫 강박
예외 圧迫 압박  逼迫 핍박

82

N2 小6
9획 / 부수 水

N1 中学
13획 / 부수 肉(月)

### 깨끗한(白) 물(水)이 나오는 샘이니 샘 천

+ 水(물 수)

| 훈독 | いずみ | 음독 | せん |

훈독 泉の下 황천, 저승

음독 温泉 온천　渓泉 계천　湧泉 물이 솟아나오는 샘

---

### 몸(月)에서 분비물이 나오는 샘(泉)이니 샘 선

+ 샘 – ① 물이 땅에서 솟아 나오는 곳. 또는 그 물
　　　② 남의 처지나 물건을 탐내거나, 자기보다 나은 처지에 있는 사람이나
　　　　 적수를 미워함. 또는 그런 마음
　　　③ 생물체 내에서 분비 작용을 하는 기관
　　　여기서는 ③의 뜻.

+ 月(달 월, 육 달 월)

음독 せん

음독 腺腫 선종(샘 세포가 증식하여 생기는 종양)
頸腺 경선, 목의 임파선　涙腺 눈물샘　前立腺 전립선

83

**N1**
8획 / 부수 肉(月)

몸(月)과 몸(月)이 비슷한 벗들의 무리니 **벗 붕, 무리 붕**

+ 몸을 뜻하는 육 달 월(月) 둘로 되었으니 같은 또래의 벗을 말하지요.

훈독 **とも**　　음독 **ほう**

훈독 竹馬の朋 죽마지우(어릴 때부터 같이 놀며 자란 벗)

음독 朋友 붕우, 벗　朋党 붕당, 끼리끼리 모임 집단, 한 패거리(= 徒党)

---

**N1** 中学
12획 / 부수 木

나무(木)로 똑같이 **무리(朋)** 지어 만든 선반이니 **선반 붕**

+ 木(나무 목)

훈독 **たな**

훈독 棚 선반　棚上げ 보류해 둠　棚卸し 재고 정리, 재고 조사
戸棚 찬장　大陸棚 대륙붕

---

**N1** 中学
11획 / 부수 山

산(山)처럼 무거운 것이 **무리(朋)** 지어 누르면 무너지니
**무너질 붕**

훈독 **くずれる, くずす**　　음독 **ほう**

훈독 崩れる 무너지다　崩す 무너뜨리다　山崩れ 산사태

음독 崩壊 붕괴　崩落 붕락

예외 雪崩 ① 눈사태 ② 경사

**N1** 中学
5획 / 부수 口

입(口)으로 비수(匕)처럼 날카롭게 꾸짖으니 꾸짖을 **질**

+ 비수(匕首) − 짧고 날이 날카로운 칼
+ 匕(비수 비, 숟가락 비)

훈독 **しかる**　음독 **しつ**

음독 叱責 질책
　　 叱正 꾸짖어 바로 잡음(작품이나 논문의 첨삭 · 비평을 청할 때에 하는 말)

---

**N1** 中学
6획 / 부수 日

비수(匕)로 햇(日)빛에 익은 과일을 잘라 먹어보는 맛이니
맛 **지**

또 말이나 글에 담긴 맛은 뜻이니 뜻 **지**

훈독 **むね, うまい**　음독 **し**

훈독 大旨 대체로, 대개, 대강

음독 旨意 생각　本旨 본지, 본래의 취지　論旨 논지

---

**N2** 中学
10획 / 부수 肉(月)

고기(月)에서 맛(旨)을 내는 기름이니 기름 **지**

훈독 **あぶら**　음독 **し**

훈독 脂 (동물성) 기름, 지방　脂汗 비지땀　脂付く 윤기가 돌다
　　 脂手 땀이 잘 나는 손　脂取り 기름종이(얼굴의 기름기를 닦아 내는 종이)
　　 脂ぎる 기름기가 돌다, 기름지다, 특히 비계가 많다

음독 脂質 지(방)질　脂粉 연지와 분　脂肪 지방　牛脂 우지　油脂 유지

예외 松脂 송진

---

中学
13획 / 부수 言

말(言)로 뜻(旨)을 전하려고 나아가 이르니 이를 **예**

훈독 **もうでる**　음독 **けい**

훈독 詣でる 참배하다　初詣 1월 1일에 신사에 참배하는 것

음독 参詣 참예(신이나 부처에게 나아가 뵘)
　　 造詣 조예(학문이나 예술, 기술 등의 분야에 대한 지식이나 경험이 깊
　　 은 경지에 이른 정도)

**N2** **小1**
6획 / 제부수

벌레 모양을 본떠서 **벌레 충**

[정자] 蟲 – (벌레는 원래 한 마리가 아니니) 많은 벌레가 모인 모양을 본떠서 '벌레 충'

[훈독] **むし**　[음독] **ちゅう**

[훈독] 毛虫 (け むし) 모충, 쐐기　泣き虫 (な むし) 울보

[음독] 虫類 (ちゅうるい) 충류　幼虫 (ようちゅう) 유충, 애벌레　害虫 (がいちゅう) 해충

---

**N1** **中学**
11획 / 부수 虫

벌레(虫)처럼 **집(宀)** 안에서 **비수(匕)** 같은 혀를 날름거리는 뱀이니 **뱀 사**

+ 宀(집 면)

[훈독] **へび**　[음독] **じゃ, だ**

[훈독] 蛇 (へび) 뱀　毒蛇 (どくへび) 독사　錦蛇 (にしきへび) 비단뱀

[음독] 蛇口 (じゃぐち) 수도꼭지　蛇毒 (じゃどく) 뱀의 독　蛇の目 (じゃ の め) 굵은 고리 모양

蛇腹 (じゃ ばら) ① 사진기 · 아코디언의 주름상자 ② 접등의 접는 부분 ③ 수도고동에 끼우는 신축성 있는 호스　蛇行 (だ こう) 사행, 꾸불꾸불 나아감

蛇蝎 (だ かつ) 뱀과 전갈, 사람이 아주 싫어하는 것　蛇足 (だ そく) 사족, 군더더기

[예외] 大蛇 (おろち) 큰 뱀, 이무기

+ '大蛇'는 'だいじゃ'로도 읽을 수 있습니다.

---

**N1** **中学**
18획 / 부수 糸

풀(艹)에 **성(冂)**처럼 **붙여( l )** 실(糸)로 벌레(虫)가 지어 놓은 고치니 **고치 견**

+ '고치'는 누에의 집이고, '고추'는 채소로 먹는 것입니다.
+ 艹(풀 초), 冂(멀 경, 성 경), l ('뚫을 곤'이지만 여기서는 붙인 모양으로 봄), 糸(실 사, 실 사 변)

[훈독] **まゆ**　[음독] **けん**

[훈독] 繭 (まゆ) 누에고치

繭玉 (まゆだま) 버드나무나 댓가지 등에 누에고치 모양의 과자 등을 단 (설날 등의) 장식

[음독] 繭糸 (けん し) 견사　繭蚕 (けん さん) 견잠(고치를 지은 누에)

N3 小3
10획 / 부수 目

많은(十) 눈(目)이 쳐다봐도 하나(一)같이 팔(八)방에

통하도록 참되니 참 진

정자 眞 – 비수(匕)처럼 눈(目)뜨고 감추어진(ㄴ) 것을 나누고(八) 파헤쳐
보아도 참되니 '참 진'

훈독 ま, まこと　　음독 しん

훈독 真心 진심 真砂 잔모래 真下 직하, 바로 아래 真夏 한여름
真横 바로 옆 真っ二つ 절반, 두 동강이 真っ先 맨 앞, 제일 먼저

음독 真意 진의, 참뜻 真偽 진위 真珠 진주 真情 진정

N1 中学
18획 / 부수 金

쇠(金)처럼 무거운 것으로 참(真)되게 눌러 진압하니

누를 진, 진압할 진

정자 鎮

+ 진압(鎮圧) – '누르고 누름'으로, 눌러 진정시킴
+ 金(쇠 금, 금 금, 돈 금), 圧(壓: 누를 압)

훈독 しずめる, しずまる　　음독 ちん

훈독 鎮める 가라앉히다, 진정시키다 鎮まる 가라앉다, 안정되다

음독 鎮圧 진압 鎮火 진화, 소화 鎮咳剤 진해제
鎮魂 진혼, 위령 鎮静 진정 鎮痛 진통
鎮座 ① 신령이 그 자리에 임함 ② 뜸직하게 자리잡고 있음

참고자
13획 / 부수 土

흙(土)으로 참(真)되게 채우니 채울 전

정자 塡

음독 てん

음독 装塡 장전 補塡 보전

87

**N1** **中学**
13획 / 부수 心(忄)

마음(忄)까지 **참(真)**되게 하려고 삼가니 삼갈 **신**

[정자] 愼
+忄(마음 심 변)

[훈독] **つつしむ**  [음독] **しん**

[훈독]
<sup>つつし</sup>
慎む 삼가다
<sup>つつし</sup>
慎み ① 삼감, 조심성, 조신함, 신중함 ② 금기 ③ 황공해 함

[음독]
<sup>しんちょう</sup>
慎重 신중  <sup>きんしん</sup>
謹慎 근신

---

**082** 比 비 〉 昆 곤

**N2** **小5**
4획 / 제부수

두 사람이 나란히 앉은 모양에서 나란할 **비**
또 나란히 앉혀 놓고 견주니 견줄 **비**

+[유] 北(등질 배, 달아날 배, 북쪽 북) – 1권 제목번호 323 참고

[훈독] **くらべる**  [음독] **ひ**

[훈독]
<sup>ちからくら</sup>
力比べ 힘겨루기  <sup>せくら</sup>
背比べ 키 대보기

[음독]
<sup>ひかく</sup>
比較 비교  <sup>ひけん</sup>
比肩 견줌, 필적  <sup>ひりつ</sup>
比率 비율  <sup>ひゆ</sup>
比喩 비유

---

**N1** **中学**
8획 / 부수 日

살아온 **날(日)**이 동생에 **견주어(比)** 많은 맏이니
많을 **곤**, 맏이 **곤**
또 많은 무리가 모여 사는 곤충이니 곤충 **곤**

+日(해 일, 날 일)

[음독] **こん**

[음독]
<sup>こんちゅう</sup>
昆虫 곤충  <sup>こんぶ</sup>
昆布 다시마

88

**N1** **中学**
13획 / 부수 心(忄)

마음(忄)까지 **참(真)**되게 하려고 삼가니 삼갈 **신**

[정자] 愼
+忄(마음 심 변)

[훈독] **つつしむ**　[음독] **しん**

[훈독]
つつし
慎む 삼가다
つつし
慎み ① 삼감, 조심성, 조신함, 신중함 ② 금기 ③ 황공해 함

[음독]
しんちょう
慎重 신중　きんしん
謹慎 근신

---

**082** 比 비 〉 昆 곤

**N2** **小5**
4획 / 제부수

두 사람이 나란히 앉은 모양에서 나란할 **비**
또 나란히 앉혀 놓고 견주니 견줄 **비**

+[유] 北(등질 배, 달아날 배, 북쪽 북) – 1권 제목번호 323 참고

[훈독] **くらべる**　[음독] **ひ**

[훈독]
ちからくら
力比べ 힘겨루기　せくら
背比べ 키 대보기

[음독]
ひかく
比較 비교　ひけん
比肩 견줌, 필적　ひりつ
比率 비율　ひゆ
比喩 비유

---

**N1** **中学**
8획 / 부수 日

살아온 **날(日)**이 동생에 **견주어(比)** 많은 맏이니
많을 **곤**, 맏이 **곤**
또 많은 무리가 모여 사는 곤충이니 곤충 **곤**

+日(해 일, 날 일)

[음독] **こん**

[음독]
こんちゅう
昆虫 곤충　こんぶ
昆布 다시마

88

**N1** **小4**
11획 / 제부수

사슴을 본떠서 **사슴 록**

[훈독] **しか, か**  [음독] **ろく**

[훈독] 鹿の子(かこ) 새끼 사슴  雄鹿(おじか) 수사슴

[음독] 鹿角(ろっかく) 녹각, 사슴 뿔  神鹿(しんろく) 신사의 경내에서 기르며 소중히 여기는 사슴

---

**中学**
19획 / 부수 鹿

수풀(林) 속 사슴(鹿)이 뛰노는 산기슭이니 **산기슭 록**

[훈독] **ふもと**  [음독] **ろく**

[훈독] 麓(ふもと) 산기슭

[음독] 山麓(さんろく) 산록, 산기슭

---

**N1** **中学**
19획 / 부수 鹿

고운(丽) 사슴(鹿)처럼 곱고 빛나니 **고울 려, 빛날 려**

+ 丽 - 몸의 이쪽저쪽을 꾸며 곱고 빛나니 '고울 려, 빛날 려'
+ 丽['고울 려, 빛날 려'로, 현재는 위를 一 하나만 써서(丽) 麗의 중국 한자 (간체자)로도 쓰임]

[훈독] **うるわしい**  [음독] **れい**

[훈독] 麗(うるわ)しい ① 곱다 ② (기분, 날씨가) 좋다

[음독] 麗姿(れいし) 아름다운 모습  麗人(れいじん) 여인  華麗(かれい) 화려  美麗(びれい) 아름답고 고움
閑麗(かんれい) 우아하고 아름다움  奇麗(きれい) 아름다움, 예쁨  美辞麗句(びじれいく) 미사여구

---

**N1** **中学**
15획 / 부수 心

사슴(严)처럼 하나(一)씩 기쁜 마음(心)으로 서서히(夂)
모여드는 경사니 **경사 경**

+ 경사(慶事) - 축하할 만한 기쁜 일
+ 严[사슴 록(鹿)의 획 줄임], 一[한 일(一)의 변형], 心(마음 심, 중심 심), 夂(천천히 걸을 쇠, 뒤져 올 치), 事(일 사, 섬길 사)

[음독] **けい**

[음독] 慶賀(けいが) 경하, 축하  慶事(けいじ) 경사  慶祝(けいしゅく) 경축  慶色(けいしょく) 희색  慶弔(けいちょう) 경조

약초(艹)와 사슴(严)과 새(鳥)를 잡아 드리며 추천하니
**드릴 천, 추천할 천**

+ 艹[초 두(艹)의 약자로, 여기서는 약초], 严[사슴 록(鹿)의 획 줄임], 鳥[새 조(鳥)의 획 줄임]

| 훈독 | すすめる | 음독 | せん |
|---|---|---|---|

훈독 薦める 추천하다, 천거하다
음독 推薦 추천 自薦 자천 特薦 특별히 추천함

N1 中学
16획 / 부수 草(艹)

---

084 > 皆 개 > 諧 해 > 楷 해

나란히(比) 앉아 말하는(白) 모두 다니 **다 개**

| 훈독 | みな | 음독 | かい |
|---|---|---|---|

훈독 皆 모두, 전부 皆殺し 몰살 皆様 여러분
음독 皆既日食 개기 일식 皆伝 전수받음 皆納 완납
皆済 ① (해야 할 일을) 마침 ② (빚·납부금 등을) 죄다 갚음
皆色 모두, 전혀

N2 中学
9획 / 부수 白

---

말(言)을 다(皆) 같이 하며 어울리니 **어울릴 해**

+ 言(말씀 언)

| 음독 | かい |
|---|---|

음독 諧謔 해학 諧声 잘 조화된 음성 和諧 화목함, 화해함

中学
16획 / 부수 言

---

나무(木)처럼 다(皆) 꼿꼿이 세워 쓴 해서니 **해서 해**
또 해서는 다른 글자체의 본보기니 **본보기 해**

+ 해서(楷書) – 서체의 한 가지. 글자 획을 똑바로 꼿꼿하게 세워서 쓰는 일.
또는 그 글자

| 음독 | かい |
|---|---|

음독 楷書体 해서체

中学
13획 / 부수 木

**N2** **小5**
10획 / 부수 肉(月)

곰은 **주둥이(厶)**와 **몸뚱이(月)**와 **네 발(匕)**로 재주 부림이 능하니 **능할 능**

+ 厶('사사로울 사, 나 사'지만 여기서는 곰의 주둥이로 봄), 月(달 월, 육 달월), 匕('비수 비, 숟가락 비' 둘이지만 여기서는 곰의 네 발로 봄)

음독 **のう**

음독 能書き 능세[= 달필(達筆)] 能天気 경박함 能動的 능동적 効能 효능 能弁 능변 能吏 유능한 관리 芸能 예능

---

中学
15획 / 부수 罒

법**망(罒)**에 걸리면 **유능한(能)** 사람도 파하여 마치니 **파할 파, 마칠 파**

+ 법망(法網) – 죄를 지은 사람에게 제재를 할 수 있는 법률이나 그 집행 기관을 말함
+ 파하다 – 어떤 일을 마치거나 그만두다.
+ 罒(그물 망, = 网, 罓), 網(그물 망)

음독 **ひ**

음독 罷業 파업 罷職 파직 罷免 파면

---

**N1** **小4**
14획 / 부수 火(灬)

능히(能) 불(灬) 속에서도 재주를 부리는 곰이니 **곰 웅**

+ 유 態(모양 태) – 1권 제목번호 350 참고
+ 灬(불 화 발)

훈독 **くま** 음독 **ゆう**

훈독 熊 곰 熊狩り 곰 사냥 穴熊 오소리 熊ん蜂 말벌 白熊 백곰
음독 熊掌 곰발바닥 熊胆 웅담

+ '熊胆'은 'くまのい'로도 읽을 수 있습니다.

**N2** **小6**
9획 / 제부수

걸어 놓은 짐승 가죽의 **머리(廿)**와 **몸통(口)**과 **다리(一)**와
**꼬리( | )**를 본떠서 가죽 혁
또 가죽으로 무엇을 만들려고 고치니(가공하니) 고칠 혁

훈독 **かわ** 음독 **かく**

훈독 革緒 가죽 끈 革靴 가죽 신발
음독 改革 개혁 皮革 가죽 沿革 연혁

---

**N1** **中学**
19획 / 부수 襾(覀)

(남이 눈치 채지 않게) **덮어(襾)** 숨겨 **혁명(革)**을 **달(月)**빛을
이용하여 일으켜 으뜸가는 두목이 되니 **으뜸 패, 두목 패**

+襾(덮을 아), 月(달 월, 육 달 월)

음독 **は**

음독 覇王 패왕 覇気 패기, 야심 覇権 패권 制覇 제패
覇者 ① 패자 ② 무력 · 권력으로 천하를 정복한 사람 ③ 경기 등의
우승자
예외 連覇 연패(연승)

---

**N2** **小3**
4획 / 부수 匕

**사람(イ)**이 **비수(匕)** 같은 마음을 품고 일하면 안 되는 일도
되고 변하니 **될 화, 변화할 화**
또 되도록 가르치니 **가르칠 화**

훈독 **ばける, ばかす** 음독 **か, け**

훈독 お化け 도깨비
음독 化石 화석 強化 강화 羽化 번데기가 성충이 됨 化繊 화학 섬유
化粧品 화장품

---

**N2** **中学**
13획 / 부수 革

**가죽(革)**을 **변화시켜(化)** 만든 가죽신이니 **가죽신 화**

훈독 **くつ** 음독 **か**

훈독 靴音 구두 소리 靴敷き 구두 깔창 靴下 양말 靴墨 구두약
靴底 구두창 長靴 장화 靴擦れ 구두에 쓸려서 까지거나 또는 그 상처
음독 軍靴 군화 製靴 제화

**참고자**
13획 / 부수 目

눈(罒)이 하나(一)의 입(口)처럼 크게 **변하며**(火)

**휘둥그레지니 눈 휘둥그레질 경**

+ 휘둥그레지다 – 놀라거나 두려워서 눈이 크고 둥그렇게 되다.
+ 罒['그물 망'이지만 여기서는 눈 목, 볼 목, 항목 목(目)을 뉘여 놓은 모양 으로 봄], 火[변화할 화, 될 화(化)의 변형]

---

N1 中学
17획 / 부수 玉(王)

옥(王)으로 눈 휘둥그레지듯이(睘) 둥글게 만든 고리니

**고리 환**

또 고리처럼 둥글게 두르니 **두를 환**

+ 王(임금 왕, 으뜸 왕, 구슬 옥 변), 睘 – 睘의 변형

음독 **かん**

음독 環境 환경   環座 환좌(여러 사람이 둥그렇게 둘러앉음)
　　　 環状 고리처럼 둥글게 생긴 모양   一環 일환

---

N1 中学
16획 / 부수 辶(辶)

놀라서 **눈이 휘둥그레졌다가**(睘) 다시 제 위치로

**돌아오니**(辶) 돌아올 환

훈독 **かえる**   음독 **かん**

훈독 還る 돌아가다, 돌아오다
음독 還元 환원   還送 환송   還暦 환갑   帰還 귀환   生還 생환   返還 반환

**N1**
7획 / 제부수

전갈자리 별 모양을 본떠서
**별 진, 날 신, 다섯째 지지 진**

훈독 **たつ** 음독 **しん**

훈독 辰年 <sup>たつどし</sup> 진년(용의 해), 용띠

---

**N1** 中学
10획 / 부수 女

여자(女)에게 별(辰)처럼 작은 생명이 잉태되어 아이 배니
**아이 밸 신**

음독 **しん**

음독 妊娠 <sup>にんしん</sup> 임신

---

**N1** 中学
10획 / 부수 手(扌)

손(扌)으로 별(辰)처럼 빛난 물건을 떨쳐 흔드니
**떨칠 진, 흔들 진**

훈독 **ふる、ふるう** 음독 **しん**

훈독 振る <sup>ふ</sup> 흔들다 振るう <sup>ふ</sup> ① 털다 ② 휘두르다 振舞 <sup>ふるまい</sup> 행동, 행동거지
振子 <sup>ふりこ</sup> 진자(줄 끝에 추를 매달아 좌우로 왔다 갔다 하게 만든 물체)

음독 振興 <sup>しんこう</sup> 진흥 振動 <sup>しんどう</sup> 진동 振幅 <sup>しんぷく</sup> 진폭 不振 <sup>ふしん</sup> 부진
振鈴 <sup>しんれい</sup> ① 종소리 ② 방울이나 종을 흔듦

N2 中学
15획 / 부수 雨

비(雨)올 때 별(辰)처럼 번쩍이며 치는 벼락이니 벼락 진
또 벼락칠 때처럼 천지가 진동하니 진동할 진

+ 雨(비 우)

| 훈독 | ふるう, ふるえる | 음독 | しん |

훈독 震う ① 떨리다 ② (대지가) 진동하다 震え 떨림 身震い 몸을 떪,
몸이 떨림, 몸서리 震える ① 흔들리다 ② (두려움, 추위 등으로) 떨리다

음독 震央 진앙 震害 지진 피해 震源 진원 震動 진동
強震 강진 地震 지진 震災 지진에 의한 피해

---

N1 中学
10획 / 부수 口

별(辰)처럼 입(口)을 빛나게 벌리며 놀라니 놀랄 진
또 별(辰)처럼 입(口)에서 붉게 빛나는 입술이니
입술 순

+ 통 脣 – 별(辰)처럼 몸(月)에서 붉게 빛나는 입술이니 '입술 순'

| 훈독 | くちびる | 음독 | しん |

훈독 唇 입술 上唇 윗입술 下唇 아랫입술

음독 唇歯 입술과 이 唇頭 ① 입술 끝 ② 입에 발린 말 花唇 꽃잎

---

N1 中学
10획 / 부수 辰

별(辰)처럼 빛나는 사람을 시기하여 한 마디(寸)씩 욕되게 하는
욕이니 욕될 욕, 욕 욕

+ 寸(마디 촌, 법도 촌)

| 훈독 | はずかしめる | 음독 | じょく |

훈독 辱め ① 욕, 치욕 ② 능욕 辱める 욕보이다

음독 汚辱 오욕, 수치, 창피 屈辱 굴욕 雪辱 설욕(부끄러움을 씻음)
侮辱 모욕

N2 小3
13획 / 부수 辰

허리 **구부리고(曲) 별(辰)** 있는 새벽부터 짓는 농사니
농사 농

음독 **のう**

음독 農耕 농경　農産物 농산물　農場 농장　農村 농촌　農具 농기구
のうこう　　　のうさんぶつ　　　のうじょう　　　のうそん　　　のうぐ
酪農 낙농
らくのう

N2 中学
16획 / 부수 水(氵)

**물(氵)**이 넉넉하여 **농사(農)**가 잘되면 곡식의 색도 짙으니
짙을 농

훈독 **こい**　　음독 **のう**

훈독 濃い 짙다, 진하다　濃さ 진함, 진한 정도, 농도
こ　　　　　　　　　　こ

음독 濃艶 농염　濃厚 농후　濃紺 짙은 감색　濃縮 농축　濃度 농도
のうえん　　　のうこう　　　のうこん　　　　　のうしゅく　　　のうど

96

N2 小5
13획 / 부수 豆

상다리가 **굽을(曲)** 정도로 **제기(豆)**에 음식을 많이 차려

풍성하니 **풍성할 풍**

+ 제기(祭器) – 제사 때 쓰는 그릇
+ 祭(제사 제, 축제 제), 器(器: 그릇 기, 기구 기)

훈독 **ゆたか**　음독 **ほう, とよ**

훈독 豊か 풍족함, 풍부함, 충분함　豊かだ 풍부하다

음독 豊凶 풍흉　豊頬 예쁘고 통통한 뺨　豊饒 풍요
豊潤 풍부하고 윤택함　豊作 풍작　豊漁 풍어, 대어

예외 豊田 도요타(일본의 기업)

N1 中学
19획 / 부수 色

**풍성한(豊) 색(色)**으로 이루어져 고우니 **고울 염**

+ 色(색 색)

훈독 **つや**　음독 **えん**

훈독 艶 윤기, 광택　艶気 윤기가 있는 모양
色艶 ① (얼굴빛이나 살갗의) 윤기 ② 재미, 정감

음독 艶姿 요염한 자태　艶書 연애편지　艶美 요염하게 아름답다
艶麗 요염하고 아리따움　豊艶 풍염(풍만하고 아름다움)
妖艶 요염

中学
11획 / 부수 曰

하나(一)같이 **구부리고(曲) 말하며(曰)** 무리지어 일하는
관청이니 무리 조, 관청 조

+ 같은 모습으로 무리지어 일하는 모양을 생각하고 만든 글자

음독 **そう**

음독 法曹 법조 （ほう そう）　陸曹 일본 육상 자위대의 하사관 （りく そう）

---

N1 中学
15획 / 부수 木

나무(木)로 **무리(曹)**지어 먹도록 만든 구유나 통이니
구유 조, 통 조

+ 구유 – 마소의 먹이를 담아 주는 큰 그릇

음독 **そう**

음독 水槽 수조 （すい そう）　油槽 유조 （ゆ そう）　浴槽 욕조 （よく そう）
歯槽 이뿌리가 박혀 있는 턱뼈의 구멍 （し そう）

---

N1 中学
14획 / 부수 辶(辶)

**무리(曹)**지어 **가다가(辶)** 만나니 만날 조

또 만나듯이 무슨 일을 당하니 당할 조

+ 辶(뛸 착, 갈 착)

훈독 **あう**　　음독 **そう**

훈독 遭う (어떤 일을) 당하다, 맞다 （あ）

음독 遭遇 조우(우연히 만남) （そう ぐう）　遭難 조난 （そう なん）

**참고자**

2획 / 부수 丿

이리저리 베어 다스리는 모습이 어지니
## 벨 예, 다스릴 예, 어질 예

---

N1 中学

4획 / 부수 刀(刂)

## 다스려(乂) 칼(刂)로 베니 벨 예

+刂[칼 도(刀)가 글자의 오른쪽에 붙는 부수인 방으로 쓰일 때의 모양으로
'칼 도 방']

훈독 **かる**

훈독 刈<sup>か</sup>る 베다, 깎다　草刈<sup>くさか</sup>り 풀베기
　　　刈<sup>か</sup>り入<sup>い</sup>れ (농작물의) 베어 들이기, 거두어 들이기, 수확

---

N1 中学

4획 / 부수 凵

## 움푹 패이고(凵) 베인(乂) 모습이 흉하니 흉할 흉
또 한 해 농사가 흉하게 된 흉년이니 **흉년 흉**

+凵('입 벌릴 감, 그릇 감'이지만 여기서는 움푹 패인 모양으로 봄)

음독 **きょう**

음독 凶悪<sup>きょうあく</sup> 흉악　凶夢<sup>きょうむ</sup> 흉몽, 불길한 꿈

---

中学

8획 / 부수 刀(刂)

## 벤(乂) 나무(木)를 칼(刂)질하여 짧은 시간에 지은 절이니
**짧은 시간 찰, 절 찰**

+윤 殺(殺: 죽일 살, 빠를 쇄, 감할 쇄) - 1권 제목번호 236 참고
+ 木(나무 목)

음독 **さつ, せつ**

음독 名刹<sup>めいさつ</sup> 유명한 절　刹那<sup>せつな</sup> 찰나　古刹<sup>こさつ</sup> 옛 절

**참고자**
4획 / 제부수

점치는 육효가 서로 엇갈린 점괘를 본떠서 **점괘 효, 수효 효**
또 서로 교차하여 사귀며 좋은 점을 본받으니 **사귈 효, 본받을 효**

+ 육효(六爻) – 주역의 괘를 이루는 6개의 가로 그은 획
+ 주역(周易) – 유학 경전의 하나

음독 じゅつ

---

**中学**
11획 / 부수 大

마음 큰(大) 사람과 **사귀고(爻) 사귄(爻)** 듯 시원시원하니
**시원할 상**

훈독 さわやか　음독 そう

훈독 爽やか 시원함, 상쾌함, 산뜻함　爽やかだ 화하다
음독 爽快 상쾌　爽気 상쾌한 기분　爽涼 상량(상쾌하고 시원함)
昧爽 이른(어둑) 새벽, 여명

---

**N1**
14획 / 부수 爻

한(一)결같이 **나누어(八) 성(冂)**이라도 **뚫고(丨) 들어가**
**사귀고(爻) 사귀고(爻)** 싶은 사람이 바로 너니
**너 이, 어조사 이**

+ 八(여덟 팔, 나눌 팔), 冂(멀 경, 성 경), 丨(뚫을 곤)

훈독 その, なんじ　음독 じ, に
음독 爾汝 너　徒爾 헛됨, 무익함, 무의미함
聊爾 ① 무례함, 실례 ② 경솔함, 경솔한 짓

---

**N1 中学**
19획 / 부수 玉

너(爾)에게 찍어주기 위하여 **옥(玉)**으로 만든 옥새나 도장이니
**옥새 새, 도장 새**

+ 옥새(玉璽) – 옥으로 만든 임금의 도장
+ 玉(구슬 옥)

음독 じ
음독 玉璽 옥새(임금의 도장)　国璽 국새(나라를 대표하는 도장)

**참고자**

11획 / 부수 内

머리 부분(亠)에 **베인(乂)** 모습으로 **입 벌리고(凵) 성(冂)**
같은 발자국을 **사사로이(厶)** 남기고 떠나는 짐승이니
**떠날 리, 짐승 리**

**+** 亠(머리 부분 두), 凵(입 벌릴 감, 그릇 감), 冂(멀 경, 성 경), 厶(사사로울
사, 나 사)

---

**N1** **中学**

14획 / 부수 玉(王)

돌에서 **옥(王)** 성분을 **떼어(离)** 만든 유리니 **유리 리**

**+** 王(임금 왕, 으뜸 왕, 구슬 옥 변)

음독 **り**

음독 玻璃 수정 净瑠璃 일본의 가면 음악극의 대사를 영창하는 음곡에서
발생한 음곡에 맞추어 낭창하는 옛 이야기
<small>は り   じょう る り</small>

---

**N1** **中学**

18획 / 부수 隹

**짐승(离)**이나 **새(隹)**처럼 기약 없이 헤어지니 **헤어질 리**

**+** 隹(새 추)

훈독 **はなす, はなれる**   음독 **り**

훈독 離す ① 풀다 ② 옮기다 ③ 사이를 두다  離れ離れ 따로 떨어짐
<small>はな</small>                        <small>はな  ばな</small>

離れる ① 떨어지다 ② 멀어지다, 벌어지다
<small>はな</small>

음독 離緣 절연  離合 이합, 헤어짐과 모임  離婚 이혼  隔離 격리
<small>り えん</small>      <small>り ごう</small>              <small>り こん</small>      <small>かく り</small>

離散 이산, 헤어짐  離床 기상, 잠자리를 떠남  離脱 이탈
<small>り さん</small>          <small>り しょう</small>              <small>り だつ</small>

離反 배반  離別 이별
<small>り はん</small>    <small>り べつ</small>

**N2** **小2**
6획 / 부수 亠

(옛날에) **머리(亠)**에 갓을 쓰고 **아버지(父)**는 사람을 사귀거나 오고 갔으니 **사귈 교, 오고갈 교**

+ 亠(머리 부분 두), 父(아비 부)

훈독 **まじえる, まじわる, まじる, かう, かわす**

음독 **こう**

훈독 交ぜる 섞다  入り交じる 섞이다, 뒤섞이다
酌み交わす 술잔을 주고받다, 대작하다

음독 交換 교환  交際 교제  交渉 교섭  交歓 다 같이 즐김
交通 교통  交番 파출소  交流 교류

---

**N1** **中学**
12획 / 부수 糸

**실(糸)**과 **사귀듯(交)** 목매니 **목맬 교**

훈독 **しぼる, しめる, しまる**   음독 **こう**

훈독 絞る 쥐어짜다  お絞り 물수건  絞める 졸라매다
絞り上げる ① 짜내다 ② 다 짜다, 억지로 우려내다 ③ 호되게 나무라다, 호되게 훈련시키다  絞まる 단단하게 죄이다

음독 絞罪 교수형  絞殺 교살

---

**N2** **中学**
13획 / 부수 車

**차(車)**를 오고가며**(交)** 타보고 다른 차와 비교하니 **비교할 교**

음독 **かく**

음독 較差 교차  比較 비교

+ '較差'는 'こうさ'라고도 읽습니다.

예외 較然 분명한 모양  大較 대체, 대강

---

**N2** **中学**
9획 / 부수 邑(阝)

**사귀듯(交) 고을(阝)**에 붙어 있는 들이나 교외니 **들 교, 교외 교**

+ 교외 – ① (郊外) – 도시의 주변지역
　　　　② (校外) – 학교의 밖
　　　　여기서는 ①의 뜻.
+ 阝(고을 읍 방), 外(밖 외), 校(학교 교)

음독 **こう**

음독 郊外 교외  近郊 근교

N2 小4
8획 / 부수 十

**우두머리(亠) 밑에 모인 사람들(人人)의 많은(十) 무리는 졸병이니 졸병 졸**
**또 졸병은 전쟁에서 앞장을 서야 하기 때문에 갑자기 죽어 생을 마치니 갑자기 졸, 죽을 졸, 마칠 졸**

+ 약 卆 많고(九) 많은(十) 졸병이니 '졸병 졸'
  또 졸병은 전쟁에서 앞장서야 하기 때문에 갑자기 죽어 생을 마치니
  '갑자기 졸, 죽을 졸, 마칠 졸'
+ 九(아홉 구, 클 구, 많을 구), 十(열 십, 많을 십)

음독 そつ

음독 脳卒中 뇌졸중 兵卒 병졸,병사 大卒 대졸
のうそっちゅう へいそつ だいそつ
卒然 ① 졸연, 돌연 ② 경솔한 모양
そつぜん

---

中学
9획 / 부수 石

**돌(石)을 졸병(卆)들이 잘게 부수니 부술 쇄**

정자 砕
+ 일본 한자에서 卒은 정자로 쓰이지만, 다른 한자의 구성 요소로 사용될 때는 '卆'로 쓰이네요.

훈독 くだく, くだける    음독 さい

훈독 砕く 부수다 嚙み砕く 잘게 씹다
くだ か くだ
砕ける ① 부서지다, 깨지다 ② 꺾이다, 좌절하다
くだ
음독 砕身 쇄신 砕破 파쇄 砕片 파편 砕氷 쇄빙 粉砕 분쇄
さいしん さいは さいへん さいひょう ふんさい

---

中学
10획 / 부수 米

**쌀(米)을 정성을 다하여(卆) 씻어 놓은 모습처럼 순수하니 순수할 수**

정자 粹
+ 옛날에는 모두 농사를 지었기에 농사나 곡식과 관련되어 만들어진 한자가 많습니다.
+ 米(쌀 미)

훈독 いき    음독 すい

훈독 粋 세련되고 매력이 있음 粋がる 허세를 부리다
いき
음독 粋狂 색다른 것을 좋아함 粋人 풍류를 즐기는 사람
すいきょう すいじん
精粋 정수, 가장 순수하고 좋은 부분 純粋 순수 不粋 멋이 없음
せいすい じゅんすい ふ すい

**N1** 中学
11획 / 부수 酉

술(酉)을 **다하여(卆)** 마시면 취하니 취할 취

[정자] 醉

+ '술(酉) 마심을 마치면(卆) 취하니 취할 취', 또는 '술(酉)기운의 졸병(卆)이 된 듯 취하니 취할 취'라고도 할 수 있네요.
+ 酉(술 그릇 유, 술 유, 닭 유, 열째 지지 유)

[훈독] **よう**　[음독] **すい**

[훈독] 酔う ① 취하다 ② 멀미하다 ③ 도취하다　酔いどれ 주정꾼
酔っ払う 만취하다　二日酔い 숙취

[음독] 酔眼 술 취한 눈　酔顔 취한 얼굴　酔客 취객(= 酔漢)
酔歩 술에 취해서 비틀거리는 걸음걸이
心酔 심취　麻酔 마취　陶酔 도취

---

098 　文 문 　蚊 문 　紋 문 　斑 반

**N3** 小1
4획 / 제부수

머릿(亠)속의 생각을 **다스려(乂)** 무늬처럼 써 놓은 글월이니
무늬 문, 글월 문

+ [유] 攵(칠 복, = 攴), 交(사귈 교, 오고갈 교)
+ 亠(머리 부분 두), 乂(벨 예, 다스릴 예, 어질 예)

[훈독] **ふみ**　[음독] **ぶん, もん**

[훈독] 文殻 읽은 편지　文箱 편지·문서 등을 넣어 두는 서랍장

+ '文箱'은 'ふばこ'로도 읽을 수 있습니다.

[음독] 文段 문단　文武 문무　作文 작문　訳文 번역문
案文 ① 초안, 초고 ② 문장을 생각함　散文 산문
欧文 ① 유럽에서 쓰는 글자, 로마자 ② 유럽의 문장

---

**N1** 中学
10획 / 부수 虫

벌레(虫) 중 **글(文)** 읽는 소리를 내는 모기니 모기 문

+ 虫(벌레 충)

[훈독] **か**

[훈독] 蚊取線香 모기향　蚊燻し 모깃불　蚊帳 모기장
蚊柱 떼를 지어 날고 있는 모기떼　やぶ蚊 줄무늬 모기

**N1** **中学**
10획 / 부수 糸

실(糸)로 글(文)처럼 수놓은 무늬니 무늬 문

음독 **もん**

음독 紋様 문양  定紋 가문에 따라 정해져 있는 문장  波紋 파문

**中学**
12획 / 부수 文

구슬(王)과 구슬(王) 사이에 **무늬(文)**처럼 있는 얼룩이니
얼룩 반

훈독 **まだら, ふ, ぶち**　　음독 **はん**

훈독 斑 얼룩, 반점  白斑 백반, 흰 반점

+ '白斑'은 'しろぶち, はくはん'로도 읽을 수 있습니다.

음독 斑点 반점  斑紋 얼룩무늬

도움말

〈수준 때문에 1권과 2권으로 나눠진 한자들 많아〉

비슷한 모양이거나 서로 관련된 한자들이지만 수준 때문에 《일본어 한자암기박사》1권과 2권으로 나눠서 풀이한 한자들이 많습니다.

1권은 일본의 소학교 小1부터 小6까지 배우는 1,026字를 담아 일본어 기본 한자들을 익힐 수 있게 하였고, 2권은 일본의 중·고등학교 수준의 한자 1,110字를 담아 일본어 중상급 한자들을 익힐 수 있게 하여, 1권과 2권으로 일본 문부과학성에서 지정한 상용한자 2,136字를 모두 익히게 하였습니다.

그러니 1권의 관련된 내용도 생각하면서 2권을 학습하시면 더욱 좋습니다.

N2 小4
6획 / 제부수

동정과 옷고름 있는 저고리를 본떠서 옷 의

+ 글자의 왼쪽에 붙는 변으로 쓰일 때는 衤(옷 의 변)

훈독 **ころも**　음독 **い**

훈독 衣替え 옷을 갈아입음　羽衣 ① 신선의 옷 ② 새의 깃털
天ぷらの衣 튀김 옷

음독 衣冠 의관　衣食住 의식주

---

N2 中学
8획 / 부수 人(亻)

사람(亻)은 옷(衣)에 의지하니 의지할 의

+ 사람은 몸을 가리거나 추위를 이기려고 옷에 의지하지요.

훈독 **よる**　음독 **い, え**

훈독 依る 의존하다, 의지하다

음독 依拠 의거　依然 의연, 여전함　依存 의존　依託 의탁
依怙地 옹고집　依頼 의뢰　帰依 귀의

+ '依存'은 'いぞん'로도 읽을 수 있습니다.
+ '依怙地'은 'えこじ'로도 읽을 수 있습니다.

---

N1 中学
12획 / 부수 口

많은(十) 사람의 입들(口口)이 변하도록(兦) 울면
초상이 나서 가족을 잃은 것이니 초상날 상, 잃을 상

+ 초상(初喪) – 사람이 죽어서 장사지낼 때까지의 일
+ 十(열 십, 많을 십), 兦[변화할 화, 될 화(化)의 변형], 初(처음 초)

훈독 **も**　음독 **そう**

훈독 喪主 상주　喪中 상중　喪服 상복　喪屋 빈소

음독 喪家 상가, 초상집　喪失 상실　喪心 상심, 기절, 실신　喪礼 상례

106

**N1** **中学**
9획 / 부수 口

**옷(衣)으로 입(口)을 가리고 울 정도로 슬프니 슬플 애**

+ 옷(衣)이 구멍(口)난 사람은 춥거나 부끄러워 슬프다는 데서 '슬플 애(哀)'
  라고도 합니다.
+ 口(입 구, 말할 구, 구멍 구)

| 훈독 | あわれむ, あわれ, かなしい, かなしむ |
| 음독 | あい |

| 훈독 | 哀れむ 불쌍히 여기다 哀れみ 동정 哀れ 불쌍함 |
|      | 哀れっぽい 아주 처량하게 보이다 |
| 음독 | 哀婉 애련(가련하게 아름다우면서 단아한 모양) 哀歓 애환 |
|      | 哀願 애원 哀愁 애수 悲哀 비애 |
| 예외 | 可哀想 불쌍함, 가엾음 |

**N1** **中学**
10획 / 부수 衣

**슬픈(哀) 일에 한(一) 번 빠지면 기운이 쇠하니 쇠할 쇠**
**또 쇠한 모습으로 입는 상복이니 상복 최**

+ 상복(喪服) - 상중에 있는 사람이 입는 예복으로 삼베로 만드는데, 바느
  질을 곱게 하지 않음

| 훈독 | おとろえる | 음독 | すい |

| 훈독 | 衰える 쇠하다, 쇠퇴하다 |
| 음독 | 衰弱 쇠약 衰退 쇠퇴 減衰 감쇠 老衰 노쇠 盛衰 성쇠 |
|      | 衰微 쇠퇴하여 미약해짐 |

**N1** **中学**
9획 / 부수 衣

**옷(衣) 가운데(中), 즉 속에서 우러나오는 속마음이니**
**속마음 충**

+ 中(가운데 중, 맞힐 중)

| 음독 | ちゅう |

| 음독 | 衷心 충심 衷情 충정, 진정 苦衷 고충 |

참고자
10획 / 부수 衣

한(一) 벌씩 **옷(衣)**을 **식구(口)** 수대로 챙기니
**옷 챙길 원**

+ 衣(옷 의), 口('입 구, 말할 구, 구멍 구'이지만 여기서는 식구로 봄)

N1 中学
13획 / 부수 犬(犭)

**짐승(犭)** 중 **옷 챙겨(袁)** 입은 것 같은 원숭이니
**원숭이 원**

+ 犭(큰 개 견, 개 사슴 록 변)

훈독 **さる**    음독 **えん**

훈독 猿 원숭이   猿芝居 서투른 연극   猿知恵 얕은꾀, 잔재주
음독 猿人 원시인   猿臂 원숭이의 팔   類人猿 유인원

---

N1 小5
9획 / 부수 人(亻)

(말로 화를 입는 경우가 많아) **사람(亻)**은 **입(口)**을 말 없는
**나무(木)**처럼 지키고 보호하니 **지킬 보, 보호할 보**

훈독 **たもつ**    음독 **ほ**

훈독 保つ 간직하다, 지니다, 지키다
음독 保管 보관   保健室 보건실   保存 보존   保障 보장
    保証 보증   保養 보양   保留 보류

옷(衣)으로 감싸듯 **보호하고(保)** 기리니 **기릴 포**

+ 기리다 – 뛰어난 업적이나 바람직한 정신, 위대한 사람 등을 추어서 말하다.

훈독 **ほめる**    음독 **ほう**

훈독 褒める 칭찬하다, 찬양하다
음독 褒美 포상(= 褒賞)   過褒 과찬(지나치게 칭찬함. 또는 그런 칭찬)

中学
3획 / 제부수

### 성(冂)처럼 사람(丨)이 몸에 두르는 수건이니 수건 건

+ 수건(手巾) – 얼굴이나 몸을 닦기 위하여 만든 천 조각
+ 冂(멀 경, 성 경), 丨('뚫을 곤'이지만 여기서는 사람으로 봄), 手(손 수, 재주 수, 재주 있는 사람 수)

훈독 **はば**　음독 **きん**

훈독 巾 ① 폭 ② 위세 ③ 여유
음독 手巾 수건, 손수건
예외 領巾 옛날 귀부인이 정장할 때 어깨에 드리운 길고 얇은 천

참고자
8획 / 부수 巾

### 흰(白) 수건(巾) 같은 비단이니 비단 백
### 또 비단에 싸 보내는 폐백이니 폐백 백

+ 폐백(幣帛) – 신부가 처음으로 시부모를 뵐 때 올리는 것
+ 幣(幣: 돈 폐, 폐백 폐)

음독 **はく**

음독 竹帛 역사책

N1　中学
16획 / 부수 金

### 금(金)처럼 귀한 비단(帛)이니 비단 금

+ 옛날에는 비단이 귀하여 금처럼 귀한 것이라는 데서 비단 백, 폐백 백(帛)에 쇠 금, 금 금, 돈 금(金)을 붙여 만든 한자입니다.

훈독 **にしき**　음독 **きん**

훈독 錦 ① 비단 ② 아름답고 훌륭한 것 錦鯉 비단잉어
음독 錦衣 금의, 비단옷 錦切れ 비단 조각 錦繡 금수(수를 놓은 비단)

N3 小2
5획 / 부수 巾

中学
9획 / 부수 木

머리(亠)에 **수건(巾)** 같은 천을 두르고 갔던 시장이나 시내니
시장 시, 시내 시

**+** 亠(머리 부분 두)

훈독 **いち**　음독 **し**

훈독 闇市 암시장, 블랙마켓　競り市 경매 시장

음독 市街 시가, 거리　市民 시민　市立 시립　市況 시장 경기(시세)

---

나무(木) 열매 중 **시장(市)**에서 인기 있는 감이니 감 **시**

훈독 **かき**　음독 **し**

훈독 柿 감　柿渋 감물(방부제)　渋柿 떫은 감

음독 熟柿 숙시, 잘 익은 감

帯 대 滯 체

N2 小4
10획 / 부수 巾

장식을 꿰어 만든 **끈(卌)**으로 **덮어(冖) 수건(巾)**처럼 둘러 차는 띠니 **찰 대, 띠 대**

[정자] 帶 – 장식을 꿰어 만든 (卌)으로 덮어(冖) 수건(巾)처럼 둘러차는 띠니 '찰 대, 띠 대'

+ 冖(덮을 멱), 巾(수건 건)

[훈독] **おびる** [음독] **たい**

[훈독] 帯革 허리띠, 가죽띠 帯鋼 강철 띠
おびかわ　　　　　　　　おびこう

[음독] 眼帯 안대 携帯 휴대 世帯 세대, 가구 紐帯 유대 連帯感 연대감
がんたい　　けいたい　　せたい　　　　ちゅうたい　　れんたいかん

물(氵)이 **띠(帯)** 모양의 둑에 막혀 머무르니 **막힐 체, 머무를 체**

[정자] 滯

N1 中学
13획 / 부수 水(氵)

[훈독] **とどこおる** [음독] **たい**

[훈독] 滞る 막히다, 밀리다
とどこお

[음독] 滞空 체공 滞在 체재, 체류 滞日 일본에 머무름 滞納 체납
たいくう　　たいざい　　　　　　たいにち　　　　　　　　たいのう

延滞 연체 食滞 식체, 체함 停滞 정체
えんたい　　しょくたい　　　　ていたい

**N2** **小5**
5획 / 부수 巾

**많이(ナ) 수건(巾)** 같은 베를 넓게 펴니 **베 포, 펼 포**
또 불교에서 펴 베푸는 보시니 **보시 보**

+ 보시(布施) – 자비심으로 남에게 재물이나 불법을 베풂
+ 施(행할 시, 베풀 시)

훈독 **ぬの** 음독 **ふ**

훈독 布目(ぬのめ) ① 옷감의 결 ② 기와·도기 등을 만들 때 천을 눌러서 나타나게 한 무늬 ③ 칠기의 바탕에 깐 천 무늬가 표면에 나타나 보이는 것

음독 布巾(ふきん) 행주 布告(ふこく) 포고 塗布(とふ) 칠함, 바름 分布(ぶんぷ) 분포
布帛(ふはく) 무명과 비단, 직물

---

**N2** **中学**
8획 / 부수 心(忄)

**마음(忄)**을 이리저리 **펴며(布)** 두려워하니 **두려워할 포**

훈독 **こわい, こわがる** 음독 **ふ**

훈독 怖い(こわい) 두렵다, 무섭다 怖がる(こわがる) 겁내다, 무서워하다
음독 驚怖(きょうふ) 놀라고 두려워함 恐怖(きょうふ) 공포

---

**N1** **中学**
13획 / 부수 食(飠)

**밥(食)** 먹는 식탁을 **사람(亼)**이 **수건(巾)** 같은 천으로 꾸미니
**꾸밀 식**

정자 飾
+ 飠[밥 식, 먹을 식 변], 亼[사람 인(人)의 변형]

훈독 **かざる** 음독 **しょく**

훈독 飾る(かざる) 장식하다, 꾸미다 飾り(かざり) 꾸밈, 장식
飾り立てる(かざりたてる) 화려하게 꾸미다 飾り付ける(かざりつける) 장식하다, 꾸며놓다
飾り窓(かざりまど) 진열창, 쇼윈도 首飾り(くびかざり) 목걸이
음독 飾言(しょくげん) 말을 꾸밈 華飾(かしょく) 화려하게 꾸밈
虚飾(きょしょく) 허식, 겉치레 装飾(そうしょく) 장식 修飾(しゅうしょく) 수식

N3 小2
6획 / 제부수

(얼굴이 자기를 대표하니)
얼굴에서 잘 드러나는 **이마(丿)**와 **눈(目)**을 본떠서 자기 **자**
또 자기 일은 스스로 하니 <u>스스로 **자**</u>
또 모든 것이 비롯됨은 자기로부터니 <u>부터 **자**</u>

**훈독** **みずから, おのずから** **음독** **じ, し**

**훈독** 自ら 몸소, 친히  自ら 저절로, 자연히

**음독** 自我 자아  各自 각자  自供 자백  自分 자기, 자신, 스스로
自業自得 자업자득

---

N1 中学
15획 / 부수 心

**하나(一)**같이 **스스로(自)** 덮어(冖) **마음(心)**에 품고
**천천히 걸으며(夂)** 근심하니 <u>근심할 **우**</u>

＋ 冖(덮을 멱), 心(마음 심, 중심 심), 夂(천천히 걸을 쇠, 뒤져 올 치)

**훈독** **うれえる, うれい, うい** **음독** **ゆう**

**훈독** 憂い 괴롭다
物憂い 어쩐지 몸이 나른하고 마음이 내키지 않다(울적하다), 귀찮다

**음독** 憂鬱 우울  憂愁 우수  憂慮 우려  一喜一憂 일희일우

---

N1 中学
9획 / 부수 自

**저절로(自)** 크게(大) 나는 냄새니 <u>냄새 **취**</u>

정자 臭 – 자기(自) 집을 찾을 때 개(犬)가 맡는 냄새니 '냄새 취'

**훈독** **くさい, におう** **음독** **しゅう**

**훈독** 臭い 고약한 냄새가 나다  臭み ① 구림 ② 역겨움
青臭い 풀냄새가 나다, 미숙하다  臭い 악취

**음독** 臭気 취기  悪臭 악취  汚臭 오취, 악취  口臭 구취, 입 냄새
防臭 방취(고약하고 나쁜 냄새가 풍기지 못하도록 막음)

**예외** 腋臭 암내

---

中学
13획 / 부수 口

콧**구멍(口)**으로 **냄새(臭)**를 맡으니 <u>냄새 맡을 **후**</u>

**훈독** **かぐ** **음독** **きゅう**

**훈독** 嗅ぐ ① 냄새 맡다 ② 탐지하다

**음독** 嗅覚 후각  嗅官 후각 기관

참고자
4획 / 제부수

N1 中学
9획 / 부수 曰

N2 中学
12획 / 부수 巾

말할 때 **입(口)**에서 **소리(一)**가 나옴을 본떠서 가로 왈

+ 가로다 – '말하다'를 예스럽게 이르는 말
+ 세로로 길면 해 일, 날 일(日), 가로로 길면 가로 왈(曰) – 해처럼 둥근 것
은 어디로 길쭉해도 되지만, 가로로 길쭉한 입에서 소리가 나오는 모양을
본떠서 만든 '가로 왈(曰)'은 가로로 길쭉해야 하니, 가로로 길쭉한 가로 왈
(曰)과 구분하기 위하여 해 일, 날 일(日)은 세로로 길쭉하게 만들었네요.

훈독 **いう, いわく, のたまわく**　　음독 **えつ**

---

아무것이나 **말하고(曰) 눈(目)**으로 보면 위험을 무릅쓰니
**무릅쓸 모**

+ 圄 胃(밥통 위) – 제목번호 450 참고
+ 目(눈 목, 볼 목, 항목 목)

훈독 **いう, いわく, のたまわく**　　음독 **えつ**

훈독 冒<sup>おか</sup>す 무릅쓰다
음독 冒<sup>ぼうけん</sup>險 모험 冒<sup>ぼうとう</sup>頭 서두, 첫머리 冒<sup>ぼうとく</sup>瀆 모독

---

**수건(巾)** 두르듯 위험을 **무릅쓰지(冒)** 않도록 머리에 쓰는
모자니 **모자 모**

+ 모자는 멋으로도 쓰지만 위험을 막기 위해서도 쓰지요.
+ 巾(수건 건)

음독 **ぼう**
음독 帽<sup>ぼうし</sup>子 모자 脱<sup>だつぼう</sup>帽 탈모, 모자를 벗음 着<sup>ちゃくぼう</sup>帽 착모, 모자를 착용

N2 中学
7획 / 부수 曰

한(一) 번 말(曰)하면 사람(乂)들은 고치거나 다시 하니
**고칠 경, 다시 갱**

+ 한 번 말하면 좋은 사람은 고치지만 그렇지 못한 사람은 다시 하지요.
+ 曰(가로 왈), 乂[사람 인(人)의 변형]

훈독 **さら, ふける, ふかす**   음독 **こう**

훈독 更ける (밤・계절 등이) 깊어지다, 이슥해지다, 한창이다
更かす 밤 늦도록 안 자다   殊更 ① 일부러, 고의로 ② 특별히, 새삼스레

음독 更迭 어떤 직위에 있는 사람을 다른 사람으로 바꿈   更年期 갱년기
更改 다시 고침

---

中学
11획 / 부수 木

나무(木)처럼 **고쳐(更)** 곧으니 **곧을 경**

+ 대부분의 나무는 곧으니 나무처럼 고치면 곧지요.
+ 木(나무 목)

음독 **こう**

음독 梗概 대강의 줄거리   梗塞 경색, 막혀서 통하지 않음

---

N2 中学
12획 / 부수 石

돌(石)처럼 **고쳐(更)** 단단하니 **단단할 경**

+ 石(돌 석)

훈독 **かたい**   음독 **こう**

훈독 硬い ① 단단하다 ② 확실하다

음독 硬化 경화   硬結 단단하게 굳음   硬質 경질(단단하고 굳은 성질)
硬度 경도   硬直 경직   強硬 강경

中学
7획 / 부수 草(艹)

풀(艹) 중 **가운데(心)**를 이용하는 골풀이니 골풀 심
또 **풀(艹)**의 **가운데(心)**에 있는 심이니 심 심

**+** 골풀 – 골풀과의 여러해살이풀. 껍질이나 속의 부드러운 심으로 여러 생활
　　도구를 만들었지요.

음독 **しん**

음독 芯 심지(가지 끝에 자라는 싹이나 싹눈)
芯地 심지(띠나 옷깃 속에 넣는 빳빳한 천) 鉛筆の芯 연필심

N2 小4
5획 / 부수 心

하나(丿)에만 매달리는 **마음(心)**으로 반드시 이루니
반드시 필

**+** 丿('삐침 별'이지만 여기서는 하나로 봄)

훈독 **かならず**　　음독 **ひつ**

훈독 必ずしも (부정의 말에 따라서) 반드시 ~ 인 것은 (아니다)

음독 必至 필지, 불가피, 필연 必読 필독 必用 반드시 써야 함
必携 꼭 휴대해야 함 必需品 필수품

N1 中学
8획 / 부수 水(氵)

**물(氵)**은 **반드시(必)** 어디론가 흐르니 물 흐를 필
또 물 흐르듯 분비하니 분비할 비

**+** 분비(分泌) – 샘세포의 작용에 의하여 특수한 액즙을 만들어 배출함. 또는
　　그런 기능

음독 **ひ, ひつ**

음독 泌尿器 비뇨기 分泌 분비

中学
14획 / 부수 虫

**집(宀)**에 **반드시(必)** 벌레(虫) 중 벌이 저장하고 있는 꿀이니
꿀 밀

음독 **みつ**

음독 蜜 꿀 蜜月 밀월, 허니문 蜜腺 꿀샘 蜜蜂 꿀벌

예외 蜜柑 귤

**N2** **小1**
7획 / 제부수

아가미가 나온 조개를 본떠서 **조개 패**
또 인쇄술이 발달하기 전에는 조개껍데기를 돈으로 썼으니
**재물 패, 돈 패**

+ 윤 頁(머리 혈, 책 면 엽), 見(볼 견, 뵐 현)

훈독 **かい**

훈독 貝塚 패총, 조개무지　貝細工 조가비 세공　貝柱 조개관자

---

中学
10획 / 부수 口

입(口)을 **조개(貝)**처럼 벌리며 염불하는 소리니
**염불 소리 패**

+ 염불(念佛) – 부처님의 공덕을 기리는 노래
+ 念(생각 념), 佛(부처 불)

훈독 **うた**

훈독 鼻唄 콧노래　小唄 江戸시대에 유행한 가요
　　長唄 江戸시대에 유행한 긴 속요(二味線, 피리를 반주료 합)

---

**N1** 中学
10획 / 부수 貝

만든(工) **재물(貝)**을 바치니 **바칠 공**

+ 工(장인 공, 만들 공, 연장 공)

훈독 **みつぐ**　음독 **こう, ぐ**

훈독 貢ぐ 공물을 바치다
음독 貢献 공헌　貢租 조공　貢納 공납　貢物 공물　年貢 소작료

---

**N1** 中学
18획 / 부수 金

쇠(金)로 **작은(ツ) 조개(貝)**를 엮듯이 만든 쇠사슬이니
**쇠사슬 쇄**
또 쇠사슬처럼 걸어 채우는 자물쇠니 **자물쇠 쇄**

+ 金(쇠 금, 금 금, 돈 금), ツ [작을 소(小)의 변형]

훈독 **くさり**　음독 **さ**

훈독 鎖 쇠사슬
음독 鎖国 쇄국　鎖骨 쇄골　鉄鎖 ① 쇠사슬 ② 심한 속박　閉鎖 폐쇄

N1 中学
13획 / 부수 貝

재물(貝)로 **각각(各)** 주는 뇌물이니 **뇌물 뢰**

+ 뇌물(賂物) – 어떤 직위에 있는 사람을 매수하여 사사로운 일에 이용하기
  위하여 넌지시 건네는 부정한 돈이나 물건
+ 各(각각 각), 物(물건 물)

음독 ろ

음독 賄賂 뇌물

---

N1 中学
15획 / 부수 貝

재물(貝)을 **쉽게(易)** 취급하여 아무나 주니 **줄 사**

+ 易(쉬울 이, 바꿀 역, 주역 역, 점칠 역) – 1권 제목번호 306 참고

훈독 たまわる, たまう    음독 し

훈독 賜わる 윗사람에게서 받다  賜う 주시다, 내리시다
  賜物 하사품, (좋은) 보람, 덕택
음독 賜暇 사가, 청원 휴가  賜金 하사금  恩賜 은사  下賜 하사

---

N1 中学
13획 / 부수 貝

재물(貝)을 **가지고(有)** 사사로이 주는 뇌물이나 선물이니
**뇌물 회, 선물 회**

+ 有(가질 유, 있을 유)

훈독 まかなう    음독 わい

훈독 賄う 조달하다  取り賄う 처리하다, 처분하다
음독 賄賂 뇌물  収賄 뇌물을 받음

---

N1 中学
11획 / 부수 貝

옛날 돈인 엽전은 구멍이 있어서 일정한 양만큼 꿰어 보관했으니,
**꿰어(毌) 놓은 돈(貝)**의 무게를 생각하여 **꿸 관, 무게 단위 관**

+ 1관은 3.75kg
+ 毌(꿰뚫을 관)

훈독 つらぬく    음독 かん

훈독 貫く 꿰뚫다, 관철하다
음독 貫徹 관철  貫入 꿰뚫어 들어감  貫禄 관록

**N1** **小6**
12획 / 부수 貝

## 가운데(中) 있는 하나(一)의 재물(貝)이 귀하니 귀할 귀

+ 위험할 때는 물건들 사이에 귀한 것을 넣어 보관하지요.
+ 中(가운데 중, 맞힐 중), 貝(조개 패, 재물 패, 돈 패)

| 훈독 | たっとい, とうとい, たっとぶ, とうとぶ |
| 음독 | き |

| 훈독 | 貴<sup>たっと</sup>い ① 소중하다, 귀중하다 ② (신분이) 높다, 고귀하다 |

貴<sup>とうと</sup>い ① 소중하다, 귀중하다 ② (신분이) 높다, 고귀하다

貴<sup>たっと</sup>ぶ 공경하다, 존경하다, 존중하다

貴<sup>とうと</sup>ぶ 공경하다, 존경하다, 존중하다

| 음독 | 貴族 귀족 貴重 귀중 貴下 귀하 騰貴 물건값이 뛰어오름 |
| 예외 | 貴方 당신 |

---

**中学**
15획 / 부수 水(氵)

## 물(氵)이 귀하지(貴) 않게 제방이 무너져 흩어지니
## 무너질 궤, 흩어질 궤

| 훈독 | つぶす, つぶれる | 음독 | かい |

| 훈독 | 潰<sup>つぶ</sup>す ① 찌부러뜨리다 ② 으깨다, 부수다 |

潰<sup>つぶ</sup>れる ① 찌부러지다 ② 찌그러지다

| 음독 | 潰滅 궤멸 潰瘍 궤양 |

**N1** 中学
5획 / 부수 一

그릇(一)에 음식을 또또(겹겹이) 쌓아올린 모양을 본떠서
**또 차**

또 또 구해야 할 정도로 구차하니 **구차할 차**

훈독 **かつ**

훈독 且つ ① 동시에, 또한 ② 한편

---

**N1** 中学
10획 / 부수 禾

벼(禾)로 또(且) 세금을 내니 세금 조, 세낼 조

+ 벼는 곡식의 대표이고, 오래 두어도 변하지 않으니, 옛날에는 벼로 세금을
  냈답니다.
+ 禾(벼 화)

음독 **そ**

음독 租税 조세 減租 감세 公租公課 조세공과

---

**N1** 中学
11획 / 부수 米

쌀(米)이 또(且) 찧어야 할 정도로 거치니 **거칠 조**

+ 米(쌀 미)

훈독 **あらい**　　음독 **そ**

훈독 粗い 조잡하다　粗 결점　粗板 대패질을 하지 않은 널판때기
　　粗筋 줄거리, 개략, 개요

음독 粗悪 조악　粗忽 경솔함　粗餐 조찬　粗雑 조잡
　　粗品 변변치 못한 물건(선물의 경칭)　粗相 덤비다가 실수함
　　粗暴 조폭　粗末 허술함

---

**N1** 中学
8획 / 부수 阜(阝)

언덕(阝)에 또(且) 막혀 험하니 **막힐 조, 험할 조**

+阝(언덕 부 변)

훈독 **はばむ**　　음독 **そ**

훈독 阻む 방해하다, 저지하다, 막다

음독 阻害 저해　阻止 저지　悪阻 입덧

　　+ '悪阻'는 'つわり'로도 읽을 수 있습니다.

中学
8획 / 부수 犬(犭)

짐승(犭) 중 **또(且)** 엿보다가 빼앗아 가는 원숭이니
## 원숭이 저, 엿볼 저
+ 원숭이는 남이 든 물건을 기회를 엿보다가 순식간에 빼앗아 가지요.

훈독 **ねらう**　음독 **そ**

훈독 狙<sup>ねら</sup>う 겨냥하다, 노리다　狙<sup>ねら</sup>い ① 겨눔, 겨냥 ② 표적, 목적

음독 狙撃<sup>そ げき</sup> 저격

N1 中学
8획 / 부수 宀

집(宀)처럼 **또(且)**한 생활하기에 마땅하니 **마땅할 의**
+ 宀(집 면)

훈독 **よろしい**　음독 **ぎ**

훈독 宜<sup>よろ</sup>しい '良<sup>よ</sup>い'의 격식 차린 말씨
宜<sup>よろ</sup>しくお願<sup>ねが</sup>いします 잘 부탁합니다

음독 時宜<sup>じ ぎ</sup> 적합한 시기　便宜<sup>べん ぎ</sup> 편의　適宜<sup>てき ぎ</sup> 적당

**115** 〉具
구
〉懼
구

N2 小3
8획 / 부수 八

재물(貝)을 **하나(一)**씩 갖추니 **갖출 구**
또 갖추어 놓고 쓰는 기구니 **기구 구**

정자 具

훈독 **そなえる**　음독 **ぐ**

훈독 具<sup>そな</sup>える 준비하다, 대비하다, 갖추다
具<sup>そな</sup>わる 갖춰지다, 구비되다, 비치되다

음독 金具<sup>かな ぐ</sup> (기구 등의) 쇠 장식　具備<sup>ぐ び</sup> 구비, 갖춤　寝具<sup>しん ぐ</sup> 침구　具象<sup>ぐ しょう</sup> 구상

N2 中学
11획 / 부수 心(忄)

마음(忄)에 무엇을 **갖추어(具)** 대비할 정도로 두려워하니
## 두려워할 구
+ 일본 한자는 상용한자 일부를 제외한 나머지 한자들은 모두 정자로 씁니다.
+ 具가 정자로 들어갔네요.

음독 **ぐ**

음독 危懼<sup>き ぐ</sup> 위구(걱정하고 두려워 함)

N3 小3
10획 / 부수 口

입(口)으로 먹고 살기 위하여 **재물(貝)**을 받고 일하는
관원이나 사람이니 **관원 원, 사람 원**

+ 관원(官員) – 관청의 직원
+ 취직할 곳이 관청 밖에 없었던 옛날에는 '관원 원'으로 쓰였는데, 요즘에는
  '사람 원'으로 쓰입니다.
+ 官(관청 관, 벼슬 관)

음독 **いん**

음독 係員 담당자　公務員 공무원　社員 사원　満員 만원
　　　従業員 종업원　乗務員 승무원　職員 직원　隊員 대원
　　　特派員 특파원

N1 中学
19획 / 부수 音

소리(音) 중 **사람(員)**이 운치 있게 내는 운이니 **운치 운, 운 운**

+ 운치(韻致) – 고상하고 우아한 멋
+ 운(韻) – 운자(韻字)의 준말로, 한시에서 가락을 맞추는 것을 말함
+ 音(소리 음), 字(글자 자)

음독 **いん**

음독 韻致 운치　韻文 운문　韻律 운율

頁 혈(엽) ⟩ 頃 경 ⟩ 傾 경

**N1**
9획 / 제부수

머리(一)에서 **이마(丿)**와 **눈(目)** 있는 얼굴 아래 **목(八)**까지를
본떠서 **머리 혈**
또 머리처럼 드러나는 책 면이니 **책 면 엽**

+ 유 貝(조개 패, 재물 패, 돈 패), 見(볼 견, 뵐 현)
+ 頁을 부수로 가진 한자는 '머리'와 관련된 한자입니다.

훈독 **かしら, ページ**    음독 **けつ, よう**
훈독 頁数 쪽수

**N1** 中学
11획 / 부수 頁

**비수(匕)**처럼 번쩍 **머리(頁)**에 어떤 생각이 스치는 잠깐이니
**잠깐 경**
또 잠깐 사이의 어떤 즈음이나 잠깐 사이에 만들어지는
이랑이니 **즈음 경, 이랑 경**

+ 이랑 – 논이나 밭을 갈아 골을 타서 두두룩하게 흙을 쌓아 만든 곳
+ 匕(비수 비, 숟가락 비)

훈독 **ころ**
훈독 頃 때  頃合 ① 적당한 시기 ② 알맞음  近頃 근래  日頃 평소

**N2** 中学
13획 / 부수 人(亻)

**사람(亻)**은 **잠깐(頃)** 사이에 어느 쪽으로 기우니 **기울 경**

훈독 **かたむく, かたむける**    음독 **けい**
훈독 傾く 기울다  傾ける 기울어지게 하다
음독 傾向 경향  傾国 절세의 미인  傾斜 경사  傾倒 경도  傾聴 경청

N1 中学
12획 / 부수 頁

공(工) 자 모양인 **머리(頁)** 아래 목이니 **목 항**

**+** 工(장인 공, 만들 공, 연장 공)

[훈독] **うなじ**　　[음독] **こう**

[훈독]
うなじ
項 목덜미

[음독]
こう もく
項目 항목　各項 각 항목　事項 사항　条項 조항, 조목
い こう
移項 이항(항목을 옮김)

---

N1 中学
12획 / 부수 頁

터럭(彡)은 **머리(頁)**에 반드시 필요하니 **반드시 수**

또 **터럭(彡)** 중 **머리(頁)** 아래턱에서 잠깐 사이에 자라는
수염이니 **잠깐 수, 수염 수**

**+** 목 위 전체를 머리라 부르니 턱도 머리에 속하지요.
**+** 彡(터럭 삼, 긴머리 삼)

[음독] **す**

[음독]
す よう　　　　ひっ す
須要 수요, 필요　必須 필수

**+** '須要'는 'しゅよう'로도 읽을 수 있습니다.

---

불(火)난 것처럼 열나며 **머릿(頁)**속이 번거로우니
**번거로울 번**

**+** 火(불 화)

[훈독] **わずらう, わずらわす**　　　[음독] **はん, ぼん**

[훈독]
わずら　　　　　　　　　　　　わずら
煩う 고민하다, 걱정하다　煩わす 괴롭히다

[음독]
はんざつ　　　　　はんもん　　　　はんるい　　　　　　　　　ぼんのう
煩雑 번잡　煩悶 번민　煩累 번거롭고 귀찮음　煩悩 번뇌

N1 中学
13획 / 부수 火

---

N1 中学
13획 / 부수 頁

나누어(分) 일부만 **머리(頁)**가 희끗희끗하니
머리 희끗희끗할 반

또 **나누어(分) 머릿(頁)**속의 지혜를 펴 반포하니 **반포할 반**

**+** 반포(頒布)하다 – 세상에 널리 퍼뜨려 모두 알게 하다.
**+** 分(나눌 분, 단위 분, 단위 푼, 신분 분, 분별할 분, 분수 분), 布(베 포, 펼
포, 보시 보)

[음독] **はん**

[음독]
はん ぷ　　　　はん か
頒布 반포　頒価 물건을 나누어 주는 값

N1 中学
13획 / 부수 頁

자신만이 **으뜸(元)**가는 **머리(頁)**라 믿고 고집 부리며
완고하니 완고할 완

+ 완고(頑固) – 융통성 없이 올곧고 고집이 셈
+ 元(원래 원, 으뜸 원), 固(굳을 고, 진실로 고)

훈독 **かたくな**　음독 **がん**

훈독 　頑<sup>かたく</sup>な 완고함, 마음이 비뚤어지고 고집이 셈
음독 　頑固<sup>がんこ</sup> 완고함　頑強<sup>がんきょう</sup> 완강함　頑是無<sup>がんぜな</sup>い 철이 없디　頑張<sup>がんば</sup>る 힘내다

N1 中学
14획 / 부수 宀

**집(宀)** 재산을 사람 **머릿(頁)**수대로 **칼(刀)**로 나누면 몫이
적으니 적을 과

또 **집(宀)**의 **머리(頁)**가 되어주는 남편이 **칼(刀)** 들고 전쟁터에
나가 죽은 홀로된 과부를 뜻하여 과부 과

+ 宀(집 면), 刀(칼 도)

훈독 **やもめ**　음독 **か**

훈독 　寡男<sup>やもお</sup> 홀아비
음독 　寡言<sup>かげん</sup> 과언, 과묵　寡勢<sup>かぜい</sup> 과세, 열세　寡占<sup>かせん</sup> 독과점　寡少<sup>かしょう</sup> 과소
　　　寡婦<sup>かふ</sup> 과부

+ '寡婦'는 'やもめ'로도 읽을 수 있습니다.

---

도움말

**〈이 책에 나오는 어원은 무조건 외지 말고 이해하도록 하세요.〉**

이 책에 나온 어원을 읽으시다 좀 이상하다고 생각되면 나름대로 어원을 생각해 보세요. 한자는 오랜 세월에
걸쳐서 만들어졌기 때문에 어원이 여러 가지인 한자도 있고, 또 시대가 바뀌어 현대에 이해하기 어려운 어원도
많습니다.

한자는 글자마다 뜻을 담고 있는 뜻글자니 글자와 그 글자가 나타내는 뜻 사이에는 가장 자연스럽고 긴밀한 이유
(어원)가 있을 것이고, 우리는 그 어원을 가장 자연스럽고 가장 긴밀한 말로 찾아내야 하지요. 그러기 위하여 어찌
이런 모양이나 이런 구조로 이런 뜻의 한자를 만들었을까, 또 이런 뜻을 나타내려면 어떤 구조가 가장 효과적일까
를 생각해야 하는데, 나눠진 한자대로 해석해서 이상한 어원이 나오면 다른 각도로 생각해보아야 합니다.

저는 가급적 그 한자가 만들어진 원래의 어원에 충실하되 현대에 이해하기 어려운 어원은 제 나름대로 쉽게 재
구성해본 것이니, 책에 나온 어원을 무조건 그대로 외지 말고 참고만 하시면서, 나름대로 더 명쾌한 어원도 생
각해보며 이해하도록 하세요. 이해가 바탕이 되면 저절로 익혀지고 오래도록 잊히지 않습니다.

**N4** **小1**
7획 / 제부수

### 수레 모양을 본떠서 수레 거, 차 차

훈독 **くるま**　　음독 **しゃ**

훈독 車椅子 휠체어　車止め 통행금지
歯車 ① 톱니바퀴 ②전체를 구성하고 있는 개개의 요소나 요원

음독 車庫 차고　車窓 차창　車輪 차바퀴　汽車 기차　装甲車 장갑차
停車 정차, 정거

예외 山車 축제 때 끌고 다니는 장식한 수레

---

**N1** **中学**
10획 / 부수 阜(阝)

### 언덕(阝) 옆에 수레(車)들이 진 치는 줄이니 진 칠 진, 줄 진

+ 유 陳(벌려 놓을 진, 묵을 진) – 제목번호 122 참고
+ 진(陣) – 군사들을 배치한 것. 또는 군사들이 있는 곳
+ 진을 치다 – 자리를 차지하다.
+ 阝(언덕 부 변)

음독 **じん**

음독 陣営 진영(= 陣所)　陣立て 군세(軍勢)의 배치나 편제
陣地 진지　陣痛 진통　陣頭 진두　陣没 전사, 전몰

---

**N1** **中学**
9획 / 부수 車

### 수레(車)도 다니도록 크게(九) 만든 길이니 길 궤

또 길처럼 따라가야 할 법이니 법 궤

+ 九(아홉 구, 클 구, 많을 구)

음독 **き**

음독 軌道 궤도　軌跡 궤적　軌条 선로, 레일

---

**N2** **中学**
11획 / 부수 車

### 차(車)가 흠(欠)이 잘 날 정도로 부드럽고 연하니 부드러울 연, 연할 연

+ 欠(하품 흠, 모자랄 결)

훈독 **やわらかい**　　음독 **なん**

훈독 軟らか 폭신함, 유연함　軟らかい 부드럽다, 유연하다

음독 軟化 물질이 부드러워짐　軟貨 지폐　軟骨 연골　軟弱 연약
軟体動物 연체동물

N2 小4
9획 / 부수 車

### 덮어서(冖) 차(車)까지 위장한 군사니 군사 군

+ 군사들은 적에게 들키지 않으려고 주위 환경에 어울리게 무언가를 덮어 위장하지요.

음독 ぐん

음독 軍医 군의 軍旗 군기 賊軍 적군, 반란군
空軍 공군(↔ 陸軍 육군, 海軍 해군)

N1 中学
15획 / 부수 車

### 빛(光)에 군사(軍)의 계급장이 빛나니 빛날 휘

+ 한자가 만들어지던 옛날에는 종족과 종족, 나라와 나라 사이에 싸움이 많았기에 전쟁이나 군사, 무기와 관련된 한자가 많답니다.

훈독 かがやく   음독 き

훈독 輝く 빛나다, 반짝이다
음독 輝石 휘석(철, 마그네슘, 칼슘 등으로 이루어진 규산염 광물)
光輝 광휘, 빛남

**N1** 中学
10획 / 부수 心

한(一)결같이 **말미암아(由)** 마음(心) 써 주는 은혜가 어지니
**은혜 혜, 어질 혜**

정자 惠 – 언행을 삼가고(車) 마음(心) 써 주는 은혜가 어지니 '은혜 혜,
　　　어질 혜'

+ 車 – 차(車)에 점(丶) 찍는 일은 삼가니 '삼갈 전'

+ 은혜(恩惠) – 사람이나 신이 누구에게 베푸는 도움이나 고마운 일

훈독 **めぐむ** 　음독 **けい, え**

훈독 惠む 인정을 베풀다 惠み 은혜, 은총, 자비

음독 惠沢 혜택 恩惠 은혜 慈惠 자혜 仁惠 인혜 知惠 지혜(슬기)

**N1** 中学
15획 / 부수 禾

벼(禾)에서 **은혜로운(惠)** 이삭이니 **이삭 수**

정자 穗

+ 이삭 – ① 곡식에서 열매가 많이 달린 부분
　　　　② 곡식을 거둘 때 흘린 낱알
　　　　여기서는 ①의 뜻.

훈독 **ほ** 　음독 **すい**

훈독 穂 이삭

음독 穂状 이삭 모양 出穂期 이삭이 패는 시기

**N4** 小2
8획 / 부수 木

나무(木) 사이로 해(日)가 떠오르는 동쪽이니 **동쪽 동**

+ 윤 束(묶을 속) – 제목번호 125 참고, 柬(가릴 간, 편지 간) – 제목번호
123 참고

훈독 **ひがし, あずま** 　음독 **とう**

훈독 東 동쪽 東風 동풍 東向き 동향

음독 東経 동경 東漸 (문화·세력의) 동점 東宮 황태자
東国 옛날 일본의 동쪽에 위치한 나라(현 지역)

N2　中学
10획 / 부수 氷(冫)

## 얼음(冫)은 동쪽(東)에 더 많이 어니 얼 동

+ 아침 햇살만 잠깐 비치는 동쪽으로 향한 언덕이 서쪽보다 얼음이 더 많이 언다는 데서 만들어진 글자
+ 冫 – 얼음 빙(氷)이 부수로 쓰일 때의 모양으로 '이 수 변'

훈독 **こおる, こごえる**　　음독 **とう**

훈독 凍る 얼다 凍える 얼다 凍え死に 동사

음독 凍結 동결 凍死 동사(얼어죽음) 凍傷 동상 解凍 해동 冷凍 냉동

N1　中学
12획 / 부수 木

## 나무(木) 중 집에서 주인(東)처럼 큰 역할을 하는 대들보니 대들보 동

+ 대들보 – 기둥과 기둥을 이어주는 '들보'에, 큰 나무를 사용한다는 데서 큰 대(大)를 붙여 이르는 말

훈독 **むね**　　음독 **とう**

훈독 棟 용마루 一棟 집 한 채 別棟 별동

음독 棟梁 ① (목수의) 우두머리, 도편수 ② 동량지재(棟梁之材) 病棟 병동

N1　中学
16획 / 부수 金

## 쇠(金)처럼 단단하도록 주인(東)이 단련하니 단련할 련

정자 鍊 – 쇠(金)의 성질을 가려(柬) 불에 달구며 단련하니 '단련할 련'

음독 **れん**

음독 錬金術 연금술 錬鉄 연철(잘 단련한 쇠) 製錬 제련
体錬 체련, 몸을 단련함

中学
11획 / 부수 阜(阝)

## 언덕(阝)의 동쪽(東)에 햇살 퍼지듯 벌여 놓고 묵으니 벌여 놓을 진, 묵을 진

+ 유 陣(진 칠 진, 줄 진) – 제목번호 119 참고
+ 언덕 부 변(阝)에 전쟁에도 쓰였던 차(車)가 줄지어 진을 치면 '줄 진(陣), 진 칠 진', 언덕 부 변(阝)에 햇살이 동쪽(東)에 퍼지듯 벌여놓고 묵으면 '벌여 놓을 진, 묵을 진(陳)'으로 구분하세요.

음독 **ちん**

음독 陳述 진술 陳情 진정 陳腐 진부 陳列 진열 新陳代謝 신진대사

참고자

16획 / 부수 門

N1 中学

20획 / 부수 木

## 문(門)의 동쪽(東)을 막으니 막을 란

[정자] 闌 – 문(門)을 가려(柬) 막으니 '막을 란'

+ 柬 – 나무(木)를 가려 그물(罒)코처럼 촘촘하게 쓰는 편지니 '가릴 간, 편지 간'
+ 그물코 – 그물에 뚫려 있는 구멍
+ 門(문 문), 罒(그물 망, = 网, 罓 )

| 훈독 | たけなわ, てすり, たける | 음독 | らん |

음독 闌干 ① 난간 ② 어지러이 흩어지는 모양 ③ 눈물이 그치지 않고 흐르는 모양

---

## (사람이 떨어지지 않도록) 나무(木)로 막은(闌) 난간이나 테두리니 난간 란, 테두리 란

[정자] 欄

| 음독 | らん |

음독 欄外 난외 欄干 난간 空欄 공란

참고자

6획 / 부수 木

## 나무(木)에 덮인(冖) 듯 붙어 있는 가시니 가시 자

+ 유 束(묶을 속) – 제목번호 125 참고
+ 가시 – ① 바늘처럼 뾰족하게 돋친 것
      ② 물고기의 잔뼈
      ③ 남을 공격하거나 불평불만의 뜻을 담은 표현을 비유적으로 말함
      여기서는 ①의 뜻.
+ 木(나무 목), 冖(덮을 멱)

훈독 し  음독 とげ

---

N2 中学

8획 / 부수 刀(刂)

## 가시(束)처럼 칼(刂)로 찌르니 찌를 자, 찌를 척

+ 유 剌(어그러질 랄, 물고기 뛰는 소리 랄)
+ 刂(칼 도 방)

훈독 さす, ささる  음독 し

훈독 刺す 찌르다  刺さる 찔리다  刺身 생선회

음독 刺激 자극  刺殺 찔러 죽임  刺青 문신  刺創 찔린 상처  刺繡 자수

**N2 小4**
7획 / 부수 木

### 나무(木)를 묶으니(口) 묶을 속

+유 束(가시 자), 東(동쪽 동)
+口('입 구, 말할 구, 구멍 구'지만 여기서는 묶은 모양으로 봄)

훈독 **たば**　음독 **そく**

훈독 束ねる ① 묶다, 한 뭉치로(묶음으로) 하다 ② 통솔하다, 통괄하다
음독 束縛 속박　約束 ① 약속 ② 언약 ③ (사회 일반의) 규칙, 규정
예외 束の間 잠깐 동안, 순간　束子 수세미

**N1 中学**
12획 / 부수 疋(正)

### 발(正)을 묶어(束) 놓은 듯 왕래가 드무니 드물 소
### 또 왕래가 드물면 도로는 잘 트이니 트일 소
### 또 트인 듯 관계가 성기니 성길 소

+동 疏 – 발(正)로 차며 소리치면(云) 막힘이 내(川)처럼 트여 성기니
　　'트일 소, 성길 소'
+正[발 소, 필 필(正)의 변형], 云(말할 운), 川[내 천(川)의 변형]

훈독 **うとい, うとむ, おろそか**　음독 **そ**

훈독 疎い 소원하다, 서먹하다　疎む 싫어하다, (꺼려) 멀리하다
　　疎か ① 소홀함 ② 실수, 부주의
음독 疎遠 소원　疎音 격조　疎開 소개　疎外 소외　疎水 수로
　　疎通 소통　過疎 지나치게 드묾

**中学**
14획 / 부수 辛(辛)

### 매운(辛) 것으로 묶은(束) 듯 매우니 매울 랄

+辛[매울 신, 고생할 신(辛)의 변형]

음독 **らつ**
음독 辣腕 놀라운 솜씨　悪辣 악랄　辛辣 신랄

**N1 中学**
9획 / 부수 力

### 묶어서(束) 행동을 제약하는 힘(力) 있는 문서는 칙서니
### 칙서 칙

+ 칙서(勅書) – 황제의 명령을 적은 문서
+力(힘 력), 書(쓸 서, 글 서, 책 서)

훈독 **みことのり**　음독 **ちょく**

음독 勅語 칙어　勅使 칙사　勅命 칙명

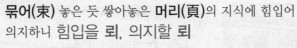

126 頼 뢰 / 瀬 뢰

**N2** 中学
16획 / 부수 頁

묶어(束) 놓은 듯 쌓아놓은 **머리(頁)**의 지식에 힘입어
의지하니 힘입을 뢰, 의지할 뢰

[정자] 賴 – 묶어(束) 놓은 칼(刀)과 재물(貝)에 힘입어 의지하니 '힘입을 뢰,
　　　의지할 뢰'

＋ 칼 같은 무기나 돈이 있으면 어려움을 당할 때 의지할 수 있지요.
＋ 頁(머리 혈, 책 면 엽), 刀(칼 도), 貝(조개 패, 재물 패, 돈 패)

[훈독] たのむ, たのもしい, たよる　　[음독] らい

[훈독] 頼<sup>たの</sup>む 부탁하다　頼<sup>たの</sup>もしい 믿음직하다　頼<sup>たよ</sup>る 의지하다

[음독] 信頼<sup>しん らい</sup> 신뢰　依頼<sup>い らい</sup> 의뢰

---

**N1** 中学
19획 / 부수 水(氵)

물(氵)이 땅의 조건에 **힘입어(頼)** 세게 흐르는 여울이니
여울 뢰

[정자] 瀬

＋ 여울 – 강이나 바다의 바닥이 얕거나 폭이 좁아 물살이 세게 흐르는 곳

[훈독] せ

[훈독] 瀬音<sup>せ おと</sup> 강물 소리　瀬戸<sup>せ と</sup> 좁은 해협　瀬戸際<sup>せ と ぎわ</sup> 운명의 갈림길, 고비판
瀬踏み<sup>せ ぶ</sup> 미리 떠봄　浅瀬<sup>あさ せ</sup> 얕은 여울　潮瀬<sup>しお せ</sup> 조류

경계 짓고 나눈 밭이나 논의 모양에서 **밭 전, 논 전**

훈독 **た** 음독 **でん**

훈독 田植え 모내기 田畑 논밭, 전답 門田 집 앞의 논

음독 田園 전원 油田 유전

예외 田舍 시골

N3 小1
5획 / 제부수

---

(농부는) **밭(田)**의 농작물이 갑자기 **변함(⽧)**을 두려워하니 **두려워할 외**

+ 기른 농작물이 갑자기 병이 들거나 태풍에 쓰러질 것을 두려워하지요.

+ ⽧[변화할 화, 될 화(化)의 변형]

훈독 **かしこまる, おそれる** 음독 **い**

훈독 畏れる 두려워하다 畏まる ① 송구해하다 ② 정좌하다

음독 畏敬 경외 畏縮 위축 畏怖 두려워함 畏友 존경하는 벗

中学
9획 / 부수 田

---

**밭(田)**처럼 **양쪽(> <)**에 튼튼히 **흙(土)**을 쌓아 만든 보루나 진이니 **보루 루, 진 루**

정자 壘 – 밭을 쌓아놓은(畾) 것처럼 튼튼히 흙(土)을 쌓아 만든 보루나 진이니 '보루 루, 진 루'

+ 보루(堡壘) – ① 적의 접근을 저지하기 위하여 돌·흙·콘크리트 같은 것으로 만든 견고한 구축물
② 가장 튼튼한 발판

N1 中学
12획 / 부수 土

음독 **るい**

음독 壘壁 성벽 盜壘 도루 堡壘 보루

---

**밭(田)**처럼 흙으로 **덮어(冖) 또(且)** 겹쳐 쌓으니 **겹칠 첩, 쌓을 첩**

정자 疊 – 이어진 밭들(畾)처럼 흙으로 덮어(冖) 또(且) 겹쳐 쌓으니 '겹칠 첩, 쌓을 첩'

+ 冖(덮을 멱), 且(또 차)

훈독 **たたむ** 음독 **じょう**

훈독 畳む 접다, 걷어치우다 畳 다다미 折り畳み式 접이식

折り畳み傘 접는 우산

음독 畳語 첩어 六畳間 다다미 여섯 장 짜리 방

N2 中学
12획 / 부수 田

中学
11획 / 부수 日

이쪽저쪽(丷)의 밭(田)에 날(日)마다 일찍 나가 거듭 일하니
**일찍 증, 거듭 증**

[정자] 曾 – 열고(八) 창문(罒) 사이로 말할(曰) 정도면 일찍부터 거듭 만나던
　　　사이니 '일찍 증, 거듭 증'

+ 日(해 일, 날 일), 罒(창문의 모양을 본떠서 '창문 창'), 曰(가로 왈)

[음독] **そう, ぞ**

[음독] そ そ ふ 曽祖父 증조부　そう そ ぼ 曽祖母 증조모　そう そん 曽孫 증손　み ぞ う 未曽有 미증유

---

N2　中学
14획 / 부수 心(忄)

섭섭한 마음(忄)이 거듭(曽) 쌓이도록 미워하니
**미워할 증**

[정자] 憎

+ 忄(마음 심 변)

[훈독] **にくむ, にくい, にくらしい, にくしみ**　　[음독] **ぞう**

[훈독] 憎さ 미움　あい にく 生憎 공교롭게도

[음독] えん ぞう 怨憎 원망과 증오

---

N2　中学
18획 / 부수 貝

재물(貝)을 거듭(曽) 주니 **줄 증**

[정자] 贈

+ 貝(조개 패, 재물 패, 돈 패)

[훈독] **おくる**　　[음독] **ぞう**

[훈독] おく 贈る 보내다　おく もの 贈(り)物 선물

[음독] ぞう てい 贈呈 증정　ぞう よ 贈与 증여　ぞう わい 贈賄 뇌물을 줌　き ぞう 寄贈 기증

---

N1　中学
13획 / 부수 人(亻)

사람(亻) 중 거듭(曽) 도를 닦는 중이니 **중 승**

[정자] 僧

[음독] **そう**

[음독] そう りょ 僧侶 승려　そう ぼう 僧房 절에 딸린 승려가 거처하는 집　そう いん 僧院 절, 수도원
こ む そう 虚無僧 보화종의 승려(장발에 장삼을 입고 삿갓을 깊숙이 쓰고 통소를
불며 각처를 수행함)

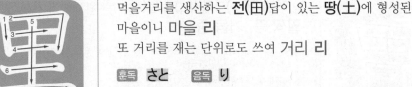

**N1** **小2**
7획 / 제부수

먹을거리를 생산하는 **전(田)**답이 있는 **땅(土)**에 형성된
마을이니 **마을 리**
또 거리를 재는 단위로도 쓰여 **거리 리**

훈독 **さと**   음독 **り**

훈독 村里 마을, 촌   里芋 토란   里子 수양아들, 수양딸   里心 향수
里帰り ① 첫 친정 나들이 ② 고용인이 휴가로 생가에 감

음독 里程 걷거나 차로 가는 거리   千里眼 천리안
五里霧中 오리무중, 안개 속

---

**N2** **中学**
10획 / 부수 土

**흙(土)**으로 **마을(里)** 부근에 묻으니 **묻을 매**

훈독 **うめる, うまる, うもれる**   음독 **まい**

훈독 埋める 묻다, 메우다   埋まる 묻히다, 메워지다
埋もれる 묻히다

음독 埋設 매설   埋葬 매장, 땅에 묻음   埋蔵 매장, 묻혀 있음
埋伏 매복   埋没 파묻힘

---

**N1** **中学**
9획 / 부수 厂

**언덕(厂)** 아래 **마을(里)**에서 재는 작은 단위인 리니 **리 리**

+ 리(厘) − ① 화폐 단위. 1엔의 1,000분의 1
　　　　　② 길이의 단위. 1자의 1,000분의 1

음독 **りん**

음독 厘毛 극소, 아주 적음   九分九厘 구분구리, 거의 100프로
一分一厘 일푼일리, 아주 조금

(어른은 일터에 나가고 ) **서서(立) 마을(里)**에 노는 사람은 주로 아이니 **아이 동**

훈독 **わらべ** 음독 **どう**

훈독 童 동자, 어린이(들) 童歌 전래 동요
음독 童顔 동안 童謡 동요 悪童 악동
児童 ① 아동, 어린이 ② 소학교 학생

N2 小3
12획 / 부수 立

**마음(忄)**으로 항상 **어린(童)** 시절을 동경하니 **동경할 동**

훈독 **あこがれる** 음독 **しょう**

훈독 憧れる 동경하다, 그리워하다 憧れ 동경
음독 憧憬 동경

中学
15획 / 부수 心(忄)

**눈(目)**에서 **아이(童)**처럼 작은 눈동자니 **눈동자 동**

훈독 **ひとみ** 음독 **どう**

훈독 瞳 눈동자, 동공
음독 瞳孔 동공 瞳子 동자, 눈동자

N1 中学
17획 / 부수 目

**쇠(金)** 소리가 **아이(童)** 소리처럼 맑은 쇠북이니 **쇠북 종**
또 쇠북처럼 종 치는 시계니 **종 치는 시계 종**

훈독 **かね** 음독 **しょう**

훈독 鐘 종
음독 鐘声 종소리 暁鐘 새벽 종소리 鐘楼 종각 自鳴鐘 자명종
半鐘 (화재 등을 알리기 위해 망루 등에 매단 조그마한) 경종

N1 中学
20획 / 부수 金

137

N2 小4
12획 / 부수 里

N1 中学
18획 / 부수 米

아침(旦)마다 그 날 가야 할 **거리(里)**를 헤아리니 헤아릴 량
또 헤아려 담는 용량이니 **용량 량**

+ 旦(아침 단), 里(마을 리, 거리 리)

[훈독] **はかる**  [음독] **りょう**

[훈독] 量る (무게, 길이, 깊이, 넓이 등을) 재다
思い量る 여러모로 생각하다, 추측해 보다

[음독] 量感 양감, 볼륨  量刑 양형  量産 대량 생산  量水計 양수계
量販 대량 판매  量目 중량, 무게

---

**쌀(米)** 등의 곡식을 먹을 만큼 **헤아려(量)** 들여놓는 양식이니
**양식 량**

+ 양식(糧食) – 생존을 위하여 필요한 사람의 먹을거리
+ 米(쌀 미), 食(밥 식, 먹을 식)

[훈독] **かて**  [음독] **りょう, ろう**

[훈독] 糧 식량

[음독] 糧食 양식  糧道 (군대의) 양식을 수송하는 길  糧米 식량미
兵糧 병량(군량, 군대의 양식)

N3 小2
11획 / 제부수

## 마을(里)에서 불(灬)때면 그을려 검으니 검을 흑

정자 黑 – 굴뚝(里)처럼 불(灬)에 그을려 검으니 '검을 흑'
+ 里(마을 리, 거리 리), 灬(불 화 발), 里(구멍 뚫린 굴뚝의 모양)

훈독 くろい 음독 こく

훈독 黒白 ① 흑백 ② 흑과 백 黒胡麻 검은깨 黒焦げ 검게 눌음(탐)
腹黒い 속이 검다, 엉큼하다, 음험하다
黒雲 먹구름 黒い ① 검다 ② 까맣다 ③ 볕에 타 있다
+ '黒雲'은 'こくうん'로도 읽을 수 있습니다.

음독 黒鉛 흑연 黒板 칠판

N1 中学
15획 / 부수 黒

## 캄캄하고(黒) 개(犬)도 짖지 않는 밤처럼 말 없이 고요하니 말 없을 묵, 고요할 묵

정자 黙
+ 犬(개 견)

훈독 だまる 음독 もく

훈독 黙る 입을 다물다, 가만히 있다

음독 黙殺 묵살 黙祷 묵도 黙読 묵독 黙秘 묵비 黙約 묵약
黙礼 묵례(말없이 경례함) 寡黙 과묵(말이 적고 침착함)

N1 中学
14획 / 부수 土

## 검은(黒) 흙(土)으로 만든 먹이니 먹 묵

정자 墨
+ 먹 – 벼루에 물을 붓고 갈아서 글씨를 쓰거나 그림을 그릴 때 사용하는 검은
물감
+ 土(흙 토)

훈독 すみ 음독 ぼく

훈독 墨 먹 入れ墨 문신 靴墨 구두약

음독 墨跡 먹 자국, 필적 墨汁 먹물 白墨 백묵, 분필

참고자

13획 / 부수 火(灬)

**거듭(重) 불(灬)의 연기가 끼어 그을리도록 향 피우니**
연기 낄 훈, 그을릴 훈, 향 피울 훈

정자 熏 – 천(千) 갈래로 퍼지는 검은(黑) 연기가 끼어 그을리도록 향 피우니
　　　　'연기 낄 훈, 그을릴 훈, 향 피울 훈'

+ 重(무거울 중, 귀중할 중, 거듭 중), 千(일천 천, 많을 천)

훈독 **いぶす**　　음독 **くん**

---

N1 中学

15획 / 부수 力

**연기(熏)처럼 솟아오르는 힘(力)으로 이룬 공이니 공 훈**

정자 勳

+ 참 功(공 공, 공로 공) – 1권 제목번호 129 참고
+ 공(功) – 힘들여 이루어 낸 결과
+ 力(힘 력)

훈독 **いさお**　　음독 **くん**

훈독 勳を立てる 공훈을 세우다
　　　 (いさお) (た)

음독 勳位 훈위　勳功 훈공　勳臣 공신　勳章 훈장　偉勳 큰 공적
　　　 (くん い)　 (くん こう)　 (くん しん)　 (くん しょう)　 (い くん)
　　　 叙勳 훈장 수여
　　　 (じょ くん)

---

**풀(艹) 중 연기(熏)처럼 향기 나는 향 풀이니 향 풀 훈**

정자 薰

훈독 **かおる**　　음독 **くん**

훈독 薰る 상쾌하게 느껴지다　薰り 향기, 좋은 냄새
　　　 (かお)　　　　　　　　 (かお)

음독 薰育 훈육(덕으로써 사람을 인도하여 가르치고 기름)
　　　 (くん いく)
　　　 薰煙 훈연(향을 피운 연기)　薰化 훈화　薰製 훈제
　　　 (くん えん)　　　　　　　 (くん か)　 (くん せい)
　　　 薰風 훈풍　余薰 잔향(향기로운 물건이 없어진 뒤에도 남아 있는 향기)
　　　 (くん ぷう)　 (よ くん)
　　　 薰陶 훈도, 감화시켜 훌륭한 사람을 만듦
　　　 (くん とう)

+ '訓陶'라고 씀은 잘못된 표현이므로 주의하세요.
　　(くん とう)

N1 中学

16획 / 부수 草(艹)

**N1** **中学**
5획 / 부수 田

밭(田)에 씨앗을 뿌리면 **뿌리( | )**가 먼저 나듯 처음 나온
첫째니 첫째 갑, 첫째 천간 갑

또 밭(田)에 씨앗의 **뿌리( | )**가 날 때 뒤집어쓴 껍질처럼
입은 갑옷이니 갑옷 갑

+ 田(밭 전, 논 전), | ('뚫을 곤'이지만 여기서는 뿌리로 봄)

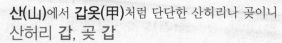
음독 **こう, かん**

음독 甲乙丙 갑을병 甲殻類 갑각류 甲烏賊 갑오징어

華甲 환갑, 회갑 甲板 갑판 甲声 높고 날카로운 목소리

---

**中学**
8획 / 부수 山

산(山)에서 **갑옷(甲)**처럼 단단한 산허리나 곶이니
산허리 갑, 곶 갑

+ 갑(岬) – 바다 쪽으로 뾰족하게 뻗은 육지

훈독 **みさき**

훈독 岬 갑, 곶

---

**N2** **中学**
8획 / 부수 手(扌)

손(扌)으로 으뜸(甲) 가는 것을 누르고 압수하니
누를 압, 압수할 압

훈독 **おさえる, おす**  음독 **おう**

훈독 押さえる ① 누르다 ② 압류하다 押す ① 밀다 ② 누르다

押入れ 벽장 押し通す 억지로 통과시키다

음독 押印 날인 押送 압송 押収 압수 押捺 도장을 찍음

押柄 건방짐

**N1** **中学**
9획 / 부수 十

하나(丿)의 밭(田)에 나가(丿) 자주(十) 일해야 하는 사람처럼 낮고 천하니 **낮을 비, 천할 비**

[정자] 卑 – 찢어진(丿) 갑옷(田)을 입은 많은(十) 병사들은 낮고 천하니 '낮을 비, 천할 비'

+ 丿(삐침 별)을 나누어 쓰면 일본 한자, 나누지 않고 쓰면 정자
+ 丿('삐침 별'이지만 여기서는 '하나', '나가다', '찢어진 모양'으로 봄), 田[첫째 갑, 첫째 천간 갑, 갑옷 갑(甲)의 변형], 十(열 십, 많을 십)

[훈독] **いやしい, いやしむ, いやしめる** [음독] **ひ**

[훈독] 卑しい ① 천하다 ② 쩨쩨하다 ③ 초라하다
卑しめる 무시하다, 경멸하다, 멸시하다, 깔보다

[음독] 卑下 비하 卑屈 비굴 卑怯 비겁 卑賤 비천 卑俗 비속
卑劣 비열

---

**N1** **中学**
14획 / 부수 石

돌(石)을 깎아 **낮게(卑)** 세운 비석이니 **비석 비**

[정자] 碑

+ 石(돌 석)

[훈독] **いしぶみ** [음독] **ひ**

[훈독] 碑を建てる 비를 세우다
[음독] 碑銘 비명, 비에 새긴 글 碑石 비석 碑文 비문

N2 小3
5획 / 부수 田

밭(田)에 싹(ㅣ)이 나는 것은 씨앗을 뿌린 까닭으로 말미암으니
까닭 유, 말미암을 유

+ 曲(굽을 곡, 노래 곡) – 1권 제목번호 048 참고

훈독 **よし**　　음독 **ゆう**

훈독 由有り気 무슨 까닭이 있는 듯한 모양
음독 自由 자유　原由 근본 이유, 원인

+ '原由'는 'げんゆう'로도 읽을 수 있습니다.

N1 中学
10획 / 부수 衣(衤)

옷(衤)에서 유(由) 자 모양의 소매니 소매 수

+ 衣(옷 의)는 주로 웃옷이나 옷을 대표하는 뜻으로 쓰이고, 아랫도리는 치마
상(裳), 바지 고(袴)로 씁니다.
+ 衤(옷 의 변)

훈독 **そで**　　음독 **しゅう**

훈독 袖 소매　半袖 반소매　袖裏 소매 안감
음독 袖手 팔짱을 낌　袖珍 소매에 들어갈 만한 크기
領袖 여러 사람 가운데 우두머리

N1 中学
8획 / 부수 手(扌)

손(扌)으로 말미암아(由) 뽑으니 뽑을 추

음독 **ちゅう**

음독 抽籤 추첨　抽出 추출　抽象 추상

N1 中学
12획 / 부수 車

수레(車)를 말미암아(由) 굴러가게 하는 굴대니 굴대 축

+ 굴대 – 바퀴의 가운데 구멍에 끼우는 긴 쇠나 나무
+ 車(수레 거, 차 차)

음독 **じく**

음독 軸木 성냥개비　軸心 중심축　軸物 족자　地軸 지축
車軸 차축, 차의 굴대

**N2** **小3**
5획 / 부수 田

속마음을 **아뢰어(曰) 펴듯( | )** 무엇이라고 말하는 원숭이니
**아뢸 신, 펼 신, 원숭이 신**
또 원숭이는 아홉째 지지니 **아홉째 지지 신**

+ 曰(가로 왈), | ('뚫을 곤'이지만 여기서는 펴는 모양으로 봄)

훈독 **もうす, さる**   음독 **しん**

훈독 申し訳ない 변명 할 여지가 없다, 미안하다  申年 신년, 원숭이띠

음독 申請 신청  具申 (상사에게 의견·희망 등을) 자세히 아룀
内申書 내신서(성적이나 선생님으로부터 받은 코멘트가 있는 학생 기록부)

---

**N2** **中学**
7획 / 부수 人(亻)

**사람(亻)**이 몸을 **펴(申)** 늘이니 **펼 신, 늘일 신**

+ 윤 仲(버금 중, 중개할 중) – 1권 제목번호 023 참고
+ 申은 속마음을 펴 아뢴다는 뜻이고, 伸은 물건을 길게 펴 늘인다는 뜻으로 구분하세요.

훈독 **のびる, のばす**   음독 **しん**

훈독 背伸び ① 발돋움, 몸을 펴고 손을 치켜 뻗음 ② 자기 실력 이상의 일을
하려고 애씀  伸べる ① 펴다, 늘이다 ② 펴서 깔다 ③ 늦추다, 연기하다

음독 伸縮 신축  伸長 신장  急伸 급신장, 급성장  屈伸 굽힘과 폄
追伸 추신  上伸 시세가 올라감

---

**N1** **中学**
11획 / 부수 糸

**실(糸)**처럼 **펴(申)** 두르는 큰 띠니 **큰 띠 신**
또 큰 띠로 모양을 낸 신사니 **신사 신**

음독 **しん**

음독 紳士 신사

---

**N1** **中学**
10획 / 부수 人(亻)

**사람(亻)**에게 단점을 **가리고만(奄)** 싶은 나니 **나 엄**

+ 奄 – 문득 크게(大) 펴서(电) 덮고 가리니 '문득 엄, 덮을 엄, 가릴 엄'
+ 电[아뢸 신, 펼 신, 원숭이 신, 아홉째 지지 신(申)의 변형]

훈독 **おれ**

훈독 俺 나, 내(남자 1인칭 대명사)

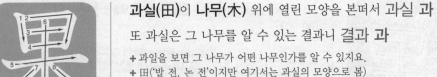

N2　小4
8획 / 부수 木

## 과실(田)이 나무(木) 위에 열린 모양을 본떠서 과실 과

또 과실은 그 나무를 알 수 있는 결과니 결과 과

+ 과일을 보면 그 나무가 어떤 나무인가를 알 수 있지요.
+ 田('밭 전, 논 전'이지만 여기서는 과실의 모양으로 봄)

훈독 はたす, はてる, はて　　음독 か

훈독 果して ① 과연 ② 역시, 생각한 바와 같이 ③ 예상한 대로, 말 그대로,
정말로　果て ① 끝 ② 사물의 한 ③ (산 · 들 · 바다 · 하늘의) 끝

음독 果敢 과감　果然 과연　果樹園 과수원　果汁 과즙
果断 과단(단호한 결심)　果糖 과당

예외 果物 과일

N1　中学
13획 / 부수 衣(衤)

## 옷(衤) 벗은 결과(果) 드러나는 벌거숭이니 벌거숭이 라

+ 衤(옷 의 변)

훈독 はだか　　음독 ら

훈독 裸 ① 맨몸 ② 무일푼　裸麦 쌀보리　赤裸 알몸뚱이, 전라
素裸 알몸, 맨몸

음독 裸出 노출　裸身 나체　赤裸々 적나라

N2　中学
11획 / 부수 草(艹)

## 나물(艹)이나 과실(果)을 넣어 만든 과자니 과자 과

+ 艹('초 두'지만 여기서는 나물로 봄)

음독 か

음독 お菓子 과자　茶菓 다과　製菓 제과　乳菓 유과(우유를 넣은 과자)

+ 茶菓'는 'ちゃか'로도 읽을 수 있습니다.

中学
13획 / 부수 彑

## 엇갈리게(彑) 하나(一)씩 묶어(冖) 과실(果)을 무리 지어 모으니 무리 휘, 모을 휘

+ 원래는 '고슴도치 머리(彑)처럼 생긴 꼭지 부분을 묶어(冖) 과일(果)을 무리 지어 모으니 무리 휘, 모을 휘'입니다.
+ 彑(고슴도치 머리 계, 오른손 우, = 彐), 冖(덮을 멱)

음독 い

음독 語彙 어휘

小4
9획 / 부수 丷

반짝이는 **불꽃(丷)**처럼 **밭(田)**에 **많이(十)** 나가 일하는 혼자니
## 홑 단

[정자] 單 – 식구들의 입들(口口)을 먹여 살리기 위해 밭(田)에 많이(十) 나가
    일하는 혼자니 '홑 단'

+ 홑 – 짝을 이루지 아니하거나 겹으로 되지 아니한 것
+ 田(밭 전, 논 전), 十(열 십, 많을 십)

[음독] **たん**

[음독] 単位 단위 単一 단일 単騎 단기 簡単 간단 単式 단식
    単数 단수 単純 단순 単独 단독 単発 단발

---

N1 中学
13획 / 부수 示(ネ)

**보는(ネ)** 것이 **하나(単)**뿐이면 마음도 고요하니
## 고요할 선

[정자] 禪
+ ネ(보일 시, 신 시 변)

[음독] **ぜん**

[음독] 禅譲 선양(제왕이 그 왕위를 세습하지 않고 덕 있는 사람에게 양위하
    는 일) 禅定 선정 座禅 좌선

---

N1 中学
12획 / 부수 弓

**활(弓)**에서 쏘아진 화살이 **하나(単)**씩 튕겨 나가니 **튕길 탄**

또 튕기듯 총에서 나가는 탄알이니 **탄알 탄**

[정자] 彈
+ 한자가 만들어지던 당시에는 화약이 없었으니 활의 구조로 탄알을 쏘았겠
    지요.
+ 弓(활 궁)

[훈독] **ひく, はじける, はずむ, たま, はじく**

[음독] **だん**

[훈독] 弾く 연주하다 弾む ① 튀다 ② 기세가 오르다 弾除け 방탄
    弾く 튀기다 弾き返す 되돌아가다 弾ける 여물어서 터지다. 튀다
[음독] 弾圧 탄압 弾劾 탄핵 弾丸 탄환 弾薬 탄약 弾力 탄력

참고자
9획 / 부수 田

**한(一)** 사람의 **입(口)**은 **밭(田)**에서 난 곡식만으로도 가득 차니 찰 복

**+** 단독으로는 거의 쓰이지 않는 글자입니다.

훈독 **た**    음독 **でん**

---

N2 中学
12획 / 부수 巾

**수건(巾)** 같은 천의 가로로 **찬(畐)** 넓이니 넓이 폭

**+** 巾(수건 건)

훈독 **はば**    음독 **ふく**

훈독 幅 폭  幅利き 세력이 있는 사람  幅ったい 폭이 넓다
       幅跳び 멀리뛰기  幅広 폭이 넓음  大幅 큰 폭  口幅 말투

음독 幅物 족자  増幅 증폭

예외 全幅 선폭  怡幅 붕재

147

N1 中学
8획 / 부수 草(艹)

풀(艹)처럼 밭(田)에서 나는 싹이니 싹 묘

+ 윤 笛(피리 적) – 1권 제목번호 046 참고
+ 艹(초 두), 田(밭 전, 논 전)

훈독 **なえ, なわ** 음독 **びょう, みょう**

훈독 苗 모종 苗木 묘목 苗代 못자리
음독 苗裔 후예 苗圃 묘포, 모판 苗字 성, 성씨

---

N1 中学
11획 / 부수 手(扌)

손(扌)으로 풀싹(苗)처럼 그리니 그릴 묘

+ 扌(손 수 변)

훈독 **えがく** 음독 **びょう**

훈독 描く ① 그리다 ② 묘사하다
음독 描写 묘사 描出 그려 냄 描法 그리는 법 素描 소묘, 데생

---

N2 中学
11획 / 부수 犬(犭)

짐승(犭) 중 콧수염이 풀싹(苗)처럼 긴 고양이니
고양이 묘

+ 고양이의 콧수염은 풀처럼 길지요.
+ 犭(큰 개 견, 개 사슴 록 변)

훈독 **ねこ** 음독 **びょう**

훈독 猫 고양이 猫要らず 쥐약 猫舌 뜨거운 것을 못 먹음
烏猫 검은 고양이
음독 猫の額 고양이 이마, 고양이 이마처럼 좁음

---

N1 中学
10획 / 부수 田

머리 부분(亠)처럼 약간 높게 밭(田)에 오래(久)가도록 만든
이랑이니 이랑 무, 이랑 묘

+ 이랑 – 논이나 밭을 갈아 골을 타서 두두룩하게 흙을 쌓아 만든 곳
+ 묘(畝) – 전답의 면적 단위. 30평(坪)
+ 亠(머리 부분 두), 久(오랠 구)

훈독 **うね**

훈독 畝 밭두둑 畝間 고랑

**N1** **中学**
10획 / 제부수

귀신 형상을 생각하고 만들어서 **귀신 귀**

훈독 **おに**　음독 **き**

훈독 鬼 귀신, 도깨비　鬼ごっこ 술래잡기　鬼火 도깨비불

음독 鬼才 귀재　鬼籍 귀적(저승 명부)　鬼哭 귀곡　悪鬼 악귀
殺人鬼 살인마

---

**N1** **中学**
13획 / 부수 十

흙(土)이 **귀신(鬼)**처럼 험상궂게 뭉친 덩어리니 **덩어리 괴**

＋土(흙 토)

훈독 **かたまり**　음독 **かい**

훈독 塊 ① 덩어리 ② 집단, 일단　一塊り 한 덩어리

음독 塊状 덩어리진 모양　塊然 혼자 있는 모양　金塊 금괴
血塊 핏덩어리　団塊の世代 1948년 전쟁 후의 베이비붐 시대에 태어난 세대

---

**N1** **中学**
17획 / 부수 酉

술(酉)을 많이 마셔 **귀신(鬼)**처럼 용모가 추하니 **추할 추**

＋술은 적당히 마시면 약이 되고 기분도 좋아지지만, 너무 많이 마시면 귀신처럼 추해진다는 데서 만든 글자지요.
＋酉(술 그릇 유, 술 유, 닭 유, 열째 지지 유)

훈독 **みにくい**　음독 **しゅう**

훈독 醜い 추하다

음독 醜悪 추악함　醜行 추행　醜態 추태　醜女 추녀　醜状 흉터
醜聞 추문　醜類 추잡한 무리

---

**N1** **中学**
14획 / 부수 鬼

(몸속에 살아서) **말한다는(云) 귀신(鬼)** 같은 넋이니 **넋 혼**
또 넋처럼 깊은 마음이니 **마음 혼**

＋云(말할 운) - 제목번호 461 참고

훈독 **たましい**　음독 **こん**

훈독 魂 혼, 넋　大和魂 일본 민족의 고유한 정신

음독 魂胆 속셈　魂魄 혼백　気魂 정신, 기백　闘魂 투혼

**N1** **中学**
11획 / 부수 糸

**밭(田)**이랑이나 **실(糸)**타래처럼 여러 갈래로 쌓이니
**여러 루, 쌓일 루**

또 여러 번 하여 폐 끼치니 **폐 끼칠 루**

+ 누(累) – 남의 잘못으로 말미암아 받게 되는 정신적인 괴로움이나 물질적인
손해
+ 糸(실 사, 실 사 변)

음독 **るい**

음독 累計 누계 累進 누진 累次 누차 累積 누적
るいけい　　るいしん　　るいじ　　るいせき
累犯 누범(재범 이상의 범죄) 累年 해마다
るいはん　　　　　　　　　　　るいねん

**N1** **中学**
10획 / 부수 糸

**많이(十) 꼬아서(冖)** 만든 **동아줄(糸)**이니 **동아줄 삭**

또 동아줄로 묶어 두어 잃어버렸을 때 찾으니 **찾을 색**

또 누구를 찾아야 할 정도로 쓸쓸하니 **쓸쓸할 삭**

+ 十(열 십, 많을 십), 冖('덮을 멱'이지만 여기서는 꼬는 모양으로 봄)

음독 **さく**

음독 索梯 줄사다리 索引 색인 索出 색출 検索 검색 模索 모색
さくてい　　　　さくいん　　 さくしゅつ 　けんさく　　もさく
探索 탐색 索漠 삭막 索然 재미가 없는 모양
たんさく　 さくばく　 さくぜん

**N2** 中学
8획 / 부수 木

**N1** 中学
7획 / 부수 木

**N2** 中学
7획 / 부수 广

## 나무(木)로 만든 보통이 아닌(不) 잔이니 잔 배

+ 통 盃 – 보통이 아니게(不) 만든 그릇(皿) 같은 잔이니 '잔 배'
+ 不(아닐 불, 아닐 부), 皿(그릇 명)

| 훈독 | さかずき | 음독 | はい |
|---|---|---|---|

훈독 杯 술잔 杯事 ① 술잔을 나누어 굳게 약속함 ② 술잔치
음독 苦杯 고배 祝杯 축배 聖杯 성배
예외 乾杯 건배

## 나무(木) 껍질이 털(彡)가죽처럼 벗겨지는 삼나무니
## 삼나무 삼

+ 삼나무는 해마다 겨울을 지내면 껍질이 터럭처럼 길게 벗겨지지요.
+ 彡(터럭 삼, 긴머리 삼)

| 훈독 | すぎ | 음독 | さん |
|---|---|---|---|

훈독 杉 삼나무 松杉 소나무와 삼나무
음독 老杉 늙은 삼나무

## 집(广)처럼 나무(木)로 받쳐 만든 평상이나 책상이니
## 평상 상, 책상 상

+ 평상(平床) – 나무로 만든 침상의 하나
+ 广(집 엄), 平(平: 평평할 평, 평화 평)

| 훈독 | とこ, ゆか | 음독 | しょう |
|---|---|---|---|

훈독 床 ① 잠자리 ② 마루 床入り 잠자리에 듦
床の間 도코노마(다다미방에서 바닥을 한층 높여 만들어 놓은 곳)
床離れ ① 잠자리에서 일어남 ② (병이 나아) 병석을 떠남
床屋 이발소 床 마루 床下 마루 밑
음독 床几 걸상 臥床 ① 잠자리 ② 몸져누움 起床 기상
病床 병상 臨床 임상

N2 小4
5획 / 부수 木

## 나무(木)에서 긴 가지(一) 끝이니 끝 말

+ 윤 未(아닐 미, 아직 ~ 않을 미, 여덟째 지지 미)
+ 나무 목(木) 위에 한 일(一)을 길게 그어 긴 가지 끝을 나타내면 '끝 말
(末)', 짧게 그어 아직 자라지 않은 짧은 가지를 나타내면 '아닐 미, 아직 ~
않을 미, 여덟째 지지 미(未)'로 구분하세요.

훈독 **すえ**　음독 **まつ**

훈독 末 끝　末っ子 막내
　　末頼もしい 장래가 기대(촉망)되다, 장래가 유망하다

음독 末裔 후예, 자손　末期 말기　末期 말기(일생의 최후), 임종
　　末日 말일　末世 말세　末梢 말초　末端 말단　末妹 막내 여동생

---

N1 中学
8획 / 부수 手(扌)

## 손(扌)으로 끝(末)나게 칠하거나 없애니
## 칠할 말, 없앨 말

음독 **まつ**

음독 抹殺 말살　抹消 말소　抹茶 말차, 가루 녹차　一抹 일말

**N2** **小4**
5획 / 부수 木

나무(木)에서 짧은 가지(一)니 아직 자라지 않았다는 데서
**아닐 미, 아직 ~ 않을 미, 여덟째 지지 미**

+ 未는 아닐 불, 아닐 부(不)나 아닐 막(莫)처럼 완전 부정사로 해석해서는
안 되고, 가능성을 두어 '아직 ~ 아니다'로 해석해야 합니다.
+ 나무 목(木) 위에 한 일(一)을 길게 그어 긴 가지 끝을 나타내면 '끝 말
(末)', 짧게 그어 아직 자라지 않은 짧은 가지를 나타내면 '아닐 미, 아직 ~
않을 미, 여덟째 지지 미(未)'로 구분하세요.

**훈독** いまだ, ひつじ　　**음독** み

**훈독** 未だ 아직껏, 아직까지도, 현재까지도　未年 미년, 양띠

**음독** 未完成 미완성　未済 미제　未熟 미숙　未詳 미상　未然 미연
未知 미지　未定 미정　未納 미납　未亡人 미망인　未来 미래
未練 미련　未満 미만

**中学**
9획 / 부수 日

해(日)가 아직(未) 뜨지 않아 어두우니 **어두울 매**

+ 유 眜(눈 어두울 매)
+ 아닐 미, 아직 ~ 않을 미, 여덟째 지지 미(未)의 앞에 해 일, 날 일(日)이면
'어두울 매(昧)', 눈 목, 볼 목, 항목 목(目)이면 '눈 어두울 매(眜)'입니다.

**음독** まい

**음독** 三昧 ① 삼매 ② 툭하면 하려고 함, 마음 내키는 대로 함
蒙昧 몽매(어리석고 사리에 어두움)　読書三昧 독서삼매
曖昧 애매함

**N1** **中学**
15획 / 부수 鬼

귀신(鬼)이 아니(未) 된 도깨비니 **도깨비 매**
또 도깨비 같은 것에 홀리니 **홀릴 매**

+ 鬼(귀신 귀)

**음독** み

**음독** 魅する (이상한 힘으로) 사람을 혹하게 만들다, 매혹하다, 반하게 하다
魅了 매료　魅力 매력　魅惑 매혹

**N2** **小5**
7획 / 부수 人

(다 가고) 사람(人) 한(一) 명만 나무(木) 처럼 남아 있는 나니
# 남을 여, 나 여

[정자] 餘 – 먹고(飠) 남으니(余) '남을 여'
+ 飠[밥 식, 먹을 식 변]

훈독 **あまる, あます**    음독 **よ**

훈독 余る ① 남다 ② 지나치다, 넘치다　余り 나머지, 여분　余す 남기다

음독 余韻 여운　余暇 여가　余寒 늦추위　余興 여흥　余所事 남의 일
余白 여백　余聞 여담　余程 상당히, 대단히　余裕 여유

---

**N1** **中学**
10획 / 부수 彳

조금씩 걸으며(彳) 남은(余) 일을 천천히 하니 천천히 할 서

+ 彳(조금 걸을 척)

훈독 **おもむろ**    음독 **じょ**

훈독 徐に 서서히, 천천히

음독 徐行 서행　徐々に 서서히

---

**N2** **中学**
10획 / 부수 辵(辶)

여유 있게(余) 다닐(辶) 수 있도록 만든 길이니 길 도

+ 辶(뛸 착, 갈 착)

훈독 **みち**    음독 **と**

훈독 途 윤리적인 길, 도리

음독 途上 도상　途中 도중　途方 수단　別途 별도　目途 목적, 목표
途方もない ① 엉망이다 ② 터무니없다　帰途 귀로　使途 (돈의) 용도
長途 먼 길

---

**N2** **中学**
13획 / 부수 土

물(氵)을 남은(余) 흙(土)에 부어 이겨 바르는 진흙이니
# 바를 도, 진흙 도

+ 진흙 – ① 빛깔이 붉고 차진 흙
② 질척질척하게 짓이겨진 흙

훈독 **ぬる, まみれる**    음독 **と**

훈독 塗る 바르다, 칠하다　塗り物 칠기　塗れる 투성이가 되다

음독 塗装 도장　塗炭 도탄　塗布 도포　塗抹 칠함, 바름　塗料 도료

N2 小2
7획 / 제부수

## 주인(主)이 천천히(夊) 거두는 보리니 보리 맥

정자 麥 – (봄이) 오면(夾) 천천히(夊) 거두는 보리니 '보리 맥'

+ 보리는 가을에 심어 여름이 오기 전 늦은 봄에 거두지요.

+ 丰[주인 주(主)의 변형], 夊(천천히 걸을 쇠, 뒤져 올 치), 夾[올 래(來)의 변형]

훈독 **むぎ**    음독 **ばく**

훈독 麦 보리 麦茶 보리차 麦畑 보리밭 麦わら帽子 밀짚모자

음독 麦芽 엿기름 麦秋 초여름

예외 蕎麦 소바, 메밀국수

---

N2 小3
9획 / 제부수

## 사람 얼굴을 정면에서 본떠서 얼굴 면
## 또 얼굴 향하고 보니 향할 면, 볼 면

+ 一은 머리, J은 이마, 나머지는 눈과 코와 입이 있는 얼굴이지요.

훈독 **おも, おもて, つら, も**    음독 **めん**

훈독 面 면, 표면 面憎い 보기도 싫다, 밉살스럽다 面汚し 망신
細面 갸름한 얼굴

음독 面食らう 당황하다 面識 면식 面責 면책(마주 대하여 책망함)
面倒臭い 귀찮다, 성가시다 面罵 면책(면전 매도)
面目 면목 対面 대면

예외 真面目 ① 진심, 진정, 진지함 ② 착실함, 성실함
素面 술에 취하지 않은 얼굴(상태)

---

中学
16획 / 부수 麥(麦)

## 보리(麦)나 밀의 얼굴(面), 즉 껍질을 벗겨 만든 밀가루니
## 밀가루 면
## 또 밀가루로 만든 국수니 국수 면

정자 麵

음독 **めん**

음독 麺類 면류 製麺 제면(국수를 만듦)

**N1** **中学**
9획 / 부수 山

산(山)으로 **끼인(夾)** 골짜기니 골짜기 **협**

+ 夾 - 하나(一)처럼 양쪽(ソ) 사이에 크게(大) 끼니 '낄 협'

음독 きょう

음독 峽間 골짜기 峽谷 협곡 海峽 해협
地峽 지협(두 육지를 잇는 좁은 육지)

---

**N2** **中学**
9획 / 부수 手(扌)

손(扌)으로 당겨 **끼니(夾)** 낄 **협**

훈독 はさむ, はさまる  음독 きょう

훈독 挟む 끼우다 板挟み 딜레마 挟まる 끼이다
음독 挟撃 협공 挟殺 협살[야구에서, 누(壘)와 누 사이에 있는 주자를 몰
아 아웃시키는 일]

---

**N1** **中学**
9획 / 부수 犬(犭)

개(犭)도 **끼일(夾)** 정도로 좁으니 좁을 **협**

정자 狹
+ 반 広(넓을 광) - 1권 제목번호 344 참고
+ 犭(큰 개 견, 개 사슴 록 변)

훈독 せまい, せばめる, せばまる  음독 きょう

훈독 狭い 좁다 所狭い 장소가 비좁다 狭める 좁히다 狭まる 좁혀지다
狭苦しい 비좁아 답답하다, 옹색하다
음독 狭隘 좁음 狭義 협의 狭窄 협착 狭小 협소 狭量 도량이 좁음
예외 狭間 사이

---

**中学**
15획 / 부수 頁

**끼인(夾)** 듯 머리(頁)카락 사이에 있는 뺨이니
뺨 **협**

+ 동 頬
+ 뺨이 머리카락 사이에 끼인 것처럼 보임을 생각하고 만든 글자
+ 일본어에서는 頰으로도 쓰이고 頬으로도 쓰입니다.
+ 頁(머리 혈, 책 면 엽)

훈독 ほお  음독 きょう

훈독 頰 볼, 뺨 頰紅 뺨에 바르는 연지 頰桁 광대뼈
음독 頰骨 광대뼈 豊頰 예쁘고 통통한 뺨

N4 小1
5획 / 부수 木

나무 목(木) 아래, 즉 뿌리 부분에 **일(一)**을 그어
나무에서는 뿌리가 제일 중요한 근본임을 나타내어
**근본 본, 뿌리 본**
또 근본을 적어 놓은 책이나 물건이니 **책 본, 물건 본**

훈독 **もと** 음독 **ほん**

훈독 本方 도매상, 제조원

음독 本意 본의　本営 본영　本家 본가　本拠地 본거지　本業 본업
本質 본질　本性 본성　本当 정말, 진짜　本能 본능　本番 실제 방송
本望 숙원　本物 실물, 진짜(가짜가 아닌 것)　本来 본래

---

N1 中学
13획 / 부수 金

쇠(金)로 바닥(本)을 다듬어 만든 바리때니 **바리때 발**
또 바리때처럼 둥근 화분이니 **화분 발**

+ 바리때 - 절에서 쓰는 중의 밥그릇. 나무나 놋쇠 등으로 대접처럼 만들어
　　　　안팎에 칠을 올림(준말 - 바리)
+ 金(쇠 금, 금 금, 돈 금)

음독 **はち, はつ**

음독 鉢 사발　お鉢 밥통　鉢合わせ ① 박치기 ② 우연히 마주침
植木鉢 화분　鉢植え 화분에 심음　鉢の木 화분에 심은 나무
鉢巻き 머리띠　托鉢 탁발

**N3** **小1**
8획 / 부수 木

나무(木)와 **나무**(木)가 우거진 수풀이니 수풀 림

훈독 **はやし** 음독 **りん**

훈독 松林 솔밭, 솔숲
まつばやし

음독 林立 숲의 나무처럼 많은 것이 죽 늘어섬
りん りつ
山林 산림, 산과 숲, 산속의 숲
さん りん

---

**N1** **中学**
14획 / 부수 日

언덕(厂) 아래 **수풀**(林) 속에 살며 **날짜**(日)를 보는 달력이니
달력 력

정자 曆 – 굴 바위(厂) 밑에 벼들(禾禾)을 쌓아 놓고 살면서 날짜(日)를 보는
달력이니 '달력 력'

+ 달력이 귀하던 옛날에는 곡식이 자라고 익어감을 보고 날짜를 짐작했지만
겨울에는 단지 달력으로만 알았겠지요.
+ 厂(굴 바위 엄, 언덕 엄)

훈독 **こよみ** 음독 **れき**

훈독 曆 달력 花曆 ① 꽃 달력 ② 철 따라서 피는 꽃과 그 명소로 나타낸 달력
こよみ 　 はなごよみ

음독 曆法 역법(달력을 만드는 방법) 西曆 서기 陰曆 음력 陽曆 양력
れき ほう 　 　 せい れき 　 いん れき 　 よう れき

---

**中学**
29획 / 부수 鬯

장군(缶)을 **나무**(木)와 **나무**(木) 사이에 **덮어**(冖) 놓은 듯
좋은 **술**(鬯)의 **향기**(彡)도 맡을 수 없어 답답하니 답답할 울

또 답답할 정도로 울창하니 울창할 울

+ 鬯 – 그릇(凵)에 곡식의 낟알(米)이 발효된 술을 숟가락(匕)으로 뜨는 울창
주니 '울창주 창'
+ 울창주(鬱鬯酒) – 울금향(鬱金香)을 넣어 빚은 향기 나는 술
+ 울창(鬱蒼)하다 – 나무가 빽빽하게 우거지고 푸르다.
+ 缶(장군 부), 冖(덮을 멱), 彡('터럭 삼, 긴머리 삼'이지만 여기서는 향기 나
는 모양으로 봄), 凵(입 벌릴 감, 그릇 감), 匕(비수 비, 숟가락 비), 蒼(푸
를 창)

음독 **うつ**

음독 鬱積 울적(불평불만이 쌓임) 鬱蒼 울창 憂鬱 우울
うつ せき 　 　 うつ そう 　 ゆう うつ
鬱然 ① 울연(숨이 막힐 듯이 답답하다) ② 초목이 매우 무성함
うつ ぜん
③ 학식이 매우 깊음

N2 小5
13획 / 부수 示

숲(林)은 보기(示)만 할 뿐 함부로 베지 못하도록 금하니
**금할 금**

+ 示(보일 시, 신 시)

음독 **きん**

음독 禁煙 금연　禁忌 금기　禁錮 금고　禁絶 금절　禁酒 금주
　　きんえん　　　きんき　　　きんこ　　　きんぜつ　　　きんしゅ
禁断 금단　禁欲 금욕　厳禁 엄금
きんだん　　　きんよく　　げんきん

---

N1 中学
18획 / 부수 衣(ネ)

옷(ネ)에서 다른 것을 **금하도록(禁)** 두껍고 깨끗이 한 옷깃
이니 **옷깃 금**
또 옷깃이 여며지는 가슴이니 **가슴 금**

훈독 **えり**　　음독 **きん**

훈독 襟 옷깃, 동정　襟垢 옷깃의 때　襟首 목덜미　襟巻き 스카프
　　えり　　　　　　えりあか　　　　　　えりくび　　　　えりま
음독 開襟 ① 깃을 헤쳐 젖힘 ② 노타이 셔츠 ③ 마음을 털어 놓음
かいきん
襟度 도량, 아량　胸襟 흉금
きんど　　　　　　きょうきん

**N1** **中学**
11획 / 제부수

**집(广) 주위에 수풀(林)처럼 빽빽하게 기르는 삼이니 삼 마**
또 삼에 있는 성분의 마약이니 **마약 마**

정자 麻
+ 여기서 말하는 삼(麻)은 인삼(人参)이나 산삼(山参)과 달리 베를 짜는 식물의 한 종류
+ 广(집 엄), 林[수풀 림(林)의 변형], 参(蔘: 인삼 삼), 草(풀 초)

훈독 **あさ**    음독 **ま**

훈독 麻 삼베  麻糸 삼베 실  麻布 삼베
음독 麻酔 마취  麻痺 마비  麻薬 마약  胡麻 참깨  蕁麻疹 두드러기

---

**N1** **中学**
15획 / 부수 手

**삼(麻)을 손(手)질하듯 문지르고 어루만지니**
**문지를 마, 어루만질 마**

정자 摩

음독 **ま**

음독 摩擦 마찰  摩滅 마멸  摩耗 마모  按摩 안마

---

**N2** **中学**
16획 / 부수 石

**삼(麻) 껍질을 벗기려고 돌(石)에 문지르듯이 가니 갈 마**

정자 磨
+ 삼 껍질 중 섬유질이 아닌 부분을 없애기 위해 돌에 문지르지요.

훈독 **みがく**    음독 **ま**

훈독 磨く ① 닦다 ② 연마하다  歯磨き 양치질
음독 研磨 연마  消磨 소마(닳아서 줆)  達磨 달마, 오뚜기  火達磨 불덩이

---

**N1** **中学**
21획 / 부수 鬼

**마약(麻) 먹은 귀신(鬼)처럼 행동하는 마귀니 마귀 마**

정자 魔
+ 마귀(魔鬼) – 요사스러운 잡귀의 통칭
+ 鬼(귀신 귀)

음독 **ま**

음독 魔術 마술  魔女 마녀  魔法 마법  魔力 마력  悪魔 악마
断末魔 [断末摩 – ① 임종(臨終) ② 숨이 끊어질 때의 모진 고통]

**N1** 中学
6획 / 부수 木

### 작아(丿) 아직 자라지 않은(未) 어린 싹은 붉으니 붉을 주

＋ 떨어지는(丿) 시(十)월의 나뭇(木)잎은 대부분 붉으니 '붉을 주'라고도 합니다.
＋ 돋아나는 어린싹은 대부분 붉지요.
＋ 丿('삐침 별'이지만 여기서는 작거나 떨어지는 모양으로 봄), 未(아닐 미, 아직 ~ 않을 미, 여덟째 지지 미)

음독 **しゅ**

음독 朱印 인주를 묻혀서 찍은 도장　朱唇 연지를 바른 붉은 입술
　　 朱塗り 주홍색을 칠하거나 칠한 물건　洗朱 주황색
　　 朱筆 붉은 먹물을 묻힌 붓, 붉게 써넣음

---

**N1** 中学
10획 / 부수 玉(王)

### 구슬(王) 중 붉은(朱) 구슬이나 진주니
### 구슬 주, 진주 주

＋ 진주(真珠·珍珠) - 조개의 체내에서 형성되는 구슬 모양의 분비물 덩어리
＋ 王(임금 왕, 으뜸 왕, 구슬 옥 변), 真(眞: 참 진), 珍(보배 진)

음독 **しゅ**

음독 珠玉 주옥　真珠 진주　念珠 염주　珠算 주산

예외 数珠 염주

---

**N1** 中学
10획 / 부수 歹

### 뼈 앙상하고(歹) 붉은(朱) 피까지 흐름은 보통과 다르니
### 다를 수

＋ 歹(뼈 앙상할 알, 죽을 사 변) - 제목번호 183 참고

훈독 **こと**　　음독 **しゅ**

훈독 殊更 일부러, 고의로, 특별히, 새삼스레　殊の外 의외로, 뜻밖에
　　 殊に ① 각별히, 특히 ② 그위에, 게다가

음독 殊勝 기특함　殊勲 수훈　特殊 특수

**N1** **小4**
4획 / 제부수

(사람의 씨족은 나무뿌리처럼 뻗으니)
나무뿌리가 땅 위로 나온 모양을 본떠서 **성 씨, 뿌리 씨**

훈독 **うじ**　음독 **し**

훈독 氏 성, 가문　氏神 그 고장의 수호신
うじ　　　　うじ がみ

음독 姓氏 성씨　某氏 모씨, 어떤 분
せい し　　　ぼう し

참고자
8획 / 부수 日

**나무뿌리(氏)** 아래로 **해(日)**가 넘어가 저무니 **저물 혼**

+ 日(해 일, 날 일)

음독 **こん**

음독 昏惑 혼미함　昏睡 혼수　昏絶 혼절　昏倒 졸도
こん わく　　　　こん すい　　　こん ぜつ　　　こん とう

昏迷 혼미　黄昏 황혼
こん めい　　　こう こん

+ '黄昏'은 'たそがれ'로도 읽을 수 있습니다.

**N2** **中学**
11획 / 부수 女

**여자(女)**와 **저문(昏)** 저녁에 결혼했으니 **결혼할 혼**

+ 지금도 그런 곳이 있지만 옛날에는 주로 저녁에 결혼했지요.

음독 **こん**

음독 婚姻 혼인　婚資 함(신랑이 신부에게 보내는 금품)
こん いん　　　こん し

婚礼 혼례　婚約 혼약, 약혼　婚約者 약혼자　求婚 구혼, 청혼
こん れい　　　こん やく　　　　こん やく しゃ　　　きゅう こん

金婚式 금혼식(결혼 50주년 기념 잔치)　結婚 결혼
きん こん しき　　　　　　　　　　　　　　けっ こん

成婚 성혼(혼인이 이루어짐. 또는 혼인을 함)
せい こん

예외 許婚 약혼자
いいなずけ

참고자
5획 / 부수 氏

나무는 **뿌리(氏)**가 있는 **밑(一)**이 근본이니 밑 **저**, 근본 **저**

+ 나무는 뿌리가 성해야 잘 자라니 뿌리가 있는 밑이 근본이지요.

훈독 その, それ, そ

---

中学
8획 / 부수 手(扌)

**손(扌)**으로 **밑(氏)**바닥까지 밀어 막으니 막을 **저**
또 막음에 당하니 당할 **저**

음독 てい

음독 抵抗 저항 抵当 저당, 담보물 大抵 대개, 대강 抵触 저촉

---

N1 中学
8획 / 부수 邑(阝)

**밑(氏)**부터 튼튼히 **고을(阝)**에 드러나도록 지은 큰 집이니
큰 집 **저**

+ 阝(고을 읍 방)

음독 てい

음독 邸宅 저택 邸内 저택 안 官邸 총리 관저 公邸 공저, 공관
私邸 사저, 개인 저택

---

N2 小4
8획 / 부수 广

**집(广)**의 **밑(氏)**부분이니 밑 **저**

+ 广(집 엄)

훈독 そこ    음독 てい

훈독 奥底 ① 깊은 속, 상처 ② 속마음, 본심 底意地 근성, 마음보
底冷え 뼛속까지 추위가 스며들거나 그런 추위

음독 底流 저류 払底 바닥이 남, 동이 남, 품절, 결핍 徹底 철저
到底 ① (부정어가 뒤따라서) 도저히, 아무리 하여도 ② 결국, 드디어

**N3** **小4**
5획 / 부수 氏

**N2** **中学**
10획 / 부수 目

모인(冖) 여러 **씨(氏)**족들로 이루어진 백성이니 백성 **민**

+ 冖('덮을 멱'이지만 여기서는 모여 있는 모양으로 봄), 氏(성 씨, 뿌리 씨)

[훈독] たみ　　[음독] みん

[훈독] 民 백성, 국민

[음독] 島民 도민, 섬사람　民族 민족　移民 이민　民俗 민속
民主的 민주적

---

눈(目) 감고 **백성(民)**들은 자니 잘 **면**

+ 🈦 眼(눈 안) – 제목번호 157 참고
+ 目(눈 목, 볼 목, 항목 목)

[훈독] ねむい, ねむる　　[음독] みん

[훈독] 眠り ① 잠, 수면 ② 누에가 탈피하기 전에 뽕을 잠시 안 먹는 일, 누에잠
眠たい 졸리다　居眠る 졸다

[음독] 催眠 최면　睡眠 수면　不眠 불면　安眠 안면
惰眠 게으르게 잠자고 있는 상태

**참고자**
6획 / 제부수

눈(罒) 앞에 **비수(匕)**처럼 위험한 것이 보이면 멈추니
## 멈출 간

+유 良(좋을 량, 어질 량) - 제목번호 158 참고
+罒[눈 목, 볼 목, 항목 목(目)의 변형], 匕[비수 비, 숟가락 비(匕)의 변형]

---

N1 中学
9획 / 부수 心(忄)

잊지 못하고 **마음(忄)**에 **머물러(艮)** 한하고 뉘우치니
## 한할 한, 뉘우칠 한

+유 限(한계 한) - 1권 제목번호 278 참고
+ 한(恨) - ① 억울하고 원통한 일이 풀리지 못하고 응어리져 맺힌 마음
　　　　　　② '한탄(恨歎)'의 준말
+ 歎(탄식할 탄, 감탄할 탄)

훈독 **うらむ, うらめしい**　음독 **こん**

훈독 恨む 원망하다　恨み 원망　恨めしい 원망스럽다

음독 恨事 한스러운 일　遺恨 원한　宿恨 오래 묵은 한
痛恨 통한　長恨 평생의 한　離恨 이별의 서러움

---

中学
11획 / 부수 疒

**병(疒)**이 **그치고(艮)** 나아도 남는 흉터니 흉터 흔
또 흉터처럼 남는 흔적이니 흔적 흔

+ 疒(병들 녁)

훈독 **あと**　음독 **こん**

훈독 傷痕 상처 자국　爪痕 손톱자국

음독 痕跡 흔적　血痕 혈흔　傷痕 상처 자국

N1 小5
11획 / 부수 目

中学
9획 / 부수 目

N1 中学
8획 / 부수 目

## 눈(目)동자를 멈추고(艮) 바라보는 눈이니 눈 안

+ 유 眠(잘 면) - 제목번호 155 참고
+ 艮(멈출 간)

훈독 **まなこ**    음독 **がん**

훈독 血眼 ① 혈안 ② 충혈된 눈 ③ 광분함
どんぐり眼 왕눈, 부리부리한 눈

음독 象眼 ① 상감 ② 금속 · 도자기 등의 표면에 무늬를 파고 그 속에 금 ·
은 · 적동 등을 채우는 기술이나 또는 그런 작품
開眼 ① 개안 ② 불도의 진리를 깨달음, 일반적으로 예도의 높은 경지
를 알게 됨 ③ 불상 · 불화가 완성되어 처음으로 하는 공양
眼力 안력, 사물을 분별하는 힘

예외 眼鏡 ① 안경 ② 쌍안경, 망원경 眼差し 눈빛, 눈길, 시선

## 눈썹(尸)이 눈(目) 위에 있음을 본떠서 눈썹 미

+ 尸(눈썹의 모양)

훈독 **まゆ**    음독 **み, び**

훈독 眉 눈썹(= 眉毛) 眉尻 눈썹 끝

음독 眉間 미간 眉雪 흰 눈썹 焦眉 초미, 매우 위급함

## 망한(亡) 눈(目)이면 장님이니 장님 맹
## 또 장님처럼 보지 못하여 무지하니 무지할 맹

+ 글자를 모르면 문맹(文盲), 컴퓨터를 모르면 컴맹(盲)이라 하듯이 어느 분야
에 무지한 경우 盲을 붙여 말하지요.
+ 亡(망할 망, 달아날 망, 죽을 망)

훈독 **くらい, めくら**    음독 **もう**

훈독 盲 맹인

음독 盲愛 맹목적으로 사랑함 盲信 맹신 盲人 맹인 盲目 맹목
色盲 색맹 文盲 문맹 夜盲 야맹

N2 小4
7획 / 부수 艮

점(丶) 같은 작은 잘못도 **그치면(艮)** 좋고 어지니
**좋을 량, 어질 량**

+㉤ 艮(멈출 간) – 제목번호 156 참고
+丶(점 주, 불똥 주)

훈독 **よい**    음독 **りょう**

훈독 良い 좋다

음독 良妻 좋은 아내  優良 우량, 우수  優良児 우량아
良友 좋은 친구

예외 野良 들, 특히 전답

N2 中学
10획 / 부수 女

**여자(女)** 중 젊어서 **좋아(良)** 보이는 아가씨니 **아가씨 낭**

훈독 **むすめ**    음독 **じょう**

훈독 娘 딸  娘盛り 한창 꽃다운 나이  娘婿 사위  孝行娘 효녀
一人娘 외동딸  愛娘 사랑하는 딸

음독 娘子 처녀, 소녀

N1 中学
10획 / 부수 水(氵)

**물(氵)**이 보기 **좋게(良)** 출렁이는 물결이니 **물결 랑**
또 물결치듯 함부로 하니 **함부로 랑**

음독 **ろう**

음독 浪人 낭인  浪費 낭비  激浪 거센 물결  素浪人 떠돌이
放浪 방랑  漂浪 표랑, 방랑  流浪 유랑

예외 浪速 大阪부근의 옛 이름

中学
9획 / 부수 邑(阝)

**어짊(良)**이 **고을(阝)**에서 뛰어난 사내니 **사내 랑**

[정자] 郞
+良[좋을 량, 어질 량(良)의 변형], 阝(고을 읍 방)

음독 **ろう**

음독 郎君 낭군, 젊은 남자에 대한 경칭  悪太郎 악동  新郎 신랑

집(广)에서 주로 **사내(郎)**가 생활하는 행랑이니 **행랑 랑**

+ 행랑(行廊) – 한옥에서 대문의 양쪽이나 문간 옆에 있는 방
+ 广(집 엄), 行(다닐 행, 행할 행, 항렬 항)

**음독** **ろう**

**음독** 廊下 복도　回廊 회랑　画廊 화랑

N1 中学
12획 / 부수 广

---

159 > 見 견(현) > 寬 관

눈(目)으로 **사람(儿)**이 보거나 뵈니 **볼 견, 뵐 현**

+ 뵈다 – 웃어른을 대하여 보다
+ 目(눈 목, 볼 목, 항목 목), 儿(어진사람 인, 사람 인 발)

**훈독** **みる, みつける, みせる, みえる**　　**음독** **けん**

**훈독** 見合わせる 보류하다　見込み 전망　見事 훌륭함
見通し 전망

**음독** 見解 견해　見識 식견, 품위　見物席 관람석　見聞 견문
細見 자세히 봄

N4 小1
7획 / 제부수

집(宀)에 풀(艹)까지 살펴 **봄(見)**이 너그러우니
**너그러울 관**

**정자** 寬 – 집(宀)에 풀(艹)까지 살펴보는(見) 점(丶)이 너그러우니
'너그러울 관'

+ 가운데에 점 주, 불똥 주(丶)가 있으면 정자, 없으면 일본 한자
+ 宀(집 면), 艹[초 두(艸)의 약자]

**음독** **かん**

**음독** 寛大 관대　寛容 관용　寛厳 관엄, 관대함과 엄함

N1 中学
13획 / 부수 宀

참고자
5획 / 제부수

익어서 고개 숙인 벼를 본떠서 **벼 화**

+ 벼는 모든 곡식을 대표하니 곡식과 관련되는 한자의 부수로도 쓰입니다.
+ 일본 사람의 이름에 사용되는 한자입니다.

훈독 **いね, のぎ**    음독 **か**

음독 禾稼 <sub>かか</sub> 곡물(류)

---

N3 小2
9획 / 부수 禾

벼(禾)가 불(火)처럼 붉게 익어 가는 가을이니 **가을 추**

+ 火(불 화)

훈독 **あき**    음독 **しゅう**

훈독 秋雨 <sub>あきさめ</sub> 가을비  秋桜 <sub>あきざくら</sub> 코스모스

음독 秋意 <sub>しゅうい</sub> 가을이 되었다는 기분  秋気 <sub>しゅうき</sub> 가을 날씨  秋季 <sub>しゅうき</sub> 추계

秋収 <sub>しゅうしゅう</sub> 추수  錦秋 <sub>きんしゅう</sub> 단풍이 든 아름다운 가을  晩秋 <sub>ばんしゅう</sub> 만추

---

N1 中学
13획 / 부수 心

가을(秋)에 느끼는 마음(心)은 주로 근심이니 **근심 수**

+ 나뭇잎이 물들어 떨어져 뒹구는 모습은 언젠가의 우리 모습일 것도 같고, 추워지는 날씨에 겨울나기 걱정, 또 한 해가 간다는 슬픈 마음 등 가을(秋)에 느끼는 마음(心)은 주로 근심이지요.

훈독 **うれえる**    음독 **しゅう**

훈독 愁える <sub>うれ</sub> 걱정하다, 근심하다  愁い <sub>うれ</sub> 근심, 슬픔, 한탄

愁い顔 <sub>うれ　がお</sub> 슬픈 얼굴, 쓸쓸한 표정

음독 愁殺 <sub>しゅうさつ</sub> 깊이 슬퍼함  愁思 <sub>しゅうし</sub> 수심에 잠긴 생각  秋分の日 <sub>しゅうぶん　ひ</sub> 추분

愁然 <sub>しゅうぜん</sub> 수심에 잠긴 모양  愁傷 <sub>しゅうしょう</sub> 슬퍼함, 비탄함  郷愁 <sub>きょうしゅう</sub> 향수

愁眉 <sub>しゅうび</sub> 수미, 근심으로 얼굴을 찌푸림

N2 小4
7획 / 부수 刀(刂)

벼(禾)를 낫(刂)으로 베어 수확하면 이로우니 **이로울 리**
또 이로움 앞에는 모두 날카로우니 **날카로울 리**

+刂('칼 도 방'이지만 여기서는 낫으로 봄)

**훈독** きく　**음독** り

훈독 口利き ① 말을 잘하거나 말을 하는 사람 ② 소개를 하거나 소개하는
사람 ③ (분쟁·상담 등을) 조정·알선 또는 중개하거나 그런 사람
利かん坊 고집 센 개구쟁이

음독 利益 이익　利害 이익과 손해　利己 이기　利子 이자(= 利息)
利潤 이윤　利得 이득　権利 권리

---

N1 中学
12획 / 부수 疒

병(疒) 중 먹는 것에 **날카롭게(利)** 반응하는 이질이니
**이질 리**

+ 이질(痢疾) – 변에 곱이 섞여 나오며 뒤가 잦은 증상을 보이는 법정 전염병
+ 이질에 걸리면 먹는 것에 조심해야 하지요.
+ 疒(병들 녁), 疾(병 질, 빠를 질)

**음독** り

음독 下痢 설사　赤痢 적리(이질의 한 가지)

---

N1 小4
11획 / 부수 木

(여러모로) **이로운(利) 나무(木)** 열매는 배니 **배 리**

+ 배는 식용이나 약용으로도 널리 쓰이니 이롭지요.

**훈독** なし　**음독** り

훈독 梨 배

음독 梨花 배꽃　花梨 모과나무

벼(禾)를 **사람**(亻)이 **조금씩**(小) 들어 달며 무게를 일컬으니
일컬을 칭

[정자] 稱 – 벼(禾)를 손(爫)으로 땅(土)에서 들어(冂) 달며 무게를 일컬으니
'일컬을 칭'

+亻[사람 인(人)의 변형], 爫('손톱 조'지만 여기서는 손으로 봄), 冂('멀 경,
성 경'이지만 여기서는 들어 올리는 모양으로 봄)

N1 中学
10획 / 부수 禾

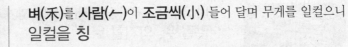

[훈독] **たたえる**　[음독] **しょう**

[훈독] 称える 칭찬하다, 기리다

[음독] 称号 칭호　称賛 칭찬　称嘆 칭탄(칭찬하고 감탄함)
一人称 일인칭　仮称 가명　過称 과칭(지나치게 칭찬함)
偽称 사칭(= 詐称)　尊称 존칭　俗称 속칭　対称 대칭　通称 통칭

벼(禾)가 **햇**(日)빛에 익어가며 나는 향기니 **향기 향**

N2 小4
9획 / 제부수

[훈독] **か, かおる, かおり**　[음독] **こう, きょう**

[훈독] 移り香 잔향, 옮아서 남은 향내
色香 ① 색향 ② 빛깔과 향기 ③ 여자의 아리따운 모습

[음독] 香華 향화, 부처 앞에 바치는 향과 꽃　線香 ① 선향 ② 모기향
香ばしい 구수하다, 고소하다

N2 小3
8획 / 부수 女

中学
11획 / 부수 草(艹)

벼(禾) 같은 곡식을 **여자(女)**에게 맡기고 의지하니
맡길 위, 의지할 위

+ 禾('벼 화'로 곡식의 대표)
+ 지금도 월급이나 집안 살림을 여자에게 맡기고 의지하고 살지요.

훈독 **ゆだねる** 음독 **い**

훈독 委ねる ① 맡기다 ② 바치다

음독 委嘱 위촉 委託 위탁 委任 위임

---

풀(艹)이 똑바로 서지 못하고 몸을 **의지하듯(委)** 기울어
시드니 시들 위

훈독 **なえる, しぼむ, しおれる, しなびる** 음독 **い**

훈독 萎びる 시들다, 쭈그러지다

萎える ① 시들다 ② 옷이 낡아서 후줄근해지다

萎む ① 시들다 ② 오므라지다   萎れる ① 시들다 ② 풀죽다

음독 萎縮 위축  萎靡 위미, 쇠하여 느른해짐

**N1**
2획 / 부수 丿

(세월이 빨라) 사람은 **지팡이(丿)**에 의지할 **허리 굽은(ㅋ)**
사람으로 이에 곧 늙으니 **이에 내, 곧 내**

+ 이에 – 이리하여 곧

음독 **ない**

음독 乃至 내지('얼마에서 얼마까지'의 뜻을 나타냄)

---

**N1** 中学
3획 / 부수 又

**곧(乃)** 이르러 **미치니(乀)** 이를 급, 미칠 급

+ 乀 ['파임 불(乀)'의 변형이지만 여기서는 이르러 미치는 모양으로 봄]

훈독 **およぶ, およぼす** 음독 **きゅう**

훈독 及び腰 엉거주춤한 자세 及び 및, 또
この期に及んで 이 마당에 와서(이르러)

음독 可及的 가급적 普及 보급

---

**N1** 中学
6획 / 부수 手(扌)

**손(扌)**으로 **이르러(及)** 거두고 처리하니 거둘 급, 처리할 급
또 **손(扌)**으로 **이르러(及)** 꽂으니 꽂을 삽

+ 扌(손 수 변)

훈독 **あつかう**

훈독 扱う ① 다루다 ② 중재하다 扱い ① 취급, 다룸 ② 대우, 접대
客扱い ① 손님 접대 ② (철도에서) 여객 수송에 관한 일
持て扱う ① 취급하다, 다루다 ② 주체 못하다 ③ 처치 곤란하다

**165** 〉秀〉誘〉透
수   유   투

**N1** 中学

7획 / 부수 禾

벼(禾)를 곧(乃)바로 찧은 쌀이 빼어나니 **빼어날 수**

+ 오래되면 산화되니 곧바로 찧은 쌀이 색도 빼어나고 맛도 좋지요.
+ 禾(벼 화)

**훈독** ひいでる   **음독** しゅう

**훈독** 秀でる 빼어나다, 수려하다

**음독** 秀逸 다른 것보다 빼어나게 뛰어남   秀句 뛰어난 시구
秀才 수재   秀作 수작   秀麗 수려함   俊秀 준수   優秀 우수

**N1** 中学

14획 / 부수 言

말(言)을 빼어나게(秀) 잘하며 꾀니 **꾈 유**

+ 꾀다 – 그럴듯한 말이나 행동으로 남을 속이거나 부추겨서 자기 생각대로 끌다.
+ 言(말씀 언)

**훈독** さそう   **음독** ゆう

**훈독** 誘う ① 꾀다 ② 부르다, 불러내다   誘い ① 꾐, 유혹 ② 권유

**음독** 誘因 어떤 작용을 일으키는 원인   誘引 유인   誘拐 유괴
誘蛾灯 유아등(나방 따위의 해충의 피해를 막기 위하여 논밭에 켜는
등불)   誘起 야기   誘致 유치   誘導 유도   誘発 유발   誘惑 유혹

**N1** 中学

10획 / 부수 辵(辶)

빼어나게(秀) 열심히 가면(辶) 통하니 **통할 투**

**훈독** すく, すかす, すける   **음독** とう

**훈독** 透く 틈이 나다   透き通る ① 비쳐 보이다, 투명하다 ② 소리가 맑다
見え透く 속보이다   透かす 틈새를 만들다   透ける 틈이 생기다

**음독** 透過 투과   透視 투시   透水 물이 스며듦   透析 투석
透写 투사   透徹 투철   透明 투명   浸透 ① 삼투 ② 침투, 젖어들어감

174

斉 제 ⟩ 剤 제 ⟩ 斎 재

**N1** 中学
8획 / 제부수

글(文)이 세로(丿l)로 가로(二)로 가지런하니 **가지런할 제**

[정자] 齊 – 벼이삭이 패서 가지런한 모양을 본떠서 '가지런할 제'
+ 文(무늬 문, 글월 문)

[음독] **せい**

[음독] 斉唱 제창(① 여러 사람이 다 같이 큰 소리로 외침 ② 같은 가락을 두
사람이 동시에 노래함) 一斉 일제 均斉 균형

---

**N1** 中学
10획 / 부수 刀(刂)

(약초를) **가지런히(斉) 칼(刂)**로 썰어 약 지으니 **약 지을 제**

[정자] 劑
+ 刂(칼 도 방)

[음독] **ざい**

[음독] 液剤 물약 覚醒剤 각성제 起爆剤 기폭제 下剤 설사약
洗剤 세지 調剤 조제 抜染剤 발염제(색깔을 빼는 약제) 薬剤 약제

---

**N1** 中学
11획 / 부수 示

몸과 마음을 **가지런히(斉)**하고 **작은(小)** 일에도 조심하며
재계하니 **재계할 재**

[정자] 齋 – 몸과 마음을 가지런히(齊)하며 작은(小) 일에도 조심하며 재계하니
'재계할 제'
+ 재계(斎戒) – 부정(不淨)한 일을 멀리하고 심신을 깨끗이 하는 일
+ 戒(경계할 계), 浄(淨: 깨끗할 정)

[음독] **さい**

[음독] 斎戒 재계 斎場 장례식을 올리는 장소 潔斎 목욕재계
書斎 서재

9획 / 부수 米

쌀(米)을 **여자(女)**가 끌어다 쌓으니 **끌 루, 쌀을 루**

[정자] 婁 – 쌓인 것(中)을 여자(女)가 끌어다 쌓으니 '끌 루, 쌀을 루'

+ 米(쌀 미), 女(여자 녀), 中(쌓인 모양)

N1 中学
13획 / 부수 木

땔**나무(木)**나 **쌀(米)**을 **여자(女)**가 넣어두는 다락이나 누각이니 **다락 루, 누각 루**

[정자] 樓 – 나무(木)를 쌓아(婁) 만든 다락이나 누각이니 '다락 루, 누각 루'

[음독] **ろう**

[음독] 楼閣 누각 玉楼 옥루(아름다운 누각)
摩天楼 마천루, 하늘에 닿을 듯한 높은 건물
望楼 망루(적이나 주위의 동정을 살피기 위하여 높이 지은 다락집)

N2 小5
9획 / 부수 辵(辶)

사방으로 뚫린 **길(米)**이라 어디로 **갈까(辶)** 헷갈리니 **헷갈릴 미**

+ 米('쌀 미'지만 여기서는 사방으로 뚫린 길의 모양으로 봄)

[훈독] **まよう** [음독] **めい**

[훈독] 迷い (갈피를 잡지 못해) 헤매는 일

[음독] 迷信 미신 迷妄 사리에 어둡고 생각이 그릇됨
混迷 혼미, 뒤섞여 매우 혼란함 迷惑 폐, 성가심

[예외] 迷子 미아(길이나 집을 잃고 헤매는 아이. 또는 일행에서 떨어짐)

N2 中学
16획 / 부수 言

말(言)을 헷갈리게(迷) 하는 수수께끼니 **수수께끼 미**

+ 言(말씀 언)

[훈독] **なぞ**

[훈독] 謎 ① 수수께끼 ② 암시 謎めく 수수께끼 같아서 잘 모르다

**N1** **中学**
13획 / 부수 糸

실(糸)로 감춰(ㄴ) 놓은 쌀(米)이 나오지 않도록 터진 곳을 이으니 **이을 계**

[정자] 繼 – 실(糸)로 상자(匚)의 속이나 밖을 조금(幺)씩 이으니 '이을 계'

[훈독] **つぐ, まま**    [음독] **けい**

[훈독] 継ぎ ① 이음 ② (바대를) 천 조각을 대서 기우거나 또는 그 바대

[음독] 継泳 계영(릴레이식 수영 경기) 継嗣 후계자 継承 계승 継母 계모
+ '継母'는 'ままはは'로도 읽을 수 있습니다.

---

**N1** **中学**
12획 / 부수 米

쌀(米)가루 바르듯 집(广)에 흰 흙(土)을 발라 단장하니 **단장할 장**

[음독] **しょう**

[음독] 美粧 미장, 예쁘게 가꿈 化粧 화장, 겉을 아름답게 꾸밈, 단장

---

**N1** **中学**
11획 / 부수 草(艹)

풀(艹)에 싸여(勹) 쌀(米)알 모양의 꽃이 피는 국화니 **국화 국**

+ 勹(쌀 포), 花(꽃 화)

[음독] **きく**

[음독] 菊 국화 菊形 국화 모양 菊作り 국화 재배 菊酒 국화주
菊の日 음력 9월 9일 白菊 흰 국화

---

**N2** **中学**
12획 / 부수 大

하나(丿)의 성(冂) 안에 쌀(米)을 저장하는 크게(大) 들어간 속이니 **속 오**

[정자] 奧 – 하나(丿)의 성(冂)을 나누어(釆) 크게(大) 들어간 속이니 '속 오'
+ 冂(멀 경, 성 경), 大(큰 대), 釆(분별할 변, 나눌 변)

[훈독] **おく**    [음독] **おう**

[훈독] 奥 ① 깊숙한 곳, 안, 속 ② 끝 奥さん 아주머니 奥地 오지
奥底 ① 깊은 속 ② 속마음 奥の手 ① 비법 ② 최후의 수단
奥深い 깊숙하다 奥山 깊은 산중 奥の間 안채, 안방
+ '奥深い'는 'おくぶかい'로도 읽을 수 있습니다.

[음독] 奥義 비법 奥妙 오묘

**N2** **小2**
12획 / 부수 田

**나눈(采) 밭(田)에 차례로 붙인 번지니 차례 번, 번지 번**

+ 采 – 품질을 분별하여(丿) 쌀(米)을 나누니 '분별할 변, 나눌 변'
+ 田(밭 전, 논 전), 丿('삐침 별'이지만 여기서는 분별하는 모양으로 봄)

훈독 **つがい**  음독 **ばん**

훈독 番 한 쌍 鳥の番 한 쌍의 새

음독 番組 방송 프로그램  番号 번호  番台 목욕탕의 카운터
番兵 파수병  順番 순번, 차례  非番 비번  輪番 윤번
一番槍 맨 먼저 공을 세움  当番 당번

---

**N1** **中学**
18획 / 부수 羽(羽)

**차례(番)로 날개(羽) 치며 날거나 뒤집으니**
**날 번, 뒤집을 번**

**또 말을 뒤집어 번역하니 번역할 번**

+ 羽(羽: 날개 우, 깃 우)

훈독 **ひるがえる, ひるがえす**  음독 **ほん**

훈독 翻る 뒤집히다  翻す ① 뒤집다 ② 휘날리다

음독 翻案 번안  翻意 번의  翻然 나부끼는 모양  翻訳 번역
翻弄 농락함  翻刻 책을 내용 그대로 인쇄하여 출판함

---

**N1** **中学**
15획 / 부수 宀

**집(宀)에 번지(番)를 정하기 위하여 살피니 살필 심**

+ 宀(집 면)

음독 **しん**

음독 審議 심의  審級 심급  審査 심사  審訊 자세히 따져 물음
審判 심판  審美 심미  審問 심문  結審 결심  誤審 오심
不審 불심(살펴 아는 것이 자세하지 않거나 의심스러움)

---

**N1** **中学**
18획 / 부수 草(艹)

**풀(艹)이나 물(氵)을 차례(番)로 둘러친 울타리니 울타리 번**

음독 **はん**

음독 藩 에도(江戸) 시대 지역 통치 구조  藩主 藩의 영주

N2 小3
6획 / 부수 工

주살(弋)을 만들(工) 때 따르는 법과 의식이니
법 식, 의식 식

+ 弋 – 주살을 본떠서 '주살 익'
+ 주살 – 줄을 매어 쏘는 화살
+ 의식(儀式) – 예식을 갖추는 법식
+ 工(장인 공, 만들 공, 연장 공), 儀(거동 의, 법도 의)

음독 **しき**

음독 式典 의식  株式 주식  儀式 의식  形式 형식  公式 공식
数式 수식  式辞 의식 때의 인사말

---

中学
9획 / 부수 手(扌)

손(扌)을 법도(式)에 맞게 움직여 닦으니 닦을 식

훈독 **ぬぐう, ふく**   음독 **しょく, しき**

훈독 拭う ① 닦다 ② 씻다 ③ 지우다  拭く 닦다, 훔치다
手拭き 수건(= 手拭)

음독 払拭 불식, 닦아 냄  清拭 닦아서 깨끗이 함

N2 小5
8획 / 부수 止

하나(一)의 주살(弋)로도 적의 침략을 **그치게(止)** 하는
군사니 군사 무
또 군사들이 사용하는 무기니 무기 무

**+** 止(그칠 지)

음독 **ぶ, む**

음독 武者人形 단옷날에 장식하는 무사 모양의 인형 武装 무장
荒武者 예의와 멋을 모르는 우악한 무사, 난폭한(무례한) 사람
武勇 무용 武者震い 긴장되어 몸이 떨림

N1 中学
15획 / 부수 貝

재물(貝)을 **무력(武)**으로 세금 거둬 필요한 곳에 주니
세금 거둘 부, 줄 부

**+** 貝(조개 패, 재물 패, 돈 패)

음독 **ふ**

음독 賦役 부역 賦課額 부과액 賦活 부활, 활성화시킴 賦性 천성
月賦 월부(값 또는 빚을 다달이 나누어 갚아 가는 일)
賦与 부여 賦税 부세, 과세 割賦 할부
天賦 천부, 하늘이 줌, 타고남

전쟁터에서는 **사람(亻)**이 할 일을 **주살(弋)**이 대신하니 대신할 **대**
또 부모를 대신하여 이어가는 세대니 세대 **대**
또 물건을 대신하여 치르는 대금이니  대금 **대**

+ 🈠 伐(칠 벌)
+ 화살이나 주살은 멀리 떨어져 있는 적을 향해 쏠 수도 있고, 글이나 붓을
묶어 보낼 수도 있으니, 사람이 할 일을 대신한다고 한 것이지요.

N3  小3
5획 / 부수 人(亻)

훈독 **かわる, かえる, よ, しろ**   음독 **だい, たい**

훈독 代物 ① 상품, 물건 ② 사람, 인물, 미인 ③ 대금  苗代 못자리
千代に八千代 천세 만세, 영원히

음독 年代 연대, 시대  代償 대가  近代 근대, 현대에 가까운 시대
末代 후세, 다음 세대, 죽은 다음의 세상

---

보자기 대신(代) 옷(衣)처럼 씌우는 자루니 자루 **대**

+ 衣(옷 의)

훈독 **ふくろ**   음독 **たい**

훈독 袋 주머니, 봉지  袋だたき 뭇매(여러 사람이 한꺼번에 덤비어 때리는 매)
薬袋 약봉지

음독 風袋 저울에 달 때에 물건을 담는 그릇이나 주머니, 봉지 등
郵袋 우편 행낭

예외 足袋 일본 버선

N2  中学
11획 / 부수 衣

181

참고자
4획 / 제부수

몸체가 구부러지고 손잡이 있는 창을 본떠서 **창 과**

훈독 **ほこ**　　음독 **か**

훈독 戈 쌍날칼을 꽂은 창과 비슷한 무기

음독 干戈 방패와 창

---

N1 中学
6획 / 부수 人(亻)

사람(亻)이 **창(戈)**으로 적을 치니 **칠 벌**

음독 **ばつ**

음독 伐採 벌채, 채벌　伐木 벌목　殺伐 살벌　討伐 토벌

---

N1 中学
14획 / 부수 門

문(門)까지 **사람(亻)**이 **창(戈)** 들고 지키는 집안의 문벌이니 **문벌 벌**

**+** 문벌(門閥) – 대대로 내려오는 그 집안의 사회적 신분이나 지위
**+** 門(문 문)

음독 **ばつ**

음독 閥 집안, 가문　閥族 ① 좋은 집안 ② 파벌을 형성한 무리
学閥 학벌　財閥 재벌　派閥 파벌

**182**

참고자
6획 / 부수 戈

창(戈)을 두(二) 개나 들고 해치니 해칠 **잔**
또 해치면 적어도 원망이 쌓이고 찌꺼기가 남으니
적을 **전**, 쌓일 **전**, 나머지 **잔**

[정자] 戔 – 창(戈)을 두 개나 들고 해치니 '해칠 잔'
　　　또 해치면 원망이 쌓이고 찌꺼기가 남으니 '쌓일 전, 나머지 잔'

+ 戔의 중국 한자(간체자)는 戋이며, 정자의 약자는 대부분 일본 한자 '戋'로 씁니다.

---

N1 中学
10획 / 부수 木

나무(木)를 쌓듯이(戔) 이어 만든 사다리나 잔도니
사다리 **잔**, 잔도 **잔**

[정자] 棧

+ 잔도(棧道) – 험한 벼랑 같은 곳에 낸 길, 선반처럼 달아서 낸 길
+ 道(길 도, 도리 도, 말할 도)

[음독] **さん**

[음독] 桟道 벼랑길 桟橋 잔교, 선창, 부두

[예외] 桟敷 판자를 깔아서 높게 만든 관람석

---

N1 中学
13획 / 부수 足(⻊)

발(⻊)을 해치도록(戔) 많이 밟고 행하니 밟을 **천**, 행할 **천**

[정자] 踐

+ ⻊[발 족, 넉넉할 족(足)의 변형]

[음독] **せん**

[음독] 践行 실행, 실제로 행함 実践 실천

---

中学
14획 / 부수 竹(⺮)

대(⺮)쪽을 해치듯(戔) 쪼개 만든 쪽지니 쪽지 **전**
또 이런 쪽지에 단 주석이니 주석 **전**

+ 주석(註釈) – 낱말이나 문장의 뜻을 쉽게 풀이함
+ ⺮[대 죽(竹)이 부수로 쓰일 때의 모양], 註(주낼 주), 釈(풀 석)

[음독] **せん**

[음독] 箋注 주석 便箋 편지지 処方箋 처방전 付箋 부전, 포스트 잇

183

참고자

8획 / 부수 戈

N1 　中学

12획 / 부수 心

창(戈) 들고 **식구(口)**와 **땅(一)**을 지키며 혹시라도 있을지 모르는 적의 침입에 대비하니 **혹시 혹**

+ 口('입 구, 말할 구, 구멍 구'지만 여기서는 식구로 봄), 一('한 일'이지만 여기서는 땅으로 봄)

**훈독** ある, あるいは 　　**음독** わく

**훈독** 或<sup>あ</sup>いは 혹은, 또는, 어쩌면

**음독** 或<sup>わく</sup>問<sup>もん</sup> 설문에 대답하는 형식으로 자기 의견을 말하는 문장 형식, 문답체의 형식

---

**혹시(或)**나 하는 **마음(心)**으로 유혹하면 어지러우니 **유혹할 혹, 어지러울 혹**

+ 마음이 일정하지 못하고 혹시나 하는 마음을 가진 사람이 유혹을 잘하고 잘 넘어가지요.

**훈독** まどう 　　**음독** わく

**훈독** 惑<sup>まど</sup>う ① 망설이다 ② 잘못 생각하다 ③ 혹하다

**음독** 惑<sup>わく</sup>溺<sup>でき</sup> 제정신을 잃고 빠짐　思<sup>おも</sup>惑<sup>わく</sup> 의도, 기대, 예상　困<sup>こん</sup>惑<sup>わく</sup> 곤혹　眩<sup>げん</sup>惑<sup>わく</sup> 현혹
蠱<sup>こ</sup>惑<sup>わく</sup> 고혹(아름다움이나 매력 같은 것에 홀려서 정신을 못 차림)

176 〉我 〉餓
    아      아

N1 小6
7획 / 부수 戈

손(手)에 창(戈) 들고 지켜야 할 존재는 바로 나니 **나 아**

+手(손 수, 재주 수, 재주 있는 사람 수)

**훈독** **われ, わ** **음독** **が**

**훈독** 我ら ① 우리 ② 우리들 我が国 우리나라

**음독** 彼我 그와 나, 저편과 이편 我流 자기류 怪我 부상, 상처

---

N1 中学
15획 / 부수 食(食)

밥(食)이 나(我)에게 제일 생각나도록 굶주리니 **굶주릴 아**

정자 餓

+食(밥 식, 먹을 식 변)

**음독** **が**

**음독** 餓鬼 아귀 餓死 굶어 죽음

N1 小5
13획 / 부수 羊(䒑)

순한 **양(䒑)** 처럼 **내(我)** 가 행동함이 옳고 의로우니
## 옳을 의, 의로울 의

**음독** ぎ

**음독** 義気 의협심　義兄 매형, 형부　義挙 의거　義侠 의협　義人 의인
義母 장모, 시어머니　義妹 처제, 시누이, 올케　義務 의무

---

N1 中学
15획 / 부수 人(亻)

**사람(亻)** 이 **옳게(義)** 행동하는 거동이나 법도니
## 거동 의, 법도 의

＋거동 – 일에 나서서 움직이는 태도, 몸가짐

**음독** ぎ

**음독** 儀式 의식　儀表 보기, 모범　律儀 의리가 두터움, 성실하고 정직함
難儀 어려움, 곤란　礼儀 예의　地球儀 지구본

---

N1 中学
17획 / 부수 牛(牜)

**소(牜)** 중 **의로운(義)** 일에 바쳐지는 희생이니 **희생 희**

**정자** 犧 – 소(牛)중 살아 숨(羲) 쉬는 채로 바쳐지는 희생이니 '희생 희'

＋**참** 牲(희생 생) – 제목번호 050 참고
＋희생(犠牲) – ① 제물로 쓰는 짐승
　　　　　　　② 목숨·제물 등을 버리거나 바침
　　　　　　　③ 목숨이나 재물 등을 불의에, 또는 강제로 잃음
＋牜(소 우 변), 羲(숨 희, 복희 희)

**음독** ぎ

**음독** 犠牲 희생　犠打 희생타

186

N1 中学
10획 / 부수 木

나무(木)를 잘라(𢦏) 심고 기르니 **심을 재, 기를 재**

+ 𢦏 – 많이(十) 창(戈) 같은 도구로 찍어 끊으니 '끊을 재'
 (이 한자가 쓰인 한자들을 참고하여 추정해 본 한자로 실제 쓰이지는 않음)

음독 **さい**

음독 栽培 재배 植栽 식물을 재배함 盆栽 분재

---

N1 中学
13획 / 부수 車

수레(車)에 자른(𢦏) 나무를 실으니 **실을 재**
또 모든 것을 싣고 가는 해(年)의 뜻도 있어서 **해 재**

훈독 **のせる, のる** 음독 **さい**

훈독 載せる ① 위에 두다 ② 짐을 싣다 ③ 게재(기재)하다, 올리다
載る ① 놓이다, 얹히다 ② (신문·잡지 등에) 실리다

음독 記載 기재 休載 휴재 所載 소재, 인쇄물에 기사가 실려 있음
収載 수록 搭載 탑재 登載 등재 積載 적재

---

N1 中学
17획 / 부수 戈

끊어(𢦏) 버리고 다른(異) 사람을 추대하여 받드니 **받들 대**
또 받들듯 머리에 이니 **일 대**

+ 異(다를 이) - 제목번호 272 참고

훈독 **いただく** 음독 **たい**

훈독 戴く ① (머리에) 이다, 얹다 ② 받들다, 모시다 ③ '받다'의 공손한 말씨

음독 戴冠式 대관식 推戴 추대 頂戴 ① 받음 ② 주십시오, 주세요

---

N1 中学
17획 / 부수 糸

실(糸)을 쪼개(𢦏) 나란히(॥) 이쪽저쪽(丷)으로 땅(一)에
펴놓은 것처럼 가느니 **가늘 섬**

정자 纖 – 실(糸)을 두 사람(人人)이 창(戈)으로 부추(韭)처럼 쪼개서 가느니
 '가늘 섬'
+ 韭 – 비(非)자 모양으로 땅(一) 위에 나 있는 부추니 '부추 구'
+ 부추 – 길이 30cm정도 되는 선 모양의 잎을 먹는 채소의 한 종류
+ 糸(실 사, 실 사 변)

음독 **せん**

음독 纖維 섬유 纖細 섬세함 化纖 화학 섬유

참고자
6획 / 부수 戈

N1 中学
13획 / 부수 貝

창(戈) 같은 무기를 **자주(ナ)** 들고 싸우는 오랑캐니
오랑캐 융
또 **창(戈)** 같은 무기를 **자주(ナ)** 들고 하는 전쟁이니
전쟁 융

+ 戈(창 과), ナ[열 십, 많을 십(十)의 변형]

음독 **じゅう**

음독 戎衣 융의(옛 군복)  西戎 서융

재물(貝)을 **창(戈)** 들고 **많이(十)** 훔치는 도둑이니 도둑 적

+ 貝(조개 패, 재물 패, 돈 패)

음독 **ぞく**

음독 賊害 살상, 죽임  賊徒 도둑의 패거리  海賊 해적  義賊 의적
逆賊 역적  賊軍 적군, 반란군  盗賊 도적, 도둑

N1 中学
8획 / 부수 草(艹)

## 풀(艹)이 무성하게(戊) 우거지니     무성할 무, 우거질 무

+ 戊 – 초목(丿)이 창(戈)처럼 자라 무성하니 '무성할 무, 다섯째 천간 무'
+ 戊는 주로 다섯째 천간으로 쓰이고 '무성하다' 뜻으로는 茂(무성할 무)를 씁니다.
+ 丿('삐침 별'이지만 여기서는 서 있는 초목의 모양으로 봄)

훈독 しげる     음독 も

훈독 茂る 우거지다, 무성하다   茂み 숲, 수풀
生い茂る (초목이)무성하다, 우거지다
음독 繁茂 번무(초목이 무성함)   茂生 무성함

中学
11획 / 부수 戈

## 무성하게(戊) 콩(卡) 열매가 한 줄기에 여러 개 열리듯이 같은 줄기에서 태어난 친척이니 친척 척

+ 친척(親戚) – 친족과 외족을 아울러 이르는 말
+ 卡[콩 숙(尗)의 획 줄임], 親(어버이 친, 친할 친)

음독 せき
음독 遠戚 먼 친척   外戚 외척   親戚 친척

참고자
6획 / 부수 戈

## 무성해도(戊) 점(丶)까지 따지며 지키니 지킬 수

+ 戌 戊(구월 술, 개 술, 열한째 지지 술)
+ 丶(점 주, 불똥 주)

음독 じゅ
음독 戍卒 수졸(변방을 지키는 병졸)

中学
14획 / 부수 草(艹)

## 풀(艹)로 만든 엉성한 그물(罒)을 쳐놓고 지키며(戍) 무엇을 잡으려 하면 모두 업신여기니 업신여길 멸

+ 罒(그물 망, = 网, 罓)

훈독 さげすむ, ないがしろ   음독 べつ
훈독 蔑む 깔보다, 업신여기다, 얕보다   蔑ろ 소홀히 함, 업신여김
음독 蔑視 멸시   軽蔑 경멸

참고자
6획 / 부수 戈

무성하던(戊) 잎 하나(一)까지 떨어지는 구월이니 **구월 술**
또 **무성하게(戊) 하나(一)** 같이 짓는 개니 **개 술**
또 개는 열한째 지지니 **열한째 지지 술**

+ 유 戍(지킬 수)
+ 서리 내리는 9월이 되면 무성하던 초목도 시들고 잎이 떨어지지요. 여기서
  9월은 음력 9월, 한자 어원에 나온 날짜나 달은 모두 음력입니다.

훈독 **いぬ**　음독 **じゅつ**

훈독 戌年 술년(개의 해), 개띠
음독 戊戌 무술

---

N1 中学
9획 / 부수 女

개(戊)처럼 못난 사람이 **여자(女)** 같은 약자에게 부리는
위엄이니 **위엄 위**

+ 개는 약한 모습을 보이면 더욱 달려들지요.

음독 **い**

음독 威圧 위압　威嚇 위협　威喝 위협함　威厳 위엄
　　 威光 위세, 위력　威信 위신　威勢 위세　威迫 협박
　　 威力 위력　権威 권위　国威 국위　威容 위용

---

N2 中学
13획 / 부수 止

크기를 **그치고(止) 개(戊)가 작은(小)** 새끼를 낳으면
태어난 지 한 해가 된 세월이니 **해 세, 세월 세**

정자 歲

+ 止(그칠 지), 小(작을 소), 少[적을 소, 젊을 소(少)의 획 줄임]

훈독 **とし**　음독 **さい, せい**

훈독 歳 ① 해 ② 나이, 연령　歳月 세월
음독 歳月 세월　歳出 세출　歳入 세입　歳末 연말　歳暮 연말에 보내는 선물

---

N1 中学
13획 / 부수 水(氵)

물(氵)을 개(戊)에 붙은 **불(火)**에 뿌리면 꺼지니 **꺼질 멸**
또 꺼지듯 멸하니 **멸할 멸**

훈독 **ほろびる, ほろぼす**　음독 **めつ**

훈독 滅びる 멸망하다, 없어지다　滅ぼす 멸망시키다, 없애다
음독 滅亡 멸망　幻滅 환멸　絶滅 절멸, 근절　全滅 전멸　消滅 소멸
　　 点滅 점멸　破滅 파멸　不滅 불멸

## 182 〉咸 함 〉感 감 〉憾 감

참고자
9획 / 부수 口

**개(戌)**는 한 마리만 **짖어도(口)** 다 짖으니 **다 함**

＋ 口('입 구, 말할 구, 구멍 구'이지만 여기서는 짖는 것으로 봄)

N2 小3
13획 / 부수 心

정성을 **다해(咸) 마음(心)** 쓰면 느끼고 감동하니
**느낄 감, 감동할 감**

＋ 감동(感動) - 크게 느끼어 마음이 움직임
＋ 정성을 다해 마음 쓰면 감동하고, 감동하면 영원히 잊지 못하지요. 그러니
　영원하려면 감동을 주어야 하고 감동을 주려면 정성을 다해야 합니다.
＋ 動(움직일 동)

음독 **かん**

음독 感化 감화　感激 감격　感謝 감사　感触 감촉　感受性 감수성
　　　感性 감성　感染 감염　感想 감상　感嘆 감탄

N1 中学
16획 / 부수 心(忄)

**마음(忄)**의 **느낌(感)**대로 행하지 못함을 한탄하면 섭섭하니
**한탄할 감, 섭섭할 감**

＋ 忄(마음 심 변)

음독 **かん**

음독 遺憾 유감(마음에 차지 아니하여 불만스럽게 남아있는 느낌)

**183** 〉 歹 알(사) → 列 렬 〉 烈 렬 〉 裂 렬

참고자
4획 / 제부수

하루(一) 저녁(夕) 사이에 뼈만 앙상하게 말라 죽으니
뼈 앙상할 알, 죽을 사 변

+ 동 歺 – 점(卜)쳐 나온 대로 저녁(夕)에 뼈만 앙상하게 말라 죽으니
　　'뼈 앙상할 알, 죽을 사 변'
+ 夕(저녁 석), 卜(점 복)

---

N2 小3
6획 / 부수 刀(刂)

짐승을 **잡아(歹) 칼(刂)**로 잘라 벌이니 벌일 렬
또 벌여 서는 줄이니 줄 렬

+ 벌이다 – 여러 가지 물건을 늘어놓다.
+ 刂(칼 도 방)

음독 **れつ**

음독 <sup>れっきょ</sup>列挙 열거　<sup>れっとう</sup>列島 열도　<sup>れつがい</sup>列外 열외

---

N1 中学
10획 / 부수 火(灬)

거세게 **퍼지는(列) 불(灬)**길처럼 세차고 매우니
세찰 렬, 매울 렬

+ 灬(불 화 발)

음독 **れつ**

음독 <sup>れっか</sup>烈火 열화　<sup>れっぷう</sup>烈風 열풍　<sup>げきれつ</sup>激烈 격렬　<sup>きょうれつ</sup>強烈 강렬함
<sup>さんれつ</sup>惨烈 몹시 참혹함, 끔찍함　<sup>しれつ</sup>熾烈 치열　<sup>つうれつ</sup>痛烈 통렬
<sup>しゅんれつ</sup>峻烈 준열(준엄하고 격렬함)

---

N1 中学
12획 / 부수 衣

**벌여지게(列) 옷(衣)**이 찢어지고 터지니 찢어질 렬, 터질 렬

+ 衣(옷 의)

훈독 **さく, さける**　음독 **れつ**

훈독 <sup>さ</sup>裂く 찢다, 쪼개다　<sup>さ</sup>裂ける 찢어지다, 갈라지다
<sup>さ め</sup>裂け目 갈라진 곳, 터진 곳, 금　<sup>や ざ</sup>八つ裂き 갈가리 찢음
음독 <sup>けつれつ</sup>決裂 결렬　<sup>はれつ</sup>破裂 폭발　<sup>さくれつ</sup>炸裂 작렬　<sup>ぶんれつ</sup>分裂 분열　<sup>きれつ</sup>亀裂 균열

N3 小3
6획 / 부수 歹

죽도록(歹) 비수(匕)에 찔려 죽으니 죽을 사

＋匕(비수 비, 숟가락 비)

훈독 しぬ  음독 し

훈독 死ぬ 죽다  死に際 임종

음독 死火山 사화산  死刑囚 사형수  死亡 사망

死角 어떤 각도에서는 보이지 않는 지점이나 범위  殉死 순사

墜死 추락사  死霊 죽은 사람의 원령  死骸 시체, 송장

N1 中学
12획 / 부수 草(艹)

풀(艹)로 죽은(死) 사람을 덮어 받쳐 들고(廾) 가 장사지내니
장사지낼 장

＋장사(葬事) – 죽은 사람을 땅에 묻거나 화장하는 일
＋廾(받쳐 들 공), 事(일 사, 섬길 사)

훈독 ほうむる  음독 そう

훈독 葬る 매장하다

음독 葬儀 장례  葬式 장례식  火葬 화장  会葬 장례식에 모임

N2 小2
8획 / 부수 目

많이(十) 눈(目)으로 감춰진(ㄴ) 부분까지 살펴도 곧고 바르니 곧을 직, 바를 직

**훈독** ただちに, なおす, なおる　　　**음독** ちょく, じき

**훈독** 矯め直す ① 본래의 모양대로 구부리거나 바로잡다, 교정하다
　　　　② 다시 한 번 고치다
　　　練り直す ① 새로 개다 ② 잘 하려고 다시 생각하다, 재검토하다

**음독** 直接 직접　直立 직립, 똑바로 섬, 높이 솟아오름
　　　実直 성실하고 정직함　直披 친전(편지 겉봉에 쓰는 문구)
　　　直径 직경, 지름　垂直 수직　直訴 직접 상소함

中学
12획 / 부수 歹

죽을(歹) 힘을 다해 바르게(直) 키우며 불리니 불릴 식

＋ 불리다 – 분량이나 수효가 많아지다.
＋ 歹(뼈 앙상할 알, 죽을 사 변)

**훈독** ふえる, ふやす　　　**음독** しょく

**훈독** 殖える ① (재산 등이) 늘다 ② (동식물이) 번식하다
　　　殖す ① (재산 등을) 늘리다, 불리다 ② (동식물을) 번식시키다

**음독** 殖財 재산을 늘림　学殖 학식, 깊은 학문의 소양　生殖 생식
　　　増殖 증식　利殖 이식

N1 中学
4획 / 제부수

도끼나 옛날 저울을 본떠서 **도끼 근, 저울 근**

+ 근(斤) – 재래식 척관법으로 나타내는 저울로 다는 무게 단위로, 1근은 보통
약 600g이 원칙이지만 약재 같은 것은 375g으로 재지요.

[음독] **きん**

[음독] 斤 근(약 600그램) 斤量 근량, 근수, 무게

N2 中学
8획 / 부수 示(ネ)

신(ネ) 앞에 두 손을 **도끼(斤)**날처럼 모으고 비니 **빌 기**

[정자] 祈

+ ネ(보일 시, 신 시 변)

[훈독] **いのる**  [음독] **き**

[훈독] 祈る 기도하다, 빌다 祈り 기도

[음독] 祈雨 기우 祈願 기원 祈祷 기도 祈念 기념

N1 中学
8획 / 부수 木

나무(木)를 **도끼(斤)**로 쪼개니 **쪼갤 석**

+ 유 折(꺾을 절) – 제목번호 189 참고

[음독] **せき**

[음독] 析出 석출(분석하여 냄) 分析 분석
解析 해석(사물을 세분하여 조직적 · 논리적으로 조사함)

N1 中学
6획 / 부수 匚

상자(匚)에 **도끼(斤)** 같은 연장을 가지고 다니며 물건을
만드는 장인이니 **장인 장**

+ 장인(匠人) – 물건 만듦을 직업으로 삼는 기술자
  장인(丈人) – 아내의 친아버지
  여기서는 장인(匠人)의 뜻.
+ 匚(상자 방), 丈(어른 장, 길이 장)

[훈독] **たくみ**  [음독] **しょう**

[훈독] 匠の技 장인의 기술

[음독] 匠気 (배우나 예술가가) 대중적 인기를 얻고자 하는 마음
匠人 장인 意匠 ① 생각, 고안 ② 디자인 名匠 명장
師匠 (학문 · 기술 · 유예를 가르치는) 선생, 스승

中学
11획 / 부수 斤

(옛날에는 죄인을) **수레(車)**에 매달거나 **도끼(斤)**로 베어
죽였으니 벨 **참**, 죽일 **참**

+ 車(수레 거, 차 차)

**훈독** きる    **음독** ざん

**훈독** 首を斬る ① 목을 베다, 처형하다 ② 해고하다

**음독** 斬殺 참살  斬新 참신  斬首 참수

---

N1  中学
14획 / 부수 水(氵)

해안선은 **물(氵)**로 **베인(斬)** 듯 점점 깎이니 점점 **점**

+ 점점(漸漸) – 조금씩 더하거나 덜하여지는 모양

**음독** ぜん

**음독** 漸次 점차, 차차, 점점  漸進 점진  漸増 점증
漸騰 점등, 점점 오름  東漸 (문화 · 세력의) 동점

---

N1  中学
15획 / 부수 日

(무엇을 싹둑) **베듯(斬) 해(日)**가 비치는 잠깐이니 잠깐 **잠**

+ 좁은 공간은 햇살도 잠깐만 비치지요.
+ 日(해 일, 날 일)

**훈독** しばらく, しばし    **음독** ざん

**훈독** 暫く ① 잠깐 ② 오래간만 ③일단

**음독** 暫時 잠시  暫定 잠정

### 도끼(斤)를 하나(一)씩 들고 적을 지키는 언덕이니 언덕 구

훈독 **おか**　　음독 **きゅう**

훈독 丘 언덕

음독 丘陵 구릉　砂丘 사구

N1 中学
5획 / 부수 一

### 언덕(丘)처럼 높고 넓게 솟은 큰 산(山)이니
### 큰 산 악

+ 동 嶽 - 산(山) 중 감옥(獄)처럼 둘러싸인 큰 산이니 '큰 산 악'
+ 獄(감옥 옥) - 제목번호 379 참고

훈독 **たけ**　　음독 **がく**

훈독 岳 높은 산

늠독 山岳 산악　岳麓 산기슭

N1 中学
8획 / 부수 山

### 언덕(丘) 아래 여덟(八) 명씩 있는 군사니 군사 병

+ 옛날이나 지금이나 군대의 작은 단위(분대)는 약 8~9명으로 편성되지요.

음독 **へい, ひょう**

음독 兵戈 ① 무기 ② 전쟁　兵卒 병졸, 병사　撤兵 철병, 철군　兵役 병역

N2 小4
7획 / 부수 八

### 물(氵)이 군사(兵)처럼 밀려오는 물가니 물가 빈

훈독 **はま**　　음독 **ひん**

훈독 浜 해변의 모래밭　浜荻 갈대　浜風 갯바람　浜辺 바닷가　塩浜 염전

음독 海浜 해변, 바닷가

N1 中学
10획 / 부수 水(氵)

197

N2  小4
7획 / 부수 手(扌)

손(扌)에 도끼(斤) 들고 찍어 꺾으니 꺾을 절

+ 윤 析(쪼갤 석) – 제목번호 186 참고

훈독 **おる, おれる**   음독 **せつ**

훈독 折り合い 타협  折り目 접은 금  折り箱 도시락, 얇은 나무 상자

折り紙 종이접기  骨折り 노력, 수고  名折れ 불명예, 명예 손상

음독 折檻 엄하게 꾸짖음  折衝 절충  折半 절반

右折 우회전  屈折 굴절

---

N1  中学
10획 / 부수 口

(옳고 그름을 분명히) 꺾어서(折) 말할(口) 정도로 사리에

밝으니 밝을 철

+ 口(입 구, 말할 구, 구멍 구)

음독 **てつ**

음독 哲学 철학  哲人 철학자  先哲 선현

---

N1  中学
14획 / 부수 言

꺾어서(折) 말(言)로 분명히 맹세하니 맹세할 서

+ 盟誓(맹서 → 맹세) – (신이나 사람에게 하는) 굳은 약속
+ 맹세하는 말은 대부분 짧고 단정적이지요.
+ 言(말씀 언), 盟(맹세할 맹)

훈독 **ちかう**   음독 **せい**

훈독 誓う 맹세하다, 서약하다  誓い 맹세

음독 誓願 서원  宣誓 선서  誓約 서약  誓詞 서사, 맹세하는 말

誓言 서언

+ '誓言'은 'せいげん'로도 읽을 수 있습니다.

---

N1  中学
10획 / 부수 辵(辶)

(생명이) 꺾어져(折) 가(辶) 죽으니 갈 서, 죽을 서

+ 辶(뛸 착, 갈 착)

훈독 **ゆく, いく**   음독 **せい**

훈독 逝く (사람이) 죽다

음독 逝去 서거  急逝 급서('急死'의 격식 차린 말씨)

N4 小2
13획 / 부수 斤

서(立) 있는 **나무(木)**를 **도끼(斤)**로 베어 새로 만들어
새로우니 새로울 신

+ 윤 親(어버이 친, 친할 친) – 1권 제목번호 108 참고

훈독 **あたらしい, あらた, にい**　음독 **しん**

훈독 新しい ① 새롭다 ② 오래지 않다, 갓(새로) ~ 하다 ③ 싱싱하다

新しがる 새 경향·유행을 좇거나 또는 그것을 자랑하다

新ただ 새로이　新手 ① 신참(= 新参) ② 새 수단

음독 新鋭 신예　新刊 신간　新顔 신참, 신인　新式 신식　新星 신성

新設 신설　新鮮 신선함　新築 신축　新婦 신부　新郎 신랑

新緑 신록

---

N1 中学
16획 / 부수 草(艹)

**풀(艹)**처럼 **새로(新)** 난 가지는 어려서 땔나무로만 쓰이니
땔나무 신

훈독 **たきぎ, まき**　음독 **しん**

훈독 薪 땔나무　薪 장작　薪割り 장작패기

음독 薪炭 장작과 숯, 땔감　薪水 ① 땔나무와 물 ② 부엌일, 취사(= 炊事)

199

N1 中学
5획 / 부수 斤

N1 中学
12획 / 부수 言

## 도끼(斤)를 불똥(丶) 튀게 휘둘러 물리치니 물리칠 척

+ 도끼를 쇠나 돌에 치면 불꽃이 나지요.
+ 丶(점 주, 불똥 주)

음독 **せき**

음독 斥候 척후(적의 형편이나 지형 등을 정찰하고 탐색함)
指斥 지척(웃어른의 언행을 지적하며 탓함) 排斥 배척

---

## 말(言)로 물리치기(斥) 위해 소송하니 소송할 소

+ 소송(訴訟) - 법률상의 판결을 법원에 요구하는 절차
+ 폭력으로 하지 않고 말로 물리치기 위하여 하는 것이 소송이지요.
+ 言(말씀 언), 訟(소송할 송)

훈독 **うったえる**　　음독 **そ**

훈독 訴え 호소, 소송 訴える ① 소송하다, 고소하다 ② 호소하다, 작용하다
음독 訴因 소인(소송을 일으킨 원인) 訴訟 소송 哀訴 애소, 애원
壁訴訟 혼자서 불평을 함 起訴 기소 泣訴 읍소(울면서 호소함)
告訴 고소

N1 小2
3획 / 제부수

등이 굽은 활을 본떠서 활 궁

**훈독** ゆみ　　**음독** きゅう

**훈독** 弓矢 활과 화살, 무기, 무예

**음독** 弓状 궁상, 활의 모양　弓道 궁도, 궁술　洋弓 양궁

N1 中学
4획 / 부수 弓

(옛날 전쟁터에서 전우가 죽으면)

활(弓)을 막대(丨)에 걸고 조문했으니 조문할 조

+ 동 吊 - 입(口)에 수건(巾)을 대고 슬퍼하며 조문하니 '조문할 조'

**훈독** とむらう　　**음독** ちょう

**훈독** 弔う 조문하다, 애도하다　弔い ① 애도함 ② 장례식
相弔う 서로 위로하다

**음독** 弔意 조의　弔花 조화　弔客 문상객　弔旗 조기　慶弔 경조

참고자
10획 / 부수 身

몸(身)을 활(弓)처럼 구부리고 몸소 일하니 몸소 궁

+ 身(몸 신)

N1 中学
15획 / 부수 穴

굴(穴) 속에서 몸(身)을 활(弓)처럼 웅크리고 사는 모습이
곤궁하니 곤궁할 궁
또 곤궁함을 벗어나려고 최선을 다하니 다할 궁

**훈독** きわめる, きわまる　　**음독** きゅう

**훈독** 窮める 끝까지 가다　窮まる 다하다

**음독** 窮する 궁하다　窮屈 거북함, 갑갑함　窮境 궁지　窮極 궁극
窮策 궁여지책　窮鼠 궁지에 몰린 쥐　窮状 궁상　無窮 무궁
窮迫 몹시 쪼들림　窮乏 궁핍　困窮 곤궁

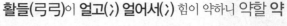

N3 小2

10획 / 부수 弓

### 활들(弓弓)이 얼고(冫) 얼어서(冫) 힘이 약하니 약할 약

정자 弱 – 한 번에 활 두 개(弓弓)에다 화살 두 개(丿丿)씩을 끼워 쏘면 힘이 약하니 '약할 약'

+冫(이 수 변), 丿('삐침 별'이지만 여기서는 화살로 봄)

훈독 よわい, よわる, よわまる, よわめる

음독 じゃく

훈독 弱虫(よわむし) 겁쟁이 弱り込む(よわりこむ) 매우 난처해지다

음독 弱冠(じゃっかん) 약관(남자의 20세) 弱小(じゃくしょう) 약소 弱体(じゃくたい) 약체 弱点(じゃくてん) 약점
病弱(びょうじゃく) 병약함

---

中学

13획 / 부수 水(氵)

### 물(氵)에 약하여(弱) 빠지니 물에 빠질 닉

+ 일본 한자는 정자를 그대로 쓰기도 하고, 정자를 약간 변형시키거나 간략하게 줄여서 쓰기도 합니다. 그래서 같은 형태로 된 한자라도 일부만 변형하여 쓰는 경우가 있지요.

훈독 おぼれる     음독 でき

훈독 溺れる(おぼ) ① 물에 빠지다 ② 탐닉하다

음독 溺愛(できあい) 무턱대고 사랑함 溺死(できし) 익사(물에 빠져 죽음)
溺没(できぼつ) 물에 빠져 가라앉음

194 ▷ 弗 불 ▷ 沸 비(불) ▷ 払 불

하나의 **활(弓)**로 동시에 **두 개의 화살( | | )**은 쏘지 않으니
**아닐 불**
또 글자가 미국 돈 **달러($)**와 비슷하니 **달러 불**

참고자
5획 / 부수 弓

---

**물(氵)**이 **아닌(弗)** 듯 끓어 용솟음치니
**끓을 비, 용솟음칠 불**

훈독 **わかす, わく**　음독 **ふつ**

훈독 沸かす ① 데우다, 끓이다 ② 녹이다　沸く ① 끓다 ② 녹다
沸き上がる 끓어오르다, 비등하다　沸き返る 들끓다
沸き立つ 끓어오르다　湯沸かし 물을 끓이는 주전자

음독 沸騰 비등(액체가 끓어 오름)　煮沸 펄펄 끓임

N2　中学
8획 / 부수 水(氵)

---

**손(扌)**으로 **사사로운(厶)** 것을 떨치니 **떨칠 불**

정자 拂 – 손(扌)으로 아니라며(弗) 떨치니 '떨칠 불'
+ 弗이 들어간 한자를 일본 한자나 약자로 쓸 때는 '弗' 부분을 사사로울 사, 나 사(厶)로 씁니다.

훈독 **はらう**　음독 **ふつ**

훈독 払う 제거하다, 없애버리다　払い ① 지불 ② 제거 ③ 막장
払い込み 납입　払いのける 뿌리치다, 물리치다

음독 払暁 새벽녘　払拭 불식(떨고 닦아서 깨끗이 없앰)
払底 동이 남, 품절

N2　中学
5획 / 부수 手(扌)

203

**N2** 中学
2획 / 부수 亅

아들(子)이 양팔 붙이고 모체에서 나온 모습으로,
나왔으니 고통을 마쳤다는 데서 **마칠 료**

음독 **りょう**

음독 <sup>りょうしょう</sup>了承 납득함 <sup>しゅうりょう</sup>修了 수료 <sup>こうりょう</sup>校了 교정을 끝냄
<sup>りょうかい</sup>了解 ① 양해 ② 승낙 ③ 이해

---

**N4** 小1
3획 / 제부수

아들이 두 팔 벌린 모습을 본떠서 **아들 자**
또 집집마다 아들을 첫째로 여기니 **첫째 지지 자**
또 아들처럼 편하게 부르는 2인칭 대명사 자네니 **자네 자**
또 아들처럼 만들어져 나오는 물건의 뒤에 붙이는 접미사니
**접미사 자**

훈독 **こ, み, ね**    음독 **し, す**

훈독 <sup>こ ひつじ</sup>子羊 어린 양 <sup>こ もり</sup>子守 아이를 봄, 아이 보는 사람 <sup>ね どし</sup>子年 자년, 쥐띠
음독 <sup>し いん</sup>子音 자음 <sup>し さい</sup>子細 자세한 사정 <sup>し そく</sup>子息 자식 <sup>し そん</sup>子孫 자손 <sup>よう す</sup>様子 모습

---

**N1** 中学
4획 / 부수 子

새끼(子) 새(乚)가 자라는 구멍이니 **구멍 공**
또 구멍으로도 세상의 이치를 꿰뚫어 보았던 공자니 **공자 공**

+ 새 새끼는 나무 구멍이나 둥근 둥우리에서 자랍니다.
+ 공자(孔子) – 중국 춘추 시대의 사상가(B.C.551~B.C.479)
+ 乚[새 을, 둘째 천간 을, 굽을 을(乙)이 부수로 쓰일 때의 모양]

훈독 **あな**    음독 **こう, く**

훈독 <sup>あな</sup>孔 구멍, 구덩이
음독 <sup>き こう</sup>気孔 기공, 숨구멍 <sup>さい こう</sup>細孔 가는 구멍 <sup>せん こう</sup>穿孔 천공(구멍이 뚫림)
<sup>く じゃく</sup>孔雀 공작새

8획 / 부수 子

**자식(子)**을 첫째로 알고 **그릇(皿)**에 목욕시키며 기르는
맏이니 **맏 맹, 맹자 맹**

+ 맏 – 첫째
+ 맹자(孟子) – 중국 춘추 시대의 사상가(B.C.372~B.C.289)
+ 皿(그릇 명)

음독 **もう**

음독 孟夏 초여름, 음력 4월  孟浪 맹랑  孔孟 공자와 맹자

+ '孟浪'은 'まんらん'로도 읽을 수 있습니다.

N1 中学
11획 / 부수 犬(犭)

**개(犭)**를 고를 때 **첫째(孟)**로 꼽는 날램과 사나움이니
**날랠 맹, 사나울 맹**

+ 옛날에는 개로 사냥도 했으니 이런 어원이 가능하지요.
+ 犭(큰 개 견, 개 사슴 록 변)

음독 **もう**

음독 猛火 큰불  猛撃 맹격  猛犬 맹견  猛暑 혹서
猛将 용맹스러운 장수  猛毒 맹독  猛烈 맹렬

205

N2 小3
4획 / 부수 亅

손으로 주고받는 모습에서 **줄 여** (≒ 与)
또 주는 나를 뜻하여 **나 여** (≒ 余)
또 **미리 예(豫)**의 약자

+ 일본 한자에서는 '미리 예(豫)'의 뜻으로만 쓰입니다.
+ 与(줄 여, 더불 여, 참여할 여) – 제목번호 374 참고
+ 余(남을 여, 나 여) – 제목번호 146 참고
+ 豫 – 자기(予)가 할 일을 코끼리(象)는 미리 아니 '미리 예'
+ 象 – 코끼리 모양을 본떠서 '코끼리 상, 모양 상, 본뜰 상'

훈독 **あらかじめ, かねて** 음독 **よ**

훈독 予て 미리, 전부터 予め 미리

음독 予感 예감 予測 예측 予習 예습 予定 예정 予兆 예조, 전조
予備 예비 予防 예방 予約 예약

---

N2 中学
5획 / 제부수

손잡이 있는 창을 본떠서 **창 모**

훈독 **ほこ** 음독 **む**

훈독 矛先 ① 창끝 ② 비난이나 공격의 방향 盾と矛 방패와 창

음독 矛盾 모순

---

N2 中学
9획 / 부수 木

**창(矛)**에 쓰이는 **나무(木)**처럼 탄력 있고 부드러우니
**부드러울 유**

훈독 **やわらかい** 음독 **じゅう, にゅう**

훈독 柔らか 부드러움, 유연함 柔らかい 부드럽다, 유연하다

음독 柔順 온순 柔道 유도 柔軟 유연 温柔 온유
外柔内剛 외유내강 柔弱 유약 柔和 유화(온화)

N2 小6
3획 / 제부수

손잡이 있는 방패를 본떠서 **방패 간**
또 방패로 무엇을 범하면 얼마정도 마르니
**범할 간, 얼마 간, 마를 건**

훈독 **ほす, ひる** 음독 **かん**

훈독 干す 말리다, 널다 物干し竿 빨래 장대 干物 건어물
干る ① 마르다 ② (조수가) 빠져서 바닥이 드러나다

음독 干渉 간섭 干拓 간척 干満 간만(간조와 만조를 아울러 이르는 말)

---

N1 中学
7획 / 부수 肉(月)

몸(月)을 **방패(干)**처럼 보호해 주는 간이니 **간 간**

+ 간은 몸의 화학공장으로 몸에 필요한 여러 효소를 만들고, 몸에 들어온 독을 풀어 주는 역할을 한다고 하지요.

훈독 **きも** 음독 **かん**

훈독 肝 ① 간 ② 마음 肝っ玉 배짱 肝試し 담력시험
음독 肝炎 간염 肝胆 간담(간과 쓸개) 肝心 중요함

---

N2 中学
6획 / 부수 水(氵)

물(氵)이 (체온을 지키려고) **방패(干)** 역할을 하듯 나오는
땀이니 **땀 한**

+ 우리 몸은 추우면 움츠리고 더우면 땀을 내 자동으로 체온을 조절하는 기능이 있지요.

훈독 **あせ** 음독 **かん**

훈독 汗 땀 汗滴 땀방울 汗だく 땀투성이 汗ばむ 땀이 나다, 땀이 배다
음독 汗腺 땀샘 汗顔 부끄러워 얼굴에 땀이 남 発汗 발한(땀이 남)
盗汗 잠을 자면서 흘리는 식은 땀(= 寝汗) 汗疹 땀띠

+ '汗疹'는 'あせも'로도 읽을 수 있습니다.

---

N2 中学
10획 / 부수 車

수레(車) 위를 **방패(干)**처럼 덮은 난간이나 추녀니
**난간 헌, 추녀 헌**
또 추녀가 드러나게 지은 집이니 **집 헌**

+ 추녀 – 처마의 네 귀에 있는 큰 서까래

훈독 **のき** 음독 **けん**

훈독 軒 처마 軒先 처마 끝 軒下 처마 밑 軒並 ① 늘어선 집 ② 집집마다
음독 軒数 집의 동수, 호수 一軒 집 한 채

**참고자**
6획 / 부수 干

**이리저리(丷) 흩어진 것을 하나(一)씩 받쳐 들고(廾)**
**아우르게 합하니 아우를 병, 합할 병**

정자 幷 – 나란히(丷) 방패(干)와 방패(干)를 아울러 합하니 '아우를 병, 합할 병'
+ 아우르다 – 여럿을 모아 한 덩어리나 한 판이 되게 하다.
+ 廾(받쳐 들 공), 丷['삐침 별(丿)' 둘이지만 여기서는 나란한 모양으로 봄]

**N1** **中学**
8획 / 부수 人(亻)

**사람(亻)이 아울러(幷) 있으니 아우를 병**

정자 倂

훈독 あわせる  음독 へい

훈독 倂せる 합치다

음독 倂記 병기  倂行 병행  倂合 병합  倂存 병존  倂用 병용

**N2** **中学**
11획 / 부수 瓦

**양쪽 선이 나란히 아우러진(幷) 질그릇(瓦)처럼 만든 병이니**
**병 병**

정자 瓶
+ 병은 양쪽 선이 나란히 대칭을 이루지요.
+ 瓦(기와 와, 질그릇 와, 실패 와)

훈독 かめ  음독 びん

훈독 瓶 ① 항아리 ② 꽃병 ③ 술병

음독 瓶詰 병에 담음  花瓶 꽃병  魔法瓶 보온병

**N2** **中学**
15획 / 부수 食(𩙿)

**음식(𩙿)에서 층을 나란히 아우르게(幷) 만든 떡이니 떡 병**

정자 餠
+ 시루떡을 보면 고물과 쌀 부분이 각각 층을 이루지요.
+ 𩙿(밥 식, 먹을 식 변)

훈독 もち  음독 へい

훈독 尻餅 엉덩방아  餅屋 떡 가게, 떡집, 떡장수  餅 떡
　　 柏餅 떡갈나무 잎에 싼, 팥소를 넣은 찰떡(주로 단옷날에 먹음)

음독 煎餅 전병

참고자

9획 / 부수 尸

N1 中学

12획 / 부수 土

---

몸(尸)처럼 생긴 틀에 **나란히(并)** 천을 붙여 만든 병풍이니
병풍 병

정자 屛

+ 병풍(屛風) - 바람을 막거나 무엇을 가리거나 또는 장식용으로 방 안에 치는
　　　　　　물건
+ 尸(주검 시, 몸 시), 風(바람 풍, 풍속·경치·모습·기질·병 이름 풍)

음독 **へい, びょう**

음독 屛障 칸막이 屛風 병풍

흙(土)으로 **병풍(屛)**처럼 쌓은 담이니 담 병

음독 **へい**

음독 土塀 토담 板塀 널판장 石塀 돌담

**N1** 中学
9획 / 부수 目

**방패(干)를 보완하여(丿) 눈(目)**까지 보호하게 만든 방패니
방패 순

+ 방패 간(干)은 손잡이 있는 방패를 본떠서 만든 한자고, 방패 순(盾)은 방
  패 간(干)을 더 좋게 개량한 것으로 구분하세요.
+ 目(눈 목, 볼 목, 항목 목)

훈독 **たて** 　음독 **じゅん**

훈독 盾 방패 後ろ盾 후원자
음독 矛盾 모순

---

**N1** 中学
12획 / 부수 彳

**조금씩 거닐며(彳) 방패(盾)**를 들고 돌거나 좇으니
돌 순, 좇을 순

+ 彳(조금 걸을 척)

음독 **じゅん**

음독 循環 순환 因循 ① 옛날 습관에 따를 뿐 고치려 하지 않음 ② 꾸물거
림, 머뭇거림

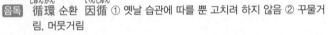

참고자

3획 / 부수 二

입술(二)에서 입김이 **나오도록(亅)** 힘주어 말하는
어조사니 **어조사 우**

+ 어조사(語助辭) – 실질적인 뜻 없이 다른 말의 기운만 도와주는 말
+ 二('둘 이'지만 여기서는 입술의 모양), 語(말씀 어), 助(도울 조), 辭(辭:
  말씀 사, 글 사, 물러날 사)

N1 中学

6획 / 부수 草(艹)

풀(艹) 중 **우(于)** 자 모양으로 뿌리가 드는 토란이나 고구마니
**토란 우, 고구마 우**
또 토란 잎처럼 크니 **클 후**

훈독 **いも**

훈독 芋 감자, 고구마, 토란 등의 총칭 焼き芋 군고구마 里芋 토란
芋粥 고구마를 송송 썰어 넣고 쑨 죽 芋茎 토란 줄기

+ '芋茎'는 'ずいき'로도 읽을 수 있습니다.

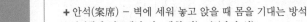

참고자

2획 / 제부수

안석이나 책상의 모양을 본떠서 **안석 궤, 책상 궤**

+ 안석(案席) – 벽에 세워 놓고 앉을 때 몸을 기대는 방석
+ 案(책상 안, 생각 안, 계획 안), 席(자리 석)

음독 **き**

음독 几帳面 착실하고 꼼꼼함, 차근차근함 几案 책상

---

N2 中学

6획 / 부수 肉(月)

몸(月) 중 **안석**(几)에 닿는 살이나 살갗이니 **살 기, 살갗 기**

훈독 **はだ**

훈독 肌 ① 피부 ② 껍질 肌合い ① 촉감 ② 성품 肌着 속옷
肌寒い 으스스 춥다 肌触り 촉감 肌色 피부색 素肌 맨몸, 맨살
地肌 (화장을 하지 않은) 맨살갗

---

N1 中学

10획 / 부수 食(飠)

밥(食)을 못 먹어 힘없이 **안석**(几)에 기대야 할 정도로

굶주리니 **굶주릴 기**

정자 飢
+ 飠(밥 식, 먹을 식 변)

훈독 **うえる**　　음독 **き**

훈독 飢え 굶주림, 허기 飢える 굶주리다 飢え死に 아사(굶어죽음)
음독 飢渇 기갈 飢餓 기아 飢饉 기근(흉년으로 먹을 양식이 모자라 굶주림)

---

N1 中学

4획 / 부수 冖

덮어(冖) 놓은 **안석**(几)처럼 쓸데없거나 번거로우니
**쓸데없을 용, 번거로울 용**

+ 冖(덮을 멱)

음독 **じょう**

음독 冗句 쓸데없는 구절 冗語 군말(쓸데없는 말) 冗談 농담
冗長 장황(말이나 글이 쓸데없이 긺) 冗費 낭비
冗漫 장황함, 지루함

212

참고자
4획 / 부수 亠

머리(亠) 아래 **안석(几)**처럼 이어진 목이니 **목 항**
또 목처럼 높으니 **높을 항**

+ 亠(머리 부분 두)

음독 **こう**

---

N1 中学
7획 / 부수 手(扌)

손(扌)으로 **높은(亢)** 자에 대항하니 **대항할 항**

훈독 **あらがう** 음독 **こう**

훈독 抗う 다투다, 항거하다

음독 抗菌 항균 抗議 항의 抗原 항원 抗告 항고 抗戰 항전
抗弁 항변 抗論 항론(어떤 이론이나 주장에 반대하여 논의함)
対抗 대항

---

N1 中学
7획 / 부수 土

흙(土)이 **목(亢)**구멍처럼 움푹 파인 구덩이니 **구덩이 갱**

음독 **こう**

음독 坑道 갱도(광산에서, 갱 안에 뚫어 놓은 길) 坑底 탄갱의 밑바닥
金坑 금광 炭坑 탄갱

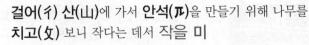

**N1** **中学**
13획 / 부수 彳

걸어(彳) 산(山)에 가서 **안석(几)**을 만들기 위해 나무를
치고(攵) 보니 작다는 데서 **작을 미**
또 작으면 잘 숨으니 **숨을 미**

[정자] 微 – 걸어(彳) 산(山)에 가서 한(一) 개의 안석(几)을 만들기 위해
나무를 치고(攵) 보니 작다는 데서 '작을 미'
또 작으면 잘 숨으니 '숨을 미'

+彳(조금 걸을 척), 几[안석 궤, 책상 궤(几)의 변형], 攵(칠 복, = 攴)

[음독] **び**

[음독] 微苦笑 びくしょう 쓴웃음　微行 びこう 미행　微細 びさい 미세　微生物 びせいぶつ 미생물
微酔 びすい 약간 취함　微小 びしょう 매우 작음　微笑 びしょう 미소　微動 びどう 미동
微粒 びりゅう 미립

[예외] 微風 そよかぜ 미풍, 산들바람(= 微風)　微笑み ほほえ 미소

작아도(彳) 실력이 있음은 **왕(王)**이 부를 징조니
**부를 징, 징조 징**

**N1** **中学**
14획 / 부수 彳

[정자] 徵
+彳[작을 미(微)의 획 줄임]

[음독] **ちょう**

[음독] 徵候 ちょうこう 징후　徵収 ちょうしゅう 징수　徵集 ちょうしゅう 징집　徵発 ちょうはつ 징발　象徵 しょうちょう 상징
特徵 とくちょう 특징

불러서(徵) 뉘우치는 **마음(心)**이 들도록 징계하니
**징계할 징**

**N1** **中学**
18획 / 부수 心

[정자] 懲
+ 징계(懲戒) – ① 허물을 뉘우치도록 경계하고 나무람
② 부당한 행위에 대하여 제재를 가함
+ 心(마음 심, 중심 심), 戒(경계할 계)

[훈독] **こらしめる, こりる**　　[음독] **ちょう**

[훈독] 懲らしめる こ 징계하다, 응징하다　懲りる こ 넌더리나다, 질리다
[음독] 懲悪 ちょうあく 징악　懲役 ちょうえき 징역　懲戒 ちょうかい 징계　懲罰 ちょうばつ 징벌
膺懲 ようちょう 응징(잘못을 깨우쳐 뉘우치도록 징계함)

N1 中学
3획 / 부수 几

공부하는 **책상(几)**에 **점(丶)**이 찍힘은 무릇 보통이니
## 무릇 범, 보통 범

+ 무릇 – 종합하여 살펴보건대, 헤아려 생각하건대

훈독 **およそ, すべて**　음독 **ぼん, はん**

훈독 凡そ 대충, 대개　大凡 대강, 대략, 대요　凡て 전부, 모조리
음독 凡愚 세상에 흔히 있는 일　凡俗 통속적임

---

N1 中学
6획 / 부수 巾

**수건(巾)** 같은 천을 **무릇(凡)** 이어 단 돛이니 **돛 범**

+ 巾(수건 건)

훈독 **ほ**　음독 **はん**

훈독 帆 돛　帆風 순풍　帆柱 돛대　白帆 흰 돛
음독 帆船 돛단배　帆走 범주

---

中学
6획 / 부수 水(氵)

**물(氵)**에는 **무릇(凡)** 물건이 뜨니 **뜰 범**
또 **물(氵)**은 **무릇(凡)** 넓게 퍼지고 넘치니 **넓을 범, 넘칠 범**

음독 **はん**

음독 汎愛 범애(차별 없이 널리 사랑함)　汎論 통론　汎用 범용(널리 사용함)

---

N2 中学
10획 / 부수 心

(잘 만드는) **장인(工)**도 **무릇(凡)** 실수할까 봐 **마음(心)**속으로
두려우니 **두려울 공**

+ 工(장인 공, 만들 공, 연장 공), 心(마음 심, 중심 심)

훈독 **おそれる, おそろしい**　음독 **きょう**

훈독 恐れる 겁내다　恐れ 두려움　恐る恐る 겁내면서, 흠칫
恐れ多い ① 황공하다 ② 매우 고맙다　恐ろしい 겁나다
음독 恐喝 공갈　恐慌 공황　恐惶 두려워서 어찌할 바를 모름
恐縮 남의 호의나 끼친 폐에 대한 미안함　恐怖 공포

**N3** **小2**
9획 / 제부수

무릇(凡) 벌레(虫)를 옮기는 바람이니 **바람 풍**
또 바람으로 말미암은
**풍속 풍, 경치 풍, 모습 풍, 기질 풍, 병 이름 풍**

+ 작은 벌레는 바람을 타고 옮겨 간다고 하지요.
+ 虫(벌레 충)

훈독 **かぜ, かざ**　　음독 **ふう, ふ**

훈독 そよ風 미풍, 산들바람

음독 風変わり 색다른 모양　風景 ① 풍경 ② 모양, 상태　風采 풍채
風船 풍선　風聞 풍문　風潮 풍조　風浪 풍랑　風情 운치
お風呂 목욕, 욕조

예외 風邪 감기

**N1** **中学**
12획 / 부수 山

산(山)에서 **바람(風)**처럼 일어나는 남기니 **남기 람**
또 **산(山) 바람(風)**처럼 몰아치는 폭풍이니 **폭풍 람**

+ 남기(嵐気) – 산속에 생기는 아지랑이 같은 기운
+ 山(산 산), 気(氣: 기운 기, 대기 기)

훈독 **あらし**

훈독 嵐 폭풍우　花嵐 꽃샘바람　雪嵐 눈보라　砂嵐 모래 폭풍

216

2획 / 부수자

사람이 무릎 꿇고 앉아 있는 모양을 본떠서 **무릎 꿇을 절**
또 부절이나 병부의 반쪽을 본떠서 **병부 절 (=卩)**

+ 부절(符節)은 인쇄술이 발달하기 전에 대(竹)나 옥(玉)으로 만든 일종의
  신분증이고, 병부(兵符)는 병사를 동원하는 문서로 똑같이 만들거나 하나
  를 둘로 나누어 가졌다가 필요시 맞춰 보았답니다.
+ 符(부절 부, 부호 부, 들어맞을 부), 節(節: 마디 절, 절개 절, 계절 질), 兵
  (군사 병)

中学
5획 / 부수 水(氵)

**물(氵)이 경계를 넘어 무릎 꿇은(巳) 모습으로 넘치니 넘칠 범**

+ 圄 犯(범할 범) – 1권 제목번호 189 참고
+ 물이 무엇을 넘치는 모습은 자신을 낮추어 무릎 꿇은 모습 같지요.

음독 **はん**
음독 氾濫 범람(흘러 넘침)

N1 中学
4획 / 부수 厂

**굴 바위(厂) 밑에 무릎 꿇어야(巳) 할 정도의 재앙이니
재앙 액**

+ 厂(굴 바위 엄, 언덕 엄)

음독 **やく**
음독 厄 액, 재난, 재앙 災厄 재액

N1 中学
15획 / 부수 竹(⺮)

**대(⺮)로 둘러친 수레(車)에 범인을 무릎 꿇려(巳) 압송하며
법의 엄중함을 본보기로 보이니 법 범, 본보기 범**

+ 옛날에 죄인을 호송하는 방법을 생각하고 만든 글자
+ ⺮(대 죽), 車(수레 거, 차 차)

음독 **はん**
음독 範囲 범위  範疇 범주  範例 범례  規範 규범  広範囲 광범위
模範 모범

참고자
5획 / 부수 夕

저녁(夕)에 **무릎 꿇은(㔾)** 것처럼 구부리고 뒹구니
**뒹굴 원**

中学
9획 / 부수 心

**뒹굴(夗)**듯 몸부림치며 **마음(心)**으로 원망하니 **원망할 원**

음독 **えん, おん**

음독 怨恨 원한 怨言 원망하는 말 怨声 원성 怨望 원망 怨霊 원령
　　 怨念 원념, 원한을 품은 집념

N1 中学
8획 / 부수 宀

**집(宀)**에서 **뒹굴기(夗)**만 한 듯 허리 굽음이 완연하니
**굽을 완, 완연할 완**
또 굽어 돌아가 전달되는 ~ 앞이니 **~ 앞 완**

+ 완연(宛然) – 분명하게 나타남
+ 宀(집 면), 然(그러할 연)

훈독 **あて**

훈독 宛てる (편지 · 메일 등을) ~ 앞으로 보내다
　　 宛先 수신인의 주소 宛名 (편지나 우편물 등의) 받는 사람의 이름

N2 中学
12획 / 부수 肉(月)

**몸(月)**에서 잘 **구부려(宛)**지는 팔이니 **팔 완**

훈독 **うで** 음독 **わん**

훈독 腕 ① 팔 ② 완력 ③ 솜씨 腕利き 솜씨 · 능력이 뛰어남
　　 腕首 손목 腕組み 팔짱 腕相撲 팔씨름 腕時計 손목시계
　　 細腕 가는 팔, (경제적으로) 약한 힘 腕前 솜씨 腕枕 팔베개
　　 腕達者 ① 완력이 셈 ② 솜씨가 뛰어남

음독 腕力 완력 前腕 전완(아래 팔) 才腕 수완 腕章 완장

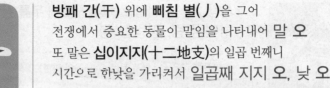

**N4** **小2**
4획 / 부수 十

**방패 간(干) 위에 삐침 별(丿)을 그어**
전쟁에서 중요한 동물이 말임을 나타내어 **말 오**
또 말은 **십이지지(十二地支)의** 일곱 번째니
시간으로 한낮을 가리켜서 **일곱째 지지 오, 낮 오**

+ 십이지지(十二地支)인 [자축인묘진사오미신유술해]의 처음인 자시(子時)
가 밤 11시부터 새벽 1시까지니 오시(午時)는 두 시간씩 일곱 번째인 낮 11
시부터 오후 1시까지이고, 오시(午時)의 한 가운데인 낮 12시가 정오(正
午)지요.

음독 ご

음독 午餐 오찬, 점심  午睡 낮잠

---

**N1** **中学**
9획 / 부수 卩

**정오(午)쯤 그쳐(止) 무릎 꿇듯(卩) 앉아 물건을 풀어 도매하니**
**풀 사, 도매할 사**

+ 止(그칠 지), 卩(무릎 꿇을 절, 병부 절, = 㔾)

훈독 **おろす, おろし**

훈독 卸 도매  卸す ① 도매하다 ② 강판에 갈다  卸値 도맷값
卸問屋 도매상  卸売市場 도매 시장

---

**N2** **中学**
12획 / 부수 彳

**가다가(彳) 정오(午)쯤 그쳐(止) 무릎 꿇고(卩) 쉬게 하며**
말을 몰고 다스리니 **말 몰 어, 다스릴 어**
또 백성을 다스리는 임금이니 **임금 어**

+ 御는 임금과 관련된 말 앞에 썼는데, 요즘에는 존중해야 할 사람이나 사물에
붙여 쓰이기도 합니다.
+ 彳(조금 걸을 척)

훈독 **おん**  음독 **ぎょ, ご**

훈독 御方 거처나 귀인의 높임말  御曹司 명문가의 자제
御の字 특별한 것

음독 御慶 경사, 축하  御親父 어르신네  御所 궁궐  御殿 호화로운 저택
御飯 밥  御飯蒸し 찜통  御坊 스님의 높임말  御用 용건
御免 용서, 사면의 높임말  御来光 높은 산에서 보는 해돋이

예외 御前 행렬에서 맨 앞에 가는 사람  御辞儀 ① (머리 숙여) 인사함 ② 사퇴

**N2** **小4**
5획 / 부수 人

사람(人)으로 하여금 **하나(一)**같이 **무릎 꿇게(㔾)** 명령하니
**하여금 령, 명령할 령**

+ 令은 남을 높이는 말로도 쓰입니다
+ 㔾[무릎 꿇을 절, 병부 절(卩, = 㔾)의 변형]

음독 **れい, りょう**

음독 司令 사령(관)  令妹 영매(남의 누이동생에 대한 높임말)
令嬢 영애, 따님  令息 영식(남의 아들의 높임말)

---

**N1** **中学**
13획 / 부수 金

쇠(金)로 **하여금(令)** 무엇을 알리려고 만든 방울이니 **방울 령**

훈독 **すず**  음독 **れい, りん**

훈독 鈴 방울  鈴生り ① 주렁주렁 달림 ② 사람이 한곳에 많이 모여 있음
鈴蘭 은방울꽃

음독 電鈴 전령, 벨  風鈴 풍경  呼鈴 초인종
予鈴 공연이나 조업 개시 등에 앞서 울리는 벨

---

**N2** **中学**
17획 / 부수 齒(歯)

(옛날에) **이(歯)**의 개수로 **하여금(令)** 알았던 나이니 **나이 령**

정자 齡

+ 사랑니는 나이가 들어야 나지요. 과학이 발달하지 못한 옛날에는 사람의 나이도 이(歯)의 숫자로 짐작했답니다.
+ 歯(齒: 이 치, 나이 치)

음독 **れい**

음독 壯齡 장령, 장년  適齡 적령(어떤 표준이나 기준에 알맞은 나이)
年齡 연령  老齡 노령  妙齡 묘령

---

**N2** **中学**
13획 / 부수 雨

비(雨)와 **명령(令)**처럼 위에서 아래로 떨어지니 **떨어질 령**
또 떨어지면 영이니 **영 령**

훈독 **こぼれる**  음독 **れい**

훈독 零れる 넘쳐흐르다  零れ話 여담, 뒷이야기

음독 零雨 이슬비, 가랑비  零下 영하  零細 영세  零点 영점  零度 영도
零敗 영패, 무패  零落 영락함, 몰락함  零封 완봉(스포츠에서, 상대
가 득점하지 못하게 막음)

220

참고자
4획 / 부수 卩

## 상자(匚)에 무릎 꿇고(卩) 높이 바라니 높을 앙

+ 囻 卯(왕성할 묘, 토끼 묘, 넷째 지지 묘) - 제목번호 211 참고
+ 匚 [상자 방 (匚)의 변형], 卩(무릎 꿇을 절, 병부 절, = 㔾)

N1  中学
6획 / 부수 人(亻)

## 사람(亻)이 높이(卬) 우러르니 우러를 앙

훈독  あおぐ, おおせられる     음독  ぎょう, こう

훈독  仰ぐ 우러러보다  仰せ 분부, 명령
　　　仰せられる 말씀하시다, 분부하시다

음독  仰天 몹시 놀람, 기겁을 함  仰望 앙망(자기의 요구나 희망이 실
　　　현되기를 우러러 바람)  仰臥 (위를 보고) 반듯이 누움
　　　大仰 어마어마함, 과대  信仰 신앙

N1  中学
7획 / 부수 手(扌)

## 손(扌)으로 높은(卬) 것을 누르니 누를 억

훈독  おさえる     음독  よく

훈독  抑える 억누르다  抑え 누름

음독  抑圧 억압  抑鬱 억울  抑制 억제  抑揚 억양  抑留 억류

N2  中学
7획 / 부수 辵(辶)

## 높은(卬) 사람을 가서(辶) 맞이하니 맞이할 영

훈독  むかえる     음독  げい

훈독  迎える 맞이하다  迎え 마중, 맞이함  出迎える 마중 나가다

음독  迎撃 요격  迎合 영합  迎接 영접  迎春 새해를 맞음
　　　迎賓 영빈  歓迎 환영  送迎 송영

221

**N1** 참고자
5획 / 부수 卩(㔾)

(봄기운이 왕성하여) 두 문짝을 활짝 열어 놓은 모양을 본떠서
**왕성할 묘**
또 귀를 쫑긋 세운 토끼로도 보아 **토끼 묘**
또 토끼는 넷째 지지니 **넷째 지지 묘**

+ 옙 卬(높을 앙), 卵(알 란)

훈독 う
훈독 卯月 음력 4월

**N1** 中学
9획 / 부수 木

나무(木) 중 **왕성하게(卯)** 자라 늘어지는 버들이니 **버들 류**

훈독 やなぎ　음독 りゅう
훈독 柳 버드나무　糸柳 수양버들　川柳 냇가에 있는 버들
음독 柳眉 아름다운 눈썹　柳腰 (여자의) 가는 허리

**N2** 小5
10획 / 부수 田

**왕성하게(ﾛﾉ)** 일하려고 밭(田)에 머무르니 **머무를 류**

+ ﾛﾉ[왕성할 묘, 토끼 묘, 넷째 지지 묘(卯)의 변형], 田(밭 전, 논 전)

훈독 とめる, とまる　음독 りゅう, る
훈독 留め置く 유치하다　歩留まり 원료에 대한 제품의 비율
음독 留意 유의　留置 유치　留保 유보, 보류　残留 잔류
　　留守 ① 부재중 ② 집안사람들이 부재 중 집을 지킴

**N1** 中学
14획 / 부수 玉(王)

옥(王) 성분이 **머물러(留)** 된 것처럼 맑은 유리니 **유리 류**

+ 유리(琉璃) – ① 칠보(七宝)의 하나. 청색의 보옥(宝玉)
　　　　　　　② 석영(石英)을 원료로 하여 만든 투명한 제품
　　　　　　　③ 석영·탄산소다·석회암을 원료로 하여 고온에서 용해
　　　　　　　　시켜 식힌 물질. 단단하고 잘 깨지며 투명함

+ 王(임금 왕, 으뜸 왕, 구슬 옥 변), 琉(유리 유), 璃(유리 리), 宝(寶: 보배 보)

음독 る
음독 瑠璃 유리

N3 小3
4획 / 부수 匸

## 감추려고(匸) 베어(乂) 나누니 나눌 구
## 또 나누어 놓은 구역이니 구역 구

정자 區 - 감추려고(匸) 물건(品)을 나누니 '나눌 구'
　　　또 나누어 놓은 구역이니 '구역 구'

+匸(감출 혜, 덮을 혜, = ㄴ), 乂(벨 예, 다스릴 예, 어질 예)

음독 く

음독 区画 구획　区間 구간

N1 中学
14획 / 부수 馬

## 말(馬)을 어느 구역(区)으로 몰아 달리니 몰 구, 달릴 구

정자 驅

훈독 かける, かる　음독 く

훈독 駆ける (전속력으로) 달리다, 뛰다　駆け落ち 사랑의 도피
駆け比べ 경주　駆け込む 뛰어들다　駆けずり回る 여기저기 뛰어다니다
駆け出し ① 날리기 시작함 ② 신출내기　駆る 몰다, 쫓다
음독 駆使 구사　駆除 구제　駆逐 구축　駆動 구동　駆虫 구충

N1 中学
8획 / 부수 木

## 나무(木) 문의 일정한 구역(区)에 다는 지도리니 지도리 추
## 또 지도리처럼 중심을 잡아 주는 축이니 축 추

정자 樞

+ 지도리 - 돌쩌귀. 문짝을 문설주에 달아서 여닫게 하기 위한, 쇠붙이로 만
　　　　 든 암수 두 개로 된 한 벌의 물건. 암짝은 문설주에, 수짝은 문짝
　　　　 에 박아서 맞추지요.

음독 すう

음독 枢機 사물의 긴하고 중요한 곳　枢要 가장 요긴하고 중요함
枢軸 추축(① 사물의 가장 긴요한 부분 ② 정치나 권력의 중심)
枢密 중요한 기밀　中枢 중추(사물의 중심이 되는 중요한 부분)

**N2** 中学
8획 / 부수 欠

(옛날 중국에서) 세상의 **구역(区)** 중 **모자라게(欠)** 여겼던
구라파니 **구라파 구**

정자 歐
+ 구주(欧洲) – 유럽
+ 산업 혁명이 일어나기 전까지 자원이 빈약한 서구 유럽은 아주 못 살았으
  니, 자원이 풍부하고 문화가 발달했던 중국에서 무시했다는 데서 만들어진
  글자지요.
+ 欠(하품 흠, 모자랄 결), 洲(물가 주, 섬 주)

음독 **おう**

음독 欧州 유럽  欧米 유럽과 미국  欧風 유럽풍  渡欧 유럽에 감

---

**N1** 中学
8획 / 부수 殳

몸의 어떤 **부분(区)**을 **때리니(殳) 때릴 구**

정자 毆
+ 殳(칠 수, 창 수, 몽둥이 수)

훈독 **なぐる**    음독 **おう**

훈독 殴る 세게 때리다, 세게 치다  書き殴る 휘갈겨 쓰다
음독 殴殺 때려죽임  殴打 구타

224

**참고자**
13획 / 부수 口

새들의 **입들(品)**이 **나무(木)** 위에서 떼 지어 우니
# 울 소, 새 떼 지어 울 소
+ 새들은 무리지어 나무 위에 모여 살지요.
+ 品('물건 품, 등급 품, 품위 품'이지만 여기서는 많은 입들의 모양으로 봄)

N1 中学
19획 / 부수 糸

**실(糸)**이 **우는(喿)** 소리를 내며 나오도록 고치를 켜니
# 고치 켤 소, 고치 켤 조
+ 끓는 물에 누에고치를 넣어 실을 뽑는데, 이때 실이 소리를 내면서 나오지요.
+ '고치'는 누에의 집이고, '고추'는 채소로 먹는 것입니다.

훈독 **くる**

훈독 繰り上げる 앞당기다  繰り返す 반복하다, 되풀이하다
　　 繰言 푸념  繰り込む 몰려 들어가다  繰り延べる 미루다
　　 繰り寄せる 끌어당기다  繰越し 이월(옮기어 넘김)

**불(火)**이 **소리(喿)**내며 타거나 마르니 **탈 조, 마를 조**
+ 풀이나 나무가 마르거나 탈 때는 소리가 나지요.
+ 火(불 화)

N2 中学
17획 / 부수 火

음독 **そう**

음독 乾燥 건조  焦燥 초조  高燥 토지가 높아 공기가 건조함

N1 中学
19획 / 부수 草(艹)

**풀(艹)** 중 **물(氵)**에서 **새 떼 지어 울(喿)**듯 모여 사는 마름이니
# 마름 조
+ 마름 – 진흙 속에 뿌리를 박고, 줄기는 물속에서 가늘고 길게 자라 물 위로
　　나오며 깃털 모양의 물속뿌리가 있음

훈독 **も**　　음독 **そう**

훈독 藻 말, 수초나 해초의 총칭
음독 藻類 조류  海藻 해조(바다에서 나는 조류를 통틀어 이르는 말)

225

N1 小4
8획 / 부수 山

그물(罒)친 것처럼 이어진 **산(山)**등성이니 산등성이 강

+罒[그물 망(网)의 변형]

훈독 **おか**

훈독 岡<sup>おか</sup> 언덕, 구릉 岡持<sup>おかもち</sup> 요리 배달통

---

N1 中学
14획 / 부수 糸

실(糸) 중에 **산등성이(岡)**처럼 강한 벼리니 벼리 강
또 벼리처럼 큰 줄기가 대강이니 대강 강

+벼리 – 그물의 위쪽 코를 꿰어 오므렸다 폈다 하는 줄로, 그물에서 제일
중요한 줄이니 일이나 글의 뼈대가 되는 줄거리로 비유되기도 함
+대강(大綱) – (자세한 내용이 아닌) 큰 줄기

훈독 **つな**　　음독 **こう**

훈독 綱<sup>つな</sup> 밧줄 綱具<sup>つなぐ</sup> 밧줄을 이용한 기구 綱引<sup>つなひ</sup>き 줄다리기
綱渡<sup>つなわた</sup>り ① 줄타기 ② 모험을 함

음독 綱目<sup>こうもく</sup> 강목 綱領<sup>こうりょう</sup> ① 사물의 요점 ② (단체 등의) 기본 방침
要綱<sup>ようこう</sup> 요강 綱紀<sup>こうき</sup> 나라의 대법 手綱<sup>たづな</sup> 고삐

---

N1 中学
10획 / 부수 刀(刂)

**산등성이(岡)**도 자를 만큼 **칼(刂)**이 굳세고 단단하니
굳셀 강, 단단할 강

+刂(칼 도 방)

음독 **ごう**

음독 剛毅<sup>ごうき</sup> 의지가 굳세고 꺾이지 않음 剛球<sup>ごうきゅう</sup> 강속구
剛柔<sup>ごうじゅう</sup> 강유(성품의 굳셈과 부드러움) 剛直<sup>ごうちょく</sup> 강직 健剛<sup>けんごう</sup> 건강
金剛力<sup>こんごうりき</sup> 금강역사처럼 대단히 센 힘

**N4 小2**
5획 / 부수 毋

## 여자(ㄅ) 중 젖(ㅗ)을 드러낸 어머니 어미 모

+ 毋 毋 – 여자 녀(女)의 변형(ㄅ)에 금지와 부정을 나타내는 가위표(十)를
붙여 '말 무, 없을 무'
+ ㄅ[여자 녀(女)의 변형], ㅗ(젖의 모양)

훈독 **はは**　음독 **ぼ**

훈독 ははおや
母親 어머니

음독 ぼ にゅう　ぼ いん　ぼ こく ご　ぼ せい
母乳 모유　母音 모음　母国語 모국어　母性 모성

**N4 小2**
6획 / 부수 毋

## 사람(ㅗ)마다 하지 말아야(毋) 할 일이 항상 있으니 항상 매

정자 毎 – 사람(ㅗ)은 항상 어머니(母)를 생각하니 '항상 매'

+ 일본 한자는 'ㅗ' 아래에 말 무, 없을 무(毋)를 쓰고, 정자는 'ㅗ' 아래에 어미
모(母)를 씁니다.
+ ㅗ[사람 인(人)의 변형]

음독 **まい**

음독 まい かい　まい こ　まい しゅう　まい ばん
毎回 매번, 매회　毎戸 집집마다　毎週 매주　毎晩 매일 밤
まい びょう
毎秒 매초

**N1 中学**
8획 / 부수 人(亻)

## (인격 수양이 덜 된) 사람(亻)은 항상(毎) 남을 업신여기니
## 업신여길 모

정자 侮

+ 사람들은 자칫 자신을 망각하고 우쭐대며 남을 업신여기지요.

훈독 **あなどる**　음독 **ぶ**

훈독 あなど　　　あなど
侮る 깔보다, 얕보다　侮り 모멸, 모욕

음독 ぶ じょく　ぶ べつ　けい ぶ
侮辱 모욕　侮蔑 모멸　軽侮 경멸, 멸시

**N1** **中学**
9획 / 부수 心(忄)

지내 놓고 **마음(忄)**으로는 **항상(每)** 후회하니 후회할 **회**

[정자] 悔

+ 후회(後悔)하다 – 일이 지난 뒤에 잘못을 깨치고 뉘우치다.
+ 지내 놓고 보면 항상 후회뿐이지요.
+ 後(뒤 후, 늦을 후)

[훈독] **くいる, くやしい, くやむ**　[음독] **かい**

[훈독] 悔いる 후회하다, 뉘우치다　悔しい 분하다　悔しがる 분해하다

お悔やみ 뉘우침, 후회, 조문하다　悔やむ 후회하다, 애도하다

[음독] 悔悟 회개　悔恨 회한　後悔 후회

---

**N1** **中学**
10획 / 부수 攵

**항상(每)** 치며(攵) 지도하면 행동이 민첩하니 민첩할 **민**

[정자] 敏

+ 민첩하고 절도 있는 어린이로 기르기 위해서 사랑의 매로 때리지요.
+ 攵(칠 복, = 攴)

[음독] **びん**

[음독] 敏活 재빠르고 활발함　敏感 민감　敏速 민첩하고 빠름

敏捷 민첩함　敏腕 날랜 솜씨　過敏 과민

機敏 기민(눈치가 빠르고 동작이 날쌤)

---

(실 뽑는 집에서) **민첩하게(敏) 실(糸)**을 뽑아내면 번성하니
번성할 **번**

[정자] 繁

+ 번성(繁盛)하다 – 한창 성하게 일어나 퍼지다.
+ 糸(실 사, 실 사 변), 盛(성할 성)

[음독] **はん**

[음독] 繁栄 번영　繁華街 번화가　繁雑 번잡　繁盛 번성　繁殖 번식

繁多 일이 많음　繁茂 초목이 무성함　繁用 볼일이 바쁨(= 繁多)

**N1** **中学**
16획 / 부수 糸

228

**N2** **小6**
5획 / 부수 冂

글을 적은 대 조각을 한 줄로 엮어서 만들었던 책이니 책 **책**
또 책을 세우듯 세우니 세울 **책**

+ 동 册
+ 옛날에는 대 조각에 글자를 새기고 이것을 엮어 책을 만들었답니다.

음독 **さつ, さく**

음독 冊子 책자 冊数 권수 本冊 본책

---

中学
9획 / 부수 木

나무(木)를 세워(冊) 빙 둘러친 울타리니 울타리 **책**

+ 동 柵
+ 木(나무 목)

음독 **さく**

음독 鉄柵 철책 木柵 목책

---

참고자
8획 / 부수 人

사람(人)이 한(一) 권씩 책(冊)을 들고 둥글게 모이니
둥글 **륜**, 모일 **륜**

+ 侖에서 冊의 필순은 정자의 冊과 다릅니다.
+ 冊[책 책(冊)의 변형]

---

**N1** 中学
10획 / 부수 人(亻)

사람(亻)이 모이면(侖) 지켜야 할 윤리니 윤리 **륜**

+ 윤리(倫理) – 사람으로서 마땅히 행하거나 지켜야 할 도리
+ 理(이치 리, 다스릴 리)

음독 **りん**

음독 倫理 윤리 人倫 인륜 不倫 불륜 絶倫 매우 두드러지게 뛰어남

참고자
9획 / 부수 尸

문(尸)이 책(冊)처럼 작고 넓적하니 작을 편, 넓적할 편

＋冊[책 책(冊)의 변형]

음독 へん

---

N1 中学
11획 / 부수 人(亻)

사람(亻)은 작은(扁) 이익에도 잘 치우치니 치우칠 편

훈독 かたよる    음독 へん

훈독 偏る ① 기울다 ② 불공평하다  偏り 치우침

음독 偏屈 성질이 비뚤어짐  偏見 편견  偏向 편향  偏狭 편협
偏執狂 편집광(어떤 사물에 집착하여 몰상식한 행동을 예사로 하는
정신 장애인)  偏食 편식

---

N1 中学
12획 / 부수 辵(辶)

작은(扁) 곳까지 두루 가니(辶) 두루 편

＋辶(뛸 착, 갈 착)

음독 へん

음독 遍在 편재  遍歴 편력  一遍 한 번  普遍 보편
通り一遍 ① 지나는 길에 들름 ② 표면상

작은(小) 성(冂)은 조금(小)만 쳐도(攵) 해지고 깨지니
**해질 폐, 깨질 폐**

+ 해지다 – 닳아서 떨어지다.
+ 㡀[작을 소(小)의 변형], 冂(멀 경, 성 경), 攵(칠 복, = 攴)

참고자
12획 / 부수 攵

풀(艹)로 해진(敝) 곳을 덮으니 **덮을 폐**

+ 蔽는 일본 한자에서 정자로 쓰입니다.

음독 へい

음독 遮蔽 가림 隱蔽 은폐

中学
15획 / 부수 草(艹)

(너무 많이 써서) **해진(敝) 수건(巾)** 같은 돈이니 **돈 폐**
또 돈이나 선물을 넣어 보내는 폐백이니 **폐백 폐**

정자 幣

+ 폐백(幣帛) – 신부가 처음으로 시부모를 뵐 때 올리는 것
+ 巾(수건 건), 帛(비단 백, 폐백 백)

음독 へい

음독 幣物 예물, 폐백 貨幣 화폐 紙幣 지폐

N1 中学
15획 / 부수 巾

잘 깨져(敝) 받쳐 들어야(廾) 하는 폐단이니 **폐단 폐**

정자 弊

+ 폐단(弊端) – 괴롭고 번거로운 일
+ 廾(받쳐 들 공), 端(끝 단, 단정할 단, 실마리 단)

음독 へい

음독 弊社 폐사 弊習 폐습 悪弊 폐단 旧弊 구폐(고루함)
語弊 어폐 宿弊 오래된 폐단 疲弊 피폐 弊履 헌신짝

**참고자**
10획 / 제부수

잘 다듬어진 가죽을 본떠서 **가죽 위**
또 서로 반대 방향으로 어기는 모습이니 **어길 위**

+ '가죽 피(皮)'는 벗긴 채의 털이 있는 가죽, '가죽 위, 어길 위(韋)'는 잘 다듬은 가죽, '가죽 혁(革)'은 무두질한 가죽을 말함
+ 무두질 – 짐승의 가죽에서 털과 기름을 뽑고 부드럽게 다루는 일

음독 い

---

N2 中学
12획 / 부수 人(亻)

보통 **사람(亻)**과 **달리(韋)** 크고 훌륭하니 **클 위, 훌륭할 위**

훈독 えらい    음독 い

훈독 偉い 훌륭하다, 대단하다  偉ぶる 잘난 체하다
음독 偉観 위관, 장관  偉業 위업  偉才 뛰어난 재능을 가진 사람
　　 偉人 위인  偉大 위대  偉容 위용(위엄찬 모양이나 모습)

---

N1 中学
16획 / 부수 糸

**실(糸)** 중 날실과 **어긋나게(韋)** 짜는 씨실이니 **씨실 위**

+ 반 経(날실 경, 지날 경, 경서 경) – 1권 제목번호 183 참고
+ 베를 짤 때는 날실의 엇갈린 사이에 씨실을 담은 북이 왔다 갔다 하지요. 길게 늘어뜨린 쪽의 실을 날실 경(経), 좁은 쪽의 실을 씨실 위(緯)라 합니다.

음독 い

음독 緯線 위도선  緯度 위도  経緯 경도와 위도
예외 経緯 경위, 일의 경과, 복잡한 사정

---

N2 中学
13획 / 부수 辵(辶)

**어긋나게(韋) 가며(辶)** 어기고 잘못하니 **어길 위, 잘못 위**

훈독 ちがう, ちがえる    음독 い

훈독 違う 다르다, 틀리다  入れ違い 엇갈림  間違う 잘못되다, 틀리다
　　 違える 다르게 하다, 위반하다  見違える 잘못 보다, 몰라보다
음독 違憲 위헌  違背 위배  違反 위반  違法 위법
　　 違約 위약(약속이나 계약을 어김)  相違 상위, 다름, 틀림

N2 中学
11획 / 부수 乙

해 돋을(卓) 때 사람(亻)이 새(乙)처럼 고개 들고 바라보는 하늘이니 하늘 건

또 해 돋은 하늘 아래에서 물건은 마르니 마를 건

+ 卓 – 나무 사이에 해(日) 돋는 모양에서 '해 돋을 간'(실제 쓰이는 한자는 아님)
+ 亻[사람 인(人)의 변형], 乙(새 을, 둘째 천간 을, 굽을 을)

훈독 かわく, かわかす    음독 かん

훈독 乾く 마르다 乾かす 말리다
음독 乾湿 건습 乾燥 건조 乾杯 건배 乾物 마른 식품

N1 中学
18획 / 부수 韋

해 돋는(卓) 동쪽의 위대한(韋) 한국이니 한국 한

+ 韋['가죽 위, 어길 위'이지만 여기서는 '클 위, 위대할 위(偉)'의 획 줄임]

음독 かん

음독 韓国 한국 韓国語 한국어 日韓 일한

N3 小2
12획 / 부수 月

해는 돋는데(卓) 아직 달(月)도 있는 아침이니 아침 조

또 (신하는) 아침마다 조정에 나가 임금을 뵈었으니
조정 조, 뵐 조

훈독 あさ    음독 ちょう

훈독 朝餉 조찬(아침 식사) 朝寝坊 늦잠꾸러기
음독 朝貢 조공 朝暮 ① 아침저녁 ② 늘, 항상 朝礼 조례, 조회
예외 今朝 오늘 아침

中学
15획 / 부수 口

입(口)으로 아침(朝)부터 말하며 조롱하니 조롱할 조

+ 조롱(嘲弄) – 비웃거나 깔보고 놀림
+ 아침에는 삼가야 할 말도 있는데 아침부터 말함은 조롱함이지요.
+ 弄(희롱할 롱, 가지고 놀 롱)

훈독 あざける    음독 ちょう

훈독 嘲る 비웃다 嘲り 비웃음
음독 嘲笑 조소(비웃음) 嘲罵 비웃고 욕함 嘲弄 조롱 自嘲 자조

참고자
6획 / 제부수

**저녁(夕)**에는 어두워 **하나(一)**씩 **덮어(ㄴ)** **꿰어도(丨)**
어긋나니 어긋날 **천**

+ 夕(저녁 석), ㄴ[감출 혜, 덮을 혜(ㄴ, = 匸)의 변형], 丨(뚫을 곤)

참고자
10획 / 부수 木

**어긋난(舛)** 사람을 **나무(木)** 위에 매달아 벌줌이 사나우니
사나울 **걸**
또 사납기로 대표적인 걸 임금이니 걸 임금 **걸**

+ 걸주(桀紂) - (폭군의 대표적인) 하(夏)나라의 걸왕(桀王)과 은(殷)나라의
　주왕(紂王)을 일컬음
+ 紂(주 임금 주), 殷(성할 은, 은나라 은)

음독 **けつ**
음독 桀紂<sup>けっちゅう</sup> 걸주

**사람(亻)**이 **사납게(桀)** 일하면 뛰어나니 뛰어날 **걸**

+ 마음이 약하면 뛰어나지 못하지요. 한번 결심하면 어떤 어려움도 극복하는
　사나움이 있어야 뛰어나게 된다는 어원은 우리에게 큰 교훈을 주네요.

N1 中学
12획 / 부수 人(亻)

음독 **けつ**
음독 傑作<sup>けっさく</sup> 걸작　傑士<sup>けっし</sup> 뛰어난 인사　傑人<sup>けつじん</sup> 걸인, 뛰어난 인물
　　傑出<sup>けっしゅつ</sup> 걸출　傑物<sup>けつぶつ</sup> 걸물(뛰어난 사람이나 물건)　女傑<sup>じょけつ</sup> 여걸, 여장부

참고자

13획 / 부수 舛

손톱(爫) 같은 꽃잎에 **덮여(冖) 어긋나게(舛)** 여기저기 꽃피는 무궁화니 무궁화 순

또 중국에서 성군(聖君)으로 꼽히는 순임금도 나타내어

## 순임금 순

+ 堯舜(요순) – 중국 고대의 성군(聖君)인 요임금과 순임금
+ 爫(손톱 조), 冖(덮을 멱), 堯(堯: 높을 요, 요임금 요), 聖(聖: 성스러울 성, 성인 성), 君(임금 군)

음독 **しゅん**

음독 堯舜 요순 〔ぎょうしゅん〕

---

N1 中学

18획 / 부수 目

눈(目) 깜짝할 사이에 **무궁화(舜)**는 피고 지니

## 눈 깜짝할 순

훈독 **またたく, まばたく**　　음독 **しゅん**

훈독 瞬く ① 눈을 깜박이다 ② 반짝이다 〔またた〕 瞬く間 순식간 〔またた ま〕

음독 瞬間 순간(= 瞬時) 瞬息 순식간 瞬発力 순발력 〔しゅんかん〕 〔しゅんじ〕 〔しゅんそく〕 〔しゅんぱつりょく〕
　　一瞬 그 순간, 일순간 〔いっしゅん〕

참고자

13획 / 부수 米

쌀(米)처럼 작은 불이 서로 **어긋나게(舛)** 다니며 반짝이는 반딧불이니 반딧불 린

+ 米(쌀 미)

**N1** 中学

16획 / 부수 阜(阝)

언덕(阝)에 **반딧불(粦)**이 어우러져 반짝이듯 어우러져 사는 이웃이니 이웃 린

+ 阝(언덕 부 변)

훈독 **となる**  음독 **りん**

훈독 隣 となり 이웃, 옆  隣合わせ となりあ 서로 이웃 관계에 있음  隣近所 となりきんじょ 이웃, 근처
両隣 りょうどなり 자기 집의 좌우 양쪽 이웃집

음독 隣家 りんか 이웃집  隣国 りんごく 이웃 나라  隣室 りんしつ 옆방  隣接 りんせつ 인접
近隣 きんりん 근린(가까운 이웃)

참고자

16획 / 부수 心(忄)

마음(忄)에 **반딧불(粦)** 깜빡이듯 불쌍히 여기는 마음이 드니 불쌍히 여길 련

훈독 **あわれむ**  음독 **れん**

훈독 憐れむ あわ 불쌍히 여기다
음독 憐察 れんさつ 동정하고 살핌  憐憫 れんびん 연민

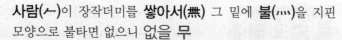

**N2** **小4**
12획 / 부수 火(灬)

사람(亠)이 장작더미를 **쌓아서**(無) 그 밑에 **불**(灬)을 지핀
모양으로 불타면 없으니 **없을 무**

+ 일본 한자에서는 '無'로 쓰지만, 한국 한자(정자)나 중국 한자(간체자)에서
  는 無의 약자인 '无, 旡'로 쓰기도 합니다.

훈독 **ない**　음독 **む, ぶ**

훈독 無い 없다, 존재하지 않다

음독 無益 무익　無我夢中 어떤 일에 열중하여 자신을 잊음
　　 無妻 독신 남자　無地 무늬가 없음　無神経 무신경
　　 無銭 무전　無邪気 천진함, 순진함　無職 무직　無駄足 헛걸음
　　 無頓着 무관심, 무심함　無茶苦茶 몹시, 마구　無闇 터무니없음
　　 無類 비길 데 없음　無愛想 무뚝뚝함　無作法 버릇없음
　　 無骨 울툭불툭한 모양　無難 무난함　無礼 무례
　　 無粋 멋없음　無精 귀찮아함

---

**N2** **中学**
15획 / 부수 舛

정신**없이**(無) 발을 **어긋나게**(舛) 디디며 춤추니 **춤출 무**

+ 無 [없을 무(無)의 획 줄임]

훈독 **まう**　음독 **ぶ**

훈독 舞う 춤추다　舞い狂う 격렬하게 춤추다
　　 舞い上がる 날아올라가다, 공중 높이 떠오르다

음독 舞台 무대　舞踏会 무도회　舞踊 무용　歌舞 가무　群舞 군무

---

**참고자**
4획 / 제부수

(태초에는) **하늘**과 **땅**(二) 사이에 **사람**(儿)도 없었으니
**없을 무**

+ 图 旡 – 하나(一)도 숨은(乚) 사람(儿)이 없으니 '없을 무'
+ 无, 旡는 없을 무(無)의 약자로 쓰입니다.
+ 二('둘 이'지만 여기서는 하늘과 땅으로 봄), 儿[어진사람 인, 사람 인 발
  (儿)의 변형]

하던 행동을 **그치고(皀)** 곧바로 **무릎 꿇으니(卩)** 곧 즉

정자 卽 – 날이 하얀(白) 비수(匕) 앞에 곧바로 무릎 꿇으니(卩) '곧 즉'
+皀[멈출 간, 어긋날 간(艮)의 변형], 白(흰 백, 밝을 백, 깨끗할 백, 아뢸 백), 匕(비수 비, 숟가락 비)

훈독 **すなわち** 음독 **そく**

훈독 即ち 즉, 곧, 단적으로
음독 即刻 즉각 即死 즉사 即席 즉석, 인스턴트 即興 즉흥

N1 中学
7획 / 부수 卩(卩)

**그쳐(皀)** 이미 **없애니(旡)** 이미 기

정자 旣 – 날이 하얀(白) 비수(匕)로 이미 없애니(旡) '이미 기'

훈독 **すでに** 음독 **き**

훈독 既に 이미, 벌써
음독 既往 지나간 일, 과거 既決 기결 既婚 기혼(↔ 未婚 미혼)
既定 기정 既製 기성 既存 기존

N1 中学
10획 / 부수 旡

**마음(忄)** 속으로 **이미(既)** 때가 늦었음을 슬퍼하니 슬퍼할 개

정자 慨

음독 **がい**

음독 慨嘆 개탄 慨然 ① 분개하는 모양 ② 분발하는 모양 感慨 감개

N1 中学
13획 / 부수 心(忄)

**나무(木)**가 **이미(既)** 다 자라면 대개 대강 살피니
대개 개, 대강 개

정자 槪
+ 대개(大概) – 일반적인 경우에, 대부분
+ 대강(大綱) – (자세한 내용이 아닌) 큰 줄기
+ 木(나무 목), 大(큰 대), 綱(벼리 강, 대강 강)

음독 **がい**

음독 概括 개괄 概観 개관 概計 어림잡아 계산함 概略 개략 概論 개론
概況 개황(대강의 형편과 모양) 概説 개설 概念 개념 概要 개요

N1 中学
14획 / 부수 木

238

두 발이 그쳐 있는 모습에서 **그칠 지**

+ 윤 上(위 상, 오를 상) – 1권 제목번호 112 참고

훈독 **とまる, とめる**　음독 **し**

훈독 行き止まり 막다른 곳
歯止め 언덕에 세워 둔 자동차 등의 바퀴 밑에 괴는 것

음독 止住 거주　休止 휴지, 중지　静止 정지　止宿 숙박함

N3 小2
4획 / 제부수

신(衤)이 머물러(止) 위해 준다는 복이니 **복 지**

정자 祉

+ 衤[보일 시, 신 시(示)가 부수로 쓰일 때의 모양으로 '보일 시, 신 시 변']

음독 **し**

음독 福祉 복지

N1 中学
8획 / 부수 示(衤)

사람(人)이 멈추어(止) 서서 무엇을 바라고 꾀하니
**바랄 기, 꾀할 기**

+ 꾀하다 – 어떤 일을 이루려고 뜻을 두거나 힘을 쓰다.

훈독 **くわだてる**　음독 **き**

훈독 企てる 계획하다

음독 企画 기획　企業 기업　企図 기도, 일을 꾀함(= 企て)

예외 企み 음모

中学
6획 / 부수 人

일을 **그치고(止) 몸(月)**을 쉬며 즐기니 **즐길 긍**
또 즐기며 그러하다고 긍정하니 **긍정할 긍**

+ 윤 背(등 배, 등질 배, 신장 배) – 1권 제목번호 323 참고
+ 긍정(肯定) – (어떤 사실, 현상, 사태 등을) 그러하다고 인정함
+ 月(달 월, 육 달 월), 定(정할 정)

음독 **こう**

음독 肯定 긍정　肯綮 사물의 급소, 중요한 곳　首肯 수긍

N2 中学
8획 / 부수 肉(月)

물(氵)처럼 마셔도 **그쳐(止) 이리저리(乂)** 살펴야 할 정도로
맛이 떫고 껄끄러우니 **떫을 삽, 껄끄러울 삽**

정자 澁 – 물(氵)처럼 마셔도 그치고(止) 그치고(止) 그쳐야(止) 할 듯 맛이
떫고 껄끄러우니 '떫을 삽, 껄끄러울 삽'

훈독 **しぶい, しぶる**  　음독 **じゅう**

훈독 渋い 떫다　渋る 원활하지 않다　渋柿 떫은 감

음독 渋滞 정체, 밀림　渋面 찡그린 얼굴
苦渋 ① 쓰고 떫음 ② 일이 잘 안 되어 고민함
難渋 일이 진척되지 않아 어려움을 겪음

N1　中学
11획 / 부수 水(氵)

---

227 ▸ 此 차 ▸ 雌 자 ▸ 紫 자

**그쳐(止) 비수(匕)**로도 찌를 만한 가까운 이것이니 **이 차**

+ 匕(비수 비, 숟가락 비)

참고자
6획 / 부수 止

---

수컷 옆에 **그쳐(止) 비수(匕)** 같은 부리로 먹이를 먹는
**새(隹)**는 암컷이니 **암컷 자**

훈독 **めす, め**　음독 **し**

훈독 雌 암컷　雌牛 암소

음독 雌伏 자복(남에게 스스로 복종함)　雌雄 자웅

N1　中学
14획 / 부수 隹

---

**이(此)** 세상에서 가장 아름다운 **실(糸)**의 색은 자줏빛이니
**자줏빛 자**

훈독 **むらさき**　음독 **し**

훈독 紫 보랏빛　深紫 짙은 보라색　若紫 연보랏빛

음독 紫煙 ① 담배 연기 ② 보랏빛 연기　紫色 보라색　紫外線 자외선

N1　中学
12획 / 부수 糸

**N3** **小2**
8획 / 부수 止

## 그쳤다가(止) 조금씩(少) 걷는 걸음이니 걸음 보

정자 步

+ 少(적을 소, 젊을 소), 少[적을 소, 젊을 소(少)의 획 줄임]

훈독 **あゆむ, あるく**　　음독 **ほ, ぶ, ふ**

훈독 歩む ① 걷다 ② 전진하다

음독 歩道橋 육교　歩哨 보초　歩兵 보병　歩道 보도, 인도　徒歩 도보

中学
10획 / 부수 手(扌)

## 손(扌)으로 걸으면서도(步) 열중하면 진척되니 진척될 척

+ 捗은 일본 한자에서 정자로 쓰입니다.
+ 진척(進陟)되다 – 일이 목적한 방향대로 진행되어 가다.
　　　　　　(일본어에서는 進捗으로도 사용합니다.)
+ 進(나아갈 진), 陟(오를 척)

훈독 **はかどる**　　음독 **ちょく**

훈독 捗る 일이 순조롭게 되어 가다

음독 進捗 진척

**N1** 中学
11획 / 부수 水(氵)

## 물(氵)길을 걸어(步) 건너니 건널 섭

정자 涉

음독 **しょう**

음독 涉猟 섭렵　涉外 섭외　交涉 교섭

**N1** 中学
17획 / 부수 頁

## 걸을(步) 때도 머리(頁)에 자주 생각나니 자주 빈

정자 頻

음독 **ひん**

음독 頻出 빈출　頻度 빈도　頻発 빈발　頻繁 빈번함　頻々 아주 잦음

**N3** **小1**
5획 / 부수 止

**N1** **中学**
8획 / 부수 彳

**N1** **中学**
10획 / 부수 疒

## 하나(一)에 그쳐(止) 열중해야 바르니 바를 정

+ 무슨 일이나 하나에 그쳐 열중해야 바르지요.
+ 止(그칠 지)

**훈독** ただしい, ただす, まさ　　**음독** せい, しょう

**훈독** 正しさ 옳다, 바르다, 맞다

**음독** 正義 정의　矯正 교정, (결점을) 고침, 바로잡음　訂正 정정
正誤 ① 올바름과 그릇됨 ② 잘못을 고쳐 바르게 함　端正 단정

## 가서(彳) 불의를 바로(正) 잡으려고 치니 칠 정

+ 彳(조금 걸을 척)

**음독** せい

**음독** 征衣 ① 군복 ② 여행복　征戦 출정하여 싸움　遠征 원정
征伐 정벌(= 征討)

## 병(疒)을 바르게(正) 진단하여 아는 병세니 병세 증

+ 병세(病勢) – 병의 상태나 기세
+ 疒(병들 녁), 病(병들 병, 근심할 병), 勢(기세 세)

**음독** しょう

**음독** 症候群 증후군　症状 증상　既往症 전에 앓았던 병　不眠症 불면증
症例 질병이나 상처가 나타내는 증상의 보기

N2 小3
8획 / 부수 宀

집(宀)안의 물건도 **바르게(疋)** 자리를 정하니 **정할 정**

+ '집(宀) 아래(下) 사람(人)이 잘 곳을 정하니 정할 정'으로 풀 수도 있네요.
+ 宀(집 면), 疋[바를 정(正)의 변형], 下(아래 하, 내릴 하)

훈독 **さだめる, さだまる**　음독 **てい, じょう**

훈독 定め 정함, 결정　定かだ 확실함, 분명함

음독 定価 정가　定期券 정기권　定義 정의　定石 정석
定休日 정기 휴일　定年 정년　定律 정해진 법칙이나 규칙
案の定 생각한 대로, 예측대로

N1 中学
16획 / 부수 金

쇠(金)로 규칙을 **정하여(定)** 자른 덩어리니 **덩어리 정**
또 쇠(金)로 만들어 **정해진(定)** 곳에 채우는 자물쇠니
**자물쇠 정**

+ 金(쇠 금, 금 금, 돈 금)

음독 **じょう**

음독 錠剤 정제, 알약　錠前 자물쇠　手錠 수갑, 쇠고랑

中学
14획 / 부수 糸

실(糸)로 **정하여(定)** 꿰매야 할 정도로 옷이 터지니 **옷 터질 탄**
또 옷이 터지면 속살이 드러나니 **드러날 탄**

+ 糸(실 사, 실 사 변)

훈독 **ほころびる**　음독 **たん**

훈독 綻びる ① (실밥이) 풀리다 ② (꿰맨 자리가) 터지다
음독 破綻 파탄

**N1** **中学**
9획 / 부수 日

**N1** **中学**
12획 / 부수 土

해(日)처럼 밝고 **바르면**(疋) 옳으니 옳을 시
또 해(日)처럼 밝게 **바로**(疋) 이것을 가리키니
**이 시, be 동사 시**

+ 是에는 영어의 be 동사처럼 '~이다'라는 뜻도 있습니다.
+ 疋[바를 정(正)의 변형]

음독 **ぜ**
음독 国是 국시 是認 시인

---

흙(土)으로 물이 **옳게**(是) 흐르도록 쌓은 제방이니 **제방 제**

+ 제방(堤防) – 둑, 방죽
+ 土(흙 토), 防(둑 방, 막을 방)

훈독 **つつみ**   음독 **てい**
훈독 堤 제방, 둑
음독 堤防 제방 防波堤 방파제

**N4** **小1**
7획 / 제부수

## 무릎(口)부터 **발(止)**까지를 본떠서 발 족
## 또 발까지 편해야 마음이 넉넉하니 넉넉할 족

+ 발이 건강해야 신체 모두가 건강하다지요. 그래서 발 마사지, 족욕(足浴) 등 발 관련 프로그램이 많답니다.
+ 口('입 구, 말할 구, 구멍 구'이지만 여기서는 무릎으로 봄), 浴(목욕할 욕)

| 훈독 | **あし, たす, たりる, たる** | 음독 | **そく** |

훈독 　足跡 발자국 　足裏 발바닥 　足掛かり ① 거점 ② 실마리
　　　足癖 걸음걸이 　足並み 보조 　足止め 붙잡음 　足の甲 발등

음독 　足下 발 밑 　足跡 발자취 　遠足 소풍 　快足 빠른 걸음
　　　一挙手一投足 일거수일투족('손 한 번 들고 발 한 번 옮긴다'로, 크고 작은 동작 하나하나를 이르는 말)

---

**N2** **中学**
9획 / 부수 人(亻)

## 사람(亻)이 **발(足)** 구르며 재촉하니 재촉할 촉

+ 재촉(再促) – 어떤 일을 빨리 하도록 조름
+ 再(다시 재, 두 번 재)

| 훈독 | **うながす** | 음독 | **そく** |

훈독 　促す 재촉하다, 촉구하다, 독촉하다

음독 　促音 촉음(っ) 　促進 촉진 　促成 촉성 　催促 재촉

---

**中学**
10획 / 부수 手(扌)

## 손(扌)으로 **발(足)**목을 잡으니 잡을 착

| 훈독 | **とらえる** | 음독 | **そく** |

훈독 　捉える ① 잡다, 붙잡다 ② 받아들이다

음독 　把捉 파악, 포착 　捕捉 포착, 붙잡음

참고자

5획 / 제부수

하나(一)씩 점(卜)치듯 가려 **사람(人)**이 일정하게 묶어
베를 세는 단위인 필이니 **필 필**
또 무릎부터 발까지를 본떠서 **발 소**

+ 필(疋) – 일정한 길이로 말아 놓은 피륙을 세는 단위로 '짝 필, 하나 필, 단위
　　　필(匹)'과 같이 쓰입니다.
+ 一[한 일(一)의 변형], 卜(점 복)

N1 中学

11획 / 부수 方

**사방(方)**으로 **사람(亻)**들이 **발(疋)**을 움직여 도니 **돌 선**

+ 方(모 방, 방향 방, 방법 방), 亻[사람 인(人)의 변형]

음독 せん

음독 旋回 선회　旋盤 선반　旋風 선풍　旋律 선율　斡旋 알선
　　 せんかい　　せんばん　　せんぷう　　せんりつ　　あっせん
　　 周旋 주선　螺旋 나선(물체의 겉모양이 소라 껍데기처럼 빙빙 비틀린 것)
　　 しゅうせん　らせん

참고자

9획 / 부수 肉(月)

**발(疋)**이 **몸(月)**에서 짝을 이루듯 짝을 이루는 서로니 **서로 서**
또 **발(疋)**이 **몸(月)**에서 낮은 곳에 있는 것처럼 낮은 벼슬아치니
**낮은 벼슬아치 서**

N1 中学

12획 / 부수 女

**딸(女)**이 **서로(胥)** 상대하며 사는 사위니 **사위 서**

+ 壻 – 선비(士)처럼 서로(胥) 예를 갖춰 대해야 하는 사위니 '사위 서'

훈독 むこ　　음독 せい

훈독 婿 ① 사위 ② 신랑　婿がね 사윗감으로 정해 둔 사람
　　 むこ　　　　　　　　むこ
　　 婿養子 데릴사위　入り婿 데릴사위가 됨　花婿 신랑
　　 むこようし　　　　　いむこ　　　　　　はなむこ
음독 女婿 사위　令婿 '남의 사위'의 높임말
　　 じょせい　れいせい

**N2** **小6**
14획 / 부수 疋

비수(匕)와 **화살(矢)**과 **창(㕟)**으로 무장하고 **점(卜)**치며
**사람(人)**이 의심하니 의심할 의

+ 匕(비수 비, 숟가락 비), 矢(화살 시), 㕟[창 모(矛)의 변형], 卜(점 복)

훈독 **うたがう** 음독 **ぎ**

훈독 疑わしい 의심스럽다, 믿어지지 않는다 疑い 의심, 혐의
疑うらくは 아마도, 주측건대

음독 疑義 의의(글 뜻 가운데 의심스러운 부분) 疑念 의심스러운 생각
疑惑 의혹 容疑 용의, 혐의

**N1** **中学**
17획 / 부수 手(扌)

**손(扌)**으로 진짜인가 **의심할(疑)** 정도로 헤아려 흉내 내니
헤아릴 의, 흉내 낼 의

음독 **ぎ**

음독 擬革 인조 가죽 擬人法 의인법 擬声語 의성어
擬装 비슷한 차림새 擬態語 의태어 模擬 모의

**N1** **中学**
16획 / 부수 氷(冫)

**얼음(冫)**인가 **의심할(疑)** 정도로 엉기니 엉길 응

+ 冫(이 수 변)

훈독 **こる, こらす** 음독 **ぎょう**

훈독 凝る ① 엉기다, 응고하다 ② 열중하다
凝らす ① 엉기게 하다 ② 한곳에 집중시키다
凝り性 ① 지나치게 열중(몰두)하는 성질 ② (일을) 철저하게 하지 않
고서는 직성이 안 풀리는 성질

음독 凝滞 응체(내려가지 아니하고 걸리거나 막힘), 정체 凝結 응결
凝固 응고 凝視 응시 凝縮 응축 凝血 응혈 凝集 응집

참고자

13획 / 부수 木

**수풀(林)**의 **발(疋)**, 즉 밑부분에서 자란 나무는 고우니
## 고울 초, 초나라 초
또 곱게 자란 가지로 회초리를 만들어 쳐도 아프니
## 회초리 초, 아플 초

+ 초(楚)나라 – 중국 춘추 전국 시대에 양자강 중류 지역에 있었던 나라
+ 林(수풀 림), 疋(발 소, 필 필)

음독 **そ**

음독 苦楚 <sup>く そ</sup> 고초, 고생  清楚 <sup>せい そ</sup> 청초

N1 中学

18획 / 부수 石

**돌(石)**로 **곱게(楚)** 받친 주춧돌이나 기초니
## 주춧돌 초, 기초 초

+ 주춧돌도 곱고 아름답게 깎아서 받치지요.
+ 石(돌 석)

훈독 **いしずえ**  음독 **そ**

훈독 礎 <sup>いしずえ</sup> 주춧돌, 초석

음독 礎材 <sup>そ ざい</sup> 기초 재료  礎石 <sup>そ せき</sup> 초석  基礎 <sup>き そ</sup> 기초  定礎 <sup>てい そ</sup> 주춧돌을 놓음

N1 中学
5획 / 부수 人(亻)

**사람(亻)이 산(山)처럼 높은 것에만 신경 쓰고 살면 신선이니
신선 선**

+ 신선(神仙) – 도(道)를 닦아서 현실의 인간 세계를 떠나 자연과 벗하며 산
  다는 상상의 사람. 세속적인 상식에 구애되지 않고, 고통이
  나 질병도 없으며 죽지 않는다고 함
+ 神(神: 귀신 신), 道(길 도, 도리 도, 말할 도)

음독 **せん**

음독 仙人 <sup>せんにん</sup> 선인　仙女 <sup>せんにょ</sup> 선녀　神仙 <sup>しんせん</sup> 신선　仙骨 <sup>せんこつ</sup> 비범한 풍채

N1 中学
9획 / 부수 山

**산(山)에서 오르(上)내리는(下) 고개니 고개 상**

또 고개 같은 일의 중요한 고비니 **고비 상**

+ 고비 – 가장 중요한 단계나 대목. 또는 막다른 절정
+ 上(위 상, 오를 상), 下(아래 하, 내릴 하)

훈독 **とうげ**

훈독 峠 <sup>とうげ</sup> 산마루, 고개　峠道 <sup>とうげみち</sup> 고갯길

N4 小1
5획 / 부수 山

(높은 데서 보면) **산(山)** 아래로 또 **산(山)**이 솟아 나오고 나가니
# 나올 출, 나갈 출

**훈독** でる, だす    **음독** しゅつ, すい

**훈독** 出窓 바람벽 밖으로 내민 창   遠出 멀리 나감
醸し出す (어떤 기분 등을) 빚어내다, 자아내다

**음독** 出火 불이 남   出願 출원   出勤 출근   出家 출가   出途 출발
出航 출항   出産 출산   出征 출정   出版社 출판사   出師 출사, 출병

---

N1 中学
8획 / 부수 手(扌)

(정성 없이) **손(扌)**재주로만 만들어 **내면(出)** 못나니 못날 졸

+扌(손 수 변)

**훈독** つたない    **음독** せつ

**훈독** 拙い ① 서투르다 ② 변변찮다, 무능하다

**음독** 拙作 졸작   拙技 서투른 기예   拙訳 엉터리 번역   拙劣 졸렬
稚拙 치졸(유치하고 졸렬함)   巧拙 잘하고 못함

**N1** **中学**
8획 / 부수 尸

몸(尸)이 **나가려고**(出) 굽은 곳에서는 굽히니
## 굽을 굴, 굽힐 굴

+ 尸(주검 시, 몸 시)

음독 **くつ**

음독 屈強 억셈 屈曲 굴곡 屈指 굴지(① 무엇을 셀 때, 손가락을 꼽음
② 매우 뛰어나 수많은 가운데서 손꼽힘) 退屈 따분함, 지루함
屈折 굴절 屈從 굴종 屈辱 굴욕 屈伏 굴복

**N1** **中学**
11획 / 부수 土

흙(土)을 **굽게**(屈) 파서 만든 굴이니 굴 굴

훈독 **ほり**

훈독 堀 수로 堀江 인공 하천 釣堀 유료 낚시터

**N2** **中学**
11획 / 부수 手(扌)

손(扌)을 **굽혀**(屈) 파니 팔 굴

훈독 **ほる** 음독 **くつ**

훈독 掘る 파다, 캐다 掘割 수로

음독 掘削 굴착 採掘 채굴 試掘 시굴 盗掘 도굴 発掘 발굴

**中学**
13획 / 부수 穴

구멍(穴)이 **굽어서**(屈) 계속되는 굴이니 굴 굴

+ 穴(구멍 혈, 굴 혈)

음독 **くつ**

음독 巣窟 소굴 洞窟 동굴 理窟 구실, 이론

N2 小3
5획 / 부수 干

**방패(干)의 이쪽(丶)저쪽(丿)** 면은 평평하니 **평평할 평**
또 평평하여 아무 일 없는 평화니 **평화 평**

정자 平 - 방패(干)의 나누어진(八) 면은 평평하니 '평평할 평'
또 평평하여 아무 일 없는 평화니 '평화 평'

훈독 **たいら, ひら** 음독 **へい, びょう**

훈독 平べったい 납작하다　平社員 평사원

음독 平安 평안　平易 평이　平穏 평온　平和 평화　平癒 병이 나음
平原 평원　平行 평행　平静 평정　平然 태연　平野 평야
平坦 평탄　平淡 산뜻함　平地 평지　平定 평정　平服 평상복
平伏 엎드림　平凡 평범함　平明 ① 알기 쉽고 명료함 ② 새벽

N1 中学
8획 / 부수 土

**땅(土)을 평평하게(平)** 생각하여 면적을 재는 평이니 **평 평**

+ 면적을 재는 단위가 지금은 ㎡, ㎢이지만 옛날에는 평(坪)과 정보(町步)
였어요. 1평은 사방 여섯 자(1.818m × 1.818m = 3.305124㎡), 1정보는
3,000 평입니다.

훈독 **つぼ**

훈독 坪 토지 면적의 단위　坪数 평수　坪庭 안뜰
建坪 건물이 차지하는 밑바닥의 넓이

**N1** **中学**
10획 / 부수 糸

실(糸)을 **나누면(分)** 헝클어져 어지러우니 어지러울 분

훈독 **まぎれる, まぎらす, まぎらわしい**

음독 **ふん**

훈독 紛れる 헷갈리다　紛らす 얼버무리다　紛らわしい 혼동하기 쉽다

음독 紛糾 분규　紛失 분실　紛然 분연, 뒤섞여 어지러운 모양
紛争 분쟁　紛擾 분요, 분쟁　内紛 내분

**中学**
9획 / 부수 皿

위가 **나누어지게(分)** 벌어진 **그릇(皿)**이 동이니 동이 분

+ 동이 – ① 질그릇의 하나. 흔히 물 긷는 데 쓰는 것으로 보통 둥글고 배가
부르고 아가리가 넓으며 양 옆으로 손잡이가 달려 있음
② 물 등을 담아 그 분량을 세는 단위

음독 **ぼん**

음독 お盆 우란분제(음력 7월 15일에 조상의 영혼을 제사 지내는 불교 의식)
盆踊り 음력 7월 15일 밤에 남녀가 모여서 추는 춤
盆栽 분재　盆地 분지　角盆 네모난 쟁반

**N1** **中学**
12획 / 부수 雨

비(雨)가 작게 **나누어져(分)** 안개나 눈 오는 모양으로 날리니
안개 분, 눈 오는 모양 분

+ 雨(비 우)

음독 **ふん**

음독 雰囲気 분위기

**N2** **小2**
7획 / 제부수

양쪽으로 **벌어지고(丷) 벌어져(人) 구멍(口)**처럼 패인
골짜기니 **골짜기 곡**

+ 八(여덟 팔, 나눌 팔), 人[여덟 팔, 나눌 팔(八)의 변형], 口(입 구, 말할
  구, 구멍 구)

훈독 **たに** 음독 **こく**

훈독 谷底 골짜기 밑　谷川 골짜기를 흐르는 내
　　　たにぞこ　　　　　　たにがわ

음독 幽谷 깊은 골짜기　峡谷 협곡
　　　ゆうこく　　　　　きょうこく

---

**N1** **中学**
9획 / 부수 人(亻)

**사람(亻)**이 **골짜기(谷)**처럼 낮은 것에만 신경 쓰면 저속하니
**저속할 속**

또 저속한 사람들이 사는 속세니 **속세 속**

또 **사람(亻)**이 **골짜기(谷)**에 살면서 이룬 풍속이니 **풍속 속**

+ 저속(低俗) – 품위가 낮고 속됨
+ 속세(俗世) – 불가에서 일반 사회를 이르는 말
+ 低(낮을 저), 世(세대 세, 세상 세)

음독 **ぞく**

음독 俗界 속세　俗諺 속담　俗語 속어　俗説 속설　俗称 속칭
　　　ぞっかい　　ぞくげん　　ぞくご　　　ぞくせつ　　ぞくしょう
　　　俗念 속념　俗物 속물　俗謡 유행가　世俗 세속　低俗 저속
　　　ぞくねん　ぞくぶつ　ぞくよう　　　　せぞく　　ていぞく

---

**N1** **中学**
12획 / 부수 衣(衤)

**옷(衤)**자락이 **골짜기(谷)**처럼 늘어지도록 넉넉하니 **넉넉할 유**

+ 衤(옷 의 변)

음독 **ゆう**

음독 裕福 유복　富裕 부유　余裕 여유
　　　ゆうふく　ふゆう　　よゆう

집(宀)안일로 **골짜기(谷)**처럼 주름진 얼굴이니 얼굴 용
또 **집(宀)**에서처럼 마음 씀이 **골짜기(谷)**처럼 깊어 무엇이나
받아들이고 용서하니 받아들일 용, 용서할 용

+ 宀(집 면)

음독 よう

음독 容疑者 용의자  容認 용인  容貌 용모
容姿 얼굴 모양과 몸매  容積 용적  容量 용량

---

물(氵) 모양(容)으로 녹이니 녹일 용

훈독 とける, とかす, とく     음독 よう

훈독 溶ける 녹다  溶かす 녹이다  溶く 개다, 풀다
음독 溶岩 용암  溶接 용접  溶解 용해  溶鉱炉 용광로

N4 小2
5획 / 부수 十

이쪽저쪽(丷)으로 둘(二)로 가른(丨) 반이니 반 반

정자 半 – 나누어(八) 둘(二)로 가른(丨) 반이니 '반 반'
+ 丨 ('뚫을 곤'이지만 여기서는 가르는 모양으로 봄)

훈독 なかば  음독 はん

훈독 半ば 절반

음독 半可通 잘 알지도 못하면서 아는 체함  半額 반액
半殺し 반죽음  半信半疑 반신반의  半途 중도
半端 어중간한 것  過半数 과반수

N1 中学
7획 / 부수 人(亻)

사람(亻)의 반(半)쪽을 채워 주는 짝이니 짝 반
또 짝을 따르니 따를 반

정자 伴
+ 사람은 등에서 나뉘어 반쪽으로 되었으니 둘이 합쳐야 온전한 사람이 된다
고 하지요. 그래서 둘이 합쳐 온전한 원을 이루자고 결혼식에서 둥근 모양
의 반지를 주고받는답니다.

훈독 ともなう  음독 はん, ばん

훈독 伴う 데리고 가다. 동반하다

음독 伴侶 반려, 배우자  同伴 동반  伴奏 반주
伴食 ① 지위가 높은 사람을 모시고 한자리에서 같이 식사하다
       ② 어떤 직에 있을 뿐 실권이 없음

N1 中学
10획 / 부수 田

밭(田)을 반(半)으로 나누는 두둑이니 두둑 반

정자 畔
+ 두둑 – 밭이나 논의 경계를 표시하기 위하여 약간 높게 쌓은 부분
+ 田(밭 전, 논 전)

음독 はん

음독 湖畔 호반, 호숫가

**N4** **小1**
3획 / 제부수

하나(丿)를 나누어(八) 작으니 작을 소

훈독 **ちいさい, こ, お** 음독 **しょう**

훈독 小豆 팥 小暗い 어스름하다, 어둑하다 小鼻 콧방울
小麦粉 밀기루 小包 소포

음독 小康 소강 小銃 소총 縮小 축소 小心 소심

**N4** **小2**
4획 / 부수 小

작은(小) 것이 또 떨어져 나가(丿) 적으니 적을 소
또 나이가 적어 젊으니 젊을 소

+ 小와 少 구별 – 작을 소(小)는 주로 크기가 작다는 뜻이고, 적을 소, 젊을
소(少)는 주로 양이 적다, 젊다는 뜻입니다. 그래서 작을 소(小)의 반대는
큰 대(大), 적을 소, 젊을 소(少)의 반대는 많을 다(多)와 늙을 로(老)지요.
+ 丿('삐침 별'이지만 여기서는 떨어져 나가는 모양으로 봄)

훈독 **すくない, すこし** 음독 **しょう**

훈독 少ない 적다 少し 소금

음독 少憩 잠깐 쉼 少女 소녀 少数 소수 少年 소년 少量 소량

**N1** **中学**
8획 / 부수 弓

활(弓)로 찢어진 곳을 사람(亠)이 조금씩(小) 두루 꿰매
더욱 오래가게 하니 두루 미, 꿰맬 미, 더욱 미

정자 彌 – 활(弓)로 찢어진 곳을 너(爾)는 두루 꿰매 더욱 오래가게 하니
'두루 미, 꿰맬 미, 더욱 미'

+ 爾 – 한결(一) 같이 나누어(八) 성(冂)이라도 뚫고(丨) 들어가 사귀고(爻)
사귀고(爻) 싶은 사람은 바로 너니 '너 이'
+ 弓(활 궁), 亠[사람 인(人)의 변형], 冂(멀 경, 성 경), 八(여덟 팔, 나눌
팔), 丨(뚫을 곤), 爻(점괘 효, 사귈 효, 본받을 효)

훈독 **や**

훈독 弥生 음력 3월

**中学**
13획 / 부수 阜(阝)

언덕(阝)처럼 조금(小) 해(日)가 비치다가 조금(小) 뒤에
없어지는 틈이니 틈 극

+阝(언덕 부 변)

훈독 **すき** 음독 **げき**

훈독 隙間 빈틈, 짬 手隙 손이 빔, 틈이 남

음독 間隙 간극, 간격 空隙 틈

N1 中学
7획 / 부수 肉(月)

작은(ᄼ) 몸(月)처럼 작으니 **작을 소**
또 **작아도(ᄼ) 몸(月)**은 부모를 닮으니 **닮을 초**

정자 肖
+ ᄼ[작을 소(小)의 변형], 月(달 월, 육 달 월)

음독 **しょう**
음독 肖像 초상 肖似 꼭 닮음

---

N1 中学
12획 / 부수 石

돌(石)처럼 **같은(肖)** 성분이 모여 결정체가 된 초석이니
**초석 초**

또 초석으로 만든 화약이니 **화약 초**

정자 硝
+ 초석(硝石) – 질산칼륨으로, 화약·유약(釉藥)·의약 등에 쓰임
+ 石(돌 석), 釉(잿물 유), 藥(藥: 약 약)

음독 **しょう**
음독 硝煙 초연(화약 연기) 硝酸 질산 硝石 초석

---

N1 中学
9획 / 부수 刀(刂)

작게(肖) 칼(刂)로 깎으니 **깎을 삭**

정자 削
+ 刂(칼 도 방)

훈독 **けずる, そぐ**　　음독 **さく**
훈독 削る ① 깎다 ② 없애다
削ぐ ① 뾰족하게 자르다 ② (머리카락의) 끝을 잘라 내다
음독 削減 삭감 削除 삭제 削磨 깎고 닦음 切削 절삭

---

N1 中学
10획 / 부수 宀

집(宀)도 **작게(肖)** 보이는 어두운 밤이니 **밤 소**

정자 宵
+ 어두워지면 작고 어슴푸레 보이지요.
+ 宀(집 면)

훈독 **よい**　　음독 **しょう**
훈독 宵 초저녁 宵月 초저녁 달 宵寝 초저녁잠
待つ宵 ① 기다리는 밤 ② 음력 8월 14일 밤
음독 徹宵 철야 春宵 봄밤 元宵 음력 정월 보름날 밤 秋宵 가을밤

**N1** 中学
14획 / 부수 人(亻)

사람(亻) 중 불 **밝히고(尞)** 함께 일하는 동료니 동료 **료**

+ 尞 – 크게(大) 양쪽(丷)에 해(日)처럼 불을 켜 작은(小) 것까지 보이도록
  밝게 밝히니 '밝을 료, 밝힐 료'

음독 **りょう**

음독 下僚(かりょう) 하급 관리 閣僚(かくりょう) 각료 群僚(ぐんりょう) ① 많은 동료 ② 많은 관료
   同僚(どうりょう) 동료

---

中学
17획 / 부수 目

눈(目)에 잘 보이도록 **밝으니(尞)** 밝을 **료**

음독 **りょう**

음독 一目瞭然(いちもくりょうぜん) 일목요연 明瞭(めいりょう) 명료함

---

**N1** 中学
15획 / 부수 宀

집(宀)에서 불 **밝히고(尞)** 함께 일하는 동료나 집이니
동료 **료**, 집 **료**

+ 동 僚

음독 **りょう**

음독 寮(りょう) 기숙사 寮生(りょうせい) 기숙생 寮生活(りょうせいかつ) 기숙사 생활
   学寮(がくりょう) 학교 기숙사 全寮(ぜんりょう) ① 모든 기숙사 ② 그 기숙사 전체
   入寮(にゅうりょう) 기숙사에 들어감 女子寮(じょしりょう) 여자 기숙사

---

**N2** 中学
17획 / 부수 疒

병(疒)을 **밝게(尞)** 고치니 병 고칠 **료**

+ 疒(병들 녁)

음독 **りょう**

음독 療養所(りょうようじょ) 요양소 医療(いりょう) 의료 加療(かりょう) 가료(치료를 해 주는 것)
   施療(せりょう) 무료 치료 治療(ちりょう) 치료

**N1** **中学**
7획 / 부수 女

여자(女)가 젊으면(少) 묘하고도 예쁘니 묘할 묘, 예쁠 묘

음독 **みょう**

음독 みょうあん 妙案 묘안  みょうぎ 妙技 묘기  みょうしゅ 妙手 묘수  みょうやく 妙薬 묘약  みょうれい 妙齢 묘령
こうみょう 巧妙 교묘

**N1** **中学**
7획 / 부수 水(氵)

물(氵)로 인하여 **작아진(少)** 모래니 모래 사

+ 동 砂 – 돌(石)이 조금(少)씩 깨져 이루어지는 모래니 '모래 사'

음독 **さ**

음독 さた 沙汰 ① 소식, 통지 ② 평판, 소문 ③ 비정상적인 일이나 그런 행위, 사태
ぶさた 無沙汰 소식을 전하지 않음, 방문 · 편지 왕래가 오랫동안 끊어짐

**N1** **中学**
7획 / 부수 手(扌)

손(扌)으로 필요한 부분만 가려 **적게(少)** 뽑아 베끼니
뽑을 초, 베낄 초

+ 扌(손 수 변)

음독 **しょう**

음독 しょうしゅつ 抄出 초출, 발췌  しょうほん 抄本 초본  しょうろく 抄録 발췌한 기록

**N1** **中学**
15획 / 부수 貝

집(宀)에 온 한(一) 젊은이(少)는 재물(貝)을 가지고 온
손님이니 손님 빈

정자 賓
+ 적을 소, 젊을 소(少)가 들어가면 일본 한자, 적을 소, 젊을 소(少)의 획 줄임
(少)이 들어가면 정자
+ 宀(집 면)

음독 **ひん**

음독 ひんきゃく 賓客 귀한 손님  ひんれい 賓礼 예의를 갖추어 손님을 대접함
らいひん 来賓 내빈  がいひん 外賓 외빈(외국 손님)  きひん 貴賓 귀빈  こくひん 国賓 국빈

**N2 小5**
5획 / 제부수

하늘 땅(二)에 작은(小) 기미가 보이니 보일 시
또 이렇게 기미를 보이는 신이니 **신 시**

+ 글자의 왼쪽에 붙는 부수인 변으로 쓰일 때는 '보일 시, 신 시 변(礻)'으로,
옷 의(衣)가 글자의 변으로 쓰일 때의 모양인 '옷 의 변(衤)'과 비슷하니 혼
동하지 마세요.

**훈독** しめす **음독** じ, し

**훈독** 示し ① 계시 ② 본보기

**음독** 示威 시위 暗示 암시 告示 고시 提示 제시 示唆 시사

**N1 小4**
8획 / 부수 大

자기 잘못이 커(大) 보이니(示) 어찌할까에서
**어찌 내, 어찌 나**

**음독** な

**음독** 奈落 나락, 지옥 奈辺 어느 근방, 어디

+ 나락(奈落·那落) – 범어(梵語) Naraka의 음역(音訳)으로, ① 지옥 ② 벗
어나기 어려운 절망적인 상황을 비유하여 이르는 말
+ 落(떨어질 락), 那(어찌 나), 梵(범어 범), 語(말씀 어), 音(소리 음), 訳
(譯: 번역할 역)

**N1 中学**
12획 / 부수 欠

선비(士)는 보이는(示) 족족 자기의 흠(欠)을 고치려고 정성을
다하여 조목마다 기록하니 **정성 관, 조목 관, 기록 관**

**음독** かん

**음독** 款待 관대함 落款 낙관 約款 약관(계약·조약 등에 정해진 하나하
나의 조항)

**N1 中学**
16획 / 부수 隶

선비(士)처럼 주인이 보이는(示)곳에 미쳐(隶) 붙어있는
종이니 **종 예, 붙을 예**

+ 隶 – 씻기 위하여 손(크)이 물(氺)에 이르러 미치니 '미칠 이, 미칠 대'
+ 미치다 – ① 정신에 이상이 생기다. ② 보통 때와는 달리 몹시 흥분하다.
③ 어떤 일에 자기를 잃을 만큼 열중하다. ④ (어느 곳에) 이르
다. 닿다. 여기서는 ④의 뜻.

**음독** れい

**음독** 隷属 예속 奴隷 노예

**N1** **小6**
8획 / 부수 宀

집(宀)에서 조상의 **신(示)**을 모시는 종가니 종가 종
또 종가는 그 집안의 으뜸이니 **으뜸 종**

+ 宀(집 면)

**음독** **しゅう, そう**

**음독** 宗教 종교　宗務 종무(종교상의 사무)　宗廟 종묘
宗匠 (시나 다도 등 기예를 가르치는) 선생

---

**中学**
15획 / 부수 足(⻊)

발(⻊)이 **종가(宗)**로부터 걸어온 자취니 발자취 종

+ 동 蹤 – 발(⻊)을 따라(從) 생기는 자취니 '발자취 종'
+ ⻊[발 족, 넉넉할 족(足)의 변형], 從(従: 좇을 종, 따를 종)

**음독** **そう**

**음독** 踪跡 종적　失踪 실종(행방을 모름. 행방을 감춤)

---

**N1** **中学**
11획 / 부수 山

산(山)처럼 **종가(宗)** 댁은 높이 공경하니
높일 숭, 공경할 숭

**훈독** **あがめる**　**음독** **すう**

**훈독** 崇める 우러러 받들다. 숭상하다

**음독** 崇高 숭고함　崇拜 숭배(우러러 공경함)

**N2** **小3**
11획 / 부수 示

고기(夕)를 손(夊)으로 신(示)께 올리는 제사니 제사 제
또 제사처럼 많은 사람이 모여 즐기는 축제니 축제 제

+ 夕[달 월, 육 달 월(月)의 변형], 夊[오른손 우, 또 우(又)의 변형]

| 훈독 | まつる | 음독 | さい |

훈독 お祭り 제사, 축제 (= 祭祀) 祭り上げる 추대하다, 떠받들다

음독 祭儀 제사 의식 祭事 제사 祭日 제삿날 祭壇 제단
祭典 제전 文化祭 문화제

**N2** **小4**
14획 / 부수 宀

집(宀)에서 제사(祭)때 제물을 살피니 살필 찰

+ 宀(집 면)

| 음독 | さつ |

음독 考察 고찰 洞察 통찰 推察 헤아림, 짐작 精察 정찰(자세히 살핌)
偵察 정찰(작전에 필요한 자료를 얻으려고 적의 정세나 지형을 살핌)

**N1** **中学**
17획 / 부수 手(扌)

손(扌)으로 살펴서(察) 문지르니 문지를 찰

| 훈독 | する, すれる | 음독 | さつ |

훈독 擦る 갈다, 빨다, 뭉개다 擦傷 찰과상
靴擦れ 구두에 쓸려서 까짐, 또는 그 상처
擦り抜ける 빠져 나가다 擦れる 스치다, 닿다

음독 擦過傷 찰과상(무엇에 스치거나 문질러서 살갗이 벗어진 상처)
摩擦 마찰

3획 / 부수자

나무를 세로로 나눈 왼쪽 조각을 본떠서 **나무 조각 장**
또 나무 조각이라도 들고 싸우는 장수니 **장수 장 변**

정자 爿

---

N1 中学
6획 / 부수 士

**나무 조각(爿)**이라도 들고 **군사(士)**가 싸우는 모습이
굳세고 장하니 **굳셀 장, 장할 장**

정자 壯
+ 장(壯)하다 – ① 기상이나 인품이 훌륭하다.
　　　　　　　② 크고 성대하다.
+ 士(선비 사, 군사 사, 칭호나 직업 이름에 붙이는 말 사)

음독 **そう**
음독 壮快 장하고 상쾌함　壮観 장관　壮挙 거사　壮年 장년
　　壮語 장담(확신을 가지고 아주 자신 있게 말함. 또는 그런 말)
　　悲壮感 비장감(슬프면서도 그 감정을 억눌러 씩씩하고 장한 느낌)

---

N1 中学
9획 / 부수 草(艹)

**초목(艹)**을 **장하게(壯)** 가꾸어 장엄하니 **장엄할 장**
또 **초목(艹)**을 **장하게(壯)** 가꾼 곳에 지은 별장이니 **별장 장**

+ 장엄(莊嚴) – 경건하고 엄숙함
+ 별장(別莊) – 본집과 별도로 경치 좋은 곳에 마련한 집
+ 艹(초 두), 嚴(엄할 엄), 別(나눌 별, 다를 별)

음독 **そう**
음독 莊嚴 장엄　莊重 장중　別莊 별장

N2 小6
10획 / 부수 寸

**나무 조각(爿)**이라도 들고 **손톱(爫)**도 마디**마디(寸)** 세우고 싸우는 장수니 장수 **장**

또 장수는 장차 전쟁이 나면 나가 싸워야 하니

**장차 장, 나아갈 장**

[정자] 將 − (전쟁터에 나가기 전에) 나무 조각(爿)에 고기(夕)를 쌓아 놓고 법도(寸)에 따라 제사지내는 장수니 '장수 장'
또 장수는 장차 전쟁이 나면 나가 싸워야 하니 '장차 장, 나아갈 장'

+ 장차(將次) − '앞으로'로, 미래의 어느 때를 나디내는 말
+ 爫(손톱 조), 夕[달 월, 육 달 월(月)의 변형], 寸(마디 촌, 법도 촌), 次(다음 차, 차례 차, 번 차)

[음독] **しょう**

[음독] 将棋 <sub>しょうぎ</sub> 장기　将帥 <sub>しょうすい</sub> 장수　准将 <sub>じゅんしょう</sub> 준장

---

N1 中学
13획 / 부수 大

**장차(将)** 크게(大) 되도록 장려하니 장려할 **장**

[정자] 奬

+ 장려(奬勵) − 힘써 권함
+ 大(큰 대), 励(勵: 힘쓸 려)

[음독] **しょう**

[음독] 奨学金 <sub>しょうがくきん</sub> 장학금　奨揚 <sub>しょうよう</sub> 칭찬하며 권장함　奨励 <sub>しょうれい</sub> 장려
勧奨 <sub>かんしょう</sub> 권장　報奨 <sub>ほうしょう</sub> 보장(보답하고 장려함)

3획 / 부수자

긴 머리털이 가지런히 나 있는 모양을 본떠서
## 터럭 삼, 긴머리 삼

N1 中学

12획 / 부수 言

말(言)도 들어보고 **사람(人)**의 털(彡)까지도 자세히 보며
진찰하니 **진찰할 진**

+ 진찰(診察) - 의사가 병의 원인을 찾거나 치료를 위하여 환자의 증세나 상
　　　　　　　 태를 살핌
+ 言(말씀 언), 察(살필 찰)

훈독 **みる**　　음독 **しん**

훈독 診る (몸 상태를) 진단하다

음독 診察 진찰　診断 진단　診療所 진료소　往診 왕진
　　 検診 검진　誤診 오진　休診 휴진

N2 中学

9획 / 부수 玉(王)

옥(王)을 **사람(人)**의 **머리털(彡)**처럼 작은 부분까지
정교하게 다듬은 보배니 **보배 진**
또 보배처럼 진귀하여 드무니 **드물 진**

+ 王(임금 왕, 으뜸 왕, 구슬 옥 변)

훈독 **めずらしい**　　음독 **ちん**

훈독 珍しい 드물다, 희귀하다

음독 珍奇 진기　珍貴 진귀　珍蔵 귀중하게 간수함　珍妙 이상야릇함
　　 珍談 ① 진귀한 이야기 ② 우스꽝스러운 이야기　珍味 진미
　　 珍重 진귀하게 다룸　珍品 진귀한 물건

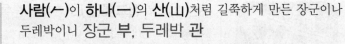

253 缶 부(관) 陶 도

N2 中学
6획 / 제부수

사람(𠂉)이 하나(一)의 산(山)처럼 길쭉하게 만든 장군이나 두레박이니 장군 부, 두레박 관
또 두레박처럼 둥글게 만든 깡통이니 깡통 관

+ 장군 – 옛날 액체를 담던 통으로, 달걀을 눕혀놓은 모양
+ 이 한자는 '깡통'과 아무 상관 없지만, 일본어에서는 이 한자의 발음이 '칸'으로 읽히고, 이게 영어의 '캔'과 발음이 비슷해서 깡통이란 뜻으로 쓰게 되었습니다.
+ 𠂉[사람 인(人)의 변형], 山(산 산)

음독 **かん**

음독 缶 캔, 깡통 <sup>かん</sup> 缶切り 깡통 따개 <sup>かん き</sup> 缶詰 통조림 <sup>かんづめ</sup> 薬缶 주전자 <sup>や かん</sup>

---

N1 中学
11획 / 부수 阜(阝)

언덕(阝)에서 싸(勹) 장군(缶)처럼 구워 만든 질그릇이니
질그릇 도
또 질그릇으로 술을 마시며 즐기니 즐길 도

+ 阝(언덕 부 변), 勹(쌀 포)

음독 **とう**

음독 陶器 도기 <sup>とう き</sup> 陶磁器 도자기 <sup>とう じ き</sup> 陶工 도공 <sup>とう こう</sup> 陶冶 도야, 육성 <sup>とう や</sup>
陶酔 도취(어떠한 것에 마음이 쏠려 취하다시피 됨) <sup>とう すい</sup>
薫陶 감화시켜 훌륭한 사람을 만듦 <sup>くん とう</sup>

N1 中学
12획 / 부수 手(扌)

## 손(扌)으로 질그릇(䍃)을 흔드니 흔들 요

[정자] 搖 – 손(扌)으로 질그릇(䍃)을 흔드니 '흔들 요'
+ 䍃 – 손톱(爫)으로 양(二)쪽을 산(山)처럼 우뚝하게 만든 질그릇이니 '질그릇 요'
+ 缶 – 고기(夕) 등을 넣도록 장군(缶)처럼 만든 질그릇이니 '질그릇 요'
+ 爫(손톱 조), 夕[달 월, 육 달 월(月)의 변형], 缶(장군 부, 두레박 관, 깡통 관)

[훈독] ゆれる, ゆる, ゆらぐ, ゆるぐ, ゆさぶる
[음독] よう

[훈독] 揺れる 흔들리다  揺る 흔들다  揺らぐ 흔들리다, 요동하다
揺るぎ 동요, 흔들림  揺るぎ出る 거들먹거리며 나서다
揺るぎない 확고하다  揺さぶる 뒤흔든다, 동요하다

[음독] 揺動 요동  揺落 흔들려 떨어짐  揺籃 요람(① 젖먹이를 태우고 흔들어 놀게 하거나 잠재우는 물건 ② 사물의 발전 초기 단계)

---

N1 中学
16획 / 부수 言

## 말(言)하듯 질그릇(䍃) 두드리며 부르는 노래니 노래 요

[정자] 謡
+ 술자리에서 흥이 나면 상이나 술잔을 두드리며 노래하지요.
+ 言(말씀 언)

[훈독] うたい    [음독] よう

[훈독] 謡い物 말에 곡조를 붙여 노래하는 것  素謡 반주나 춤 없이 읊는 노래
[음독] 謡言 풍문  民謡 민요  歌謡 가요

**N2** **小3**
12획 / 부수 力

### 몸(月) 구부려(龹) 힘(力)써 이기니 이길 승
### 또 이기면 뭔가 나으니 나을 승

정자 勝
+ 龹 – 이쪽저쪽(丷)으로 사내(夫)가 구부리니 '구부릴 권'
+ 龹 – 팔(八)자 걸음으로 사내(夫)가 구부정하게 구부리니 '구부릴 권'
+ 龹과 龹은 어원 해설을 위해 가정해 본 글자로 실제로는 쓰이지 않습니다.

훈독 **かつ, まさる**    음독 **しょう**

훈독 勝ち 승, 이김  勝気 지기 싫어하는 성격, 오기
勝ちっ放し 연승  勝ちどき 승리의 함성  勝ち目 이길 낌새
음독 勝景 절경  勝算 승산  勝敗 승패  勝負 승부  優勝 우승

**N1** **中学**
18획 / 부수 草(艹)

### 풀(艹) 중 몸(月)을 구부려(龹) 물(氺)줄기처럼 뻗어가는
### 등나무니 등나무 등

정자 藤
+ 氺(물 수 발)

훈독 **ふじ**    음독 **とう**

훈독 藤 등나무  藤色 연보랏빛
음독 葛藤 갈등

**N1** **中学**
17획 / 부수 言

### 몸(月) 구부리고(龹) 앉아 말(言)을 베끼니 베낄 등

정자 謄

음독 **とう**

음독 謄写 베껴 씀  謄本 등본

**N1** **中学**
20획 / 부수 馬

### 몸(月)을 구부려(龹) 말(馬)에 뛰어오르니 오를 등

정자 騰

음독 **とう**

음독 騰貴 가격이 오름  騰落 등락  急騰 급등(시세가 갑자기 오름)

中学
10획 / 부수 手

구부려(𠂉) 손(手)가락을 말아 쥔 주먹이니 주먹 권

정자 拳

훈독 こぶし  음독 けん

훈독 拳 주먹

음독 拳法 권법  拳銃 권총  拳闘 권투

---

N2 小6
8획 / 부수 刀

구부리고(𠂉) 앉아 칼(刀)로 새겨 만든 문서니 문서 권

정자 券

음독 けん

음독 券状 권장(권리나 의무, 사실 등을 증명하는 문서)  引き替え券 교환권
券売機 매표기  沽券 체면, 면목  証券 증권  債券 채권  郵券 우표

---

N2 小6
9획 / 부수 己

허리 구부리고(𠂉) 자기(己)를 위해 읽는 책이니 책 권
또 책을 둥글게 마니 말 권

정자 卷 – 허리 구부리고(𠂉) 무릎 꿇고(㔾) 앉아 읽는 책이니 '책 권'
+ 칼(刀)로 새겨 만든 문서면 '문서 권(券)', 자기(己)를 위하여 읽는 책이면
  '책 권(巻)'

훈독 まく, まき  음독 かん, けん

훈독 巻き上げる ① 말아 올리다 ② 빼앗다  巻き物 두루마리
巻き込む 말려들게 하다, 휩쓸리게 하다  巻き付く 감기다, 휘감기다

음독 圧巻 압권  席巻 석권

---

N1 中学
12획 / 부수 口

둘러싼(口) 책(巻)의 둘레니 둘레 권
또 둘레를 막아 만든 우리니 우리 권

정자 圏

음독 けん

음독 圏外 권외(↔ 圏内 권내)  圏点 권점(문장에서 주의할 곳을 표시하는 기호)
極圏 남극권과 북극권  成層圏 성층권

**N4** **小1**
2획 / 제부수

일(一)에 하나( | )를 그어 한 묶음인 열을 나타내어 **열 십**
또 전체를 열로 보아 열이니 많다는 데서 **많을 십**

| 훈독 | **とお, と** | 음독 | **じゅう, じっ** |

훈독 十<sup>とお</sup> 열 十日<sup>とおか</sup> 10일 十重二十重<sup>とえはたえ</sup> 이중삼중, 겹겹
음독 十字路<sup>じゅうじろ</sup> 십자로, 사거리 十二分<sup>じゅうにぶん</sup> 과함
十八番<sup>じゅうはちばん</sup> 가장 뛰어난 장기 十目<sup>じゅうもく</sup> 많은 사람의 보는 눈

---

**N1** **中学**
5획 / 부수 水(氵)

물(氵)처럼 **많이(十)** 나오게 짠 즙이니 **즙 즙**

| 훈독 | **しる** | 음독 | **じゅう** |

훈독 汁<sup>しる</sup> ① 즙 ② 국 汁粉<sup>しるこ</sup> (새알심을 넣은) 단팥죽 鼻汁<sup>はなじる</sup> 콧물
味噌汁<sup>みそしる</sup> 미소시루[일본식 된장인 미소(味噌)를 풀어서 끓인 국]
음독 液汁<sup>えきじゅう</sup> 액즙 肉汁<sup>にくじゅう</sup> 육즙 墨汁<sup>ぼくじゅう</sup> 먹물

---

**N1** **中学**
3획 / 부수 一

**많이(ナ) 지팡이(乀)**에 의지하는 어른이니 **어른 장**
또 어른 키 정도의 길이니 **길이 장**

+ 장(丈) – 길이의 단위로, ① 성인 남자 키 정도의 길이 ② 한 자(尺)의 열
  배로 약3미터에 해당
+ ナ[열 십, 많을 십(十)의 변형], 乀('파임 불'이지만 여기서는 지팡이로 봄)

| 훈독 | **たけ** | 음독 | **じょう** |

훈독 丈<sup>たけ</sup> 기장, 길이 背丈<sup>せいたけ</sup> 키, 신장
음독 丈夫<sup>じょうぶ</sup> 건강함, 단단함 丈夫な体<sup>じょうぶなからだ</sup> 튼튼한 몸 丈余<sup>じょうよ</sup> 열 자가 넘음
気丈<sup>きじょう</sup> 마음이 굳셈 丈六<sup>じょうろく</sup> 책상다리를 하고 앉음

참고자
3획 / 부수 十

많은(十) 것을 재빨리 감고 **날아가는(ㄱ)** 모양에서 빠를 신

---

N1 中学
6획 / 부수 辵(辶)

빨리(卂) 가게(辶) 빠르니 빠를 신

+ 辶(뛸 착, 갈 착)

음독 じん

음독 迅速 신속  疾風迅雷 질풍신뢰(맹렬한 기세와 민첩한 행동)

---

N1 中学
8획 / 부수 木

나무(木)로 많고(九) 많이(十) 테를 두른 테두리나 틀이니
테 화, 테두리 화, 틀 화

+ 木(나무 목), 九(아홉 구, 클 구, 많을 구)

훈독 わく

훈독 枠 테, 테두리, 틀  枠組み 틀을 짬  窓枠 창틀
枠内 테두리 안, 범위 내

**N3** **小1**
6획 / 부수 日

해(日)가 지평선(一) 위로 떠오르는( | ) 아침 일찍이니 일찍 조

+ 㘚 旱(가물 한)

**훈독** はやい, はやまる, はやめる   **음독** そう, さっ

**훈독** 早合点 지레짐작 早死に 요절 早立ち 일찍 길을 떠남
早寝 일찍 잠 早呑み込み 속단 早道 지름길
早分かり ① 속성 ② 빨리 이해함

**음독** 早計 경솔한 생각 早暁 새벽 早婚 조혼 早退 조퇴
早産 조산 早世 요절 早秋 이른 가을 早春 이른 봄

**예외** 早苗 볏모(못자리에서 옮겨심을 무렵의 모)

**中学**
8획 / 부수 十

점(卜)치듯 미리 생각하여 일찍(早)부터 일하면 높고 뛰어나니
높을 탁, 뛰어날 탁
또 높게 만든 탁자니 탁자 탁

+ 卜(점 복)

**음독** たく

**음독** 卓 탁자 卓越 탁월 卓球 탁구 卓識 뛰어난 견해
卓説 탁월한 논설 卓絶 견줄 데 없이 뛰어남 卓然 탁월한 모양
卓出 뛰어남, 걸출 卓上 탁상 卓抜 탁발, 탁월
卓立 우뚝 솟아 있음, 두드러지게 뛰어남

**N1** **中学**
11획 / 부수 心(忄)

마음(忄)에 높아진(卓) 감정으로 슬퍼하니 슬퍼할 도

+ 슬프면 감정이 고조되지요.
+ 忄(마음 심 변)

**훈독** いたむ   **음독** とう

**훈독** 悼む 애도하다, 슬퍼하다
**음독** 哀悼 애도 追悼 추도

N2 中学
4획 / 부수 人

### 사람(人) 사이(ノ)에 끼이니 끼일 개

음독 **かい**

음독 介抱 ① 간호 ② 돌봄, 보호  お節介 쓸데없는 참견  仲介 중개
介する 개재시키다, 끼우다, 마음에 들다

---

N1 中学
12획 / 부수 人

### 덮인(人) 아래에 우산살(ㅅㅅ)이 있고 십(十)자 모양의 손잡이도 있는 우산이니 우산 산

+ 人('사람 인'이지만 여기서는 덮인 모양으로 봄), ㅅㅅ['사람 인' 넷이지만 여기서는 우산살로 봄], 十(열 십, 많을 십)

훈독 **かさ**   음독 **さん**

훈독 傘 우산  傘立て 우산꽂이  傘骨 우산살  折り畳み傘 접이식 우산
음독 傘下 산하  傘寿 80세  落下傘 낙하산
예외 日傘 양산  和傘 일본 우산(대나무 우산대에 종이를 붙여 만든 우산)

---

### 양쪽으로 똑같이(= =) 사람(人)의 몸(月)을 나누는 등마루의 척추니 등마루 척, 척추 척

+ 등마루 – 척추뼈가 있는 두둑하게 줄 진 곳
+ 月(달 월, 육 달 월)

음독 **せき**

음독 脊椎動物 척추동물  脊柱 척추, 등뼈  脊髄 척수, 등골

中学
10획 / 부수 肉(月)

**N2** **小5**
4획 / 제부수

많은(十) 것을 손(又)으로 지탱하고 다루고 가르니
**지탱할 지, 다룰 지, 가를 지**
또 갈라 지출하니 **지출할 지**

+ 🈁 攵(칠 복, = 攴)
+ 又(오른손 우, 또 우)

**훈독** ささえる　　**음독** し

**훈독** 支える 떠받치다, 지탱하다

**음독** 支援 지원　支給 지급　支障 지장　支払い 지불　支部 지부
支流 샛강　支店 지점　支柱 지주　支配人 지배인

---

**N1** **中学**
8획 / 부수 肉(月)

몸(月)에서 갈라져(支) 나온 사지니 **사지 지**

+ 사지(四肢) – 두 팔과 두 다리

**음독** し

**음독** 肢体 지체(수족과 신체)　四肢 사지(팔과 다리)
選択肢 선택지(선다형 문제에 마련된 몇 개의 답)

---

**中学**
6획 / 부수 人(亻)

사람(亻)이 무엇을 다루는(支) 재주니 **재주 기**

+ 🈁 技 – 손(扌)으로 다루는(支) 재주니 '재주 기'

**음독** き

**음독** 歌舞伎 가부키(일본의 전통 가극)

---

**N1** **小4**
7획 / 부수 山

산(山)이 갈라진(支) 곳에 생긴 갈림길이니 **갈림길 기**

+ 요즘에는 좋은 장비가 있어서 험한 산도 뚫고 강이나 바다도 다리를 놓아
어디에나 마음대로 길을 낼 수 있지만, 옛날에는 산 따라 물 따라 길이 생
겼지요.

**음독** き

**음독** 岐路 기로(갈림길)　分岐 분기　多岐 여러 갈래로 갈려 복잡함

참고자

7획 / 부수 子

中学

9획 / 부수 力

**많이(十)** 무엇에 **싸여(冖)** 태어나는 **자식(子)**처럼 떠가는 혜성이니 혜성 패

+ 혜성(彗星) − ① 가스 상태의 빛나는 긴 꼬리를 끌고 태양을 초점으로 긴 타원이나 포물선에 가까운 궤도를 그리며 운행하는 천체. 꼬리별. 꽁지별
　　　　　　 ② 어떤 분야에서 갑자기 뛰어나게 드러나는 존재를 비유적으로 이르는 말
+ 彗(비 혜, 꽁지별 혜), 星(별 성)

---

**혜성(孛)**처럼 **힘(力)**쓰며 갑자기 일어나니 갑자기 일어날 발

음독 **ぼつ**

음독 勃起 발기　勃興 발흥　勃発 발발
ぼっき　　　ぼっこう　　ぼっぱつ
勃然 ① 갑자기 일어나거나 나타나는 모양 ② 벌컥 성을 내는 모양
ぼつぜん

N2 中学
6획 / 부수 口

N1 中学
9획 / 부수 糸

입(口)이 얽히도록(니) 크게 부르짖으며 우니
**부르짖을 규, 울 규**

+ 니 – 서로 얽힌 모양에서 '얽힐 규'
+ 니의 획수와 필순이 한국 한자와 다릅니다.

훈독 **さけぶ**　음독 **きょう**

훈독 叫<sup>さけ</sup>ぶ 외치다, 부르짖다　叫<sup>さけ</sup>び声<sup>ごえ</sup> 외치는 소리　泣<sup>な</sup>き叫<sup>さけ</sup>ぶ 울부짖다

음독 叫喚<sup>きょうかん</sup> 규환(큰 소리로 부르짖음)　絶叫<sup>ぜっきょう</sup> 절규

---

여러 갈래의 **실(糸)**이 서로 **얽히듯(니)** 모이니
**얽힐 규, 모일 규**
또 얽힘을 풀려고 살피니 **살필 규**

음독 **きゅう**

음독 糾合<sup>きゅうごう</sup> 규합　糾弾<sup>きゅうだん</sup> 규탄　糾明<sup>きゅうめい</sup> 규명　糾問<sup>きゅうもん</sup> 날카롭게 따져 물음

N1 中学
4획 / 제부수

곡식을 퍼 올려 되는 말이니 **말 두**

또 **뚝(丶) 뚝(丶)** 땀 흘리며 **많이(十)** 싸우니 **싸울 투**

+ 말 – 옛날에 곡식의 양을 헤아리던 도구
+ 지금은 물건의 양을 무게로 환산하여 그램(g)이나 킬로그램(kg)으로 표시
  하지만, 얼마 전까지도 되(升 – 되 승)나 말(斗)에 곡식을 담아 헤아렸어
  요. 열 되가 한 말이고 한 말은 8kg이지요.
+ 丶('점 주, 불똥 주'지만 여기서는 땀을 뚝뚝 흘리는 모양), 十(열 십, 많을 십)

음독 **と**

음독 斗酒 말술 斗量 분량이 많음 北斗 북두 泰斗 그 방면의 권위자

N1 中学
11획 / 부수 斗

남은(余) 곡식을 말(斗)에 담아 비스듬히 기울이니

**비스듬할 사, 기울 사**

+ 말에 담아서 다른 곳에 기울여 붓지요.
+ 余[나 여, 남을 여(餘)의 속자]

훈독 **ななめ** 음독 **しゃ**

훈독 斜め 경사짐, 비스듬함

음독 斜影 비낀 그림자 斜視 사시, 사팔뜨기 斜線 빗금
斜面 경사면 傾斜 기욺, 경사

(점치던) 거북이 등이 갈라진 모양을 본떠서 **점 복**

+ 옛날에는 거북이 등을 불태워 갈라진 모양을 보고 점을 쳤답니다.

음독 ぼく

**참고자**
2획 / 제부수

나무(木)껍질이나 **점(卜)**칠 때 쓰는 거북 등처럼 갈라진 모양으로 순박하니 **순박할 박**

+ 순박(淳朴)하다 – 거짓이나 꾸밈이 없이 순수하며 인정이 두텁다.
+ 木(나무 목), 淳(순박할 순)

음독 ぼく

음독 朴直 순박하고 정직함 朴念仁 벽창호(말이 적고 무뚝뚝한 사람)
素朴 소박 純朴 순박

N1 中学
6획 / 부수 木

말(言)로 살아생전에 알았던 사람을 **점(卜)**치듯 가려서 알리는 부고니 **부고 부**

+ 부고(訃告) – 사람이 죽은 것을 알리는 통지
+ 告(알릴 고, 뵙고 청할 곡)

음독 ふ

음독 訃音 부음, 부고(= 訃報)

中学
9획 / 부수 言

달려(走) 목적지에 다다라 **점(卜)**친 것을 알리니 **다다를 부, 알릴 부**

+ 走(달릴 주, 도망갈 주)

훈독 おもむく 음독 ふ

훈독 赴く 향하여 가다
음독 赴任 부임

N1 中学
9획 / 부수 走

279

**N2** 中学
5획 / 부수 卜

점(卜)쟁이에게 **말하며(口)** 점치니 점칠 점
또 **표지판(卜)을 땅(口)**에 세우고 점령하니 점령할 점

+ 점령(占領) – (일정한 곳을) 차지하여 거느리다.
+ 口(입 구, 말할 구, 구멍 구), 占의 두 번째 어원에서 口는 땅으로 봄, 領
 (거느릴 령, 우두머리 령)

훈독 しめる, うらなう　음독 せん

훈독 占い 점, 점쟁이 買い占め 매점
음독 占術 점술 占有 점유 先占 선점

---

**N1** 中学
11획 / 부수 米

**쌀(米)**밥이 **점령하듯(占)** 잘 달라붙게 끈끈하니 **끈끈할 점**

+ 米(쌀 미)

훈독 ねばる　음독 ねん

훈독 粘る (물건이) 잘 달라붙다 粘り 끈기, 찰기
　　粘り強い ① 끈기 있다 ② 끈끈하여 달라붙는 성질이 강하다
음독 粘液 점액 粘性 점성 粘土 점토, 찰흙 粘膜 점막
　　粘着 점착(끈기가 있어 착 달라붙음)

---

中学
12획 / 부수 貝

**조개(貝)**처럼 불룩하게 **점령하듯(占)** 싸 붙이니 **붙일 첩**

+ 貝(조개 패, 재물 패, 돈 패)

훈독 はる　음독 ちょう

훈독 貼る 붙이다
음독 貼付 첩부(발라서 붙임) 貼用 첩용, (약을) 몸에 붙여 사용함

**N1** **中学**
9획 / 부수 貝

점(卜)치듯 요모조모 따져 **재물(貝)**을 씀이 곧으니 **곧을 정**

음독 **てい**

음독 貞節 정절, 절개　貞操 정조　貞淑 정숙

**N1** **中学**
11획 / 부수 人(亻)

사람(亻)들이 **곧게(貞)** 일하는지 엿보니 **엿볼 정**

음독 **てい**

음독 偵察 정찰　探偵 탐정　密偵 스파이, 간첩　内偵 남모르게 살펴봄

**N3** **小2**
7획 / 제부수

땅(土)을 점(卜)치듯 사람(人)이 가려 디디며 달리고 도망가니
**달릴 주, 도망갈 주**

+ 土(흙 토), 人(사람 인)

[훈독] **はしる** [음독] **そう**

[훈독] 走り書き 갈겨씀 走り読み 대강 읽음, 대충 훑어봄

[음독] 走狗 앞잡이 走路 코스 滑走 활주 帆走 범주

[예외] 師走 섣달, 음력 12월(양력 12월에도 쓰임)

---

**N2** **中学**
12획 / 부수 走

달리며(走) 급히 부르면(召) 빨리 오려고 뛰어넘으니
**뛰어넘을 초**

+ 過(지날 과, 지나칠 과, 허물 과)가 접두사 '지나치다'의 뜻으로 쓰일 때는
 영어의 over와 같고, 뛰어넘을 초(超)가 접두사 '뛰어나다'의 뜻으로 쓰일
 때는 영어의 super와 같습니다.
+ 召(부를 소)

[훈독] **こえる** [음독] **ちょう**

[훈독] 超える ① 지나가다 ② 기준을 넘다

[음독] 超越 초월 超過 초과 超克 난관을 극복함 超自然 초자연
 超絶 초절, 뛰어남 超凡 초범, 비범 超満員 초만원

---

**N2** **中学**
12획 / 부수 走

달려가며(走) 도끼(戊)로 협박하면 달아나려고 뛰어넘으니
**넘을 월, 월나라 월**

+ 월(越)나라 – 중국 춘추 전국 시대에 있었던 나라
+ 戊(도끼 월)
+ 필순이 한국 한자와 다릅니다.

[훈독] **こす, こえる** [음독] **えつ**

[훈독] 越す 넘다, 건너다 引っ越し 이사 乗り越える 극복하다
 越える (시간, 장애물 등을) 넘어가다, 넘다 山越え 산을 넘음
 年越し 묵은 해를 보내고 새해를 맞음

[음독] 越権 월권 優越 우월

[예외] 越度 실수, 과실

3획 / 부수자 十

## 열 십, 많을 십(十) 둘을 합쳐서 스물 입

+ 동 卄
+ 아래 부분을 막아 써도 같은 글자입니다.

3획 / 부수자

## 양손으로 물건을 받쳐 든 모습을 본떠서 받쳐 들 공

+ 위 아래로 내려 그은 두 획이 모두 곧으면 스물 입(廿), 왼쪽의 한 획이 약간 휘면 받쳐 들 공(廾), 그리고 내려 그은 두 획이 곧고 짧으면 초 두(卄)로 구분하세요.

참고자
5획 / 부수자 十

## 많은(十) 풀(廾)이니 많을 훼, 풀 훼

+ 廾['받쳐 들 공'이지만 여기서는 초 두(艹)의 약자(卄)의 변형으로 봄]

음독 **き**
음독 花卉 화훼 (か き)

N1 中学
8획 / 부수 大

## 발걸음을 크고(大)도 많이(卉) 내딛으며 바쁘게 달아나니 바쁠 분, 달아날 분

음독 **ほん**
음독 奔逸 질주 奔走 분주 奔出 분출 狂奔 광분
(ほんいつ) (ほん そう) (ほんしゅつ) (きょうほん)
奔放 분방(규칙이나 규범 등에 구애받지 아니하고 제멋대로임)
(ほん ぽう)

참고자
12획 / 부수 貝

많은(卉) 재물(貝)을 들여 크게 꾸미니 **클 분, 꾸밀 비**

+ 貝(조개 패, 재물 패, 돈 패)

中学
15획 / 부수 口

입(口)으로 크게(賁) 뿜으니 **뿜을 분**

+ 口(입 구, 말할 구, 구멍 구)

| 훈독 | ふく | 음독 | ふん |

훈독 噴く 내뿜다, 뿜어 나오다　噴き出す 분출하다

음독 噴火口 분화구　噴水 분수　噴泉 솟아나는 샘(온천)
　　噴射 분사　噴出 분출(한꺼번에 뿜어져 나옴)

N1 中学
15획 / 부수 土

흙(土)으로 크게(賁) 쌓아 올린 무덤이니 **무덤 분**

+ 土(흙 토)

| 음독 | ふん |

음독 墳墓 분묘　古墳 고분

N1 中学
15획 / 부수 心(忄)

마음(忄)에 크게(賁) 분하고 성나니 **분할 분, 성날 분**

| 훈독 | いきどおる | 음독 | ふん |

훈독 憤る 성내다, 노하다

음독 憤慨 분개　憤怒 분노　激憤 격분　発憤 분발

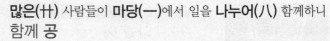

**N2** **小4**
6획 / 부수 八

**많은(卄)** 사람들이 **마당(一)**에서 일을 **나누어(八)** 함께하니
함께 공

+ 卄(스물 입, = 卄), 一('한 일'이지만 여기서는 마당으로 봄), 八(여덟 팔, 나눌 팔)

훈독 **とも**    음독 **きょう**

훈독 共稼ぎ 맞벌이(= 共働き)  共寝 동침  共々 모두 다 함께, 다 같이
(ともかせ)              (ともばたら)   (とも ね)    (とも ども)

음독 共存 공존  共同 공동  共謀 공모  共有 공유  共用 공용
(きょうぞん)   (きょうどう)   (きょうぼう)   (きょうゆう)   (きょうよう)
共鳴 공명
(きょうめい)

---

**N1** **中学**
9획 / 부수 水(氵)

**물(氵)**이 넘쳐 여러 가지와 **함께(共)** 넓게 흐르는 홍수니
넓을 홍, 홍수 홍

+ 홍수(洪水) - ① 큰 물
           ② 사람이나 사물이 많이 쏟아져 나옴을 비유적으로 말함

음독 **こう**

음독 洪水 홍수  洪積層 홍적층, 홍적세에 생긴 지층
(こうずい)   (こう せき そう)

---

**N1** **中学**
10획 / 부수 心(忄)

여럿이 **함께(共)** 살면 예절을 알아 **마음(忄)**이 공손하니
공손할 공

+ 공손(恭遜) - 공경하고 겸손함
+ 忄[마음 심, 중심 심(心)이 글자의 발로 쓰일 때의 모양으로 '마음 심 발']
+ 遜(겸손할 손)

훈독 **うやうやしい**    음독 **きょう**

훈독 恭しい 공손하다, 정중하다
(うやうや)

음독 恭賀 공하, 근하(삼가 축하함)  恭敬 공경
(きょう が)                  (きょうけい)
恭順 고분고분히 명령에 따름
(きょうじゅん)

285

N1 小6
11획 / 부수 田

밭(田)은 함께(共) 있어도 주인도 다르고 심어진 곡식도
다르니 다를 이

+ 田(밭 전, 논 전)

훈독 **ことなる** 음독 **い**

훈독 異なる 다르다 異にする 달리하다

음독 異口同音 이구동성 異色 이색 異心 이심 異変 이변
異臭 이상한 냄새 異端 이단

N2 小5
15획 / 부수 日

(서로 상극인) 해(日)와 함께(共) 물(氺)이 만난 듯 사나우니
사나울 폭, 사나울 포
또 사나우면 드러나니 드러날 폭

+ 오행(五行)에서 불과 물은 상극(相剋)으로, 해도 불에 해당하니 이런 어원
  이 가능하지요.
+ '사납다'의 뜻으로 쓰일 때는 단어에 따라 '폭'과 '포'로 읽습니다.
+ 氺[물 수(水)가 글자의 아래에 붙는 발로 쓰일 때의 모양으로 '물 수 발']

훈독 **あばく, あばれる** 음독 **ぼう**

훈독 暴れん坊 망나니, 난폭자 大暴れ 심하게 날뜀, 난폭하게 굶

음독 暴飲 폭음 暴行 폭행 暴風 폭풍 暴騰 폭등 横暴 횡포, 난폭

N2 中学
19획 / 부수 火

불(火)을 붙이면 사납게(暴) 폭발하니 폭발할 폭

+ 火(불 화)

훈독 **はぜる** 음독 **ばく**

훈독 爆ぜる (열매가) 터져 벌어지다, 터지다, 튀다

음독 爆音 폭음 爆撃 폭격 爆笑 폭소 爆弾 폭탄
爆破 폭파 爆発 폭발 爆薬 폭약 起爆 기폭 自爆 자폭

N1 中学
11획 / 부수 广

집(广)에 스물(卄) 한(一) 곳, 즉 많은 곳에 불(灬)을 때며
여러 백성들이 모여 사니 **여러 서, 백성 서**
또 일반 백성처럼 대했던 첩의 아들이니 **첩의 아들 서**

+ 卄은 아래를 막아 써도 같은 뜻이지만 보다 분명히 하기 위하여 卄과 一로
나누어 풀었어요.
+ 계급 제도가 있었던 옛날에는 본부인의 아들을 적자(嫡子), 첩의 아들을
서자(庶子)라 하여 차별하였지요. 첩의 아들은 공직에도 나갈 수 없고 하
인처럼 일했으니 '여러 서, 백성 서(庶)'에 '첩의 아들'이라는 뜻이 붙었습니
다.
+ 广(집 엄), 卄(스물 입, = 廿), 灬(불 화 발), 嫡(본마누라 적)

음독 **しょ**
음독 庶幾 서기, 간절히 바람 庶子 서자 庶務 서무

여러(庶) 사람들이 **가는(辶)** 길을 막으니 **막을 차**

+ 辶(뛸 착, 갈 착)

N1 中学
14획 / 부수 辵(辶)

훈독 **さえぎる** 음독 **しゃ**
훈독 遮る 가리다, 차단하다
음독 遮断 차단 遮光 차광 遮二無二 앞뒤 생각 없이, 무턱대고

N3 小3
9획 / 부수 广

N2 中学
12획 / 부수 水(氵)

집(广)에서 스물(卄) 한(一) 번이나 손(又)으로 법도에 따라 정도를 헤아리니 법도 도, 정도 도, 헤아릴 탁

**+** 广(집 엄), 又(오른손 우, 또 우)

훈독 たび    음독 ど, と, たく

훈독 度重なる 거듭되다, 되풀이 되다  この度 이번, 금번

음독 適度 적당한(알맞은) 정도  都度 그때마다, 할 때마다
度胸 담력, 배짱  制度 제도  限度 한도, 한계  支度 채비, 준비

---

물(氵) 깊이를 헤아려(度) 건너니 건널 도

훈독 わたる, わたす    음독 と

훈독 渡る 건너다  渡す 건네다

음독 渡河 도하(강을 건넘)  渡航 도항  渡世 세상살이, 생업
過渡 과도  讓渡 양도

288

## 275 〉昔 석 〉惜 석 〉措 조 〉錯 착 〉籍 적

**N2** **小3**
8획 / 부수 日

풀(艹)이 난 **땅(一)** 아래로 **해(日)**가 지면 이미 옛날이니
**옛 석**

**훈독** むかし　　**음독** せき, しゃく

**훈독** 昔風 예스러움, 고풍

**음독** 往昔 (지난) 옛날　昔年 옛날　昔時 옛날, 왕년

---

**N1** **中学**
11획 / 부수 心(忄)

**마음(忄)**에 어렵던 **옛날(昔)**을 생각하며 아끼고 가엾게 여기니
**아낄 석, 가엾을 석**

**훈독** おしい, おしむ　　**음독** せき

**훈독** 惜しい 아깝다, 섭섭하다　惜しむ 아끼다, 아쉬워하다

**음독** 惜敗 석패　惜別 석별　哀惜 애석, 애도　愛惜 아끼고 사랑함

---

**N1** **中学**
11획 / 부수 手(扌)

**손(扌)**으로 물건을 **오래(昔)** 가도록 잘 두니 **둘 조**

**음독** そ

**음독** 措置 조치　挙措 행동거지
措辞 조사, (시가·문장에서) 말의 용법과 배치

---

**N1** **中学**
16획 / 부수 金

**쇠(金)**가 **오래(昔)**되면 녹이 섞여 어긋나니
**섞일 착, 어긋날 착**

**음독** さく

**음독** 錯覚 착각　錯誤 착오　錯綜 뒤섞임　交錯 교착
錯節 해결하기 어려운 사건　錯乱 착란

대(灬) 조각에 쟁기(耒)로 밭 갈듯 글을 새겨 **오랫(昔)**동안
남도록 만든 서적이나 문서니 **서적 적, 문서 적**

+ 灬[대 죽(竹)이 부수로 쓰일 때의 모양], 耒(가래 뢰, 쟁기 뢰)

음독 **せき**

음독 移籍 이적  戸籍 호적  書籍 서적  除籍 제적  本籍 본적
入籍 입적

**N2**  **中学**
20획 / 부수 竹(灬)

---

276 弄 롱 戒 계

**中学**
7획 / 부수 廾

구슬(王)을 받쳐 들고(廾) 희롱하듯 가지고 노니
**희롱할 롱, 가지고 놀 롱**

+ 희롱(戲弄) − (말이나 행동으로) 실없이 놀림
+ 王(임금 왕, 으뜸 왕, 구슬 옥 변), 廾(받쳐 들 공), 戲(戲: 놀 희, 희롱할 희)

훈독 **もてあそぶ**  음독 **ろう**

훈독 弄ぶ 가지고 놀다, 장난하다
음독 弄花 화투놀이  弄舌 수다스럽게 지껄임  愚弄 우롱

**N1**  **中学**
7획 / 부수 戈

창(戈)을 받쳐 들고(廾) 적을 경계하니 **경계할 계**

+ 윤 戎(오랑캐 융)
+ 戈(창 과), 廾(받쳐 들 공)

훈독 **いましめる**  음독 **かい**

훈독 戒める 훈계하다, 제지하다
음독 戒厳 계엄  戒告 경고함  戒慎 반성하여 삼감  戒名 계명
戒律 계율  一罰百戒 일벌백계  訓戒 훈계

참고자
10획 / 부수 草(艹)

너무 끈끈하여 **스무(艹)** 번이나 **입(口)**으로 **하나(一)**같이
숨 헐떡이며 가야 할 **진흙(土)**이니 진흙 근

[정자] 菫 – 너무 끈끈하여 스물(艹) 한(一) 번이나 입(口)으로 하나(一)같이
숨 헐떡이며 가야 할 진흙(土)이니 '진흙 근'

[음독] しょ

---

中学
13획 / 부수 人(亻)

**사람(亻)**이 **진흙(菫)** 길을 겨우 가니 겨우 근

+ 僅의 '菫'은 획순이 11획으로 들어갔네요.

[훈독] **わずか**    [음독] **きん**

[훈독] 僅<sup>わず</sup>か ① 조금, 약간 ② 불과
[음독] 僅々<sup>きんきん</sup> 근근, 겨우, 단지 僅差<sup>きんさ</sup> 근소한 차이 僅少<sup>きんしょう</sup> 근소함

---

N1 中学
17획 / 부수 言

**말(言)**을 **진흙(菫)** 길 갈 때처럼 조심하고 삼가니 삼갈 근

[정자] 謹

[훈독] **つつしむ**    [음독] **きん**

[훈독] 謹<sup>つつし</sup>む ① 삼가다, 조심하다 ② 황공히 여기다
[음독] 謹賀新年<sup>きんがしんねん</sup> 근하신년 謹啓<sup>きんけい</sup> 근계 謹厳<sup>きんげん</sup> 근엄함 謹慎<sup>きんしん</sup> 근신

---

N1 中学
13획 / 부수 口

**입(口)**으로 **진흙(菓)**에 빠짐을 탄식하니 탄식할 탄
또 탄식하듯이 감탄하니 감탄할 탄 (≒ 歎)

[정자] 嘆

+ 莫 – 너무 끈끈하여 스무(艹) 번이나 말하며(口) 하나(一)같이 크게(大) 힘써
　걸어야 할 진흙이니 '진흙 근'
+ 菓 [진흙 근(菫)의 변형]의 또 다른 변형]

[훈독] **なげく, なげかわしい**    [음독] **たん**

[훈독] 嘆<sup>なげ</sup>く 한탄하다, 슬퍼하다 嘆<sup>なげ</sup>かわしい 통탄스럽다, 한탄스럽다
[음독] 嘆願<sup>たんがん</sup> 탄원(사정을 하소연하여 도와주기를 간절히 바람) 悲嘆<sup>ひたん</sup> 비탄
嘆声<sup>たんせい</sup> 탄성 嘆息<sup>たんそく</sup> 탄식 感嘆<sup>かんたん</sup> 감탄 嘆美<sup>たんび</sup> 탄미, 감탄하여 칭찬함

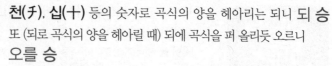

N1 中学
4획 / 부수 十

천(千), 십(十) 등의 숫자로 곡식의 양을 헤아리는 되니 **되 승**
또 (되로 곡식의 양을 헤아릴 때) 되에 곡식을 퍼 올리듯 오르니
**오를 승**

+ '되'나 '말'은 옛날에 곡식의 양을 헤아렸던 도구로, 곡식을 되나 말에 퍼 올
려 '한 되 두 되, 한 말 두 말' 등으로 그 양을 헤아렸지요.
+ 千[일천 천, 많을 천(千)의 변형]

**훈독** ます    **음독** しょう

**훈독** 升 곡물이나 액체의 양을 재는 그릇(홉·되·말) 升目(ますめ) ① 두량, 되로
된 양 ② 바둑판·원고 용지 등의 눈·난·칸·무늬 등
**음독** 一升(いっしょう) 한 되

---

N2 中学
8획 / 부수 日

해(日)가 떠오르듯이(升) 오르니 **오를 승**

**훈독** のぼる    **음독** しょう

**훈독** 昇(のぼ)る 오르다, 올라가다
**음독** 昇華(しょうか) 승화  昇格(しょうかく) 승격  昇降(しょうこう) 승강  昇給(しょうきゅう) 승급  昇進(しょうしん) 승진
昇騰(しょうとう) 물가가 오름  上昇(じょうしょう) 상승

참고자

3획 / 부수 丿

N1 中学

10획 / 부수 言

[천(千) 번이나 굽실거리며 부탁하고 의탁한다는 데서]

**일천 천(千)**을 굽혀서 **부탁할 탁, 의탁할 탁**

---

**말(言)로 부탁하거나(乇)** 핑계 대니 **부탁할 탁, 핑계 댈 탁**

음독 **たく**

음독 託児所 탁아소 託宣 탁선 屈託 ① 거북해함 ② 진절머리
結託 결탁 寄託 기탁 供託 공탁 委託 위탁

293

**N1** **小5**
6획 / 제부수

### 혀(千)가 입(口)에서 나온 모양을 본떠서 **혀 설**

+ 千('일천 천, 많을 천'이지만 여기서는 혀의 모양으로 봄)

훈독 **した**   음독 **ぜつ**

훈독 舌 혀 猫舌 뜨거운 음식을 잘 먹지 못하거나 그런 사람
舌足らず ① 표현·설명이 충분치 못함 ② 혀가 짧음
음독 舌端 혀끝(= 舌頭) 口舌 구설 筆舌 필설(글과 말)

---

**N1** **中学**
9획 / 부수 手(扌)

### 손(扌)으로 혀(舌)처럼 휘어잡아 묶으니 **묶을 괄**

+ 혀로 부드럽게 휘두르며 입안의 음식을 이리저리 섞지요.
+ 扌(손 수 변)

훈독 **くくる**   음독 **かつ**

훈독 括る ① 묶다 ② 끝맺다
음독 括弧 괄호 一括 일괄 総括 총괄

---

**N1** **中学**
16획 / 부수 心

### (입안의) 혀(舌)처럼 들어앉아 쉬니(息) **쉴 게**

+ 입안에 있는 혀처럼 집에 들어앉아 쉰다는 데서 만든 글자
+ 息(쉴 식, 숨 쉴 식, 자식 식)

훈독 **いこう**   음독 **けい**

훈독 憩う 푹 쉬다, 휴식하다 憩い 푹 쉼, 휴식
음독 休憩 휴식 小憩 잠깐 쉼

**N1** **小6**
8획 / 부수 土

## 많은(千) 풀(艹)잎이 흙(土)바닥에 드리우니 드리울 수

+ 초 두(艹)는 대부분 글자의 머리 부분에 붙는데 여기서는 중간에 붙었네요.
+ 千(일천 천, 많을 천), 土(흙 토)

훈독 **たらす, たれる**　음독 **すい**

훈독 垂幕<sup>たれまく</sup> 현수막　雨垂れ<sup>あまだれ</sup> 낙숫물
음독 懸垂<sup>けんすい</sup> 매달림, 매어닮　垂範<sup>すいはん</sup> 수범(몸소 본보기가 되도록 함)

**N1** **中学**
13획 / 부수 目

## 눈(目)꺼풀을 드리우고(垂) 졸거나 자니 졸 수, 잘 수

음독 **すい**

음독 睡魔<sup>すいま</sup> 심한 졸음　睡眠<sup>すいみん</sup> 수면　睡余<sup>すいよ</sup> 잠이 깬 뒤　昏睡<sup>こんすい</sup> 혼수

**中学**
11획 / 부수 口

## 입(口)에서 드리워지게(垂) 고이며 나는 침이니 침 타

훈독 **つば**　음독 **だ**

훈독 唾<sup>つばき</sup> 침(= 唾<sup>つば</sup>)　痰唾<sup>たんつば</sup> 가래침　生唾<sup>なまつば</sup> 군침
음독 唾液<sup>だえき</sup> 타액　唾棄<sup>だき</sup> 혐오하고 경멸함
예외 固唾<sup>かたず</sup> (긴장했을 때 괴는) 마른침

**N1** **中学**
11획 / 부수 刀(刂)

## 많은(千) 풀(艹)이 땅(一) 여기저기(八)에 자라 칼(刂)로 잘라내야 할 정도로 남으니 남을 잉

정자 剩 – 다 타고(乘) 칼(刂)만 남으니 '남을 잉'
+ 乘(乘: 탈 승, 대 승, 곱할 승) – 1권 제목번호 323 참조
+ 一('한 일'이지만 여기서는 땅으로 봄), 刂(칼 도 방)

음독 **じょう**

음독 剩語<sup>じょうご</sup> 쓸데없는 말, 군말　剩余<sup>じょうよ</sup> 잉여　過剩<sup>かじょう</sup> 과잉

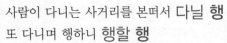

N4 小2
6획 / 제부수

사람이 다니는 사거리를 본떠서 다닐 **행**

또 다니며 행하니 **행할 행**

또 (친척의 이름에서 돌려) 다니며 쓰는 항렬이니 **항렬 항**

+ 行列(행렬) ① 여럿이 줄서서 감. 또는 그 줄
            ② 어떤 수를 몇 개의 행과 열로 나열한 표
    (항렬) ① 같은 혈족에서 갈라져 나간 계통 사이의 대수 관계
            ② 형제 관계를 같은 항렬이라 함
+ 列(벌일 렬, 줄 렬)

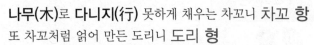

훈독 **いく, ゆく, おこなう**    음독 **こう, ぎょう, あん**

훈독 行き先 행선지, 목적지(= 行方)
음독 行軍 행군  行程 행정  行路 행로  流行 유행  行事 행사
     運行 운행

---

中学
10획 / 부수 木

나무(木)로 다니지(行) 못하게 채우는 차꼬니 **차꼬 항**

또 차꼬처럼 얽어 만든 도리니 **도리 형**

+ 차꼬 – 죄수를 가두어 둘 때 쓰던 형구(刑具)
+ 도리 – 서까래를 받치기 위하여 기둥 위에 건너지르는 나무
+ 刑(형벌 형), 具(具: 갖출 구, 기구 구)

훈독 **けた**

훈독 桁 ① 도리 ② (숫자의) 자릿수 ③ 규모  桁外れ 월등함
     桁違い 현격한 차이

---

N1 中学
16획 / 부수 行

물고기(魚)처럼 떠서 **움직이는(行)** 저울대니 **저울대 형**

+ 옛날 저울은 막대(저울대)에 추를 다는 구조로 만들었는데, 저울대가 물고
   기처럼 움직이지요.
+ 魚[물고기 어(魚)의 변형]

음독 **こう**

음독 衡 ① 저울대 ② 무게, 중량  衡平 형평  均衡 균형  平衡 평형

**N3** **小3**
9획 / 부수 里

많은(千) 마을(里)에서 모은 것이라 무겁고 귀중하니
**무거울 중, 귀중할 중**
또 무겁고 귀중하여 거듭 다루니 **거듭 중**

훈독 **え, おもい, おもたい, かさねる, かさなる**

음독 **じゅう, ちょう**

훈독 重ね着 옷을 여러 벌 껴입음

음독 重責 중책　重症 중증　重鎮 중진　重犯 중범　二重唱 이중창
重複 중복　重視 중시　重力 중력　重疊 중첩

**中学**
13획 / 부수 肉(月)

몸(月)에서 **중요하게(重)** 다뤄야 할 부스럼이니 **부스럼 종**

+ 아프면 그곳을 중요하게 다루어 잘 치료해야 하지요.

훈독 **はれる, はらす**　음독 **しゅ**

훈독 腫れる 붓다　腫れ 부음, 붓기　腫らす 붓게 하다

음독 腫物 종기(= 腫瘤)　腫瘍 종양　筋腫 근종(근육에 생기는 종기)

**N1** **中学**
15획 / 부수 行

무거운(重) 물건을 들고 **다니면(行)** 잘 볼 수 없어 부딪치고
찌르니 **부딪칠 충, 찌를 충**

음독 **しょう**

음독 衝撃 충격　衝突 충돌　衝動 충동　要衝 요충
衝迫 마음속에서 강하게 치밀어 오르는 충동　折衝 절충

예외 衝立 가리개, 칸막이

297

참고자
4획 / 부수 ㅣ

풀이 무성하게 자라 예쁘니 풀 무성할 봉, 예쁠 봉
또 재물이 **삼(三)**대까지 **이어질(ㅣ)** 정도로 풍성하니
풍성할 풍

---

N1 中学
7획 / 부수 邑(阝)

### 풀 무성하듯(丰) 고을(阝)이 번성하여 이루어지는 나라니 나라 방

+ 한자가 만들어지던 옛날에는 많은 나라가 생겨나고 없어졌지요.
+ 阝(고을 읍 방)

음독 **ほう**

음독 邦貨 일본 돈, 자기 나라 화폐　連邦 연방, 연합 국가　外邦 외국
邦画 ① 일본 그림, 자기 나라 그림 ② 일본 영화, 국산 영화

---

N2 小4
10획 / 부수 宀

### 집(宀)에서 어지럽게(丯) 말하며(口) 해치고 방해하니 해칠 해, 방해할 해

+ 宀(집 면)

음독 **がい**

음독 障害 장해, 방해　侵害 침해, 침범　阻害 저해　霜害 상해
迫害 박해　被害 피해(↔ 加害)　弊害 폐해　害悪 해악, 나쁜 일

---

N1 中学
17획 / 부수 車

### 차(車)가 다니는 데 방해(害)되지 않도록 다스리니 다스릴 할

+ 車(수레 거, 차 차)

음독 **かつ**

음독 管轄 관할　所轄 소할(관할하는 바)　直轄 직할

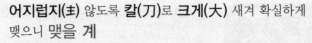

**N1** 中学
9획 / 부수 大

어지럽지(丰) 않도록 **칼(刀)**로 **크게(大)** 새겨 확실하게
맺으니 **맺을 계**

또 **어지럽게(丰) 칼(刀)** 들고 **크게(大)** 싸우던 부족 이름이니
**부족 이름 글**

+ 丰[풀 무성할 봉, 예쁠 봉, 풍성할 풍(丰)의 변형], 刀(칼 도)

훈독 **ちぎる** 음독 **けい**

훈독 契る 장래를 약속하다, 부부로서의 인연을 맺다

음독 契合 부합, 꼭 맞음 黙契 묵계

---

**N2** 中学
12획 / 부수 口

**입(口)**과 **맺듯이(契)** 대고 마시거나 먹거나 담배 피우니
**마실 끽, 먹을 끽, 담배 피울 끽**

+ 口(입 구, 말할 구, 구멍 구)

음독 **きつ**

음독 喫煙 흡연 喫驚 낌찍 놀람 喫茶店 찻집 満喫 만끽
喫する ① 마시다, 먹다 ② 받다, 입다, 당하다

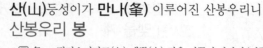

N1 中学
10획 / 부수 山

산(山)등성이가 **만나(夆)** 이루어진 산봉우리니
# 산봉우리 봉

+ 图 夆 - 뒤쳐오더라도(夂) 예쁜(丰) 것을 이끌어 만나니 '이끌 봉, 만날 봉'
+ 夂(천천히 걸을 쇠, 뒤져 올 치)

훈독 **みね**　음독 **ほう**

훈독 峰 산봉우리

음독 奇峰 기이하게 생긴 산봉우리　主峰 산맥 중에서 가장 높은 산
秀峰 썩 아름다운 산봉우리　連峰 죽 이어져 있는 산봉우리

中学
13획 / 부수 虫

벌레(虫) 중 **만난(夆)** 듯 무리지어 사는 벌이니 벌 봉

+ 벌은 여왕을 중심으로 수만 마리가 모여 살지요.
+ 虫(벌레 충)

훈독 **はち**　음독 **ほう**

훈독 蜂 벌　蜂の巣 벌집　蜂蜜 벌꿀, 꿀

음독 蜂窩 벌집　蜂起 봉기　養蜂 양봉

참고자
11획 / 부수 辶(辶)

**이끌고(夆) 가(辶)** 만나니 만날 봉

+ 逢은 일본 한자에서 정자로 쓰입니다.

음독 **ほう**

음독 逢着 봉착, 맞부딪침

N1 中学
16획 / 부수 糸

베 조각을 **실(糸)로 만나게(逢)** 꿰매니 꿰맬 봉

+ 糸(실 사, 실 사 변)

훈독 **ぬう**　음독 **ほう**

훈독 縫う 꿰매다, 바느질하다

음독 縫合 봉합　縫製 봉제　裁縫 재봉, 바느질

奉 봉 　 俸 봉

中学

8획 / 부수 大

하늘 땅(二) 같이 **위대한(大)** 분을 **많이(龷)** 받드니 받들 봉

╋ 龷[일천 천, 많을 천(千)의 변형]

**훈독** たてまつる　　**음독** ほう, ぶ

**훈독** 奉(たてまつ)る 바치다

**음독** 奉献(ほうけん) 봉헌　信奉(しんぽう) 신봉　奉行(ぶぎょう) 명을 받들어 사물을 행함
奉拝(ほうはい) 삼가 배례함

---

N1　中学

10획 / 부수 人(亻)

사람(亻)이 **받들어(奉)** 일하고 받는 봉급이니 봉급 봉

╋ 봉급(俸給) – 어떤 직장에서 계속적으로 일하는 사람이 그 일의 대가로 정
기적으로 받는 일정한 보수

╋ 給(줄 급)

**음독** ほう

**음독** 俸給(ほうきゅう) 봉급　加俸(かぼう) 가봉　号俸(ごうほう) 호봉　年俸(ねんぽう) 연봉　本俸(ほんぼう) 본봉

N1 小3
6획 / 제부수

앞에서 바라본 양을 본떠서 **양 양**

+ 양은 성질이 온순하여 방목하거나 길들이기도 좋으며, 부드럽고 질긴 털과 가죽 그리고 고기를 주는 이로운 짐승이지요. 그래서 양(羊)이 부수로 쓰이면 대부분 좋은 의미의 글자랍니다.

훈독 **ひつじ**　음독 **よう**

훈독 羊 양　羊飼い 양치기, 목동　子羊 어린 양

음독 羊毛 양털　群羊 양떼　牧羊 양을 침　綿羊 면양

---

N1 中学
10획 / 부수 示(ネ)

보임(ネ)이 양(羊)처럼 좋은 상서로운 조짐이니
**상서로울 상, 조짐 상**

정자 祥

+ 상서(祥瑞) – 경사로운 일이 있을 징조
+ 조짐(兆朕) – 어떤 일이 생길 기미가 보이는 현상
+ ネ(보일 시, 신 시 변), 瑞(상서로울 서), 兆(조짐 조, 조 조), 朕(朕: 나 짐, 조짐 짐)

음독 **しょう**

음독 吉祥 길상, 길조, 행운　発祥 발상　不祥事 불상사

---

N1 中学
13획 / 부수 言

말(言)을 양(羊)처럼 순하고 좋게 하며 자세하니 **자세할 상**

훈독 **くわしい**　음독 **しょう**

훈독 詳しい 상세하다, 소상하다, 자세하다

음독 詳解 상세한 해석　詳記 상기, 자세하게 적어 놓음　精詳 정상
詳細 상세함, 자세함　詳悉 극히 상세함　詳論 자세히 논함
詳述 자세히 설명함(= 詳説)　詳知 자세히 알고 있음

---

N1 中学
17획 / 부수 魚

물고기(魚)가 양(羊)처럼 고와 깨끗하고 싱싱하니
**고울 선, 깨끗할 선, 싱싱할 선**

+ 魚(물고기 어)

훈독 **あざやか**　음독 **せん**

훈독 鮮やか 또렷함, 산뜻함, 선명함

음독 鮮血 선혈　鮮紅 선홍　鮮度 선도　鮮明 선명

N1 小6
12획 / 부수 口

양(羊)처럼 풀(丷)만 입(口)으로 먹는 짐승은 착하니
**착할 선**
또 착하면 좋고 시키는 일도 잘하니 **좋을 선, 잘할 선**

+ 초식 동물은 대부분 순하고 착하지요.
+ 丷[초 두(艹)의 약자(艹)의 변형]

**훈독** よい　**음독** ぜん

**훈독** 善い 바르다, 선량하다
**음독** 最善 최선　慈善 자선　善処 선처　善男善女 선남선녀

中学
18획 / 부수 糸

실(糸)로 좋게(善) 기우니 **기울 선**

+ 糸(실 사, 실 사 변)

**훈독** つくろう　**음독** ぜん

**훈독** 繕う 고치다, 수선하다　見繕う 적당한 것을 골라 갖추다
**음독** 営繕 건축물의 신축과 수리　修繕 수선

中学
16획 / 부수 肉(月)

고기(月)로 먹기 좋게(善) 만든 반찬이니 **반찬 선**
또 반찬처럼 관계를 좋게 해 주는 선물도 뜻하여 **선물 선**

+ 月(달 월, 육 달 월)

**음독** ぜん

**음독** 膳部 요리상　上げ膳 식사가 끝나고 상을 물림　御膳 밥상, 진지
食膳 밥상　配膳 상을 차려 손님 앞에 돌림

**N2** **小2**
10획 / 제부수

옆에서 바라본 말을 본떠서 **말 마**

훈독 **うま, ま** 음독 **ば**

훈독 馬弓 말을 탄 채로 활을 쏨 伝馬船 짐을 나르는 거룻배

음독 馬鹿 바보 馬革 말가죽 馬鹿正直 지나치게 고지식함
馬耳東風 마이동풍 馬槽 말구유 馬車 마차

---

**N2** **中学**
15획 / 부수 馬

말(馬)을 **주인**(主)에게 맡기고 머무르니 **머무를 주**

+ 말로 이동하던 시절에 어디를 가면 말을 주인에게 맡기고 머물렀다는 데서
생긴 글자
+ 主(주인 주)

음독 **ちゅう**

음독 駐在 주재 駐車 주차 駐屯 주둔(= 駐留) 駐日 일본에 주재함
駐輪場 자전거 주차장 移駐 이주 常駐 상주

---

**N1** **中学**
16획 / 부수 竹(⺮)

대(⺮)로 말(馬)을 타던 어린 시절 친구처럼 정이 두터우니
**두터울 독**

+ 놀이기구가 없었던 옛날에는 대로 말을 타면서 놀기도 하여서 어린 시절의
친구를 죽마고우(竹馬故友)라 하지요.
+ ⺮[대 죽(竹)이 부수로 쓰일 때의 모양]

음독 **とく**

음독 篤実 독실 篤信 독신 篤学 독학 危篤 위독함
懇篤 친절하고 정이 두터움

---

**中学**
15획 / 부수 网(罒)

그물(罒)을 말(馬)에 씌우듯 꾸짖으며 욕하니
**꾸짖을 매, 욕할 매**

+ 罒(그물 망) – 제목번호 296 참고

훈독 **ののしる** 음독 **ば**

훈독 罵る 욕을 퍼부으며 떠들다

음독 罵言 심한 욕설 罵倒 매도(심하게 욕하며 나무람)
罵声 시끄럽게 욕하는 소리

**N3** **小2**
4획 / 부수 大

**큰 대(大)** 밑에 **점(ヽ)**을 찍어 더 큼을 나타내어 **클 태**

+ 한자에서는 점 주, 불똥 주(ヽ)나 삐침 별(ノ)로 무엇이나 어느 부분을 강조하기도 합니다.

훈독 **ふとい, ふとる**　　음독 **た, たい**

훈독 太い 굵다, 뚱뚱하다　太る 살찌다

음독 太刀 허리에 차는 칼　丸太 (껍질만 벗긴) 통나무　太古 아주 먼 옛날
太鼓 북　助太刀 결투나 복수 등에 조력해 줌　皇太后 황태후
皇太子 황태자

---

**中学**
7획 / 부수 水(氵)

**물(氵)**로 **큰(太)** 것만 씻어 일며 추리니
**씻을 태, 일 태, 추릴 태**

+ 일다 – 흔들어서 쓸 것과 못 쓸 것을 가려내다.
+ 氵(삼 수 변)

음독 **た**

음독 沙汰 ① 소식, 기별 ② 평판, 소문 ③ 사태　沙汰の外 문제가 되지 않음
沙汰の限り 당치도 않음, 언어도단　沙汰無し 지시나 소식이 없음
御無沙汰 무소식　淘汰 도태(여럿 중에서 불필요하거나 부적당한 것
을 줄여 없앰)　沙汰止み ① 계획이 중지됨 ② 소문이 흐지부지됨

---

**N1** **中学**
14획 / 부수 馬

**말(馬)**에 **크게(太)** 짐 실으니 **실을 태, 실을 타**
또 **말(馬)**이 너무 **크면(太)** 탈 수 없어 값없으니 **값없을 태**

+ 일본어에서 접두사로 쓰여 '시시한', '변변치 않은', '엉터리' 등의 뜻을 나타냄
+ 馬(말 마)

음독 **だ, た**

음독 駄菓子 막과자　駄作 졸작　駄々っ子 응석받이　下駄 나막신
駄賃 심부름 삯　駄目 소용없음　無駄 쓸데없음, 보람 없음, 헛됨

**N2** **小6**
12획 / 부수 攵

진실한(苟) 마음이면 **채찍질(攵)**해도 공경하니 **공경할 경**

+ 攵(칠 복, = 攴)

훈독 うやまう     음독 けい

훈독 うやま
    敬う 존경하다
음독 けい い        けい けん        けい しょう        けい ろう        そん けい
    敬畏 경외   敬虔 경건   敬称 경칭   敬老 경로   尊敬 존경

**N2** **小6**
19획 / 부수 言

진실한(苟) 마음으로 **채찍질(攵)**하며 **말(言)**로 경계하고
깨우치니 **경계할 경, 깨우칠 경**

+ 言(말씀 언)

음독 けい

음독 けい えい        けい かい        けい しょう        けい び
    警衛 경위, 경호, 경호원   警戒 경계   警鐘 경종   警備 경비
    けい ご
    警護 경호

**N1** **中学**
22획/ 부수 馬

진실한(苟) 마음으로 **채찍질(攵)**해도 **말(馬)**은 놀라니 **놀랄 경**

+ 馬(말 마)

훈독 おどろく, おどろかす     음독 きょう

훈독 おどろ        おどろ        おどろ
    驚く 놀라다   驚き 놀람   驚かす 놀라게 하다
음독 きょう い        きょう がく        きょう き
    驚異 경이   驚愕 경악   驚喜 뜻밖의 일에 몹시 놀라고 기뻐함
    きょう たん        きょう とう
    驚嘆 경탄   驚倒 놀라 자빠짐

참고자
7획 / 부수 儿

귀가 긴 토끼가 **꼬리(丶)** 내밀고 앉아있는 모양을 본떠서
**토끼 토**

+ 图 兔

훈독 **うさぎ**　음독 **と**

훈독 兎 토끼　占め子の兎 일이 뜻대로 잘 됨

음독 兎に角 하여간, 어쨌든, 좌우간

---

N1　中学
8획 / 부수 儿

덫에 걸린 **토끼(兎)**가 꼬리만 잘리고 죽음을 면하니 **면할 면**

+ 면(免)하다 – 어떤 상태나 처지에서 벗어나다.
+ 면할 면(免)은 정자의 8획 兔에서 점 주, 불똥 주(丶)를 뺀 모양인데, 가운데 내려 그은 획을 나누어 써서 8획이네요.

훈독 **まぬかれる**　음독 **めん**

훈독 免れる 모면하다, 피하다, 벗어나다

음독 赦免 사면, 죄를 용서함　免状 ① 면(허)장 ② 졸업 증서 ③ 사면장
免税 면세　罷免 파면　免除 면제

---

N1　中学
11획 / 부수 辵(辶)

늙어서 고생을 **면하려고(免)** 어디론가 **가(辶)** 숨어 꿈을
이루면 뛰어나고 편안하니 **숨을 일, 뛰어날 일, 편안할 일**

정자 逸 – 토끼(兎)처럼 약한 짐승은 도망가서(辶) 숨는 것이 뛰어난 꾀며 그래야 편안하니 '숨을 일, 뛰어날 일, 편안할 일'

음독 **いつ**

음독 逸言 지나친 말, 실언　逸材 뛰어난 재능　逸する 벗어나다
逸走 일주　逸足 발이 빠름　逸脱 일탈　逸品 일품　逸話 일화
放逸 방종함, 방자함

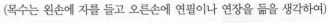

N4 小1
5획 / 부수 工

(목수는 왼손에 자를 들고 오른손에 연필이나 연장을 듦을 생각하여)

**많이(ナ) 자(工)를 쥐는 왼쪽이니 왼쪽 좌**
또 왼쪽은 낮은 자리도 뜻하여 **낮은 자리 좌**

+ 工(자를 본떠서 만든 글자로 '장인 공, 만들 공, 연장 공'이지만 여기서는
본떠 만든 '자'로 봄)

훈독 **ひだり** 음독 **さ**

훈독 左 왼쪽 左側 왼쪽 左利き 왼손잡이 左手 왼손

음독 左官 미장이 左折 좌회전 左方 왼쪽, 좌측 左程 그다지
左右 좌우 左遷 좌천(↔ 栄転 영전) 左翼 좌익, 급진적·혁명적 사
상 경향

---

N1 小4
7획 / 부수 人(亻)

**사람(亻)이 왼쪽(左)에서 도우니 도울 좌**

음독 **さ**

음독 大佐 (구 일본군의) 대좌(한국의 대령에 해당)

---

N1 中学
12획 / 부수 心(忄)

**마음(忄)이 왼쪽(左) 아래로 떨어진 몸(月)처럼 게으르니
게으를 타**

음독 **だ**

음독 惰気 게으른 마음 惰性 타성 惰弱 나약, 허약 勤惰 근태
怠惰 태만 惰眠 게으르게 잠자고 있는 상태

---

참고자
12획 / 부수 阜(阝)

**언덕(阝)의 왼쪽(左) 아래로 몸(月)이 떨어지니 떨어질 타**
또 멀리 떨어진 곳에 있던 수나라니 **수나라 수**

+ 수(隋)나라 – 옛날 중국에 있었던 나라
+ 阝(언덕 부 변)

음독 **ずい**

N1 中学
12획 / 부수 土

**언덕(阝) 아래에 있는(有) 흙(土)으로 떨어져 빠지니
떨어질 타, 빠질 타**

[정자] 墮 – 떨어져(隋) 흙(土)에 빠지니 '떨어질 타, 빠질 타'
+ 土(흙 토), 有(가질 유, 있을 유)

[음독] だ

[음독] 堕胎(だたい) 낙태　堕落(だらく) 타락

---

N1 中学
12획 / 부수 辶(辶)

**언덕(阝)까지라도 뜻 있는(有) 분을 따라가니(辶) 따를 수**

[정자] 隨 – (조금) 떨어져(隋) 따라가니(辶) '따를 수'

[음독] ずい

[음독] 随意(ずいい) 자유, 마음대로　随員(ずいいん) 수행원　随行(ずいこう) 수행　随時(ずいじ) 수시
随伴(ずいはん) 수반　随筆(ずいひつ) 수필　随分(ずいぶん) 대단히, 몹시

---

N1 中学
19획 / 부수 骨

**뼈(骨) 있는(有) 곳을 따라 가며(辶) 차 있는 골수니 골수 수**

[정자] 髓 – 뼈(骨)를 따라(遀) 가운데 차 있는 골수니 '골수 수'
+ 골수(骨髓) – 뼈 속에 차 있는 연한 조직
+ 骨(뼈 골), 遀[따를 수(隨)의 획 줄임]

[음독] ずい

[음독] 髄脳(ずいのう) 수뇌　精髄(せいずい) 정수, 핵심
脊髄(せきずい) 척수(척주관 속에 있는 중추 신경 계통의 부분)

5획 / 부수자

양쪽 기둥에 그물을 얽어 맨 모양을 본떠서 **그물 망**

+ 통 网, 罓
+ 유 皿(그릇 명) – 1권 제목번호 274 참고

N1 中学

14획 / 부수 罒

법**망**(罒)에 걸린 사람을 **말**(言)로 꾸짖고 **칼**(刂)로 베어
벌주니 **벌줄 벌**

+ 법망(法網) – 죄를 지은 사람에게 제재를 할 수 있는 법률이나 그 집행 기
관을 말함
+ 言(말씀 언), 刂(칼 도 방), 網(그물 망)

음독 **ばつ, ばち**

음독 罰金 벌금 罰則 벌칙 罰点 벌점 刑罰 형벌 厳罰 엄벌
処罰 처벌 体罰 체벌 罰 벌, 천벌 罰当たり 천벌을 받음

N1 中学

17획 / 부수 耳

귀(耳)로 덕스러운(悳) 소리를 들으니 **들을 청**

정자 聽 – 귀(耳)로 왕(王)처럼 덕스러운(悳) 소리를 들으니 '들을 청'
+ 耳(귀 이), 王(임금 왕, 으뜸 왕, 구슬 옥 변), 悳[덕 덕, 클 덕(惪)의 변형]

훈독 **きく** 음독 **ちょう**

훈독 聴く 주의해서 듣다, 귀를 기울이다
음독 聴診 청진 傍聴 방청 聴聞 청문

**참고자**

11획 / 부수 曰

말하면(曰) 그 말이 **그물(罒)**처럼 **또(又)** 길고 넓게 퍼지니
**길 만, 넓을 만**

+ 발 없는 말이 천 리 간다는 속담도 있지요.
+ 曰(가로 왈)

음독 **まん**

---

N1 中学

14획 / 부수 心(忄)

마음(忄)이 넓게(曼) 늘어져 게으르고 오만하니
**게으를 만, 오만할 만**

+ 오만(傲慢) – 잘난 체하며 남을 업신여기는 데가 있음 ↔ 겸손(謙遜)
+ 傲(거만할 오, 업신여길 오), 謙(謙: 겸손할 겸), 遜(겸손할 손)

음독 **まん**

음독 慢性 만성（まんせい） 高慢 건방짐（こうまん） 驕慢 교만（きょうまん） 怠慢 태만（たいまん）

---

N1 中学

14획 / 부수 水(氵)

물(氵)이 넓게(曼) 퍼져 흩어지니 **흩어질 만**
또 흩어지듯 부질없으니 **부질없을 만**

+ 부질없다 – 대수롭지 않고 쓸모가 없다.

음독 **まん**

음독 漫画 만화（まんが） 漫才 만담, 두 사람이 익살스럽게 주고받는 재담（まんざい）(= 漫談（まんだん）)
漫罵 까닭 없이 함부로 욕함（まんば） 漫遊 만유(이곳저곳으로 두루 돌아다니며 놂)（まんゆう）
散漫 산만（さんまん） 放漫 방만（ほうまん） 漫歩 만보（まんぽ）

참고자

13획 / 부수 虫

N1 中学

16획 / 부수 水(氵)

그물(罒) 같은 집에 **싸여(勹)** 있는 **벌레(虫)**는 애벌레니
애벌레 촉, 촉나라 촉

+ 罒(그물 망, = 网, 网), 勹(쌀 포), 虫(벌레 충)

음독 **しょく**

음독 望蜀 만족할 줄 모르는 욕심
　　　 ぼうしょく

예외 玉蜀黍 옥수수
　　　 とうもろこし

---

물(氵)속에 **애벌레(蜀)**가 꿈틀거린 듯 흐리니 흐릴 탁

훈독 **にごる, にごす**　　　음독 **だく**

훈독 濁る 흐려지다, 탁해지다　濁す 흐리게 하다, 탁하게 하다
　　　 にご　　　　　　　　　　　　 にご

음독 濁音 탁음　濁水 흐린 물　濁流 탁류　混濁 혼탁　清濁 청탁
　　　 だく おん　　 だく すい　　 だく りゅう　 こん だく　 せい だく
　　　 白濁 백탁(보얗게 흐림)　半濁音 반탁음
　　　 はく だく　　　　　　　　　 はん だく おん

**참고자**
13획 / 부수 衣

### 많이(十) 그물(罒)이나 옷(衣)자락에 품으니 품을 회

[정자] 裹 – 옷(衣)을 그물(罒)처럼 싸고 눈물(氺) 흘리도록 사연을 품으니 '품을 회'

+ 衣(옷 의), 罒(그물 망, = 网, 罔), 氺[물 수 발(水)의 변형]

N1 中学
16획 / 부수 忄(心)

### 마음(忄)에 품고(裹) 생각하니 품을 회, 생각할 회

[정자] 懷

[훈독] **ふところ, なつかしい, なつかしむ, なつく, なつける**

[음독] **かい**

[훈독] 懷 ① 품 ② 호주머니 ③ 가슴 속, 내막　懷かしい 그립다　懷く 따르다
懷かしむ 그리워하다, 반가워하다　懷ける 따르게 하다, 길들이다

[음독] 懷疑 회의　懷古 회고　懷柔 회유　懷中 호주머니 속
懷妊 회임, 임신　懷抱 회포　懷炉 손난로

N1 中学
16획 / 부수 土

### 흙(土)으로만 품으면(裹) 단단하지 못하여 무너지니 무너질 괴

[정자] 壞

+ '흙(土)이 많이(十) 그물(罒)이나 옷(衣)자락처럼 넓게 무너지니 무너질 괴' 라고도 합니다.

+ 土(흙 토), 十(열 십, 많을 십)

[훈독] **こわす, こわれる**　　[음독] **かい**

[훈독] 壞す 파괴하다, 부수다　壞れる 깨지다, 고장 나다

[음독] 壞滅 괴멸　壞血病 괴혈병　自壞 스스로 무너짐
倒壞 무너짐　破壞 파괴

[예외] 壞死 괴사(조직의 국부적인 죽음)

**N4** **小2**
10획 / 제부수

지붕(亠)과 창틀(口)과 기둥(冂)과 문(口)이 있는 높은 누각을 본떠서 높을 고

훈독 **たかい, たかまる, たかめる**     음독 **こう**

훈독 高飛車 고압적인 태도   高値 고가(비싼 값)   残高 잔고, 잔액

음독 高貴 고귀   高潔 고결   高齢 고령   高尚 고상, 점잖음

高次 고차(생각이나 행동 등의 수준이나 정도가 높은 것)

高揚 고양, 높이고 북돋움

---

**N1** **中学**
15획 / 부수 禾

벼(禾)를 수확하고 높이(高) 쌓아 놓은 볏짚이니 볏짚 고

또 볏짚이 무엇의 재료가 되듯 책의 재료가 되는 원고니

원고 고

+ 옛날에는 볏짚을 이용하여 여러 가지 생활 도구를 만들었지요.
+ 禾(벼 화)

음독 **こう**

음독 改稿 개고(원고를 고침)   起稿 기고   原稿 원고   草稿 초고

脱稿 탈고   投稿 투고

---

**N1** **中学**
14획 / 부수 豕

힘이 센(亯) 멧돼지(豕)처럼 굳세고 뛰어난 호걸이니

굳셀 호, 호걸 호

+ 호걸(豪傑) – 재주와 용기가 뛰어난 사람
+ 亯[높을 고(高)의 획 줄임], 豕(돼지 시), 傑(뛰어날 걸)

음독 **ごう**

음독 豪雨 호우, 큰비   豪華 호화   豪家 호가(세력과 재산이 있는 집)

豪快 호쾌함   豪気 호기   豪傑 호걸   豪邸 대저택   豪奢 호사(호화

롭게 사치함, 또는 그런 사치)   豪遊 호화롭게 놂   文豪 문호

**높은(亠) 학문을 배운 아들(子)이 행복을 누리니 누릴 향**

+ 〔유〕 亨(형통할 형), 亭(정자 정)
+ 亠[높을 고(高)의 획 줄임], 子(아들 자, 첫째 지지 자, 자네 자, 접미사 자)

음독 **きょう**

음독 享宴 향연, 享受 향수, 누림 享年 향년, 죽었을 때의 나이
享有 향유(누리어 가짐) 享楽 향락

N1 中学
8획 / 부수 亠

**행복을 누리도록(享) 고을(阝)마다 쌓은 성곽이니 성곽 곽**
**또 성곽의 둘레니 둘레 곽**

+ 성곽(城郭) – 적을 막기 위하여 흙이나 돌 따위로 높이 쌓아 만든 담
+ 성곽이 있으면 적이 침범하지 못하니 행복을 누릴 수 있지요.
+ 阝(고을 읍 방), 城(성 성)

음독 **かく**

음독 郭大 ① 확대 ② 곽대, 넓고 큼 城郭 성곽 外郭 외곽
輪郭 윤곽

N1 中学
11획 / 부수 邑(阝)

**행복을 누리며(享) 둥글게(丸) 살기를 바라는 누구니**
**누구 숙**

+ 丸(둥글 환, 알 환)

훈독 **いずれ**

참고자
11획 / 부수 子

**누구(孰)나 지혜를 익히는 곳(土)은 글방이니 글방 숙**

+ 土('흙 토'지만 여기서는 '곳'으로 봄)

음독 **じゅく**

음독 塾 ① 학원 ② 기숙사 塾生 학원생, 기숙사생 塾舎 학생 기숙사
塾長 학원장 塾頭 사감

N1 中学
14획 / 부수 土

N3 小2
8획 / 부수 ㅗ

**높은(亠) 곳에도 작은(小) 집들이 많은 서울이니 서울 경**

+ 서울 같은 큰 도시는 땅이 부족하여 높은 곳까지 집을 짓고 살지요. 요즘은
  정비되어 좋아졌지만 옛날에는 고지대에 달동네가 많았답니다.
+ 亠[높을 고(高)의 획 줄임]

음독 **きょう, けい**

음독 京浜 도쿄와 요코하마 京風 교토풍

---

N1 中学
19획 / 부수 魚

**물고기(魚) 중 서울(京)처럼 큰 고래니 고래 경**

+ 魚(물고기 어)

훈독 **くじら**  음독 **げい**

훈독 鯨 고래

음독 鯨油 고래 기름 鯨波 경파, 큰 파도 捕鯨 포경, 고래잡이

---

N2 中学
11획 / 부수 水(氵)

**물(氵) 있는 곳은 서울(京)도 서늘하니 서늘할 량**

+ 동 凉 – 얼음(冫)이 얼면 서울(京)도 서늘하니 '서늘할 량'
+ 氵 – 물 수(水)가 글자의 변으로 쓰일 때의 모양으로, 점이 셋이니 '삼 수 변'
+ 冫 – 얼음 빙(氷)이 부수로 쓰일 때의 모양으로, 점이 둘이니 '이 수 변'

훈독 **すずしい, すずむ**  음독 **りょう**

훈독 涼しい 시원하다, 서늘하다 涼しさ 시원함, 서늘함
涼む 시원한 바람을 쐬다 涼風 산들바람, 서늘한 바람

음독 涼感 시원한 느낌 涼気 시원한 공기 涼秋 서늘한 가을
涼風 ① 서늘한 바람 ② 북풍 또는 서남풍
納涼 납량(여름철에 더위를 피하여 서늘한 기운을 느낌)

316

303 景 경 憬 경 影 영

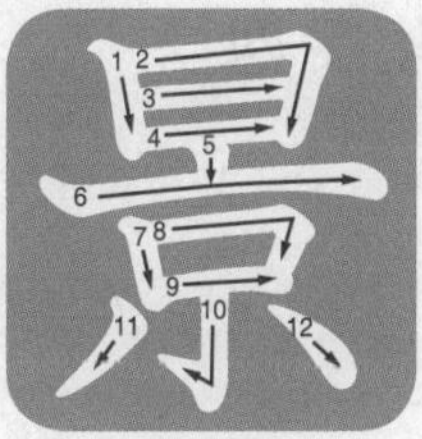

N2 小4

12획 / 부수 日

## 햇(日)빛이 서울(京)을 비추면 드러나는 경치가 크니 볕 경, 경치 경, 클 경

+ 햇빛이 비치면 보이지 않던 것도 보이고, 또 멀리까지도 보이니 크다고 한 것입니다.

음독 けい

음독 景観(けいかん) 경관 景況(けいきょう) 경황 敍景(じょけい) 자연의 경치를 시나 문장으로 나타냄

景気(けいき) ① 경기 ② 호경기 ③ 활동 상태나 위세, 기운

不景気(ふけいき) 불경기 光景(こうけい) 광경

예외 景色(けしき) 경치, 풍경

---

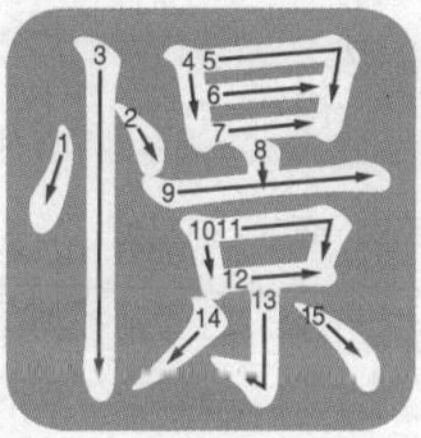

中学

15획 / 부수 心(忄)

## 마음(忄)에 좋았던 경치(景)를 동경하니 동경할 경

+ 동경(憧憬) – 어떤 것을 간절히 그리워하여 그것만을 생각함
+ 세월이 지나면 그때가 좋았지 하면서 깨닫고 동경하지요.
+ 忄(마음 심 변), 憧(그리워할 동)

음독 けい

음독 憧憬(どうけい) 동경

---

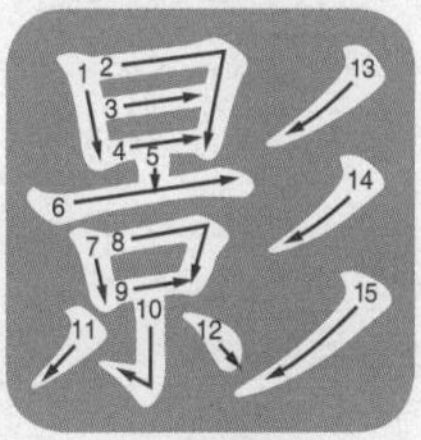

N1 中学

15획 / 부수 彡

## 빛(景)이 가려져 긴머리(彡)처럼 아른거리는 그림자니 그림자 영

+ 볕을 가리면 그림자가 생기지요.
+ 彡(터럭 삼, 긴머리 삼)

훈독 かげ 음독 えい

훈독 影(かげ) 그림자 影法師(かげぼうし) 사람의 그림자 月影(つきかげ) 달빛

火影(ほかげ) ① 불빛 ② 등불에 비치는 그림자

음독 影響(えいきょう) 영향 影像(えいぞう) 영상 陰影(いんえい) 음영 近影(きんえい) 최근에 찍은 사진

幻影(げんえい) 환영, 환상 撮影(さつえい) 촬영

**N1 小3**
2획 / 부수 一

고무래나 못의 모양을 본떠서 **고무래 정, 못 정**
또 고무래처럼 튼튼한 장정도 가리켜서
**장정 정, 넷째 천간 정**

+ 고무래는 곡식을 말릴 때 넓게 펴서 고르는 도구니, 단단한 나무로 튼튼하게 만들지요.

음독 **ちょう, てい**

음독 丁数 ① (주로 일본식) 책의 장수 ② 둘로 나뉘는 수, 짝수　丁重 정중
丁寧 공손함　丁年 정년(남자 나이의 20세)　馬丁 마부

---

**N1 中学**
9획 / 부수 言

말(言)을 **고무래(丁)**로 곡식을 펴듯 바로잡으니 **바로잡을 정**

+ 言(말씀 언)

음독 **てい**

음독 訂正 정정　改訂 개정　校訂 교정　増訂 증정, 증보·개정함
修訂 수정

---

**N1 中学**
9획 / 부수 亠

높이(亠) 지어 **장정(丁)**들이 쉬도록 한 정자니 **정자 정**

+ 亠[높을 고(高)의 획 줄임]

음독 **てい**

음독 亭午 한낮, 정오(正午)　池亭 못가에 있는 정자
料亭 주로 일본 요리를 제공하는 고급 음식점(= 料理屋)

---

**N1 中学**
14획 / 부수 宀

집(宀)에서 **마음(心)**대로 뜻을 **그물(罒)**처럼 펼칠 수 있는
**장정(丁)**이니 어찌 편안하지 않을까에서 **어찌 녕, 편안할 녕**
또 편안하도록 차라리 공손하니 **차라리 녕, 공손할 녕**

정자 寧 – 집(宀)에서 마음껏(心) 그릇(皿)에 음식을 담아 먹는 장정(丁)이니 어찌 편안하지 않을까에서 '어찌 녕, 편안할 녕'

+ 宀(집 면), 罒(그물 망), 皿(그릇 명)

음독 **ねい**

음독 寧日 별일 없는 날　安寧 안녕

**N2** **小5**
5획 / 부수 口

中学
8획 / 부수 草(艹)

장정(丁)처럼 씩씩하게 **말할(口)** 수 있는 것은 옳으니 **옳을 가** 또 옳으면 가히 허락하니 **가히 가, 허락할 가**

음독 **か**

음독 可成 제법, 어지간히, 상당히  可燃性 가연성
認可 인가  半可通 잘 알지도 못하면서 아는 체함
不可思議 불가사의  不可決 불가결

예외 可笑しい ① 어처구니없음 ② (같잖아서) 우스움

---

풀(艹)만 **가히(可)** 먹도록 하면 가혹하니 **가혹할 가**

+ 가혹(苛酷) – 몹시 모질고 혹독함
+ 艹(초 두), 酷(심할 혹, 독할 혹)

훈독 **いじめる, いらだつ, さいなむ**    음독 **か**

훈독 苛める 괴롭히다  苛々する 짜증이 나다
苛立つ 초조해하다, 애가 타다  苛む ① 들볶다 ② 꾸짖다

음독 苛酷 가혹  苛虐 가학(괴롭혀 학대함)  苛烈 가열

319

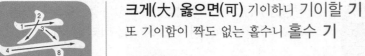

**N1** **中学**
8획 / 부수 大

크게(大) 옳으면(可) 기이하니 기이할 **기**
또 기이함이 짝도 없는 홀수니 홀수 **기**

음독 **き**

음독 奇異 기이  奇怪 기괴  奇観 ① 진기한 광경 ② 훌륭한 경치
奇策 기책(기묘한 계책)  奇襲 기습

---

**小4**
11획 / 부수 土

흙(土)이 기이하게(奇) 뻗어나간 갑이니 갑 **기**

＋ 갑(岬) – 바다 쪽으로 뾰족하게 뻗은 육지
＋ 岬(산허리 갑, 곶 갑)

훈독 **さい**

훈독 埼玉県 사이타마 현(일본 현의 하나)

---

**N1** **小4**
11획 / 부수 山

산(山)이 기이하게(奇) 험하니 험할 **기**
또 험한 갑이나 곶이니 갑 **기**, 곶 **기**

훈독 **さき**

훈독 崎 갑, 곶  長崎県 나가사키 현(일본 현의 하나)

---

**N1** **中学**
18획 / 부수 馬

말(馬)을 기이하게(奇) 타니 말 탈 **기**

음독 **き**

음독 騎士 기사  騎乗 기승  騎馬 기마
一騎当千 일기당천(싸우는 능력이 아주 뛰어남)

中学
12획 / 부수 木

나무(木)를 **기이하게(奇)** 구부려 만든 의자니 의자 **의**

음독 **い**

음독 椅子 의자
　　いす

307 司 伺 嗣
　　　사 사 사

小4
5획 / 부수 口

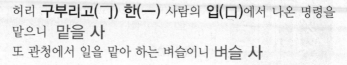

허리 **구부리고(コ) 한(一)** 사람의 **입(口)**에서 나온 명령을
맡으니 맡을 **사**
또 관청에서 일을 맡아 하는 벼슬이니 벼슬 **사**

훈독 **つかさどる**　　음독 **し**

훈독 司 ① 관청 ② 관직
　　つかさ

음독 司祭 (가톨릭) 사제, 신부　司直 사직　司令 사령
　　しさい　　　　　　　　　しちょく　　しれい
　　宮司 신사의 제사를 맡는 신관으로 최고위
　　ぐうじ

N2 中学
7획 / 부수 人(亻)

사람(亻)이 **맡은(司)** 일을 잘하나 엿보니 엿볼 **사**

훈독 **うかがう**　　음독 **し**

훈독 伺う '듣다', '묻다'의 겸사말
　　うかが
　　＋ 겸사(謙辞) – 자기를 낮춤으로써 상대편을 높이는 말

음독 伺候 웃어른께 문안드림
　　しこう

N1 中学
13획 / 부수 口

조상이 **말(口)**과 **책(冊)**으로 남긴 뜻을 **맡아(司)** 이으니
이을 **사**

＋ 口(입 구, 말할 구, 구멍 구), 冊(책 책, 세울 책(冊)의 변형)

음독 **し**

음독 嗣子 대를 이을 아들　後嗣 후사, 후계자
　　しし　　　　　　　　こうし
　　嫡嗣 가문을 이어 갈 본처의 아들
　　ちゃくし

中学
4획 / 제부수

코끼리 어금니를 본떠서 **어금니 아**

+ 어금니 - 송곳니의 안쪽에 있는 큰 이
+ 코끼리는 어금니가 길게 드러나 있지요.

훈독 **きば**   음독 **が, げ**

훈독 牙 어금니(크고 날카롭게 발달하여 있는 포유류의 이)
음독 牙城 아성   歯牙 치아   象牙 상아

---

N1  中学
13획 / 부수 佳

어금니(牙)를 가는 것처럼 내는 **새(佳)**소리는 맑고 우아하니
**맑을 아, 우아할 아**

+ 우아(優雅)하다 - 고상하고 기품이 있으며 아름답다.
+ 佳(새 추), 優(우수할 우, 머뭇거릴 우, 배우 우)

음독 **が**

음독 雅言 우아한 말   雅遊 풍류놀이   雅量 아량   清雅 청아
優雅 우아함   雅趣 고아한 정취나 그런 취미

---

N1  中学
8획 / 부수 邑(阝)

어금니(牙)나 구석진 **고을(阝)**처럼 숨어서 하는 짓이 간사하니
**간사할 사**

+ 간사(奸邪) - 성질이 간교하고 행실이 바르지 못함
+ 阝(고을 읍 방), 奸(간사할 간)

음독 **じゃ**

음독 邪悪 사악   邪気 악의   邪魔 방해   邪推 그릇된 추측(의심)
예외 風邪 감기

322

참고자
4획 / 부수 尢

굽고(尢) 점(丶)까지 있어 더욱 허물이니
**더욱 우, 허물 우**

+ 尢 - [양팔 벌리고(一) 다리 벌린 사람(人)을 본떠서 만든] 큰 대(大)의 한
획을 구부려 절름발이를 나타내어 '굽을 왕, 절름발이 왕'

음독 **ゆう**

음독 尤物 ① 뛰어난 물건 ② 미녀

中学
15획 / 부수 禾

벼(禾) 같은 곡식을 더욱(尢) 비수(匕)처럼 날카롭게
**날(日)마다 살피며 상고하니 상고할 계**

정자 稽 - 벼(禾) 같은 곡식을 더욱(尢) 올리며(上) 날(日)마다 살피며 상고
하니 '상고할 계'

+ 상고(詳考)하다 - 꼼꼼하게 따져서 검토하거나 참고하다.
+ 禾(벼 화), 匕(비수 비, 숟가락 비), 詳(자세할 상), 考(살필 고, 생각할 고)

음독 **けい**

훈독 稽古 배움, 익힘, 연습 無稽 무계, 터무니없음
滑稽 ① 우스움, 우스꽝스러움 ② 익살맞음, 해학

N1 小6
12획 / 부수 尢

(꿈이 있는 사람은 벼슬자리가 많은) 서울(京)로 더욱(尢)
**나아가 꿈을 이루니 나아갈 취, 이룰 취**

훈독 **つく, つける** 음독 **しゅう, じゅ**

훈독 就く 들다, 오르다, 취임하다
就ける 자리에 오르게 하다, 취임시키다

음독 就航 취항 就寝 취침 成就 성취 就眠 취면, 잠이 듦 去就 거취

中学
19획 / 부수 足(足)

발(足)을 앞으로 **나아가게(就) 뻗어 차니 찰 축**

+ 足[발 족, 넉넉할 족(足)의 변형]

훈독 **ける** 음독 **しゅう**

훈독 蹴る ① 걸어차다 ② 거절하다 蹴飛ばす 차버리다
음독 蹴球 축구 一蹴 일축(단번에 거절하거나 물리침)

**N1** 中学
7획 / 부수 口

**입(口) 벌리고 목 젖히며(ㄴ) 하나(一)씩 팔(八)방에 큰소리쳤던 오나라니 큰소리칠 화, 오나라 오**

[정자] 吳 – 입(口) 벌리고 목 젖히며(ㄴ) 큰(大)소리쳤던 오나라니 '큰소리칠 화, 오나라 오'

+ ㄴ(목을 젖힌 모양)

[훈독] くれる　[음독] ご

[훈독] 呉れる 주다　呉れ手 주거나 해 줄 사람

[음독] 呉服 포목, 옷감, 견직물의 총칭　呉越同舟 오월동주(서로 적의를 품은 사람들이 한자리에 있게 된 경우나 서로 협력하여야 하는 상황을 비유적으로 말함)

**N1** 中学
10획 / 부수 女

**여자(女)와 함께 큰소리치며(呉) 즐거워하니 즐거워할 오**

[정자] 娯

[음독] ご

[음독] 娯楽 오락

**N1** 中学
13획 / 부수 虍

**범(虍)은 모두 큰소리치며(呉) 염려하니 염려할 우**

[정자] 虞

+ 虍(범 호 엄)

[훈독] おそれ　[음독] ぐ

[훈독] 虞 염려, 우려

[음독] 虞犯 우범(범죄를 저지를 우려가 있음)

不虞 불우(미처 생각하지 못함. 또는 그런 일)

참고자
4획 / 부수 大

위(丿)로 크게(大) 자라나는 모양이 젊고 예쁘니
**젊을 요, 예쁠 요**
또 **기울어(丿) 큰(大)** 뜻을 펼치지 못하고 일찍 죽으니
**일찍 죽을 요**

+ 丿('삐침 별'이지만 여기서는 위와 기울은 모양으로 봄)

음독 **よう**

음독 夭逝 요절  夭夭 요요하다(나이가 젊고 아름다움)

---

中学
7획 / 부수 女

여자(女)가 예쁘게(夭) 꾸미면 아리땁지만 요망하니
**아리따울 요, 요망할 요**

+ 아리땁다 – 마음이나 몸가짐 등이 맵시 있고 곱다.
+ 요망(妖妄) – 요사하고 망령됨. 또는 그러한 짓
+ 妄(망령될 망)

훈독 **あやしい**　　음독 **よう**

훈독 妖しい 불가사의하다

음독 妖艶 요염  妖精 요정  妖術 요술  妖婦 요부

---

中学
7획 / 부수 水(氵)

물(氵)기가 어린 것처럼 **예쁘게(夭)** 기름지니 기름질 옥

음독 **よく, よう**

음독 沃土 옥토  沃素 요오드  肥沃 비옥

---

N1 中学
11획 / 부수 水(氵)

물(氵)오른 **젊은이(夭)**의 마음(㣺)처럼 기쁨을 더하니
**더할 첨**

+ 㣺(마음 심 발)

훈독 **そえる, そう**　　음독 **てん**

훈독 添える 첨부하다, 곁들이다  添え物 ① 경품 ② 반찬, 부식
添う 더하다, 첨가하다  添い寝 곁 잠
음독 添加 첨가  添削 첨삭  添書 소개장  添付 첨부  別添 별첨

**N1**
12획 / 부수 口

젊은(夭) 사람이 **높이(高)** 올라가 높으니 **높을 교**

+ 일본 사람의 이름에도 사용되는 한자입니다.
+ 高[높을 고(高)의 획 줄임]

음독 **きょう**

음독 喬木 교목(줄기가 곧고 굵으며 높이가 8미터 넘게 크는 나무)

---

**N1** 中学
17획 / 부수 矢

**화살(矢)**을 **높이(喬)** 쏘려고 곧게 바로잡으니 **바로잡을 교**

+ 교정(矯正) – (틀어지거나 굽은 것을) 곧게 바로잡음
+ 화살은 곧아야 높고 멀리 나가지요.
+ 矢(화살 시), 正(바를 정)

훈독 **ためる**   음독 **きょう**

훈독 矯める 바로잡다
矯め直す ① 본래의 모양대로 구부리거나 바로잡다 ② 다시 한 번 고치다

음독 矯激 언동이 지나치게 과격함  矯正 교정  矯飾 겉치레, 가식
矯風 나쁜 풍습을 고쳐 바로잡음  奇矯 언행이 괴이하고 기발함

**N2** **中学**
11획 / 부수 人(亻)

사람(亻)이 **원숭이(禺)**를 닮음은 우연이니 **우연 우**
또 우연히 서로 닮은 짝이나 허수아비니 **짝 우, 허수아비 우**

+ 禺 – 밭(田)에서 기른 농작물을 발자국(内) 남기며 훔쳐 먹는 원숭이니
　'원숭이 우'
+ 内 – 사사로이(厶) 성(冂)처럼 남기는 발자국이니 '발자국 유'
+ 우연(偶然) – 아무 인과 관계 없이. 또는 뜻하지 않게 일어난 일
+ 田(밭 전, 논 전), 厶(사사로울 사, 나 사), 冂(멀 경, 성 경), 然(그러할 연)

[음독] **ぐう**

[음독] 偶数 짝수　偶然 우연　偶像 우상　偶発 우발　配偶者 배우자
　　　　ぐう すう　　　ぐう ぜん　　　ぐう ぞう　　　ぐう はつ　　　はい ぐう しゃ

[예외] 木偶 나무 인형(= 偶人)
　　　　でく　　　　　　　　　　　ぐうじん

---

**N2** **中学**
12획 / 부수 阜(阝)

언덕(阝)이 **원숭이(禺)**나 살 정도로 모퉁이 진 구석이니
**모퉁이 우, 구석 우**

+ 阝(언덕 부 변)

[훈독] **すみ**　[음독] **ぐう**

[훈독] 隅 모퉁이, 귀퉁이　隅々 구석구석　片隅 한쪽 구석　四隅 네 모퉁이
　　　　すみ　　　　　　　　　すみずみ　　　　　　かたすみ　　　　　よ すみ

[음독] 隅角 모퉁이, 구석　一隅 한구석, 한 모퉁이
　　　　ぐう かく　　　　　　　いち ぐう

---

**N1** **中学**
13획 / 부수 心

**원숭이(禺)**의 **마음(心)** 정도로 어리석으니 **어리석을 우**

[훈독] **おろかしい**　[음독] **ぐ**

[훈독] 愚か 바보스러움, 모자람　愚かだ 어리석다
　　　　おろ　　　　　　　　　　　おろ

愚かしい 바보 같다, 어리석다, 생각이 부족하다
おろ

[음독] 愚人 어리석은 사람　愚拙 어리석고 못남　愚昧 우매　暗愚 바보
　　　　ぐ じん　　　　　　　　ぐ せつ　　　　　　　　ぐ まい　　　あん ぐ
愚劣 우열　愚弄 우롱　愚問 우문
ぐ れつ　　　ぐ ろう　　　ぐ もん

---

**N1** **中学**
12획 / 부수 辵(辶)

**원숭이(禺)**처럼 **뛰어가(辶)** 만나 대접하니
**만날 우, 대접할 우**

[음독] **ぐう**

[음독] 奇遇 기이한 인연으로 만남. 이상하게 만남　境遇 처지, 형편
　　　　き ぐう　　　　　　　　　　　　　　　　　　　　きょうぐう
千載一遇 천재일우　処遇 처우　待遇 대우　冷遇 냉대
せんざいいち ぐう　　　しょ ぐう　　　たい ぐう　　　れい ぐう

N2 小5
6획 / 부수 口

에워싼(口) 큰(大) 울타리에 말미암아 의지하니
**말미암을 인, 의지할 인**

+ 口(에운담)

훈독 **よる**　　음독 **いん**

훈독 因る 의존하다, 의지하다
음독 因縁 인연
因循 ① 옛날 습관에 따를 뿐 고치려 하지 않음 ② 꾸물거림, 머뭇거림

---

中学
9획 / 부수 口

입(口)에 의지하고(因) 있는 목구멍이니 **목구멍 인**
또 목구멍이 메도록 슬프게 울거나 삼키니 **목멜 열, 삼킬 연**

훈독 **むせぶ**　　음독 **いん, えつ**

훈독 咽ぶ ① 목이 메다 ② 목메어 울다
음독 咽喉 인후　咽頭 인두　嗚咽 오열(목메어 욺. 또는 그런 울음)

---

N1 中学
9획 / 부수 女

여자(女)가 의지할(因) 남자에게 시집가니 **시집갈 인**

음독 **いん**

음독 姻戚 인척(혼인에 의하여 맺어진 친척)　婚姻 혼인

**N1** 中学
5획 / 부수 口

에워싸여(口) 갇힌 **사람(人)**은 죄인이니 죄인 수

**+** 口(에운담)

훈독 **とらわれる**　음독 **しゅう**

훈독 囚われる (봄)잡히다, 붙들리다, 사로잡히다

음독 囚人 죄수(= 罪囚) 囚衣 죄수복　死刑囚 사형수　虜囚 포로

---

**N1** 中学
11획 / 부수 草(艹)

**풀(艹)**처럼 **창고(口)**의 **벼(禾)**가 썩은 곳에 나는 버섯이나 세균이니 버섯 균, 세균 균

**+** 禾(벼 화)

음독 **きん**

음독 菌類 균류　菌傘 버섯갓　細菌 세균　殺菌 살균
保菌者 보균자　大腸菌 대장균　乳酸菌 유산균

**N2** **小2**
4획 / 제부수

짐승의 꼬리털 모양을 본떠서 **털 모**

**훈독** **け, げ** **음독** **もう**

**훈독** 毛穴 모공 縮れ毛 곱슬머리 眉毛 눈썹
産毛 ① 배냇머리 ② (얼굴 등의) 솜털 毛糸 털실

**음독** 毛髪 모발 羽毛 (새의) 깃털

---

**N1** **中学**
10획 / 부수 耒

쟁기(耒)로 밭 갈듯 기계로 **털(毛)**을 가공하면 줄어드니
**줄어들 모**

+ 耒[가래 뢰, 쟁기 뢰(耒)의 변형]

**음독** **もう, こう**

**음독** 消耗 소모 心神耗弱 심신 쇠약

---

**N1** **中学**
7획 / 부수 尸

몸(尸)에서 **털(毛)** 난 꼬리니 **꼬리 미**
또 꼬리처럼 무엇의 끝이니 **끝 미**

+ 尸(주검 시, 몸 시)

**훈독** **お** **음독** **び**

**훈독** 尾 꼬리 尾根 산등성이 尾頭付き 머리와 꼬리가 통째로 남은 생선

**음독** 尾行 미행 尾灯 미등(자동차나 열차 등의 뒤에 붙은 등)
尾籠 실례, 무례 結尾 끝맺음 牛尾 쇠꼬리 末尾 말미
竜頭蛇尾 용두사미

**예외** 尻尾 꼬리, 긴 것의 끝부분

N1 小6
3획 / 제부수

## 손목(寸)에서 맥박(丶)이 뛰는 곳까지의 마디니 마디 촌
## 또 마디마디 살피는 법도니 법도 촌

+ 윤 才(재주 재, 바탕 재) - 1권 제목번호 132 참고
+ 1촌은 손목에서 손가락 하나를 넣을 수 있는 거리에 있는 맥박이 뛰는 곳까지니, 손가락 하나의 폭으로 약 3㎝입니다. 1촌 = 1치. 1자의 10분의 1

음독 **すん**

음독 寸秒 아주 짧은 시간 寸暇 극히 짧은 짬 一寸先 한 치 앞
寸志 ① 정표, 하찮은 뜻 ② 변변치 않은 선물(= 寸心, 寸意)

N2 小3
6획 / 부수 宀

## 집(宀)에서도 법도(寸)는 지키니 지킬 수

+ 宀(집 면)

훈독 **まもる, もり**  음독 **しゅ, す**

훈독 守り ① 지킴, 방비 ② 수호신 灯台守 등대지기
음독 守銭奴 수전노 守備 수비(↔ 攻撃 공격) 守衛 수위
保守 ① 보수(↔ 革新 혁신) ② 정상 상태를 유지 보존함
攻守 공격과 수비 遵守 준수

N1 中学
9획 / 부수 犬(犭)

## 개(犭)로 지키며(守) 사냥하니 사냥할 수

+ 犭(큰 개 견, 개 사슴 록 변)

훈독 **かる, がり**  음독 **しゅ**

훈독 狩る 사냥하다 狩り 사냥 狩り場 사냥터 潮干狩り 조개잡이
狩り込み (짐승·범인 등을) 일제히 찾아내어 잡음, 일제 검거
음독 狩猟 수렵

N2 小2
6획 / 부수 寸

일정한 **땅(土)**에 **법도(寸)**를 지키며 수도하거나 일하도록 지은 절이나 관청이니 **절 사, 관청 시**

+ 어느 사회에나 일정한 규칙이 있지만 절 같은 사원(寺院)이 더욱 엄격함을 생각하고 만든 글자

훈독 **てら**　　음독 **じ**

훈독 禅寺 선사, 선종의 절, 선찰

음독 社寺 신사와 절　末寺 본사(本寺)의 관리를 받는 작은 절, 또는 본사

에서 갈라져 나온 절　寺院 사찰, 절

N1 中学
8획 / 부수 人(亻)

**사람(亻)**이 **절(寺)**에서 부처님을 모시듯 모시니 **모실 시**

훈독 **さむらい**　　음독 **じ**

훈독 侍 사무라이, 무사

음독 侍従 시종　侍女 시녀

侍医 궁중에서 임금과 왕족의 진료를 맡은 의사

**N1** 中学
7획 / 부수 寸

예쁘게(耂) 법도(寸)를 지키며 이어가는 목숨이고 나이니
## 목숨 수, 나이 수
또 목숨을 이어 장수하니 장수할 수

정자 壽 - 선비(士)도 하나(一)같이 장인(工)도 하나(一)같이 입(口)으로 먹
으며 마디마디(寸) 이어가는 목숨이고 나이니 '목숨 수, 나이 수'
또 목숨을 이어 장수하니 '장수할 수'

+ 耂[풀 무성할 봉, 예쁠 봉, 풍성할 풍(丰)의 변형], 一[한 일(一)의 변형]

훈독 **ことぶき**  음독 **じゅ**

훈독 寿(ことぶき) ① 축복 ② 장수 ③ 경사
음독 寿命(じゅみょう) 수명  寿齢(じゅれい) 긴 수명  寿福(じゅふく) 수복  長寿(ちょうじゅ) 장수
米寿(べいじゅ) 미수, 88세(의 축하)
예외 寿司(すし) 초밥

**N1** 中学
15획 / 부수 金

쇠(金)를 오래(寿) 녹여 부어 만드니 쇠 부어 만들 주
정자 鑄

훈독 **いる**  음독 **ちゅう**

훈독 鋳(い)る 주조하다, 지어붓다(쇠를 녹여 붓다)  鋳掛(いか)け 땜질  鋳物(いもの) 주물
음독 鋳貨(ちゅうか) 주화  鋳造(ちゅうぞう) 주조  鋳鉄(ちゅうてつ) 주철, 무쇠

**N2** 小4
5획 / 부수 人(亻)

사람(亻)들은 촌(寸)수 가까운 친척끼리 서로 주기도 하고
부탁도 하니 줄 부, 부탁할 부

훈독 **つける**  음독 **ふ**

훈독 付(つ)け値(ね) 부르는 값  付(つ)け火(び) 방화
음독 付加(ふか) 부가  付載(ふさい) 부록으로 실음  付託(ふたく) 위임, 위탁
付随(ふずい) 부수, 관련됨  付属(ふぞく) 부속  付帯(ふたい) 부대  付録(ふろく) 부록

**N1** **中学**
8획 / 부수 阜(阝)

언덕(阝)이 산에 **부탁하는(付)** 모양으로 붙어 가까이 하니
붙을 부, 가까이 할 부

+阝(언덕 부 변)

음독 **ふ**

음독 <sup>ふ げん</sup> 附言 덧붙여 말함 <sup>ふ ぞく</sup> 附属 부속 <sup>そう ふ</sup> 送附 송부 <sup>き ふ</sup> 寄附 기부

---

**N2** **中学**
11획 / 부수 竹(⺮)

대(⺮)에 글을 써 **주었다가(付)** 나중에 증거로 삼는 부절이나
부호니 부절 부, 부호 부

+ 부절(符節)은 인쇄술이 발달하기 전에 대(竹)나 옥(玉)으로 만든 일종의
신분증이고, 병부(兵符)는 병사를 동원하는 문서로 똑같이 만들거나 하나
를 둘로 나누어 맞춰 보았답니다.
+ ⺮[대 죽(竹)이 부수로 쓰일 때의 모양], 節(節: 마디 절, 절개 절, 계절
절), 兵(군사 병)

음독 **ふ**

음독 <sup>ふ ごう</sup> 符合 부합 <sup>ふ ごう</sup> 符号 부호 <sup>ふ ちょう</sup> 符丁 상품 값을 나타내는 기호 <sup>ご ふ</sup> 護符 부적

---

**N2** **小4**
8획 / 부수 广

집(广) 중 문서를 **주고(付)** 받는 관청이 있는 마을이니
관청 부, 마을 부
또 집(广)에서 **줄(付)** 물건을 넣어두는 창고니 창고 부

+ 广(집 엄)

음독 **ふ**

음독 <sup>さい こう がく ふ</sup> 最高学府 최고 학부 <sup>がく ふ</sup> 学府 학부
<sup>と どう ふ けん</sup> 都道府県 도도부현(일본 지방 단체의 단위)

---

**N1** **中学**
14획 / 부수 肉

창고(府)에 있는 **고기(肉)**도 오래되면 썩으니 썩을 부

+ 肉(고기 육)

훈독 **くさる** 음독 **ふ**

훈독 <sup>くさ</sup> 腐る 썩다 <sup>くさ えん</sup> 腐れ縁 악연, 끊으려야 끊을 수 없는 더러운 인연

음독 <sup>ふ しん</sup> 腐心 애태움 <sup>ふ はい</sup> 腐敗 부패 <sup>ふ らん</sup> 腐乱 썩어 짓무름 <sup>ふ しゅう</sup> 腐臭 썩는 냄새
<sup>とう ふ</sup> 豆腐 두부

中学
10획 / 부수 酉

술(酉)을 **법도(寸)**에 따라 빚은 전국술이니 **전국술 주**

+ 전국술 – 군물을 타지 아니한 전국의 술
+ 酉(술 그릇 유, 술 유)

음독 **ちゅう**

음독 酎ハイ 소주에 탄산수를 탄 음료　焼酎 소주

---

中学
7획 / 부수 肉(月)

몸(月)에서 **마디(寸)**가 있어 잘 구부러지는 팔꿈치니
**팔꿈치 주**

+ 月(달 월, 육 달 월)

훈독 **ひじ**　　음독 **ちゅう**

훈독 肘 팔꿈치　肘掛け 팔걸이　肘枕 팔베개

음독 掣肘 제약, 곁에서 간섭하여 마음대로 못하게 함

---

N1 中学
9획 / 부수 而

**이어지는(而)** 고통도 **법도(寸)**에 따라 참고 견디니
**참을 내, 견딜 내**

+ 而(말 이을 이, 어조사 이)

훈독 **たえる**　　음독 **たい**

훈독 耐える 견디다

음독 耐圧 내압(압력에 견딤)　耐火 내화(불에 타지 아니하고 잘 견딤)
耐久 내구　耐震 내진(지진에 견딤)　耐乏 내핍　忍耐 인내

---

N1 中学
9획 / 부수 冖

**덮어(冖)** 쓰는 것 중 **으뜸(元)**으로 여겨 **법도(寸)**에 맞게
머리에 쓰는 갓이니 **갓 관**

+ 冖(덮을 멱), 元(원래 원, 으뜸 원)

훈독 **かんむり**　　음독 **かん**

훈독 冠 관

음독 冠位 관위　王冠 왕관　衣冠 의관　金冠 금관　月桂冠 월계관

N1 中学
2획 / 제부수

주먹을 쥔 오른손을 본떠서 **오른손 우**
또 오른손은 또또 자주 쓰이니 **또 우**

+ 글자를 만드는 데에는 '오른손'의 뜻으로 많이 쓰이는데, 단어에서는 '또'라는 의미로 많이 쓰입니다.

훈독 **また**  음독 **ゆう**

---

N1 中学
9획 / 부수 又

내(余) 마음을 **또(又)** 펴고 베푸니 **펼 서, 베풀 서**

정자 敘 – 남은(余) 것을 털어(攵) 펴고 베푸니 '펼 서, 베풀 서'
+ 余[나 여, 남을 여(餘)의 속자], 攵(칠 복, = 攴)

음독 **じょ**

음독 叙述 서술 叙論 서론 細叙 자세하게 서술함 平叙 평서
自叙 자서(전) 叙勲 훈장 수여

---

N2 中学
4획 / 부수 又

손(又)과 손(又)이 둘씩 쌍이니 **둘 쌍**

정자 雙 – 새(隹隹) 두 마리가 손(又) 위에 있는 쌍이니 '둘 쌍'
+ 쌍 – ① 둘씩 짝을 이룬 것 ② 둘을 하나로 묶어 세는 단위
+ 隹(새 추)

훈독 **ふた**  음독 **そう**
훈독 双子 쌍둥이 双葉 떡잎
음독 双眼鏡 쌍안경 双脚 두 다리 双生児 쌍생아, 쌍둥이
双璧 쌍벽 双方 쌍방향 無双 무쌍함
예외 双六 주사위 놀이

---

N1 中学
10획 / 부수 木

여러 손들(叒)이 잎을 따 누에를 먹이는 뽕**나무(木)**니 **뽕나무 상**

+ 뽕나무 잎을 여러 사람의 손으로 따서 누에를 먹여 기르지요.

훈독 **くわ**  음독 **そう**
훈독 桑 뽕나무 桑畑 뽕밭
음독 桑園 뽕나무 밭 桑門 상문, 승려

**여자(女)**의 **말(口)**은 대부분 부모나 남편의 말과 같으니 **같을 여**

+ 주로 집안에서 살던 옛날 여자들은 대부분 부모나 남편의 뜻을 따랐음을 생각하고 만든 글자

음독 じょ, にょ

음독 如雨露 물뿌리개　如才 빈틈　欠如 결여　突如 갑자기, 별안간, 돌연
じょうろ　　じょさい　　けつじょ　　とつじょ
如実 여실(있는 그대로임)　躍如 생생함, 또렷함
にょじつ　　　　　　　やくじょ

N1 中学
6획 / 부수 女

예전과 **같은(如)** 마음(心)으로 용서하니 **용서할 서**

음독 じょ

음독 宥恕 너그러이 용서함　諒恕 용서함
ゆうじょ　　　　　　りょうじょ

참고자
10획 / 부수 心

**여자(女)**의 손(又)처럼 힘들게 일하는 종이니 **종 노**

또 종을 부르듯 남을 흉하게 부르는 접미사니
**남을 흉하게 부르는 접미사 노**

훈독 やつ　　음독 ど

훈독 奴 놈, 녀석　悪い奴 나쁜 놈
　　　やつ　　わる　やつ
음독 奴隷 노예　守銭奴 수전노
　　　どれい　　しゅせんど

N1 中学
5획 / 부수 女

일이 힘든 **종(奴)**의 마음(心)처럼 성내니 **성낼 노**

+ 너그럽지 못하고 종(奴)처럼 마음(心) 쓰며 성내니 '성낼 노(怒)'라고도 합니다.

훈독 いかる, おこる　　음독 ど

훈독 怒る 성내다, 노하다　怒り 분노, 노여움　怒る 화내다, 노하다
　　いか　　　　　　　　いか　　　　　　　おこ
怒り狂う 미친듯이 격노하다
いか　くる
음독 怒気 노기　怒鳴る 큰소리로 부르다, 고함치다　喜怒 희로
　　どき　　どな　　　　　　　　　　きど
激怒 격노　震怒 진노　怒号 성이 나서 고함침
げきど　　しんど　　どごう
疾風怒濤 질풍노도(몹시 빠르게 부는 바람과 무섭게 소용돌이 치는 물결)
しっぷうどとう

N2 中学
9획 / 부수 心

**N1** 中学
8획 / 부수 又

위(上)로 아버지보다 **작은(小) 또(又)** 다른 작은아버지나 아저씨니 **작은아버지 숙, 아저씨 숙**

+ 아버지의 형님을 '백부(伯父)님'이라 하고 동생을 '숙부(叔父)님'이라 하지요.

음독 **しゅく**

음독 伯叔 ① 형과 아우 ② 백부와 숙부

예외 叔父 숙부, 외숙부 叔母 숙모, 고모, 이모

+ 자신의 부모 기준으로 손위는 '伯母', 손아래는 '叔母'로 씁니다.

---

**N1** 中学
11획 / 부수 水(氵)

물(氵)처럼 **아저씨(叔)** 성품이 맑으니 **맑을 숙**

훈독 **しとやか** 음독 **しゅく**

훈독 淑やか 정숙함, 단아함

음독 淑女 숙녀 貞淑 정숙 私淑 어떤 사람을 본보기로 해서 배움

---

**N1** 中学
11획 / 부수 宀

집(宀)에 **아저씨(叔)**만 있는 듯 고요하니 **고요할 적**

+ 宀(집 면)

훈독 **さびしい, さびれる** 음독 **じゃく, せき**

훈독 寂 예스럽고 아취가 있음 寂しい 쓸쓸하다, 외롭다

寂れる 쇠퇴하다

음독 寂々 적적 寂然 적연, 쓸쓸하고 고요한 모양 寂寞 적막

閑寂 한적 空寂 조용하고 쓸쓸한 모양 静寂 정적

寂寥 고요하고 쓸쓸함 寂として 적막하여, 조용하여

---

**N1** 中学
13획 / 부수 目

**아저씨(叔)**가 **보며(目)** 감독하니 **감독할 독**

+ 目(눈 목, 볼 목, 항목 목)

음독 **とく**

음독 督促 독촉 督励 독려 家督 집안의 상속인 総督 총독 提督 제독

助監督 조감독

**N2** **小3**
8획 / 부수 又

귀(耳)로 듣고 **손(又)**으로 취하여 가지니 **취할 취, 가질 취**

+ 又(오른손 우, 또 우)

훈독 **とる**　음독 **しゅ**

훈독 縁取り 가를 재색하거나 장식을 베풂　取り決め 결정, 약정, 약속
奪い取る 강제로 빼앗다, 탈취하다

음독 窃取 몰래 훔침　摂取 ① 섭취 ② 받아들여 자기 것으로 함
奪取 탈취　取捨 취사　取材 취재

---

中学
15획 / 부수 走

달려가(走) 취할(取) 정도로 느끼는 재미와 취미니
**재미 취, 취미 취**

+ 취미(趣味) – '재미와 맛'으로, (마음에 끌려 일정한 방향으로 쏠리는) 흥미
+ 走(달릴 주, 도망갈 주), 味(맛 미)

훈독 **おもむき**　음독 **しゅ**

훈독 趣 ① 정취, 멋 ② 느낌 ③ 취지

음독 趣向 취향　趣旨 취지　趣味 취미

---

**N2** **小4**
12획 / 부수 曰

(무슨 일을 결정할 때) 여러 사람의 **말(曰)**을 취하여(取) 들음이
가장 최선이니 **가장 최**

+ 曰(가로 왈)

훈독 **もっとも**　음독 **さい**

훈독 最寄り 가장 가까움

음독 最近 최근　最後 최후, 마지막　最終 최종　最大限 최대한
最低 최저　最先端 최첨단

예외 最中 한창~인 때

---

**N1** 中学
15획 / 부수 手(扌)

**손(扌)**으로 **가장(最)** 중요한 부분만 취하고 사진 찍으니
**취할 촬, 사진 찍을 촬**

훈독 **とる**　음독 **さつ**

훈독 撮る (사진을) 찍다

음독 撮影 촬영　特撮 특수 촬영

中学
15획 / 부수 食(飠)

먹도록(飠) 귀(耳)처럼 부드럽게 만든 먹이니 먹이 **이**
또 **먹을**(飠) 것을 귀(耳)처럼 꿰어 놓은 미끼니 미끼 **이**

+ 餌는 일본 한자에서 정자로 쓰입니다.
+ 飠(食: 밥 식, 먹을 식 변)

**훈독** えさ, え   **음독** じ

**훈독** 餌 먹이, 사료  餌壺 모이 그릇, 모이통  餌食 먹이, 희생물, 밥
**음독** 食餌 식이  好餌 좋은 미끼, 좋은 이용물

---

N2 中学
10획 / 부수 心

잘못을 귀(耳)로 들은 **마음**(心)처럼 부끄러우니
부끄러울 **치**

+ 心(마음 심, 중심 심)

**훈독** はじる, はじらう, はずかしい   **음독** ち

**훈독** 恥 부끄러움, 수치  赤恥 큰 창피  恥じる 부끄러워하다
恥じらう 부끄러워하다  恥ずかしい 부끄럽다
恥じ入る 크게 부끄러워하다
**음독** 恥骨 치골(볼기뼈에서 앞과 아래쪽을 이루는 부분)  恥辱 치욕
恥部 치부  恥毛 음모  破廉恥 파렴치  無恥 염치를 모름

---

N1 中学
13획 / 부수 手(扌)

손(扌)으로 귀(耳)의 이쪽저쪽(乂)에서 들려오는 소리를
끌어당겨 알맞게 하니 끌어당길 **섭**, 알맞게 할 **섭**

**정자** 攝 – 손(扌)으로 소곤거리는(聶) 것을 끌어당겨 알맞게 하니
　　　'끌어당길 섭, 알맞게 할 섭'

+ 聶 – 귀들(聶)을 대고 소곤거리니 '소곤거릴 섭'

**음독** せつ

**음독** 摂生 섭생  摂取 섭취  摂政 섭정  摂理 섭리

참고자
5획 / 부수 土

또(又) 흙(土) 위에 생긴 물줄기니 **물줄기 경**

[정자] 巠 – 하나(一)의 냇물(巛)이 흐르면서 만들어지는(工) 물줄기니
  '물줄기 경'
+ 巛 – 내 천(川)이 부수로 쓰일 때의 모양으로, 개미허리 같다 하여
  '개미허리 천'
+ 土(흙 토), 工(장인 공, 만들 공, 연장 공)

---

N1 中学
8획 / 부수 心(忄)

마음(忄)이 물줄기(巠)처럼 어디론가 뻗어 가면 괴이하니
**괴이할 괴**

+ 忄(마음 심 변)

[훈독] **あやしい, あやしむ**  [음독] **かい, け**

[훈독] 怪しい 수상하다, 의심스럽다  怪しむ 이상히 여기다

[음독] 怪異 괴이함  怪漢 괴한  怪獣 괴수  怪談 괴담  怪物 괴물
  奇怪 기괴함  怪我 상처, 부상  妖怪 요괴, 도깨비

---

N1 中学
8획 / 부수 草(艹)

풀(艹)에서 물줄기(巠)처럼 뻗어 가는 줄기니 **줄기 경**

[정자] 莖
+ 艹(초 두)

[훈독] **くき**  [음독] **けい**

[훈독] 茎 줄기  歯茎 잇몸

[음독] 根茎 뿌리와 줄기  球茎 구경(감자, 토란과 같이 둥근 모양의 땅속줄기)
  地下茎 지하경, 땅속줄기

**참고자**
10획 / 부수 虫

또(又) 자꾸 콕(丶)콕(丶) 쏘는 벌레(虫)는 벼룩이니 벼룩 조

+ 丶('점 주, 불똥 주'지만 여기서는 여기저기 콕콕 쏘는 모양), 虫(벌레 충)

훈독 **のみ**

훈독 蚤 벼룩

**N1** **中学**
18획 / 부수 馬

말(馬)이 또(又) 벌레(虫)처럼 날뛰면 시끄러우니 시끄러울 소
또 시끄럽게 없던 일도 꾸며서 글 지으니 글 지을 소

정자 騷 – 말(馬)이 벼룩(蚤)처럼 날뛰면 시끄러우니 '시끄러울 소'
또 시끄럽게 없던 일도 꾸며서 글 지으니 '글 지을 소'

+ 馬(말 마)

훈독 **さわぐ, さわがしい** 　 음독 **そう**

훈독 騷ぐ 떠들다, 소란피우다 騷ぎ立てる 요란하게 떠들어 대다
大騷ぎ 큰 소동 空騷ぎ 헛소동 どんちゃん騷ぎ 야단법석
騷がしい 시끄럽다, 떠들썩하다 騷ぎ 소동, 소란, 혼잡

음독 騷音 소음 騷騷しい 시끄럽다, 떠들썩하다 騷擾 소요, 소동
騷動 소동 騷乱 소란 物騷 어수선함

N4 小2
4획 / 부수 又

N2 中学
7획 / 부수 手(扌)

N2 中学
14획 / 부수 髟

## 자주(ナ) 손(又)잡으며 사귀는 벗이니 벗 우

+ ナ[열 십, 많을 십(十)의 변형], 又(오른손 우, 또 우)

**훈독** とも  **음독** ゆう

**훈독** 友達 친구  竹馬の友 죽마고우

**음독** 友好 우호  級友 같은 반 친구  親友 친한 친구

## 손(扌)으로 함께 할 벗(友)을 뽑으니 뽑을 발

**정자** 拔 – 손(扌)으로 가려 뽑으니(友) '뽑을 발'

+ 友 – 개(犬)가 발을 쭉(丿) 뽑아 달리니 '뽑을 발, 달릴 발'

**훈독** ぬく, ぬける, ぬかす, ぬかる  **음독** ばつ

**훈독** 抜く 뽑다, 빼내다  抜き足 살금살금 걸음  抜き試合 토너먼트

抜ける 빠지다, 없어지다  抜け出す (몰래) 빠져나가다

抜け道 ① 샛길 ② 도망칠 길  抜け口 탈출구  抜かす 빠뜨리다

抜かる 실수하다

**음독** 抜群 발군(여럿 가운데에서 특별히 뛰어남)  抜歯 발치

抜粋 발췌(= 抜き書き)  抜染 발염  抜擢 발탁

抜毛 머리카락 뽑기  海抜 해발

## 긴(髟)털(彡)이 벗(友)처럼 어울려 있는 머리털이니 머리털 발

**정자** 髮 – 긴(髟)털(彡)도 뽑을(犮) 수 있는 머리털이니 '머리털 발'

+ 髟[길 장, 어른 장(長)의 옛 글자], 彡(터럭 삼, 긴머리 삼)

**훈독** かみ  **음독** はつ

**훈독** 髪 머리카락  髪形 머리 모양  髪切り 머리를 자름

乱れ髪 흐트러진 머리, 산발  髪結い 머리를 매만짐

**음독** 危機一髪 위기일발  金髪 금발  頭髪 두발  毛髪 모발

理髪 이발(= 調髪)

**예외** 白髪 백발(= 銀髪)

**N2** **小3**
4획 / 부수 又

가린(厂) 것을 **손**(又)으로 거꾸로 뒤집으니
**거꾸로 반, 뒤집을 반**

+ 厂('굴 바위 엄, 언덕 엄'이지만 여기서는 가린 모양으로 봄)

훈독 **そる, そらす** 음독 **はん, ほん, たん**

훈독 反り ① 휨 ② 성질, 성격, 기풍
反る ① 휘다, 젖혀지다 ② 몸 따위가 뒤로 젖혀지다
反らす ① (반대 방향으로) 휘게 하다 ② 뒤로 젖히다

음독 反抗 반항 反騰 반등 反物 피륙, 옷감 反射鏡 반사경 反省 반성
反映 반영 反対 반대 違反 위반 謀反 모반, 반역

---

**N1** **小4**
7획 / 부수 阜(阝)

언덕(阝)이 **뒤집어질듯**(反) 경사진 비탈이니 **비탈 판**

+ 图 坂 － 흙(土)이 거꾸로(反) 선 듯한 비탈이니 '비탈 판'
+ 阝(언덕 부 변)

훈독 **さか** 음독 **はん**

훈독 大阪 오사카(일본의 도시)
음독 阪神 오사카와 고베

---

**N2** **中学**
11획 / 부수 貝

**재물**(貝)을 **거꾸로**(反) 주듯 팔며 장사하니
**팔 판, 장사할 판**

+ 貝(조개 패, 재물 패, 돈 패)

음독 **はん**

음독 販促 판촉 販売 판매 販路 판로 市販 시판
通販 통신 판매

**N2** **小3**
5획 / 제부수

### 가죽(厂)을 칼(丨) 들고 손(又)으로 벗기는 모습에서 가죽 피

+ 厂[굴 바위 엄, 언덕 엄(厂)의 변형이지만 여기서는 가죽으로 봄], 丨('뚫을
곤'이지만 여기서는 칼로 봄)

| 훈독 | かわ | 음독 | ひ |

훈독 　皮 가죽, 껍질 　皮切り 최초, 개시
음독 　皮肉 빈정댐 　樹皮 나무껍질

---

**N2** **中学**
8획 / 부수 彳

### 벗겨 간(彳) 저 가죽(皮)이니 저 피

+ 자기를 중심으로 가까운 것은 '이 차(此)', 먼 것은 '저 피(彼)'지요.
+ 彳(조금 걸을 척)

| 훈독 | かれ, かの | 음독 | ひ |

훈독 　彼 그 　彼ら 그들, 그 사람들 　彼氏 남자친구, 애인 　彼女 그녀, 애인
음독 　彼此 피차 　彼岸 피안(〈불교〉 사바세계 저쪽에 있는 깨달음의 세계)

---

**N1** **中学**
8획 / 부수 手(扌)

### 손(扌)으로 가죽(皮)을 뒤집어 헤치니 헤칠 피

| 음독 | ひ |

음독 　披読 뜯어 봄 　披瀝 피력(생각하는 것을 털어놓고 말함)
　　　披露宴 피로연(결혼이나 출생 등의 기쁜 일을 널리 알리기 위하여 베
　　　푸는 연회) 　披見 서류 등을 펴 봄

**N2** 中学
10획 / 부수 衣(衤)

옷(衤)을 살**가죽(皮)**에 닿도록 입으니 입을 피
또 입은 것처럼 무슨 일에 당하니 당할 피

+ 피(被) – (어떤 명사 앞에 쓰이어) 동작을 받거나 입는 뜻을 나타내는 말
+ 衤 (옷 의 변)

훈독 **こうむる**　　음독 **ひ**

훈독 被<sup>こうむ</sup>る 받다, 입다

음독 被害<sup>ひがい</sup> 피해　被疑者<sup>ひぎしゃ</sup> 피의자　被告<sup>ひこく</sup> 피고　被服<sup>ひふく</sup> 의복　外被<sup>がいひ</sup> 외피
被災<sup>ひさい</sup> 재해나 피해를 입음　被覆<sup>ひふく</sup> 피복, 덮어씌움　被膜<sup>ひまく</sup> 피막(피부와 점막)

---

**N2** 中学
10획 / 부수 疒

병(疒)에 걸린 것처럼 살**가죽(皮)**에 드러나도록 피곤하니
피곤할 피

+ 피곤하면 얼굴빛부터 달라지지요.
+ 疒 (병들 녁)

훈독 **つかれる**　　음독 **ひ**

훈독 疲<sup>つか</sup>れる 지치다　疲<sup>つか</sup>れ 피로

음독 疲労<sup>ひろう</sup> 피로　疲弊<sup>ひへい</sup> 피폐(지치고 쇠약해짐)

---

**N2** 小3
8획 / 부수 水(氵)

물(氵)의 **가죽(皮)**에서 치는 물결이니 물결 파

+ 물의 표면이 물의 가죽인 셈이지요.

훈독 **なみ**　　음독 **は**

훈독 荒波<sup>あらなみ</sup> 거센 파도

음독 波及<sup>はきゅう</sup> 파급　波濤<sup>はとう</sup> 파도　波長<sup>はちょう</sup> 파장　波紋<sup>はもん</sup> 물결무늬　波浪<sup>はろう</sup> 파랑
秋波<sup>しゅうは</sup> 추파　風波<sup>ふうは</sup> 풍파

---

**N1** 中学
11획 / 부수 女

물결(波)처럼 주름살이 많은 **여자(女)**는 할미니 할미 파

음독 **ば**

음독 産婆<sup>さんば</sup> 산파　老婆<sup>ろうば</sup> 노파　娑婆<sup>しゃば</sup> 속세

**안석(几) 같은 것을 손(又)에 들고 치니 칠 수**
또 들고 치는 창이나 몽둥이니 **창 수, 몽둥이 수**

+ 几(안석 궤, 책상 궤), 又(오른손 우, 또 우)

4획 / 부수자

**물(氵)에 안석(几)이 또(又) 빠져 다하여 없으니**
**빠질 몰, 다할 몰, 없을 몰**

[정자] 沒 – 물(氵)에 사람(⺈)이 또(又) 빠져 다하여 없으니 '빠질 몰, 다할 몰, 없을 몰'

+ ⺈[사람 인(人)의 변형]

음독 **ぼつ**

음독 ぼつ が 没我 몰아, 스스로를 잊고 있음   ぼつ しゅ み 没趣味 취미가 없음
ぼっしゅう 没収 몰수   ぼっとう 没頭 몰두   ぼつねん 没年 죽은 해   ぼつにゅう 没入 몰입   ぼつらく 没落 몰락

N1 中学
7획 / 부수 水(氵)

**병(疒) 중 창(殳) 들고 쳐들어오듯이 빨리 전염되는 염병이니**
**염병 역**

+ 염병(染病) – ① '전염병(伝染病)'의 준말
　　　　　　② '장티푸스'를 속되게 이르는 말
+ 疒(병들 녁), 病(병들 병, 근심할 병), 伝(傳: 전할 전, 이야기 전), 染(물들 일 염)

음독 **えき, やく**

음독 えきびょう 疫病 역병   えき り 疫痢 이질   けんえき 検疫 검역   ぼうえき 防疫 방역   めんえき 免疫 면역
やくびょうがみ 疫病神 역귀(역병을 일으킨다는 귀신)

N1 中学
9획 / 부수 疒

**언덕(阝)을 치고(殳) 깎아서 차례로 만든 계단이니**
**차례 단, 계단 단**

+ 阝[언덕 애(厓)의 변형]

음독 **だん**

음독 かいだん 階段 ① 계단 ② 단계, 순서   だん らく 段落 단락   ね だん 値段 값, 가격

N2 小6
9획 / 부수 殳

347

N1 中学
17획 / 부수 金

쇠(金)를 **차례(段)**로 불에 달구어 두드리며 쇠 불리니
**쇠 불릴 단**
또 쇠 불리듯 단련하니 **단련할 단**

**+** 쇠 불리다 – 쇠를 불에 달구어 성질을 변화시키다.

훈독 **きたえる**　음독 **たん**

훈독 鍛える 단련하다, 훈련하다　鍛え方 단련법

음독 鍛造 단조　鍛練 단련, 연마

예외 鍛冶 대장장이

---

**333** 般 반 〉 搬 반 〉 盤 반

N2 中学
10획 / 부수 舟

옛날 **배(舟)**는 **창(殳)** 같은 노를 저어 옮겨 감이 일반이었으니
**옮길 반, 일반 반**

음독 **はん**

음독 諸般 제반, 여러 가지　一般 일반　先般 전번, 지난번, 요전

---

N1 中学
13획 / 부수 手(扌)

**손(扌)**으로 **옮겨(般)** 나르니 **옮길 반, 나를 반**

음독 **はん**

음독 搬送 반송　搬出 반출　搬入 반입　運搬 운반

---

N1 中学
15획 / 부수 皿

음식을 **옮길(般)** 때 쓰는 **그릇(皿)**이 쟁반이니 **쟁반 반**

음독 **ばん**

음독 音盤 음반　基盤 기반　銀盤 은반　地盤 지반　中盤 중반
羅針盤 나침반

中学
8획 / 부수 肉(月)

몸(月)에서 **치기(殳)** 좋은 넓적다리니 넓적다리 고

+ 넓적다리는 살이 많아 치기에 좋다는 데서 생긴 글자네요.
+ 月(달 월, 육 달 월)

훈독 **もも, また** 음독 **こ**

훈독 股 넓적다리, 허벅지 股引 큰 겨울용 하의 내복

股 가랑이 股ぐら 샅, 다리 가랑이 小股 보폭이 좁음

음독 股間 고간 股関節 고관절 四股 사지

N1 中学
11획 / 부수 殳

군사(士)가 굳게 **덮어(冖)** 만든 **안석(几)**처럼 되어
**쳐도(殳)** 끄떡없는 껍질이니 껍질 각

정자 殼 - 군사(士)가 굳게 덮어(冖) 만든 하나(一)의 안석(几)처럼 되어
쳐도(殳) 끄떡없는 껍질이니 '껍질 각'

+ 유 穀(곡식 곡) - 1권 제목번호 236 참고
+ 글자 가운데에 한 일(一)이 없으면 일본 한자, 있으면 정자
+ 士(선비 사, 군사 사, 칭호나 직업 이름에 붙이는 말 사), 冖(덮을 멱)

훈독 **から** 음독 **かく**

훈독 殼 껍질, 껍데기 貝殼 조가비, 조개껍데기

음독 甲殼 갑각 地殼 지각 耳殼 귓바퀴

N2 中学
13획 / 부수 殳

집(尸) 중 여러 사람들이 **함께(共) 쳐서(殳)** 지은 대궐이나
큰집이니 대궐 전, 큰집 전

+ 중요한 분을 모시거나 울안에서 제일 큰 집이 殿이고, 보통의 집은 집 당,
당당할 당(堂)이나 집 가, 전문가 가(家)입니다.
+ 尸('주검 시, 몸 시'지만 여기서는 집으로 봄), 共(함께 공)

훈독 **との, どの** 음독 **でん, てん**

훈독 殿様 ① 영주·귀인에 대한 존칭 ② 유복하고 세상 물정에 어두운 사
람의 비유 高殿 ① 높고 큰 전각 ② 이층집

음독 殿堂 전당 宮殿 궁전 沈殿 침전 御殿 호화스러운 저택, 대궐

## 차(車)로 치듯(殳) 손(手)으로 치니 칠 격

[정자] 擊 – 수레(車)가 산(山)길을 갈 때 부딪치듯(殳) 손(手)으로 치니 '칠 격'
+ 車 아래에 山이 없으면 일본 한자, 있으면 정자
+ 車(수레 거, 차 차), 手(손 수, 재주 수, 재주 있는 사람 수)

| 훈독 | うつ | 음독 | げき |
|---|---|---|---|

훈독 撃つ 공격하다, 사격하다
음독 撃退 격퇴 撃沈 격침 撃破 격파 撃滅 격멸 打撃 타격

N1 中学
15획 / 부수 手

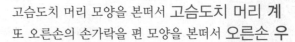

**335** ヨ 계(우) 肅 숙

## 고슴도치 머리 모양을 본떠서 고슴도치 머리 계
## 또 오른손의 손가락을 편 모양을 본떠서 오른손 우

+ 오른손 주먹을 쥔 모양을 본떠서 '오른손 우, 또 우(又)'
+ 오른손 손가락을 편 모양을 본떠서 '오른손 우(ヨ)'
+ ヨ는 변형된 모양의 ⺕으로도 많이 쓰입니다.

3획 / 부수자

## 손(ヨ)으로 자루를 뚫어(丨) 쌀(米)의 품질을 이쪽(丨)저쪽(丨)
## 으로 헤아릴 때처럼 엄숙하니 엄숙할 숙

[정자] 肅 – 손(ヨ)으로 노(丨)를 깊은 연못(⿷)에서 저을 때처럼 엄숙하니 '엄숙할 숙'

+ 옛날에는 쌀로 물물 거래를 하였으니 쌀의 품질을 엄격하게 따졌고, 잘못하면 물에 빠지니 노를 저을 때도 엄숙했겠지요.
+ 엄숙(嚴肅) – ① 장엄하고 정숙함
　　　　　　　② 위풍 있고 엄중함
+ 米(쌀 미), 丨('뚫을 곤'이지만 여기서는 배를 젓는 노로 봄), ⿷[연못 연(淵)의 획 줄임], 嚴(嚴: 엄할 엄)

음독 しゅく
음독 肅清 숙청 肅然 숙연 嚴肅 엄숙 自肅 자숙 静肅 정숙

中学
11획 / 부수 聿

N2 참고자
8획 / 부수 巾

한쪽은 **고슴도치 머리(⼹)**처럼 펴지게 하고,

다른 한쪽은 **덮어(冖) 수건(巾)** 같은 천으로 묶어 손잡이를
만든 비니 비 추

+ 冖(덮을 멱), 巾(수건 건)

훈독 **ほうき**

---

N2 中学
11획 / 부수 手(扌)

**손(扌)**에 **비(帚)** 들고 쓰니 쓸 소

정자 掃

+ 帚[비 추(帚)의 변형]

훈독 **はく** 음독 **そう**

훈독 掃<sup>は</sup>く 쓸다

음독 掃除<sup>そうじ</sup> 청소(= 清掃<sup>せいそう</sup>) 掃蕩<sup>そうとう</sup> 소탕 掃滅<sup>そうめつ</sup> 소멸
一掃<sup>いっそう</sup> 출루한 주자 모두 홈에 불러들이는 것

N1 中学
9획 / 부수 人(亻)

사람(亻)이 비(彐)를 오른손(又)에 들고 조금씩 쓸어나가듯이 남의 땅을 침범하니 **침범할 침**

[정자] 侵
+ 彐[비 추(帚)의 획 줄임], 又(오른손 우, 또 우)

[훈독] **おかす**    [음독] **しん**

[훈독] 侵<sup>おか</sup>す 침범하다, 침해하다

[음독] 侵害<sup>しんがい</sup> 침해, 침범  侵攻<sup>しんこう</sup> 침공  侵入<sup>しんにゅう</sup> 침입  侵略<sup>しんりゃく</sup> 침략
不可侵<sup>ふかしん</sup> 불가침(침범하여서는 안 됨)

---

N1 中学
10획 / 부수 水(氵)

물(氵)이 비(彐)를 오른손(又)에 들고 조금씩 쓸어 나가듯이 점점 스며들어 적시고 잠기니 **적실 침, 잠길 침**

[정자] 浸

[훈독] **ひたす, ひたる**    [음독] **しん**

[훈독] 浸<sup>ひた</sup>す 담그다, 잠그다  浸<sup>ひた</sup>る 잠기다, 물에 젖다  水浸<sup>みずびた</sup>し 침수, 물에 잠김

[음독] 浸水<sup>しんすい</sup> 침수  浸出<sup>しんしゅつ</sup> 침출, 우려냄  浸食<sup>しんしょく</sup> 침식  浸透<sup>しんとう</sup> 침투

---

N2 中学
13획 / 부수 宀

집(宀)에서 나무 조각(丬)으로 만든 침대에 비(彐)를 오른손(又)에 들고 쓸고 닦은 다음에 누워 자니 **잘 침**

[정자] 寢
+ 丬[나무 조각 장(爿)의 약자] – 제목번호 250 참고

[훈독] **ねる**    [음독] **しん**

[훈독] 寝<sup>ね</sup>る 자다  寝入<sup>ねい</sup>りばな 잠들 즈음  寝癖<sup>ねぐせ</sup> 잠버릇  寝転<sup>ねころ</sup>ぶ 뒹굴다
寝言<sup>ねごと</sup> 잠꼬대  寝<sup>ね</sup>しな 잠자리에 들 때  寝泊<sup>ねと</sup>まり 숙박, 그곳에 머묾
寝巻<sup>ねまき</sup> 잠옷  朝寝坊<sup>あさねぼう</sup> 늦잠을 잠  昼寝<sup>ひるね</sup> 낮잠

[음독] 寝具<sup>しんぐ</sup> 침구  寝室<sup>しんしつ</sup> 침실  寝所<sup>しんじょ</sup> 침소  寝台<sup>しんだい</sup> 침대  就寝<sup>しゅうしん</sup> 취침

많이(十) 손(ヨ) 써 주는 **여자(女)**는 아내니 아내 **처**

**＋** 十(열 십, 많을 십)

훈독 **つま**　　음독 **さい**

훈독 初妻 새댁
<sub>ういづま</sub>

음독 良妻 좋은 아내　家妻 아내
<sub>りょうさい</sub>　　　<sub>か さい</sub>

**N2**　**小5**
8획 / 부수 女

얼음(冫)처럼 **아내(妻)**가 차가우면 남편은 쓸쓸하니
쓸쓸할 **처**
또 놀라서 **얼음(冫)**처럼 **아내(妻)**가 얼 정도로 굉장하고
대단하니 굉장할 **처**, 대단할 **처**

**＋** 冫(이 수 변)

음독 **せい**

음독 凄惨 처참　凄絶 처절　凄然 처연함　凄烈 격렬한 모양
<sub>せいさん</sub>　<sub>せいぜつ</sub>　<sub>せいぜん</sub>　<sub>せいれつ</sub>
凄愴 ① 처참한 모양 ② 쓸쓸한 모양
<sub>せい そう</sub>

中学
10획 / 부수 氷(冫)

손(ヨ)으로 만들어(工) 놓고 **입(口)**으로 마디**마디(寸)**
평가하며 흠을 찾으니 찾을 **심**

**＋** 工(장인 공, 만들 공, 연장 공), 寸(마디 촌, 법도 촌)

훈독 **たずねる**　음독 **じん**

훈독 尋ねる ① 찾다 ② 묻다　尋ね人 (행방·거처를 몰라) 찾는 사람
<sub>たず</sub>　　　　　<sub>たず</sub> <sub>ひと</sub>

음독 尋常 보통, 평범, 예사스러움　尋問 캐물음
<sub>じんじょう</sub>　　　　　　<sub>じん もん</sub>
千尋 천길, 헤아릴 수 없는 깊이
<sub>せんじん</sub>

**N1**　中学
12획 / 부수 寸

N2 小4
6획 / 부수 亅

N1 中学
9획 / 부수 水(氵)

## 사람(ク)이 오른손(ᴋ)에 갈고리(亅)도 들고 다투니 다툴 쟁

[정자] 争 – 손톱(爫)도 세우고 오른손(ᴋ)에 갈고리(亅)도 들고 다투니 '다툴 쟁'

＋ ク[사람 인(人)의 변형], ᴋ(고슴도치 머리 계, 오른손 우), 亅(갈고리 궐), 爫(손톱 조)

[훈독] **あらそう**    [음독] **そう**

[훈독] 争う 다투다, 싸우다   争い 경쟁, 분쟁   口争い 말싸움

[음독] 争奪 쟁탈   争点 쟁점   争論 쟁론   競争 경쟁
係争 (소송에서) 양자가 서로 다툼   抗争 항쟁

## 물(氵)로 경쟁하듯(争) 씻어 깨끗하니 깨끗할 정

[정자] 淨

[음독] **じょう**

[음독] 浄化 정화   浄水機 정수기   清浄 청정   洗浄 세정, 세척

354

**참고자**
6획 / 제부수

### 오른손(⺕)에 잡고 쓰는 붓을 본떠서 붓 율

+ 요즘에는 붓을 대로 만든다는 데서 위에 대 죽(⺮)을 붙여 만든 '붓 필(筆)'로 많이 씁니다.
+ ⺕[고슴도치 머리 계, 오른손 우(⺕)의 변형], ⺮[대 죽(竹)이 부수로 쓰일 때의 모양]

N1 中学
9획 / 부수 水(氵)

### 물(氵)이 붓(聿)으로 그린 듯이 가늘게 흐르는 곳에 생긴 나루니 나루 진

### 또 물(氵)이 붓(聿)으로 그린 듯이 가늘게 흐르는 진액이니 진액 진

+ 옛날 배는 작아서 물이 깊지 않고 물살이 세지 않은 곳이 배를 대기에 좋았음을 생각하고 만든 글자

훈독 つ    음독 しん

훈독 津波 (つなみ) 해일   津々浦々 (つつうらうら) 방방곡곡   秋津 (あきつ) 잠자리(곤충)

음독 津駅 (しんえき) 나루터, 항구   津液 (しんえき) 진액   興味津々 (きょうみしんしん) 흥미진진

N3 小4
9획 / 부수 廴

### 붓(聿)으로 길게 써 가며(廴) 계획을 세우니 세울 건

+ 廴(길게 걸을 인)

훈독 たてる, たつ    음독 けん, こん

훈독 一戸建て (いっこだて) 단독 주택   二階建て (にかいだて) 2층 건물

음독 建議 (けんぎ) 건의   建築 (けんちく) 건축   封建的 (ほうけんてき) 봉건적

N1 中学
17획 / 부수 金

### 쇠(金)를 세워(建) 채우는 자물쇠니 자물쇠 건

+ 옛날의 자물쇠는 대부분 서있는 모습임을 생각하고 만든 글자

훈독 かぎ    음독 けん

훈독 鍵 (かぎ) 열쇠, 키   鍵っ子 (かぎっこ) 맞벌이 부부의 자녀   鍵穴 (かぎあな) 열쇠 구멍

음독 鍵盤 (けんばん) 건반   関鍵 (かんけん) 관건   黒鍵 (こっけん) 검은건반

N1 中学
10획 / 부수 口

집(广)에서라도 손(⺕)에 회초리(丨) 들고 입(口)으로 갑자기 소리치면 황당하니 갑자기 당, 황당할 당
또 갑자기 세력을 떨쳤던 당나라니 당나라 당

+ 황당(荒唐)하다 – 말이나 행동 등이 참되지 않고 터무니없다.
+ 广(집 엄), 荒(거칠 황)

훈독 **から**　　음독 **とう**

훈독 唐臼 디딜방아　唐織 당나라에서 전래한 직물　唐草模様 덩굴무늬
음독 唐突 당돌　唐変木 벽창호　唐本 중국에서 들어온 책

N1 中学
11획 / 부수 辵(⻌)

현장에 미치게(隶) 가서(⻌) 잡으니 잡을 체

+ 隶 – 씻기 위하여 손(⺕)이 물(氺)에 이르러 미치니 '미칠 이, 미칠 대'
+ 미치다 – ① 정신에 이상이 생기다.
　　　　　② 보통 때와는 달리 몹시 흥분하다.
　　　　　③ 어떤 일에 자기를 잃을 만큼 열중하다.
　　　　　④ (어느 곳에) 이르다, 닿다.
　　　　　여기서는 ④의 뜻.

음독 **たい**

음독 逮捕 체포　逮夜 장례나 기일의 전날 밤

N1 中学
6획 / 부수 尸

자(尺)로 눈금을 잴 때처럼 한 점(丶) 한 점(丶) 최선을 다하니 다할 진

[정자] 盡 – 손(⺕)에 막대(丨) 하나(一)를 들고 불(灬) 있는 화로 그릇(皿)을 뒤적이면 꺼져 다하니 '다할 진'

+ 불을 뒤적이면 산소에 노출되어 금방 타고 꺼지지요.
+ 尺(자 척), ⺕(고슴도치 머리 계, 오른손 우), 灬(불 화 발), 皿(그릇 명)

훈독 **つくす, つきる, つかす**　　음독 **じん**

훈독 尽くす 다하다　尽きる 떨어지다, 끝나다　心尽くし 정성을 다함
尽かす 다하여 없어지다　愛想を尽かす 정이 떨어지다
음독 尽日 진종일　一網打尽 일망타진　蕩尽 탕진　尽力 진력, 힘씀
無尽蔵 무진장

356

**N1** **中学**
10획 / 부수 八

이쪽저쪽(丷) 있는 것도 한(一) 손(彐)에 두 개(丨丨)씩
나누어(八) 잡아 겸하니 **겸할 겸**

[정자] 兼 – (많이) 나뉜(八) 것을 한(一) 손(彐)에 두 개(丨丨)씩 나누어(八)
　　　　잡아 겸하니 '겸할 겸'

+ 八(여덟 팔, 나눌 팔)

**훈독** かねる　　**음독** けん

**훈독** 兼(か)ねる 겸하다
**음독** 兼業(けんぎょう) 겸업　兼職(けんしょく) 겸직　兼任(けんにん) 겸임　兼備(けんび) 겸비　兼用(けんよう) 겸용

---

**N1** **中学**
17획 / 부수 言

말(言)이 학식끼 인품을 **겸비한(兼)** 사람처럼 겸손하니
**겸손할 겸**

[정자] 謙

+ 겸손(謙遜) – 남을 존중하고 자기를 내세우지 않는 태도가 있음
+ 言(말씀 언), 遜(겸손할 손)

**훈독** へりくだる　　**음독** けん

**훈독** 謙(へりくだ)る 겸양하다, 자기를 낮추다
**음독** 謙虚(けんきょ) 겸허　謙讓語(けんじょうご) 겸양어　謙遜(けんそん) 겸손

---

**N1** **中学**
18획 / 부수 金

쇠(金)로 이것저것 **겸하여(兼)** 베도록 만든 낫이니 **낫 겸**

[정자] 鎌

+ 낫 – 풀 등을 베는 기구

**훈독** かま

**훈독** 鎌(かま) 낫

**N1** 中学
13획 / 부수 女

여자(女) 둘을 **겸하여(兼)** 사귀면 싫어하고 의심하니
싫어할 혐, 의심할 혐

정자 嫌

훈독 **きらう, いや**　　음독 **けん, げん**

훈독 嫌う 미워하다, 꺼리다, 피하다　嫌い 싫음　嫌がる 싫어하다
嫌 싫음　嫌がらせ 짓궂은 말　嫌気 싫은 마음, 싫증
음독 嫌悪 혐오　嫌疑 혐의　嫌忌 혐기(꺼리고 싫어함)
不機嫌 불쾌함, 기분이 좋지 않음

---

**N1** 中学
13획 / 부수 广

집(广) 살림까지 **겸하여(兼)** 생활이 검소하고 청렴하니
청렴할 렴

또 청렴하게(이익을 조금 남기고) 팔아 값싸니 **값쌀 렴**

정자 廉
＋ 청렴(淸廉) – 성품이 고결하고 탐욕이 없음
＋ 广(집 엄), 淸(淸: 맑을 청)

음독 **れん**

음독 廉価 염가(싼 가격)　廉潔 청렴결백함　廉恥 염치
廉売 염가 판매(싸게 팖)　淸廉 청렴　低廉 저렴함
破廉恥 파렴치(염치를 모르고 뻔뻔스러움)

358

2획 / 부수자

멀리 떨어져 윤곽만 보이는 성이니 **멀 경, 성 경**

+ 좌우 두 획은 문의 기둥이고 가로획은 빗장을 그린 것이지요.

---

N2 小4
8획 / 부수 口

성(冂) 안의 **영토(土)**를 **입(口)**으로 잘 설명하여 두루 둘레까지 알게 하니 **두루 주, 둘레 주**

훈독 **まわり**    음독 **しゅう**

훈독 <ruby>周<rt>まわ</rt></ruby>り 주위

음독 <ruby>周縁<rt>しゅうえん</rt></ruby> 주변, 둘레 <ruby>周旋<rt>しゅうせん</rt></ruby> 주선, 알선 <ruby>円周<rt>えんしゅう</rt></ruby> 원주, 원둘레 <ruby>周辺<rt>しゅうへん</rt></ruby> 주변

---

N1 中学
11획 / 부수 彡

두루(周) 털(彡)까지 조각하여 새기니 **새길 조**

+ 彡(터럭 삼, 긴머리 삼)

훈독 **ほる**    음독 **ちょう**

훈독 <ruby>彫<rt>ほ</rt></ruby>る 새기다, 조각하다 <ruby>彫<rt>ほ</rt></ruby>り 조각함 <ruby>彫物<rt>ほりもの</rt></ruby> 조각 <ruby>木彫<rt>きぼ</rt></ruby>り 목각 기술

음독 <ruby>彫工<rt>ちょうこう</rt></ruby> 조공, 조각사 <ruby>彫刻<rt>ちょうこく</rt></ruby> 조각 <ruby>彫塑<rt>ちょうそ</rt></ruby> 조소 <ruby>木彫<rt>もくちょう</rt></ruby> 목조

**N3 小2**
6획 / 부수 口

성(冂)에서 하나(一)의 출입구(口)로 같이 다니니 **같을 동**

+ 冂(멀 경, 성 경), 口(입 구, 말할 구, 구멍 구)

훈독 **おなじ**　음독 **どう**

훈독 同じだ 같다

음독 同慶 동경(자기 일처럼 기뻐함) 同級 동급 同僚 동료 同調 동조
同志愛 동지애 同窓会 동창회 同乗 동승 同等 동등 同盟 동맹

---

**N1 中学**
9획 / 부수 水(氵)

물(氵)을 같이(同) 쓰는 마을이나 동굴이니 **마을 동, 동굴 동**
또 물(氵)과 같이(同) 맑아 사리에 밝으니 **밝을 통**

훈독 **ほら**　음독 **どう**

훈독 洞 굴, 동굴 洞穴 동굴 洞ヶ峠 기회주의

음독 洞窟 동굴 洞穴 동굴 洞察 통찰

---

**N1 中学**
10획 / 부수 肉(月)

몸(月) 속에 소화된 음식물이 **같이(同)** 모이는
큰창자나 몸통이니 **큰창자 동, 몸통 동**

+ 동(胴) – ① 격검(撃剣)할 때 가슴을 가리기 위하여 대는 물건
　　　　　 ② 동체(胴体) – 물체의 중심을 이루는 부분. 특히 비행기의 날
　　　　　　　 개와 꼬리를 제외한 몸체 부분
+ 撃(撃: 칠 격), 剣(劍: 칼 검), 体(體: 몸 체)

음독 **どう**

음독 胴上げ 헹가래 胴囲 몸통 둘레 胴着 방한용 속옷
胴体 동체 胴回り 허리둘레 胴巻 전대

---

**N2 中学**
12획 / 부수 竹(⺮)

대(⺮)와 같이(同) 구멍 뚫린 통이니 **통 통**

+ ⺮[대 죽(竹)이 부수로 쓰일 때의 모양]

훈독 **つつ**　음독 **どう**

훈독 筒 통 筒音 총소리(= 銃音) 筒先 ① 호스의 끝을 잡는 소방수 ② 총부리
筆筒 필통

음독 煙筒 굴뚝 封筒 봉투

**N4** **小1**
4획 / 부수 冂

성(冂)은 세로(丨)나 가로(一)로 보아도 둥근 둘레니
**둥글 원, 둘레 원**
또 일본의 화폐 단위로도 쓰여 **일본 화폐 단위 엔**

훈독 **まるい** 음독 **えん**

훈독 円さ 둥긆 円み 둥그스름한 모양

음독 円熟 원숙 円卓 원탁, 둥근 탁자 円周 원주, 둥근 기둥 円盤 원반

---

**N1** **中学**
4획 / 부수 丶

성(冂) 안에 **불똥(丶) 하나(一)**가 붉으니 **붉을 단**
또 대부분 붉게 피는 모란이니 **모란 란**

+ 모란은 꽃이 탐스럽고 화려하며 흥겨운 잔치에 사용되었으며, 뿌리는 한약
재로 사용되니 화초명은 '모란', 약초명은 '목단'이라 합니다.
+ 丶(점 주, 불똥 주)

음독 **たん**

음독 丹心 단심, 정성 丹青 단청 丹唇 붉은 입술
丹前 솜을 두껍게 넣은 방한용 실내복
丹念 단념(정성스러운 마음), 성심

---

**N2** **中学**
6획 / 제부수

통나무배를 본떠서 **배 주**

훈독 **ふね, ふな** 음독 **しゅう**

훈독 舟 배 舟歌 뱃노래 舟遊び 뱃놀이
음독 舟行 배로 감 舟艇 주정, 작은 배 舟運 배에 의한 교통

참고자

9획 / 부수 大

성(冂)의 위아래에서 **사람들(ク·儿)**이 **크게(大)** 일하는 모양이 빛나고 크니 **빛날 환, 클 환**

+ ク[사람 인(人)의 변형], 儿(사람 인 발, 어진사람 인), 大(큰 대)

N1 中学

12획 / 부수 口

입(口)이 **빛나도록(奐)** 크게 부르니 **부를 환**

음독 **かん**

음독 喚起 환기 喚呼 환호 喚声 환성 喚問 환문(소환하여 신문함)
召喚 소환 叫喚 규환(큰 소리로 부르짖음)

N2 中学

12획 / 부수 手(扌)

손(扌)으로 **빛나게(奐)**, 즉 분명하게 바꾸니 **바꿀 환**

+ 扌(손 수 변)

훈독 **かえる, かわる**    음독 **かん**

훈독 換える 교환하다, 바꾸다 換わる 바뀌다

음독 換羽 털갈이 換気 환기 換言 환언 換算 환산 転換 전환
変換 변환

**N1** **中学**
5획 / 부수 一

북반구의 **하늘(一)**에서는 **안(内)**쪽이 남쪽이고 밝으니
남쪽 **병**, 밝을 **병**, 셋째 천간 **병**

+ 一('한 일'이지만 여기서는 하늘로 봄), 内[안 내(內)의 속자]

음독 **へい**

음독 丙種 셋째 등급 甲乙丙 갑을병 甲乙丙丁 갑을병정

---

**N1** **中学**
9획 / 부수 木

**나무(木)**로 **밝게(丙)**, 즉 분명히 박은 자루니 자루 **병**
또 자루처럼 잡고 휘두르는 권세니 권세 **병**

+ 통 棅 – 나무(木)로 잡게(秉) 만든 자루니 '자루 병'
　　　　 또 자루처럼 잡고 휘두르는 권세니 '권세 병'
+ 秉 – 벼(禾)를 손(彐)으로 잡으니 '잡을 병'
+ 木(나무 목), 禾(벼 화), 彐[고슴도치 머리 계, 오른손 우(크)의 변형]

훈독 **え, がら**　　음독 **へい**

훈독 柄 자루, 손잡이　取り柄 쓸모, 장점　柄 ① 몸집, 체격 ② 분수, 격
　　 家柄 집안, 가문　手柄 공로, 공적　品柄 품질　事柄 사항, 사정

음독 辞柄 핑계, 구실, 변명　話柄 화제, 이야깃거리　横柄 건방짐

예외 柄杓 국자

**N3** **小2**
5획 / 제부수

(옛날에 점칠 때 쓰던) 거북 등 껍데기 모양을 본떠서 **쓸 용**

**훈독** **もちいる** **음독** **よう**

**훈독** 用いる 사용하다

**음독** 器用 재주가 있음 雇用 고용 採用 채용 作用 작용 用紙 용지
借用 차용 専用 전용 着用 착용 用意 용의, 준비, 대비, 주의
費用 비용 用例 용례

---

**N1** **中学**
11획 / 부수 广

자기 **집(广)**에서는 **손(ヨ)**에 **송곳( l )** 하나를 **써도(用)**
떳떳하니 **떳떳할 용**
또 집에서만 떳떳하면 어리석으니 **어리석을 용**

+ 广(집 엄), l ('뚫을 곤'이지만 여기서는 송곳으로 봄)

**음독** **よう**

**음독** 登庸 등용 中庸 중용 凡庸 범용, 평범함

참고자
7획 / 부수 用

꽃봉오리(⌒)가 부풀어 **솟아오르는(用)** 모양을 본떠서
솟을 용

---

N2 中学
14획 / 부수 足(𧾷)

발(𧾷)로 **솟게(甬)** 뛰니 뛸 용
+𧾷[발 족, 넉넉할 족(足)의 변형]

훈독 **おどる**    음독 **よう**

훈독 踊る 춤추다 踊り 춤
음독 踊躍 좋아서 뜀 舞踊 무용

---

N2 小4
9획 / 부수 力

**솟는(甬) 힘(力)**이 있어 날래니 날랠 용
+甬[솟을 용(甬)의 변형], 力(힘 력)

훈독 **いさむ**    음독 **ゆう**

훈독 勇み足 ① 씨름에서 상대를 떠밀다가 자기가 밖으로 발을 내디뎌 지
게 되는 일 ② 지나치게 덤비다 아차 실수함
음독 勇敢 용감 勇猛 용맹

---

中学
12획 / 부수 水(氵)

**물(氵)**이 **날래게(甬)** 샘솟거나 끓어오르니
샘솟을 용, 끓어오를 용

훈독 **わく**    음독 **ゆう**

훈독 湧く ① 솟다 ② 들끓다 湧き上がる 펑펑 솟아나다, 북받쳐 오르다
湧き出る 솟다, 솟아 나오다 湧き水 솟아나는 물
음독 湧出 용출, 솟아나옴 湧泉 용천(물이 솟아나오는 샘)

많이(十) 쓰이도록(用) 점(丶)까지 점검하며 만들어
크고 넓게 쓰이니 **클 보, 넓을 보**

+ 술보, 졸보, 울음보처럼 사람의 별명에 쓰이기도 합니다.
+ 十(열 십, 많을 십), 丶(점 주, 불똥 주)

**N1**
7획 / 부수 用

입(口)에 크게(甫) 먹여 기르니 **먹일 포, 기를 포**

음독 ほ

음독 哺乳 포유(어미가 제 젖으로 새끼를 먹여 기름)

中学
10획 / 부수 口

손(扌)을 크게(甫) 벌려 잡으니 **잡을 포**

훈독 **つかまえる, つかまる, とらわれる, とらえる, とる**

음독 ほ

훈독 捕まえる 붙잡다, 붙들다　捕まる 붙잡히다
捕われる 사로잡히다　捕る (쥐, 벌레 등을) 잡다

음독 捕獲 포획　捕捉 포착　拿捕 나포　追捕 추포(뒤쫓아 가서 잡음)

**N2** 中学
10획 / 부수 手(扌)

물(氵)이 크게(甫) 넓은 물가니 **물가 포**

+ 옛날 배는 작아서 물이 넓게 펴지고 얕은 곳에 댔지요.

훈독 うら

훈독 浦 후미, 해변　浦風 갯바람　浦辺 바닷가, 해변　津々浦々 방방곡곡

**N1** 中学
10획 / 부수 水(氵)

집(舍)에 넓게(甫) 물건을 펴놓고 파는 가게니
**펼 포, 가게 포**

[정자] 舖
+ 舍(舍: 집 사) – 1권 제목번호 072 참고
+ 글자 앞에 '舍'가 들어가면 정자, '舎'가 들어가면 일본 한자

[음독] ほ

[음독] 舗装 포장 舗道 포도 店舗 점포 薬舗 약국
　　　ほ そう　　　ほ どう　　　てん ぽ　　　やく ほ

[예외] 老舗 대대로 내려오는 가게
　　　 にせ

N1 中学
15획 / 부수 舌

---

**351** 甹부 > 敷부

크게(甹) 어떤 **방향(方)**으로 펴고 베푸니 **펼 부**
+ 甹[클 보, 넓을 보(甫)의 변형], 方(모 방, 방향 방, 방법 방)

참고자
11획 / 부수 方

---

크게(甹) 어떤 **방향(方)**으로 쳐서(攵) 펴니 **펼 부**

[정자] 敷
+ 攵(칠 복)과 클 보, 넓을 보(甫)의 변형(甹)이 들어가면 일본 한자

[훈독] しく　　[음독] ふ

[훈독] 敷く 깔다　敷金 보증금　座敷 다다미방　屋敷 저택
　　　し　　　　しき きん　　　ざ しき　　　　や しき

　　　敷石 (길이나 뜰 등에 깐) 납작한 돌
　　　しき いし

[음독] 敷衍 부연(이해하기 쉽도록 설명을 덧붙여 자세히 말함)　敷設 부설
　　　ふ えん　　　　　　　　　　　　　　　　　　　　　　　　 ふ せつ

[예외] 桟敷 판자를 깔아서 높게 만든 관람석
　　　 さ じき

N1 中学
15획 / 부수 攵

367

참고자
10획 / 부수 寸

## 널리(甫) 법도(寸)에 맞게 펴니 **펼 부, 펼 포**

[정자] 尃

+ 유 專(오로지 전, 마음대로 할 전) – 1권 제목번호 366 참고
+ 클 보, 넓을 보(甫)의 변형(甫)이 들어가면 일본 한자, 클 보, 넓을 보(甫)가 들어가면 정자
+ 寸(마디 촌, 법도 촌)

N1　中学
16획 / 부수 糸

## 실(糸)을 펴(尃) 묶으니 **묶을 박**

+ 糸(실 사, 실 사 변)

[훈독] しばる　　[음독] ばく

[훈독] 縛る 묶다　金縛り (쇠사슬 · 철사로) 단단히 묶음

[음독] 自縄自縛 자승자박　束縛 속박　捕縛 포박(잡아서 묶음)

N2　中学
16획 / 부수 草(艹)

## 풀(艹)처럼 물(氵)에 펴져(尃) 엷으니 **엷을 박**

[훈독] うすい, うすめる, うすまる, うすらぐ, うすれる

[음독] はく

[훈독] 薄い 얇다　薄める 엷게 하다　薄まる 엷어지다
薄らぐ 조금씩 엷어지다, 덜해지다　薄れる 엷어지다, 묽어지다
薄味 담백한 맛　薄手 얄팍함　薄着 (추울 때에도) 옷을 얇게 입음

[음독] 薄遇 냉대, 푸대접　薄幸 박복　薄給 박봉　薄情 인정이 적음
薄氷 박빙　薄命 박명　刻薄 각박　薄謝 약간의 사례

N1　中学
19획 / 부수 竹(⺮)

## 대(⺮)를 물(氵)처럼 넓게 펴(尃) 글을 적은 장부니 **장부 부**

+ 장부(帳簿) – 물건의 출납이나 돈의 수지(收支) 계산을 적어 두는 책
+ ⺮[대 죽(竹)이 부수로 쓰일 때의 모양], 帳(장막 장, 장부 장), 收(收: 거둘 수), 支(다룰 지, 가를 지, 지출할 지)

[음독] ぼ

[음독] 家計簿 가계부　帳簿 장부　名簿 명부

N1 中学
8획 / 부수 ⺌

(말도 실수하는 경우가 많으니) **작은(⺌)** 일이라도 **성(冂)**처럼
**입(口)**을 지킴은 오히려 높이 숭상하니
## 오히려 상, 높을 상, 숭상할 상

정자 尙
+ ⺌[작을 소(小)의 변형]

훈독 **なお** 　음독 **しょう**

훈독 尚 ① 역시, 여전히, 아직 ② 더구나, 오히려　尚更 그 뒤에, 더욱 더

음독 尚早 상조　和尚 스님

---

N1 中学
12획 / 부수 手

**숭상하듯(尚) 손(手)**에서 쥐어지는 손바닥이니
## 손바닥 장

+ 手(손 수, 재주 수, 재주 있는 사람 수)

음독 **しょう**

음독 掌握 장악　合掌 합장　車掌 차장　掌中 수중, 손바닥 안
職掌 직장, 직무

---

N2 小5
15획 / 부수 貝

**숭상하여(尚) 재물(貝)**로 상도 주고 구경도 보내니
## 상줄 상, 구경할 상

+ 貝(조개 패, 재물 패, 돈 패)

음독 **しょう**

음독 賞罰 상벌　賞与 상여, 상으로 금품을 줌
賞揚 칭찬　懸賞 현상　賞状 상장

---

N1 中学
17획 / 부수 人(亻)

공을 세운 **사람(亻)**에게 **상(賞)**을 주어 갚고 보답하니
## 갚을 상, 보답할 상

훈독 **つぐなう** 　음독 **しょう**

훈독 償う 보상하다, 변상하다　償い 보상, 보답, 속죄
음독 償還 상환　償却 상각, 변제　償金 배상금　賠償 배상
補償 보상　無償 무상, 무료　有償 유상, 유료　弁償 변상

369

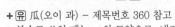

中学
4획 / 제부수

### 손톱 모양을 본떠서 **손톱 조**

+ 유 爪(오이 과) – 제목번호 360 참고
+ 부수로 쓰일 때는 爫의 모양으로, 내려 긋는 획이 짧습니다.

훈독 **つま, つめ**

훈독 爪楊枝(つまようじ) 이쑤시개　爪弾く(つまびく) 현악기 등을 손톱 끝으로 타다

---

N1 中学
7획 / 부수 女

### 손톱(爫)을 가꿈도 **여자(女)**에게는 온당하니 **온당할 타**

+ 온당(穩當) – 사리에 어그러지지 아니하고 알맞음
+ 穩(穩: 평온할 온), 当(當: 마땅할 당, 당할 당)

음독 **だ**

음독 妥結(だけつ) 타결　妥協(だきょう) 타협　妥当性(だとうせい) 타당성

---

참고자
7획 / 부수 子

### 새가 **발톱(爫)**으로 **알(子)**을 품어 굴리며 알 까게 알 속의 새끼를 기르니 **알 깔 부, 기를 부**

+ 알은 품으면서 적당히 굴려 고루 따뜻하게 해야 부화되지요.
+ 子('아들 자, 자네 자, 첫째 지지 자, 접미사 자'지만 여기서는 '새알'로 봄)

---

N2 中学
10획 / 부수 水(氵)

### 물(氵) 위에 새가 **알 깔(孚)** 때의 모습으로 뜨니 **뜰 부**

훈독 **うく, うかれる, うかぶ, うかべる**　　음독 **ふ**

훈독 浮く(うく) 뜨다　浮かれる(うかれる) (마음이) 들뜨다　浮かぶ(うかぶ) 뜨다, 떠오르다
　　浮かべる(うかべる) 띄우다　浮き浮き(うきうき) 두근두근　浮き沈み(うきしずみ) 흥망성쇠

음독 浮沈(ふちん) 흥망　浮説(ふせつ) 뜬소문　浮腫(ふしゅ) 부종　浮上(ふじょう) 부상　浮薄(ふはく) 경박함
　　浮揚(ふよう) 부양　浮力(ふりょく) 부력　浮浪(ふろう) 방랑

예외 浮気(うわき) ① 바람기 ② 변덕

손(⺻)에 법망(罒)을 잡고 머물러(⻖) 마디마디(寸) 따지는
벼슬이니 벼슬 작

[정자] 爵

+ 법망(法網) – 죄를 지은 사람에게 제재를 할 수 있는 법률이나 그 집행 기
　　관을 말함
+ ⺻('손톱 조'지만 여기서는 손으로 봄), 罒(그물 망, = 网, 网), ⻖[멈출 간
　(艮)의 변형], 寸(마디 촌, 법도 촌), 法(법 법), 網(그물 망)

N1 中学

17획 / 부수 爪(⺻)

[음독] しゃく

[음독] 爵位 작위 天爵 훌륭한 인격, 덕망 伯爵 백작

---

355 ⟩ 受 ⟩ 愛 ⟩ 曖
　　 수 　　애 　　애

손톱(⺻)처럼 덮어(冖) 손(又)으로 받으니 받을 수

+ 冖(덮을 멱), 又(오른손 우, 또 우)

[훈독] うける, うかる　　[음독] じゅ

[훈독] 受付 접수함, 접수처

[음독] 受諾 수락 受胎 수태, 아이를 뱀
　　　 甘受 감수 享受 받아들여 누림, 예술의 아름다움을 음미하며 즐김

N2 小3

8획 / 부수 又

---

손톱(⺻)처럼 덮어(冖)주며 마음(心)으로 서서히
다가가는(夂) 사랑이니 사랑 애
또 사랑하여 즐기고 아끼니 즐길 애, 아낄 애

+ 夂(천천히 걸을 쇠, 뒤져 올 치)

[훈독] めでる, いとしい　　[음독] あい

[훈독] 愛でる 사랑하다, 귀여워하다
　　　 愛おしい ① 몹시 귀엽다, 사랑스럽다 ② 가엾다, 불쌍하다

[음독] 愛玩動物 애완동물　愛蔵 애장　愛憎 애증　愛称 애칭
　　　 愛憐 애련　愛読 애독　恋愛 연애

N2 小4

13획 / 부수 心

해(日)도 사랑(愛)에 빠진 듯 무엇에 가리면 흐리니
## 가릴 애, 흐릴 애

＋ 너무 사랑하면 눈에 무엇이 가려져 제대로 볼 수 없다지요.

음독 **あい**

음독 曖昧 애매함, 모호함

中学
17획 / 부수 日

---

356 媛 원 〉 援 원 〉 緩 완

여자(女)가 사람들의 관심을 **끌(爰)** 정도로 미인이니
## 미인 원

＋ 爰(이에 원, 끌 원, 당길 원) – 1권 제목번호 294 참고

훈독 **ひめ**    음독 **えん**

훈독 愛媛県 에히메 현(일본 행정 구역 중 하나)

음독 才媛 재원(재주가 뛰어난 젊은 여자)

小4
12획 / 부수 女

---

손(扌)으로 **당겨(爰)** 도우니 도울 원

＋ 윤 授(줄 수, 가르칠 수) – 1권 제목번호 293 참고

음독 **えん**

음독 援兵 원병, 원군    援助 원조    応援 응원    後援 후원    救援 구원

N1 中学
12획 / 부수 手(扌)

---

실(糸)을 당기면(爰) 늘어나 느슨하니 **느슨할 완**

또 행동이 느슨하면 느리니 **느릴 완**

훈독 **ゆるい, ゆるむ, ゆるめる**    음독 **かん**

훈독 緩い 느슨하다, 완만하다    緩やか 완만함, 느슨함
緩む 느슨해지다, 풀어지다    緩める 풀다, 늦추다, 완화하다

음독 緩行 완행    緩急 완급    緩衝 완충    緩怠 태만, 실수, 무례
緩慢 완만함    緩和 완화    弛緩 이완

N1 中学
15획 / 부수 糸

N1 中学
14획 / 부수 阜(阝)

언덕(阝)의 **손톱**(爫)처럼 패인 곳에 **손**(彐)과 **마음**(心)까지 숨으니 숨을 은

또 숨은 듯 들려오는 소리나 풍기는 향기가 은은하니

**은은할 은**

[성자] 隱 – 언덕(阝)을 손톱(爫)처럼 옴폭 패게 만들어(工) 손(彐)과 마음(心)까지 숨으니 '숨을 은'
또 숨은 듯 들려오는 소리나 향기가 은은하니 '은은할 은'

+ 은은(隱隱)하다 – ① 소리가 은은하여 들릴 듯 말 듯 하다.
　　　　　　　　② 냄새가 진하지 않고 그윽하다.
+ 阝(언덕 부 변), 彐[고슴도치 머리 계, 오른손 우(彐)의 변형], 工(장인 공, 만들 공, 연장 공)

[훈독] **かくす, かくれる**　[음독] **いん**

[훈독] 隱す 감추다, 숨기다　隱し芸 숨은 재주　隱れる 숨다
　　　 隱れん坊 숨바꼭질　雲隱れ 자취를 감춤, 도망침

[음독] 隱忍 은인(마음속에 감추어 밖으로 드러나지 않고 참음, 꾹 참음)
　　　 隱匿 은닉　隱遁 은둔　隱蔽 은폐　隱謀 음모　隱語 은어
　　　 隱滅 인멸　隱喩 은유

---

N1 中学
16획 / 부수 禾

**벼**(禾) 같은 곡식을 **손톱**(爫)처럼 패인 곳에 쌓아 놓고 지내면 **손**(彐)과 **마음**(心)까지 평온하니 평온할 온

[정자] 穩

+ 평온(平穩) – 평화롭고 안온함
+ 禾('벼 화'로 곡식을 대표), 平(坪: 평평할 평, 평화 평)

[훈독] **おだやか**　[음독] **おん**

[훈독] 穩やか 평온함, 온건함

[음독] 穩健 온건　穩当 온당　穩便 모나지 않음　不穩 불온　平穩 평온

中学
8획 / 부수 采

N1 中学
11획 / 부수 彡

손톱(爫)으로 **나무(木)**를 캐니 캘 **채**
또 **손(爫)**으로 **나무(木)**를 고르는 모양이니 고를 **채**, 모양 **채**

+ 爫['손톱 조(爪)'이지만 여기서는 손으로 봄]

음독 **さい**

음독 采の目 ① 주사위의 눈 ② 주사위 모양  喝采 갈채
采配 ① 지휘봉 ② 총채, 먼지떨이

---

캔(采) 나물에 있는 **머릿결(彡)**처럼 빛나는 무늬니
빛날 **채**, 무늬 **채**

+ 나물은 주로 봄에 캐는데, 추위를 뚫고 파랗게 돋아난 나물의 색이 신비로울
  정도로 아름다우니 이것을 생각하고 만든 글자네요.
+ 彡(터럭 삼, 긴머리 삼)

훈독 **いろどる**   음독 **さい**

훈독 彩る 색칠하다, 채색하다  彩り ① 채색 ② 색의 배합 ③ 구색

음독 彩光 채광  彩色 채색  彩度 채도  多彩 다채로움
淡彩 엷고 산뜻한 채색

N1 中学

9획 / 부수 火(灬)

점(丶) 하나(丿)까지 허리 **구부리며(彐) 불(灬)**처럼 뜨겁게
일하고 위하니 **할 위, 위할 위**

[정자] 爲 – 손톱(爫) 하나(丿)로라도 허리 구부리며(彐) 불(灬)처럼 뜨겁게
　　　일하고 위하니 '할 위, 위할 위'

+ 丿('삐침 별'이지만 여기서는 '하나'로 봄), 彐(구부리는 모양), 灬(불 화
　 발), 爫(손톱 조)

[음독] い

[음독] 人為 인위　作為 작위　行為 행위　所為 소행

[예외] 為替 환(현금으로 바꿀 수 있는 표)

---

N1 中学

11획 / 부수 人(亻)

(순리에 따르지 않고) **사람(亻)**이 꾸며서 **하는(為)** 일은
거짓이니 **거짓 위**

[정자] 僞

+ 위(偽) – 어떤 말 앞에 붙어 거짓의 뜻을 나타냄

[훈독] いつわる, にせ　[음독] ぎ

[훈독] 偽る 거짓말하다, 속이다　偽り 거짓말　偽 가짜, 모조
　　　偽札 위조지폐　偽者 엉터리　偽物 위조품

[음독] 偽作 위작　偽善 위선　偽装 위장　偽造 위조　偽書 위조문서
　　　偽証 위증　虚偽 허위　偽名 위명, 가짜 이름　真偽 진위

참고자
6획 / 제부수

넝쿨에 오이가 열린 모양을 본떠서 **오이 과**

+ 윤 爪(손톱 조) – 제목번호 354 참고

훈독 **うり**　음독 **か**

훈독 瓜 울외(박과 오이와 참외를 골고루 닮은 식물), 월과(박과에 속한 한해 살이 덩굴 식물)

음독 瓜田 오이 밭　西瓜 수박

예외 胡瓜 오이

---

中学
9획 / 부수 子

**자식(子)**이 부모를 잃어 말라 버린 줄기에 **오이(瓜)**만 앙상하게 매달린 모습처럼 외로우니 **외로울 고, 부모 없을 고**

+ 子(아들 자, 첫째 지지 자, 자네 자, 접미사 자)

음독 **こ**

음독 孤児 고아　孤独 고독　孤立 고립

---

N1 中学
9획 / 부수 弓

**활(弓)**이 굽은 **오이(瓜)**처럼 굽으니 **굽은 활 호, 굽을 호**

+ 요즘은 재배 기술이 발달하여 반듯하지만 오이는 원래 잘 굽으니 그것을 생각하고 만든 글자
+ 弓(활 궁)

음독 **こ**

음독 弧 호(부채꼴의 곡선)　弧状 반달 모양　括弧 괄호　円弧 원호

**N2** 中学
5획 / 부수 工

匚 자형의 큰 자를 손에 든 모습을 본떠서 **클 거**

+ 윤 臣(신하 신) - 제목번호 364 참고
+ 지금도 큰 작업을 하는 분들은 'ㄷ' 자나 'T' 자 모양의 큰 자를 사용하지요. 원래는 '큰 자'라는 뜻이었는데, 후대로 내려오면서 '크다'의 뜻으로 쓰이게 되었습니다.

음독 **きょ**

음독
巨漢 거한(몸집이 매우 큰 사내) 巨額 거액 巨人 거인
巨星 거성, 큰 인물 巨匠 거장 巨体 거구 巨大 거대
巨木 거목 巨万 거만, 대단히 많은 수나 금액

예외 巨細 큰일과 작은 일

---

손(扌)으로 크게(巨) 막아 물리치니 **막을 거, 물리칠 거**

훈독 **こばむ** 음독 **きょ**

훈독 拒む 거부하다, 저지하다

음독 拒絶 거절 拒否 거부 拒食症 거식증

中学
8획 / 부수 手(扌)

---

발(⻊)로 크게(巨) 걸어야 할 정도로 떨어진 거리니
**떨어질 거, 거리 거**

+ ⻊[발 족, 넉넉할 족(足)의 변형]

음독 **きょ**

음독
距離 거리 遠距離 원거리 近距離 근거리 中距離 중거리
車間距離 차간 거리 短距離 단거리

**N1** 中学
12획 / 부수 足(⻊)

N2 小4
8획 / 부수 宀

(옛날에) **집(宀)**이 높은 **언덕(𠂤)**에 있으면 주로 백성을 다스리는 관청이었으니 관청 관

또 관청에 근무하는 벼슬이니 벼슬 관

+ 宀(집 면), 𠂤['쌓일 퇴, 언덕 퇴(𠂤)'의 획 줄임]

음독 **かん**

음독 官庁 관청 官僚 관료 官能 관능 教官 교관

N1 中学
12획 / 부수 木

**나무(木)**로 **벼슬(官)**한 것처럼 꾸민 널이니 널 관

+ 널 – 시체를 넣는 관이나 곽 등을 통틀어 이르는 말
+ 木(나무 목)

음독 **かん**

음독 棺桶 관 石棺 석관 入棺 입관

小4
8획 / 제부수

흙의 **쌓임(𠂤)**이 많은 **(十)** 언덕이니 언덕 부

+ 𠂤 – 비스듬하게(丿) 흙이 쌓여 있는 모양에서 '쌓일 퇴, 언덕 퇴'
+ 한자의 왼쪽에 붙는 阝는 언덕 부(阜)가 한자의 왼쪽에 붙는 부수인 변으로 쓰이는 경우로 '언덕 부 변'이라 부르고, 한자의 오른쪽에 붙는 阝는 고을 읍 (邑)이 한자의 오른쪽에 붙는 부수인 방으로 쓰이는 경우로 '고을 읍 방'이 라 부릅니다.
+ 중국 산동성에 있는 곡부(曲阜)라는 도시는 공자님의 유적을 모신 곳으로 유네스코가 지정한 세계 문화유산이지요.

음독 **ふ**

음독 岐阜 기후 현(중부 지방 서부 내륙에 있는 현)

N1 中学
13획 / 부수 辶(辶)

**중심(中)** 되는 **한(一)** 사람을 뽑아 **언덕(𠂤)** 너머로 **가게(辶)** 보내니 보낼 견

+ 遺(남길 유, 잃을 유) – 1권 제목번호 334 참고

훈독 **つかう, つかわす, やる** 음독 **けん**

훈독 遣う 쓰다 遣わす 보내다, 파견하다 遣る 보내다, 다니게 하다

음독 遣米 미국에 파견함 派遣 파견 遣外 외국에 파견함

**N1** 中学
9획 / 부수 巾

쌓인(🏳) 듯 많은 군사를 거느리고 **깃발(巾)**을 든 장수니
**장수 수**

**+** 巾('수건 건'이지만 여기서는 '깃발'로 봄)

음독 **すい**

음독 元帥 원수 (げんすい) 総帥 총수 (そうすい) 大元帥 총대장 (だいげんすい) 統帥 통수 (とうすい)

---

**N2** 小5
10획 / 부수 巾

쌓인(🏳) 듯 많은 제자들이 빙 **둘러(帀)** 있는 스승이나 전문가니
**스승 사, 전문가 사**
또 쌓인(🏳) 듯 많이 **둘러싼(帀)** 군사니 **군사 사**

**+** 帀 – 머리(一)에 수건(巾) 두른 모양에서 '두를 잡'
**+** 一('한 일'이지만 여기서는 머리로 봄)

음독 **し**

음독 師匠 선생, 스승 (ししょう) 師団 사단 (しだん) 師範 사범 (しはん) 技師 기사 (ぎし) 教師 교사 (きょうし)
漁師 어부 (りょうし)

379

**N2** **中学**
4획 / 부수 二

새끼줄이 서로 번갈아 꼬이는 모양을 본떠서 **서로 호**

+ 윤 五(다섯 오), 瓦(기와 와, 질그릇 와, 실패 와)

훈독 **たがい**    음독 **ご**

훈독 互<sup>たが</sup>い 서로, 교대로 互<sup>たが</sup>い違<sup>ちが</sup>い 엇갈림, 번갈아(함)

음독 互換<sup>ごかん</sup> 호환 互助<sup>ごじょ</sup> 서로 도움 互讓<sup>ごじょう</sup> 서로 사양함 相互<sup>そうご</sup> 상호

**中学**
5획 / 제부수

지붕에 엇갈리게 겹쳐 놓은 기와를 본떠서 **기와 와**

또 기와처럼 구워 만든 질그릇이나 실패니

**질그릇 와, 실패 와**

+ 윤 互(서로 호)

훈독 **かわら**    음독 **が**

훈독 瓦<sup>かわら</sup> 기와 瓦屋根<sup>かわらやね</sup> 기와지붕

음독 瓦解<sup>がかい</sup> 와해('기와가 풀어짐'으로, 조직이나 계획 등이 산산이 무너

지고 흩어짐) 瓦石<sup>がせき</sup> 무가치한 것

**N2** **小4**
7획 / 제부수

임금 앞에 엎드려 눈을 크게 뜬 신하를 본떠서 **신하 신**

+ 윤 巨(클 거) - 제목번호 361 참고

음독 **しん, じん**

음독 奸臣<sup>かんしん</sup> 간신 君臣<sup>くんしん</sup> 군신

**N1** **中学**
10획 / 부수 女

**여자(女) 중 신하(臣)처럼 친절한 아가씨니 아가씨 희**

정자 姬 - 여자(女) 중 턱(臣) 아래까지 시중드는 아가씨니 '아가씨 희'

+ 정자에서도 일본 한자와 같이 '姬'로 많이 사용합니다.
+ 여성에 대한 미칭(美稱)이나 명사 앞에 붙여서 작고 귀여움을 나타내기도
  합니다.
+ 臣(턱 이), 美(아름다울 미), 称(稱: 일컬을 칭)

훈독 **ひめ**

훈독 お姫様<sup>ひめさま</sup> 아가씨, 공주 姫垣<sup>ひめがき</sup> 낮은 울타리 姫松<sup>ひめまつ</sup> 작은 소나무

**N1** 中学
12획 / 부수 土

신하(臣)처럼 **오른손(又)**을 **땅(土)**에 짚고 충성을 맹세함이 굳고 강하니 **굳을 견, 강할 견**

+ 又(오른손 우, 또 우), 土(흙 토)

훈독 **かたい**　음독 **けん**

훈독 堅い 단단하다, 딱딱하다　堅物 고지식한 사람

음독 堅果 견과　堅固 견고　堅持 견지　堅実 견실
堅忍 굳게 참고 견딤　堅牢 단단함　中堅 중견, 중심인물

---

**N2** 中学
16획 / 부수 貝

신하(臣)처림 **또(又)** 재물(貝)을 벌어 봉사함이 어지니 **어질 현**

+ 貝(조개 패, 재물 패, 돈 패)

훈독 **かしこい**　음독 **けん**

훈독 賢い 현명하다, 영리하다, 어질다

음독 賢者 현자(= 賢人)　賢母 현모　賢明 현명

---

**N1** 中学
15획 / 부수 糸

신하(臣)처럼 **또(又)** 실(糸)을 급하게 찾아 긴요하게 쓰니 **급할 긴, 긴요할 긴**

+ 긴요(緊要) – 꼭 필요하고 중요함
+ 糸(실 사, 실 사 변), 要(중요할 요, 필요할 요)

음독 **きん**

음독 緊急 긴급　緊縛 바싹 죄어 묶음　緊迫 긴박　緊縮 긴축
緊張 긴장　緊密 긴밀함　緊要 긴요

---

中学
13획 / 부수 肉(月)

조정에서 궂은일을 하는 **신하(臣)**처럼 **또(又)** 몸(月)의 노폐물을 배설시키는 콩팥이니 **콩팥 신**

+ 신장(腎臓) – 사람이나 동물의 오줌을 내보내는 기관. 콩팥
+ 月(달 월, 육 달 월), 臓(臟: 오장 장)

음독 **じん**

음독 肝腎 (가장) 긴요(중요)함　副腎 부신(좌우의 콩팥 위에 있는 내분비샘)
腎炎 신장염　腎臓 신장　腎不全 신부전

中学
15획 / 부수 皿

(거울이 귀하던 시절에는) **엎드려(臥) 물(一) 있는 그릇(皿)**에 비추어 보았으니 **볼 감**

+ 臥-[엎드릴 와, 누울 와(臥)의 변형], 一-('한 일'이지만 여기서는 평평한 물의 모양으로 봄), 皿(그릇 명)

음독 かん

음독 監察 감찰 監督 감독 総監 총감 舎監 사감

N1 中学
23획 / 부수 金

**쇠(金)를 보이도록(監)** 갈아 만든 거울이니 **거울 감**
또 거울로 보니 **볼 감**

+ 옛날에는 쇠로 거울을 만들었지요.

훈독 かがみ, かんがみる    음독 かん

훈독 鑑 귀감, 모범, 거울 鑑みる 거울삼다

음독 鑑査 감사 鑑札 감찰(어떤 행위를 허가하여 잘 보이는 곳에 달게 하는 증표) 鑑識 감식 鑑賞 감상 鑑定 감정 図鑑 도감
鑑別 감별 印鑑 인감 亀鑑 귀감, 본보기

N1 中学
21획 / 부수 舟

**적의 배(舟)를 감시하며(監)** 싸울 수 있도록 만든 싸움배니 **싸움배 함**

+ 舟(배 주)

음독 かん

음독 艦船 함선 艦艇 함정 艦長 함장, 선장 軍艦 군함 艦隊 함대
潜水艦 잠수함

N1 中学
18획 / 부수 水(氵)

**물(氵)이 밖으로 보이게(監)** 넘치니 **넘칠 람**

음독 らん

음독 濫獲 마구잡이 濫作 함부로 만들어냄 濫伐 나무를 함부로 벰
濫用 남용 氾濫 범람(흘러 넘침) 濫費 낭비

**N1** **中学**
18획 / 부수 草(艹)

풀(艹) 중 잘 **보이는**(監) 물감이 나오는 쪽이니 쪽 **람**

**+** 쪽 – 마디풀과에 딸린 한해살이풀로, 잎은 남빛(짙은 푸른빛)을 내는 염료를 뽑는 재료로 쓰임

훈독 **あい**　음독 **らん**

훈독 藍 쪽빛　藍色 남빛　藍染め 쪽 염색, (실이나 천을) 쪽으로 물들이는 것

음독 藍本 원본　出藍 출람, (제자가) 스승보다 나음

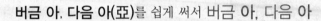

367 〉 亜 〉 凹 〉 凸
　　아　　요　　철

**N1** **中学**
7획 / 부수 二

**버금 아, 다음 아**(亞)를 쉽게 써서 버금 아, 다음 아

정자 亞 – (신체적 능력이 보통 사람보다 부족한) 두 곱사등이를 본떠서 '버금 아, 다음 아'

**+** 버금 – 으뜸의 바로 아래로, 다음, 두 번째

음독 **あ**

음독 亜熱帯 아열대　亜麻 아마(삼의 한 가지 종류)

**N1** **中学**
5획 / 부수 凵

오목하게 패인 모양을 본떠서 오목할 요

음독 **おう**

음독 凹型 오목한 모양　凹凸 요철　凹面 오목한 면

凹レンズ 오목 렌즈　凹面鏡 오목 거울

**N1** **中学**
5획 / 부수 凵

볼록 나온 모양을 본떠서 볼록할 철

음독 **とつ**

음독 凸型 볼록한 모양　凸版 볼록판　凸面鏡 볼록 거울

凸レンズ 볼록 렌즈

예외 凸凹 ① 울퉁불퉁 ② 불균형

N2 小6
10획 / 제부수

살 속의 뼈를 본떠서 뼈 골

훈독 ほね 음독 こつ

훈독 骨 뼈 骨折り 노력, 수고 骨組み 뼈대 一骨 애씀

小骨 잔뼈, 잔가시 骨接ぎ 접골

음독 骨髄 골수 老骨 노골 筋骨 체격 仙骨 범속하지 않은 골상

N1 中学
13획 / 부수 水(氵)

물(氵)이 뼈(骨)처럼 딱딱한 것에 묻으면 미끄러우니
미끄러울 활
또 미끄럽게 잘 넘어가도록 익살스러우니 익살스러울 골

훈독 すべる, なめらか 음독 かつ, こつ

훈독 滑る 미끄러지다 滑らか ① 매끈매끈함 ② 거침이 없음, 순조로움

음독 滑空 활공 滑降 활강 滑走 활주 滑車 도르래 滑稽 골계, 익살

滑脱 자유자재로 변화함

참고자
9획 / 부수 口

입(口)이 비뚤어진 모양을 본떠서
입 비뚤어질 괘, 입 비뚤어질 와

---

N1 中学
17획 / 부수 金

쇠(金)를 비뚤어지게(咼) 파 만든 노구솥이니 노구솥 과

+ 노구솥 – 놋쇠로 만든 작은 솥

훈독 **なべ**

훈독 鍋 냄비  鍋釜 생활에 필요한 최소한의 도구
　　　鍋料理 식탁에서 냄비에 끓이면서 먹는 요리의 총칭

---

N1 中学
12획 / 부수 水(氵)

물(氵)이 비뚤어지게(咼) 돌며 흐르는 소용돌이니
소용돌이 와

+ 소용돌이 – ① 바닥이 패여 물이 돌면서 흐르는 현상
　　　　　　② 힘이나 사상, 감정 등이 서로 뒤엉켜 요란스러운 상태를 말함

훈독 **うず**　　음독 **か**

훈독 渦 소용돌이  渦巻く 소용돌이치다  渦潮 소용돌이 치는 조수
음독 渦中 ① 소용돌이 속 ② 사건이나 분쟁 속
　　　渦状 소용돌이 모양  渦紋 소용돌이 무늬

---

신(礻)이 비뚤어진(咼) 사람에게 주는 재앙이니 재앙 화

정자 禍

+ 礻[보일 시, 신 시(示)가 부수로 쓰일 때의 모양으로 '보일 시, 신 시 변']

음독 **か**

음독 禍根 화근  禍福 화복  禍乱 소동  水禍 ① 수해, 수재 ② 익사
　　　災禍 재해

中学
6획 / 제부수

절구를 본떠서 **절구 구**

+ 절구 – 곡식을 빻거나 찧거나 떡을 치기도 하는 기구. 통나무나 돌, 쇠 등으로 속을 우묵하게 만듦

훈독 **うす** 음독 **きゅう**

훈독 臼 절구 石臼 돌절구

음독 臼歯 어금니, 구치 脱臼 탈구(= 탈골)

---

N1 中学
10획 / 부수 阜(阝)

언덕(阝)길은 **사람(勹)**이 **일( | ) 일(日)**만 걸어도 함정 같은 곳에 빠지고 무너지니 **함정 함, 빠질 함, 무너질 함**

정자 陷 – 언덕(阝)에서 사람(勹)이 절구(臼) 같은 함정에 빠지고 무너지니 '함정 함, 빠질 함, 무너질 함'

+ 阝(언덕 부 변), 勹[사람 인(人)의 변형], | ('뚫을 곤'이지만 여기서는 '1'로 봄)

훈독 **おちいる, おとしいれる** 음독 **かん**

훈독 陷る ① 빠지다 ② 함락하다 陷れる ① 빠뜨리다 ② 함락시키다

음독 陷落 함락 陷没 함몰 陷穽 함정 欠陷 결함

---

절구(臼)에 흙(土)을 넣고 **치면(殳)** 허니 **헐 훼**

정자 毀 – 절구(臼)처럼 만들어(工) 넣고 치면(殳) 허니 '헐 훼'

+ 土(흙 토), 工(장인 공, 만들 공, 연장 공), 殳(칠 수, 창 수, 몽둥이 수)

中学
13획 / 부수 殳

음독 **き**

음독 毀損 훼손 毀誉 비방함과 칭찬함

---

N1 小4
15획 / 부수 水(氵)

물(氵)이 **절구(臼)**처럼 **싸인(勹)** 웅덩이에 많은 생명들이 **불(灬)**꽃처럼 움직이는 개펄이니 **개펄 석**

+ 개펄에 가 보면 절구처럼 움푹 파여 물이 괸 곳에 많은 생명체가 살고 있지요.
+ 勹(쌀 포), 灬(불 화 발)

훈독 **かた**

훈독 潟 갯벌 干潟 간석지(밀물과 썰물이 드나드는 개펄)

참고자
10획 / 부수 臼

N2 中学
14획 / 부수 禾

손(爫)으로 절구(臼)에서 곡식을 찧어 퍼내는 절구니
**퍼낼 요, 절구 요**

+ 爫['손톱 조'지만 여기서는 손으로 봄], 臼(절구 구)

훈독 **くむ**    음독 **よう**

---

(옛날에 벼는 절구에 넣어 찧었으니)
**벼 화(禾)에 절구 요(臽)를 붙여서 벼 도**

정자 稻

훈독 **いね, いな**    음독 **とう**

훈독 稲刈(いねか)り 벼 베기   稲(いね) 벼   稲妻(いなずま) 번개(= 稲光)   稲穂(いなほ) 벼 이삭

음독 水稲(すいとう) 논벼   陸稲(りくとう) 밭벼

9획 / 부수 臼

**자루(千)**를 **절구(臼)**에 절굿공이처럼 꽂아 땅을 파는 가래니 가래 삽

+ 가래 – 흙을 파헤치거나 떠서 던지는 기구
+ 千('일천 천, 많을 천'이지만 여기서는 자루로 봄), 臼(절구 구)

**N1** **中学**
10획 / 부수 手(扌)

**손(扌)**으로 **머리(丿)**부터 **하나(一)**씩 **펴(申)** 꽂으니 꽂을 삽

정자 插 – 손(扌)으로 가래(畐)를 땅에 꽂으니 '꽂을 삽'(= 挿)
+ 丿('삐침 별'이지만 여기서는 위에 있는 머리로 봄), 申(아뢸 신, 펼 신, 원숭이 신, 아홉째 지지 신)

훈독 **さす**    음독 **そう**

훈독 挿す 꽂다, 끼우다  挿絵 삽화  挿し木 꺾꽂이
음독 挿花 꽃꽂이  挿入 삽입  挿話 일화, 에피소드

참고자
7획 / 부수 又

### 펴(申) 손(又)으로 더듬어 찾는 늙은이니 늙은이 수

[정자] 叟 – 절구(臼)에 절굿공이(丨)를 손(又)으로 잡고 절구질하는 늙은이니
'늙은이 수'

+ [유] 臾(잠깐 유)
+ 申(아뢸 신, 펼 신, 원숭이 신, 아홉째 지지 신), 又(오른손 우, 또 우),
丨('뚫을 곤'이지만 여기서는 절굿공이로 봄)

[훈독] おきな    [음독] そう

---

N2 中学
10획 / 부수 手(扌)

### 손(扌)을 펴(申) 손(又)으로 더듬어 찾으니 찾을 수

[정자] 搜 – 손(扌)으로 늙은이(叟)처럼 더듬어 찾으니 '찾을 수'
+ 늙으면 잘 보이지도 않고 감각도 둔해지니 더듬거리지요.
+ 扌(손 수 변)

[훈독] さがす    [음독] そう

[훈독] 捜す (안 보이게 된 것을) 찾다
[음독] 捜査 수사  捜索 수색

---

中学
12획 / 부수 疒

### 병들어(疒) 늙은이(叟)처럼 수척하니 수척할 수

[정자] 瘦 – 병들어(疒) 늙은(叟) 것처럼 수척하니 '수척할 수'
+ 수척(瘦瘠) – (얼굴이나 몸이) 야위어 건강하지 않게 보이는 상태
+ 疒(병들 녁), 瘠(여윌 척, 메마를 척)

[훈독] やせる    [음독] そう

[훈독] 痩せる 여위다, 살이 빠지다  痩せ衰える 바짝 마르다, 수척해지다
痩せ地 메마른 땅, 척박한 땅
[음독] 痩身 여윈 몸

N2 中学
3획 / 부수 一

하나(一)씩 작은 그릇(与)에 나누어 주며 더불어 참여하니
줄 여, 더불 여, 참여할 여

[정자] 與 – 마주 들어(舁) 주며(一) 더불어 참여하니 '줄 여, 더불 여, 참여할 여'
+舁 – 절구(臼)를 마주 드니(廾) '마주 들 여'
+더불다 – ① 둘 이상의 사람이 함께 하다.
② 무엇과 같이 하다.
+与[국자 작, 작은 그릇 작(勺)의 변형], 舁[마주 들 여(舁)의 변형],
一[줄 여, 더불 여, 참여할 여(与)의 변형], 廾(받쳐 들 공), 臼(절구 구)

[훈독] **あたえる**　[음독] **よ**

[훈독] 与える 주다, 수여하다
[음독] 与国 동맹국　与党 여당　関与 관여　寄与 기여, 이바지함
給与 급여　参与 참여　授与 수여　賞与 상여(상으로 금품을 줌. 또는
그 금품)　譲与 양도

N1 中学
13획 / 부수 言

점(丶)점(丶)점(丿) 하나(一)씩 나누어(八) 말하며(言)
기리니 기릴 예
또 기리는 명예니 명예 예

[정자] 譽 – 더불어(與) 말하며(言) 기리니 '기릴 예'
또 기리는 명예니 '명예 예'
+기리다 – 잘하는 일과 우수한 점을 추어서 말하다.
+言(말씀 언)

[훈독] **ほまれ**　[음독] **よ**

[훈독] 誉れ 자랑거리
[음독] 栄誉 영예　称誉 칭찬　不名誉 불명예
毀誉褒貶 (헐고 기리고, 기리고 낮춤으로) 남을 헐뜯음과 칭찬함. 세
상의 평판

## 375 工 공 江 강 虹 홍

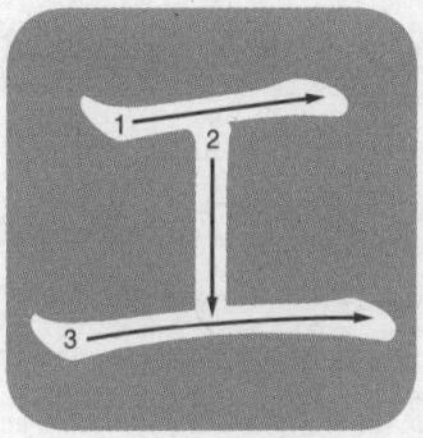

N3 小2

3획 / 제부수

장인이 물건을 만들 때 쓰는 자를 본떠서

### 장인 **공**, 만들 **공**, 연장 **공**

+ 장인(匠人) – 물건 만듦을 직업으로 삼는 기술자
  장인(丈人) – 아내의 친아버지
  여기서는 장인(匠人)의 뜻.
+ 匠(장인 장), 丈(어른 장, 길이 장)

음독 **こう, く**

음독 工芸(こうげい) 공예 工作(こうさく) 공작 工房(こうぼう) 공방 工面(くめん) 돈을 마련함 細工(さいく) 세공

---

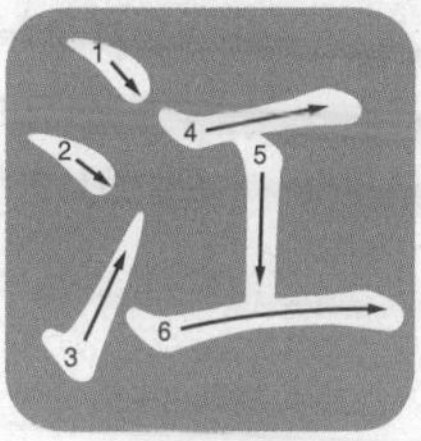

N1 中学

6획 / 부수 水(氵)

### 물(氵)이 흘러가며 **만들어지는(工)** 강이니 **강 강**

훈독 **え** 음독 **こう**

훈독 入り江(いりえ) 후미(물가나 산길이 휘어서 굽어진 곳)

음독 江湖(こうこ) 강호, 세상(사람들) 江山(こうざん) 강산 江南(こうなん) 강남

---

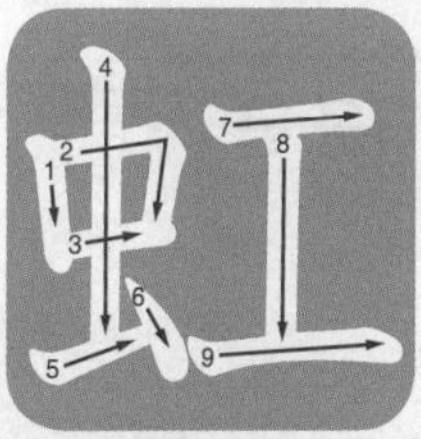

N1 中学

9획 / 부수 虫

아름다운 **벌레(虫)**로 **만든(工)** 것처럼 빛나는 무지개니

### 무지개 **홍**

+ 虫(벌레 충)

훈독 **にじ** 음독 **こう**

훈독 虹(にじ) 무지개

음독 虹橋(こうきょう) 아름다운 다리 虹彩(こうさい) 홍채(안구의 각막과 수정체 사이에 있는 둥근 모양의 얇은 막)

참고자
7획 / 부수 攵

사람(亻)이 지팡이(丨)로 땅을 **치면서(攵)** 사라져 아득하니
**아득할 유**

+ 아득하다 – ① 보이는 것이나 들리는 것이 희미하고 매우 멀다.
　　　　　　② 까마득히 오래되다.
　　　　　　③ 정신이 흐려진 상태이다.
+ 丨('뚫을 곤'이지만 여기서는 지팡이로 봄), 攵(칠 복, = 攴)

---

N1 中学
11획 / 부수 心

**아득히(攸)** 먼 옛날까지 **마음(心)**에 생각할 정도로 한가하니
**한가할 유**
또 **아득하게(攸)** 마음(心)에 느껴질 정도로 머니 **멀 유**

음독 ゆう

음독 悠遠 아득히 멂　悠久 유구, 영구　悠々 한가하고 느긋한 모양
悠然 침착하고 여유가 있는 모양　悠長 서두르지 않음
悠揚 태연자약한 모양(마음에 어떠한 충동을 받아도 움직임이 없이 천연스러움)

---

N1 中学
7획 / 부수 攵

**연장(工)**으로 **치며(攵)** 닦으니 **칠 공, 닦을 공**

훈독 せめる 　 음독 こう

훈독 攻める 공격하다, 진격하다　攻め 공격, 공세
음독 攻勢 공세　攻守 공수　攻防 공방　攻略 공략　専攻 전공
難攻 난공(운동 경기나 싸움에서, 상대편을 공격하기 어려움)

---

N1 中学
12획 / 부수 攵

적을 **치고(攻)** 감히 **귀(耳)**를 잘라옴이 용감하니
**감히 감, 용감할 감**

+ 감(敢)히 – 송구함을 무릅쓰고, 겁 없이
+ 옛날 전쟁에서는 전쟁의 공을 알리기 위해 잘라온 귀의 수로 그 공을 따졌답니다.

훈독 あえて 　 음독 かん

훈독 敢えて ① 감히, 굳이 ② 그다지, 결코
음독 敢然 감연히(과감하고 용감한 태도로)　勇敢 용감

**N1** **小6**
5획 / 제부수

(오래된) **집(宀)**에 **나누어진(八)** 구멍이니 **구멍 혈**

또 구멍이 길게 파인 굴이니 **굴 혈**

훈독 **あな**　음독 **けつ**

훈독 穴馬 다크호스　穴子 붕장어　鍵穴 열쇠 구멍　岩穴 바위굴

음독 虎穴 호랑이 굴, 매우 위험한 곳　洞穴 비교적 깊지 않은 동굴

---

**N4** **小1**
8획 / 부수 穴

**굴(穴)**처럼 **만들어(工)** 속이 비니 **빌 공**

또 크게 빈 공간은 하늘이니 **하늘 공**

훈독 **そら, から, あく, あける**　음독 **くう**

훈독 空寝 자는 체함　空耳 헛들음, 잘못 들음　青空 파랗게 갠 하늘, 노천

空模様 날씨　空缶 빈 깡통

음독 空疎 공허　空襲 공습　空漠 막막함　空砲 빈총　空房 빈 방

空欄 공란, 빈칸　空軍 공군

---

**N1** **中学**
11획 / 부수 手(扌)

**손(扌)**으로 **비게(空)** 당기거나 더니 **당길 공, 덜 공**

훈독 **ひかえる**　음독 **こう**

훈독 控える ① 못 떠나게 하다 ② 삼가다　控え 대기함, 기다림

控え目 소극적임

음독 控訴 공소, 항소　控除 공제(받을 몫에서 일정한 금액이나 수량을 뺌)

**N1** **中学**
15획 / 부수 穴

구멍(穴)에 양(羊)도 통째로 불(灬)에 굽도록 만든 가마니
**가마 요**

또 가마에 구워 만든 질그릇이니 **질그릇 요**

+ 가마 - ① 가마솥
　　② 조그만 집 모양으로 사람이 탈 수 있도록 만든 것
　　③ 숯이나 질그릇 · 기와 · 벽돌 등을 구워내는 시설
　　④ 사람의 머리나 일부 짐승의 머리에 소용돌이 모양으로 된 부분
　　여기서는 ③의 뜻.
+ 요(窯) - 질그릇 · 사기그릇 · 벽돌 등을 굽는 가마
+ 穴(구멍 혈, 굴 혈), 羋[양 양(羊)의 변형], 灬(불 화 발)

훈독 **かま**　　음독 **よう**

훈독 窯 가마　窯場 (도자기 굽는) 가마터

음독 窯業 요업(도자기를 만드는 일)　陶窯 도기를 굽는 가마

---

**中学**
11획 / 부수 羊(羋)

(큰 잔치에) 양(羊)을 대신 **잡고(丿)** 비싼 **소(丑)**는 숨기면
부끄러우니 **부끄러울 수**

+ 丑(소 축), 丿('삐침 별'이지만 여기서는 잡는 모양으로 봄)

음독 **しゅう**

음독 羞恥 수치　羞明 눈이 부심

---

**N1** **中学**
6획 / 부수 人(亻)

사람(亻)이 개(犬)처럼 엎드리니 **엎드릴 복**

훈독 **ふす, ふせる**　　음독 **ふく**

훈독 伏す 엎드리다　泣き伏す 쓰러져 울다　俯伏せ 엎드림
伏せる ① 엎드리다 ② (눈을) 내리깔다　伏し拝む 엎드려 절하다

음독 伏在 잠재　伏兵 복병(= 伏せ勢)　起伏 기복　降伏 항복
承伏 승복　平伏 엎드림　伏線 복선

눈빛을 **빛내며(⺌) 밭(田)**에서 먹이를 찾아 **한(一) 입(口)**에
먹는 **개(犬)** 같은 짐승이니 짐승 수

정자 獸 – 입(口)과 입(口)을 밭(田)에 대고 먹이를 찾아 한(一) 입(口)에
　　　먹는 개(犬) 같은 짐승이니 '짐승 수'

+ 口(입 구, 말할 구, 구멍 구), 田(밭 전, 논 전)

훈독 **けもの**　음독 **じゅう**

훈독 獣 짐승 獣道 짐승이 다니는 길
+ '짐승'이라는 뜻의 '獣'는 'けだもの'로도 읽을 수 있습니다.

음독 獣医 수의사 獣疫 가축의 전염병 巨獣 큰 짐승 猛獣 맹수
野獣 야수

---

**개(犭)**와 **개(犬)**를 풀어 지키며 무슨 **말(言)**을 하는지
감시하는 감옥이니 감옥 옥

+ 犭(큰 개 견, 개 사슴 록 변), 言(말씀 언)

음독 **ごく**

음독 破獄 파옥(빠져나가기 위하여 옥을 부숨) 牢獄 뇌옥(감옥)
疑獄 의옥(스캔들)

---

**구멍(穴)**에서 **크게(大)** 갑자기 튀어나와 부딪치니
갑자기 돌, 부딪칠 돌
또 집에서 갑자기 내민 연돌이니 내밀 돌, 연돌 돌

정자 突 – 구멍(穴)에서 개(犬)가 갑자기 튀어나와 부딪치니
　　　'갑자기 돌, 부딪칠 돌'
　　　또 집에서 갑자기 내민 연돌이니 '내밀 돌, 연돌 돌'

+ 연돌(煙突) – 굴뚝
+ 穴 아래에 큰 대(大)면 일본 한자, 개 견(犬)이면 정자
+ 煙(연기 연, 담배 연)

훈독 **つく**　음독 **とつ**

훈독 突く 찌르다 突き当り ① 충돌 ② 막다른 길 突き合わせる 맞대다
突き通す 꿰뚫다 突き抜く 관통하다 突き放す 내치다, 뿌리치다

음독 突起 돌기 突進 돌진 突然 돌연 突如 갑자기, 별안간
突破 돌파 突発 돌발 突風 돌풍 煙突 굴뚝 激突 격돌
猪突 저돌 追突 추돌

**N1** **小2**
5획 / 제부수

화살을 본떠서 화살 시

훈독 や 　 음독 し

훈독 矢面 화살이 날아오는 정면

음독 一矢を報いる 화살을 되쏘다(적의 공격이나 남의 비난 등에 대하여 반격하다)

---

**N2** **小4**
5획 / 부수 大

화살 시(矢)의 위를 연장하여 이미 쏘아 버린 화살을 나타내어 (쏘아진 화살은 잃어버린 것이란 데서) 잃을 실

훈독 うしなう 　 음독 しつ

훈독 失う 잃다

음독 失脚 실각 　失敗 실패, 실수 　消失 소실, 소멸
失策 실책, 실수 　失踪 실종 　失墜 실추

---

**N1** **中学**
10획 / 부수 禾

볏(禾)단을 잃어(失)버리지 않도록 쌓는 차례니 차례 질

+ 차례로 쌓아 놓으면 양을 분명히 알 수 있으니 잃어버렸는지도 금방 알 수 있지요.
+ 禾(벼 화)

음독 ちつ

음독 秩序 질서

---

**N1** **中学**
8획 / 부수 辵(辶)

실수(失)로 잘못 샀으면 가서(辶) 바꾸니 바꿀 질

+ 辶(뛸 착, 갈 착)

음독 てつ

음독 更迭 경질, 교체

참고자
7획 / 부수 矢

내(厶)가 쏜 **화살(矢)**이 목표에 다다랐다는 데서,
문장의 끝에 쓰여 완료를 나타내는 어조사니 **어조사 의**

+ 厶(사사로울 사, 나 사), 矢(화살 시)

음독 **い**

中学
10획 / 부수 手(扌)

손(扌)으로 **사사롭게(厶) 화살(矢)**처럼 나아가 인사하니
**인사할 애**

+ 참 埃 – 흙(土)으로 사사롭게(厶) 화살(矢)처럼 떨어지는 티끌이니 '티끌 애'

음독 **あい**

음독 <sub></sub>あいさつ<br>挨拶 ① 인사 ② 서로 만났을 때 주고받는 의례적인 동작 · 말

N1 中学

9획 / 부수 人(亻)

사람(亻)이 **만들어(ㅗ) 화살(矢)**을 쏘는 과녁이니 과녁 후
또 과녁을 잘 맞히는 사람이 되었던 제후니 제후 후

+ 유 候(기후 후, 염탐할 후) - 1권 제목번호 219 참고
+ 제후(諸侯) - 제왕으로부터 일정한 영토(領土)를 받아 영내의 백성을 다스렸던 영주
+ ㅗ[장인 공, 만들 공, 연장 공(工)의 변형], 諸(諸: 모든 제, 여러 제), 領(거느릴 령, 우두머리 령)

음독 **こう**

음독 侯爵(こうしゃく) 후작 藩侯(はんこう) 영주

中学

12획 / 부수 口

입(口)안에 **과녁(侯)**처럼 둥근 목구멍이니 목구멍 후

+ 목구멍이 과녁의 둥근 구멍처럼 둥긂을 생각하고 만든 글자

훈독 **のど** 음독 **こう**

훈독 喉(のど) 목 喉飴(のどあめ) 목캔디 喉風邪(のどかぜ) 목감기 喉頸(のどくび) 멱, 급소
喉元(のどもと) 목구멍 맨 안쪽 喉自慢(のどじまん) 노래자랑

음독 喉頭(こうとう) 후두 咽喉(いんこう) 인후(목구멍)

N3 小2
8획 / 부수 矢

(과녁을 맞히는) **화살(矢)**처럼 사실에 맞추어 **말할(口)** 정도로
아니 **알 지**

＋ 과녁을 맞히는 화살처럼 사실에 맞추어 말하면 아는 것이지요.

훈독 **しる**　음독 **ち**

훈독 物知り 박식함　お知らせ 안내문　知り合い 아는 사이

음독 知恵 지혜　知覚 지각　知己 지기, 지인　探知 탐지
承知 ① 알아들음 ② 동의 ③ 용서　知悉 다 자세히 앎　知的 지적

N1 中学
13획 / 부수 疒

**병(疒)**으로 **아는(知)** 것이 없어져 어리석으니 어리석을 **치**

＋ 圖 癡 － 병(疒)인가 의심할(疑) 정도로 어리석으니 '어리석을 치'
＋ 疒(병들 녁), 疑(의심할 의)

음독 **ち**

음독 痴漢 치한　痴人 바보　痴態 추태　痴呆 치매　音痴 음치
愚痴 푸념(마음속에 품은 불평을 늘어놓음. 또는 그런 말)

N1 中学
10획 / 부수 疒

**병(疒)** 중 **화살(矢)**처럼 빨리 번지는 병이니
병 질, 빠를 질

＋ 병들 병, 근심할 병(病)은 걸리기도 어렵고 낫기도 어려운 고질병을, 병
질, 빠를 질(疾)은 화살 시(矢)가 들어갔으니 걸리기도 쉽고 낫기도 쉬운
가벼운 병을 뜻하지만, 보통 같이 쓰입니다.

음독 **しつ**

음독 疾患 질환　疾走 질주(＝ 疾駆)　疾病 질병　疾苦 질고
悪疾 악질, 고질　眼疾 눈병

中学
13획 / 부수 女

**여자(女)**가 어떤 **병(疾)**에 걸린 것처럼 무엇을 시기하니
시기할 질

음독 **しつ**

음독 嫉視 질시　嫉妬 질투, 시샘

N2 小5
5획 / 부수 水

높은 산 **한 방울(丶)**의 **물(水)**이 강과 바다까지 길게 오래 흐르니 길 영, 오랠 영

+ 물 수(水)에 점 주, 불똥 주(丶)를 처음 쓰는 왼쪽에 붙여 한 덩어리로 얼 어붙음을 나타내면 '얼음 빙(氷)', 변형된 갈고리 궐(亅) 위에 점 주, 불똥 주(丶)를 붙여 물이 흐르기 시작하는 높은 산을 나타내면 '길 영, 오랠 영 (永)'으로 구분하세요.

훈독 **ながい**   음독 **えい**

훈독 永い (세월, 시간이) 아주 오래다, 영원하다   日永 낮이 긺

음독 永住 영주   永続 영속   永久 영구, 영원

---

N1 中学
12획 / 부수 言

말(言)을 길게(永) 빼서 읊으니 읊을 영

+ 동 咏 – 입(口)을 오래(永) 벌리고 읊으니 '읊을 영'
+ 言(말씀 언)

훈독 **よむ**   음독 **えい**

훈독 詠む 시가를 짓다, 읊다

음독 詠嘆 영탄   吟詠 시가를 짓는 일

詠草 지은 일본 고유 형식의 시의 초고

朗詠 낭영(한시나 시조 등에 음률을 넣어 소리 높여 읊음)

참고자
9획 / 부수 田

## 물(水)을 밭(田)에 넣어 만든 논이니 논 답

+ 일본 한자에서는 논은 '밭 전, 논 전(田)'으로, 밭은 '밭 전, 영역 전(畑)'으로 많이 사용합니다.
+ 畑(밭 전, 영역 전) – 1권 제목번호 037 참고
+ 水(물 수)

참고자
8획 / 부수 日

## 물(水)에 해(日)가 비치듯 땅을 디딜 때 신는 신발이니 신발 답

+ 일본 한자에서 훈으로 쓰일 때는 くつ(靴), 음으로 쓰일 때는 보통 とう(踏)으로 쓰입니다.
+ 정자에서는 '겹칠 답, 합할 답'의 뜻입니다.
+ 日(해 일, 날 일), 靴(신 화)

**훈독** くつ    **음독** とう

**음독** 雑沓 혼잡, 붐빔

N1 中学
15획 / 부수 足(⻊)

## 발(⻊)에 신발(畓)을 신고 밟으니 밟을 답

+ ⻊[발 족, 넉넉할 족(足)의 변형]

**훈독** ふむ, ふまえる    **음독** とう

**훈독** 踏む 밟다  踏み切り 건널목  踏み拉く 짓밟다
踏み倒す 떼어먹다  踏まえる ① 밟아 누르다 ② 입각하다

**음독** 踏査 답사  踏襲 답습  踏破 답파  雑踏 인파, 붐빔
舞踏 무도, 춤  未踏 아직 아무도 밟지 않음

**N4** **小1**
8획 / 제부수

## 하늘(一)의 구름(冂)에서 물(氺)로 내리는 비니 비 우

+ 雨는 날씨와 관계되는 한자의 부수로도 쓰입니다.
+ 一('한 일'이지만 여기서는 하늘로 봄), 冂('멀 경, 성 경'이지만 여기서는 구름의 모양으로 봄), 氺[물 수 발(水)의 변형]

훈독 **あめ, あま** 　음독 **う**

훈독 雨模様 비가 올 것 같은 날씨　大雨 큰비　雨粒 빗방울
雨音 빗소리　雨具 우비　雨雲 비구름

음독 雨水 빗물　雨滴 빗방울　降雨 강우　雨量 강수량　慈雨 단비

예외 時雨 늦가을부터 초겨울에 내리는 비　梅雨 장마

**N1** **中学**
13획 / 부수 雨

## 비(雨)올 때 밭(田) 같은 구름 사이에서 내는 천둥이니 천둥 뢰, 우레 뢰

+ 천둥(우레) – 벼락이나 번개가 칠 때에 대기가 요란하게 울리거나 그런 소리

훈독 **かみなり** 　음독 **らい**

훈독 雷 천둥

음독 雷雨 뇌우　雷雲 소나기구름　雷管 뇌관　雷鳴 천둥
地雷 지뢰　避雷針 피뢰침(벼락을 피하기 위해 세우는 뾰족한 쇠)

**N2** **小2**
12획 / 부수 雨

## 비(雨)가 오리라고 말해(云) 주는 구름이니 구름 운

훈독 **くも** 　음독 **うん**

훈독 雲隠れ 자취를 감춤, 도망침　雨雲 비구름, 매지 구름
風雲 바람이 불 전조로 나타나는 구름

음독 積乱雲 쎈 비구름　層雲 층운, 안개구름
雲泥 구름과 진흙, 대단한 차이

**N2** **中学**
16획 / 부수 日

## 해(日) 아래 구름(雲)이 끼어 흐리니 흐릴 담

훈독 **くもる** 　음독 **どん**

훈독 曇る 흐리다, 흐려지다　曇り ① 흐림 ② 불투명한 ③ 어두움
음독 曇天 흐린 날씨　晴曇 맑음과 흐림

**N1** **中学**
17획 / 부수 雨

비(雨) 같은 습기가 **서로(相)** 얼어붙은 서리니 **서리 상**

+ 相(서로 상, 모습 상, 볼 상, 재상 상)

훈독 **しも**　음독 **そう**

훈독 霜 서리 霜枯れ 서리를 맞아 마름 霜崩れ 서릿발이 녹음
霜焼け 동상 朝霜 아침 서리

음독 霜害 서리 해 霜髪 백발 霜夜 서리 내린 밤
秋霜 ① 가을의 찬 서리 ② 엄한 형벌

---

**N1** **中学**
19획 / 부수 雨

비(雨)가 **힘차게(務)** 내릴 때처럼 생기는 안개니 **안개 무**

+ 務(힘쓸 무, 업신여길 모)

훈독 **きり**　음독 **む**

훈독 霧 안개 霧雨 안개비 朝霧 아침 안개

음독 霧散 무산 五里霧中 오리무중 濃霧 짙은 안개
噴霧器 분무기(안개처럼 뿜어내는 도구)

---

**N1** **中学**
21획 / 부수 雨

비(雨) 온 듯 **길(路)**에 어려 이슬이 드러나니
**이슬 로, 드러날 로**

+ 路(길 로)

훈독 **つゆ**　음독 **ろ, ろう**

훈독 露 이슬 朝露 아침 이슬

음독 露骨 노골 露見 비밀이 드러남 露出 노출 露宿 노숙
露呈 드러냄 露店 노점 露天 노천 結露 결로
発露 표면에 드러남 披露 피로(① 문서 등을 펴 보임 ② 널리 알림)

비(雨) 오게 해달라고 **하늘(一)**처럼 받들어 **한(一)**결 **같이(‖)**
이쪽(ヽ)저쪽(ノ)의 **땅(一)**에서 비는 신령스러운 신령이니
**신령스러울 령, 신령 령**

[정자] 靈 – 비(雨) 오게 해달라고 여러 사람의 입들(口口口)이 무당(巫)처럼
　　　비는 신령스러운 신령이니 '신령스러울 령, 신령 령'

+ 신령하다 – 신기하고 영묘하다.
+ 巫(무당 무)

[훈독] **たま**　　[음독] **れい, りょう**

[훈독] 霊<sup>たま</sup> 넋, 영혼　霊屋<sup>たまや</sup> 사당　木霊<sup>こだま</sup> 메아리

[음독] 霊安室<sup>れいあんしつ</sup> 영안실　霊位<sup>れいい</sup> 위패　霊園<sup>れいえん</sup> 공원묘지　霊感<sup>れいかん</sup> 영감
霊魂<sup>れいこん</sup> 영혼　霊媒<sup>れいばい</sup> 영매　霊廟<sup>れいびょう</sup> 사당　霊力<sup>れいりょく</sup> 영력　精霊<sup>せいれい</sup> 정령
亡霊<sup>ぼうれい</sup> 망령　幽霊<sup>ゆうれい</sup> 유령　悪霊<sup>あくりょう</sup> 악령

+ '悪霊'은 'あくれい'로도 읽습니다.

---

**388** ▷ 需<sub>수</sub> ▷ 儒<sub>유</sub> ▷ 瑞<sub>서</sub> ▷ 端<sub>단</sub>

비(雨)가 **이어져(而)** 내리면 구하여 쓰니 **구할 수, 쓸 수**

+ 而(말 이을 이, 어조사 이)

[음독] **じゅ**

[음독] 需給<sup>じゅきゅう</sup> 수급　需要<sup>じゅよう</sup> 수요　実需<sup>じつじゅ</sup> 실수요　外需<sup>がいじゅ</sup> 외수
軍需<sup>ぐんじゅ</sup> 군수　特需<sup>とくじゅ</sup> 특별 수요　必需<sup>ひつじゅ</sup> 필수

---

**사람(亻)**에게 **쓰이는(需)** 도를 공부하고 가르치는 선비나
유교니 **선비 유, 유교 유**

+ 선비 – 학식이 있고 행동과 예절이 바르며 의리와 원칙을 지키고 관직과
　　　재물을 탐내지 않는 고결한 인품을 지닌 사람을 이르는 말
+ 유교(儒教) – 공자를 시조로 삼고 인의도덕(仁義道德)을 가르치는 유학
　　　(儒學)을 종교적인 관점에서 이르는 말
+ 教(教: 가르칠 교), 仁(어질 인), 義(옳을 의, 의로울 의), 道(길 도, 도리
　　　도, 말할 도), 德(덕 덕, 큰 덕), 學(學: 배울 학)

[음독] **じゅ**

[음독] 儒学<sup>じゅがく</sup> 유학　侏儒<sup>しゅじゅ</sup> ① 난쟁이 ② 식견이 없는 사람

**N1**
13획 / 부수 玉(王)

**구슬(王)**로 된 **산(山)**이 **이어진(而)** 듯 상서로우니
**상서로울 서**

+ 상서(祥瑞)롭다 – 복되고 좋은 일이 있을 듯하다.
+ 王(임금 왕, 으뜸 왕, 구슬 옥 변), 祥(祥: 상서로울 상)

| 훈독 | **みず** | 음독 | **ずい** |

훈독 　瑞穂 싱싱한 벼이삭　瑞木 싱싱한 어린나무

음독 　瑞気 상서로운 기운　瑞光 서광　瑞兆 길조(좋은 조짐)

**N1** 中学
14획 / 부수 立

**서(立)** 있는 곳이 **산(山)**으로 **이어진(而)** 끝이니 **끝 단**
또 무슨 일이나 끝에 서면 마음이나 옷자림을 단정히 하여
다음 일의 실마리를 찾으니 **단정할 단, 실마리 단**

+ 立(설 립)

| 훈독 | **はし, は, はた** | 음독 | **たん** |

훈독 　端 ① 끝 ② 시초 ③ 가장자리　端くれ 토막, 나부랭이
　片端 한쪽 끝　切れ端 자투리, 조각　端数 우수리, 끝수
　端役 단역　半端 불완전함　木っ端微塵 산산조각이 남
　端 가장자리　道端 길가

음독 　端座 단좌, 정좌　端正 단정　端緒 단서　極端 극단　舌端 혀 끝
　端的 간단하고 분명함　端麗 단정하고 아름다움　末端 말단(맨 끄트머리)
　一端 일단　先端 선단, 뾰족한 끝　発端 발단(어떤 일의 계기가 됨)

N1 中学
14획 / 부수 水(氵)

물(氵)처럼 나무(木)를 상처(人)내어 뽑아 쓰는 액(氺)이 옻이니 옻 칠
또 옻은 검으니 검을 칠

+ 옻은 약용, 공업용 등 여러 용도로 쓰이지요.
+ 人('사람 인'이지만 여기서는 액을 뽑기 위해 낸 상처로 봄), 氺(물 수 발)

훈독 うるし　음독 しつ

훈독 漆 ① 옻나무 ② 옻칠　漆細工 칠 세공, 칠공예　漆負け 옻이 오름
음독 漆器 칠기　漆黒 칠흑　乾漆 건칠

中学
15획 / 부수 肉(月)

몸(月)에서 나무(木) 아래 상처(人)의 액(氺)이 나오는 부분처럼 불룩한 무릎이니 무릎 슬

+ 나무에 상처가 나면 진액이 흐르고 나무는 그것을 막기 위하여 껍질을 불룩하게 만드는데 몸에서 그렇게 불룩한 부분이 무릎이란 말이지요.

훈독 ひざ　음독 しつ

훈독 膝 무릎　磨り膝 앉은걸음
음독 膝蓋骨 슬개골(무릎 앞 한가운데 있는 작은 종지 모양의 오목한 뼈)

N1 中学
10획 / 부수 水(氺)

하늘 땅(二) 같이 큰(大) 물(氺)줄기를 이용하면 살기가 크게 편안하니 클 태, 편안할 태

+ 二('둘 이'지만 여기서는 하늘과 땅의 모양으로 봄)

음독 たい

음독 泰然 태연　泰山 크고 높은 산　安泰 평안하고 무사함
泰斗 태두, 그 방면의 권위자

**N1** 中学
12획 / 부수 石

돌(石) 중 화산에서 용암이 **소리 내며(云) 내(ル)**처럼 흘러 굳어진 유황이니 **유황 류**

+ 유황(硫黃) – 비금속 원소로서 황색, 무취의 파삭파삭한 결정체. 화약, 성냥 등의 원료로 쓰임
+ 石(돌 석), 云(말할 운), ル[내 천(川)]의 변형, 黃(黃: 누를 황)

음독 **りゅう**

음독 硫酸 황산 硫化水素 황화수소 硫安 황산암모늄
　　りゅうさん　　りゅう か すい そ　　りゅうあん

예외 硫黃 유황
　　いおう

---

**N2** 中学
9획 / 부수 草(艹)

풀(艹)까지 **망가지게(亡)** 냇(ル)물이 휩쓸어 거치니 **거칠 황**

+ 亡(망할 망, 달아날 망, 죽을 망)

훈독 **あらい, あれる, あらす**　　음독 **こう**

훈독 荒い 난폭하다　荒れる 난폭히 굴다, 날뛰다, 설치다
　　あら　　　　　あ
荒れ地 황무지　荒野 황야(= 荒野)　荒仕事 중노동
あ れ ち　　　あれ の　　こう や　　あら し ごと
荒らす 황폐하게 하다, 거칠게 하다　荒波 거센 파도
あ　　　　　　　　　　　　　あらなみ

음독 荒原 거친 들판　荒天 비바람 치는 거친 날씨　荒涼 황량
こう げん　　　　　こう てん　　　　　　　　こうりょう
荒唐無稽 황당무계　荒土 황폐한 땅　荒廃 황폐
こう とう む けい　　　こう ど　　　　　こう はい

---

**N1** 中学
12획 / 부수 心(忄)

마음(忄)이 **거칠어질(荒)** 정도로 다급하니 **다급할 황**

+ 다급하다 – 일이 바싹 닥쳐서 매우 급하다.

훈독 **あわてる, あわただしい**　　음독 **こう**

훈독 慌てる ① 당황하다 ② 허둥대다
　　あわ
慌ただしい 어수선하다, 분주하다
あわ

음독 恐慌 공황(근거 없는 두려움이나 공포로 갑자기 생기는 심리적 불안
きょうこう
상태)

**N1** 中学
6획 / 부수 巛

냇물(巛)이 흘러가듯(辶) 여기저기를 돌아보며 도니
**돌아볼 순, 돌 순**

+ 巛 – 내 천(川)이 부수로 쓰일 때의 모양으로 개미허리 모양 같다 하여
'개미허리 천'

[훈독] **めぐる** [음독] **じゅん**

[훈독] 巡る (한 바퀴) 돌다 巡り合い 우연히 만남, 해후

[음독] 巡閲 순열 巡演 순회공연 巡回 순회 巡航 순항
巡行 순행 巡察 순찰 巡業 각지를 흥행하며 돌아다님

---

中学
9획 / 부수 手(扌)

손(扌)으로 내(巛)가 흘러가듯 저녁(夕)에 헤어질 때 인사하니
**인사할 찰**

[음독] **さつ**

[음독] 挨拶 ① 인사 ② 서로 만났을 때 주고받는 의례적인 동작·말

---

**N2** 中学
10획 / 부수 心(忄)

마음(忄)에 점들(⺍)처럼 떠오르는 흉한(凶) 생각을
괴로워하니 **괴로워할 뇌**

[정자] 惱 – 어떤 마음(忄)이 냇물(巛)처럼 정수리(囟)에 계속 흘러 괴로워하니
'괴로워할 뇌'

+ 유 脳(뇌 뇌) – 1권 제목번호 359 참고
+ 정수리 – 머리 위에 있는 자리
+ 凶(흉할 흉), 囟(정수리 신)

[훈독] **なやむ, なやます** [음독] **のう**

[훈독] 悩む 고민하다 悩み 괴로움, 고민, 걱정 悩ます 괴롭히다

[음독] 悩殺 뇌쇄(애가 타도록 몹시 괴로워함. 또는 그렇게 괴롭힘) 苦悩 고뇌

개(犭)가 점들(灬)처럼 묻은 냄새를 **이용하여(用)** 사냥하니
**사냥할 렵**

정자 獵

+犭(큰 개 견, 개 사슴 록 변), 用[쓸 용(用)의 변형]

훈독 **かり**　　음독 **りょう**

훈독 猟人 사냥꾼

음독 猟奇 엽기(비정상적이고 괴이한 일이나 사물에 흥미를 느끼고 찾아다님)
涉猟 섭렵　密猟 밀렵(허가를 받지 않고 몰래 사냥함)
猟犬 사냥개　猟人 사냥꾼

N1　中学
11획 / 부수 犬(犭)

---

392 俞 유 〉愉 유 〉喩 유 〉諭 유 〉愈 유 〉癒 유

사람(人)이 한(一) 달(月)에 걸쳐 **칼(刂)**로 수술도 하면서
치료하면 대답하듯 병이 나으니 **대답할 유, 병 나을 유**

전자 俞 – 들어가(入) 한(一) 달(月)에 걸쳐 내(巛)처럼 계속 치료하면 대답하듯
병이 나으니 '대답할 유, 병 나을 유'

+刂(칼 도 방), 巛[개미허리 천(巛)이 줄어든 모양]

참고자
9획 / 부수 人

---

마음(忄)이 대답하듯(俞) 통하면 즐거우니 **즐거울 유**

정자 愉

음독 **ゆ**

음독 愉悦 유쾌하게 생각하고 기뻐함　愉快 유쾌함　愉楽 즐거움

N1　中学
12획 / 부수 心(忄)

409

12획 / 부수 口

입(口)으로 대답하며(兪) 비유하면 깨우치니
**비유할 유, 깨우칠 유**

+ 喩는 일본 한자에서 정자로 쓰입니다.

음독 **ゆ**

음독 引喩 인유 活喩法 활유법, 의인법 比喩 비유 諷喩 풍유

---

N1 中学
16획 / 부수 言

말(言)로 대답하며(兪) 깨우치니 **깨우칠 유**

정자 諭

+ 글을 쓰거나 대답하며 말할 때 문득 깨우칠 때가 있지요.
+ 言(말씀 언)

훈독 **さとす**   음독 **ゆ**

훈독 諭す 잘 타이르다
음독 諭旨 유지, 타이름 訓諭 훈유, 가르쳐 타이름 告諭 훈시, 타이름

---

참고자
13획 / 부수 心

병이 낫는다는(兪) 마음(心)이 들면 더욱 좋으니
**더욱 유, 좋을 유**

+ 心(마음 심, 중심 심)

훈독 **いよいよ**

훈독 愈々 드디어, 더욱더, 확실히

---

N1 中学
18획 / 부수 疒

병(疒)이 좋게(愈) 나으니 병 나을 유 (≒ 愈)

정자 癒

+ 疒(병들 녁)

훈독 **いえる, いやす**   음독 **ゆ**

훈독 癒える (병이) 낫다, (상처가) 아물다 癒す (상처나 병을) 고치다
음독 癒合 아뭄 癒着 유착 快癒 쾌유 治癒 치유 平癒 병이 나음

N1 中学
8획 / 부수 火

불(火)과 불(火)이 겹쳐 더우니 **더울 염**
또 덥게 열나면서 아픈 염증이니 **염증 염**

+ 염증(炎症) – 외상이나 화상, 세균 침입 등에 대하여 몸의 일부에 충혈,
　　　　　　　부종, 발열, 통증을 일으키는 증상
+ 火(불 화), 症(병세 증)

훈독 **ほのお**　　음독 **えん**

훈독 炎 불꽃 (ほのお)

음독 炎暑 혹서 (えん しょ)　腸炎 장염 (ちょう えん)　炎上 불이 타오름 (えん じょう)

---

N1 中学
11획 / 부수 水(氵)

물(氵)을 덥게(炎) 끓여 소독하면 맑고 깨끗하니
**맑을 담, 깨끗할 담**

훈독 **あわい**　　음독 **たん**

훈독 淡い (맛이나 빛깔이) 진하지 않다, 연하다 (あわ)　淡雪 얇게 깔린 눈 (あわゆき)

음독 淡色 연한 빛 (たんしょく)　淡泊 담백 (たんぱく)　濃淡 농담 (のうたん)

　　淡彩 담채, 엷고 산뜻한 채색 (たんさい)　淡水 냇물, 민물 (たんすい)

　　冷淡 냉담, 관심이나 흥미를 보이지 않음 (れいたん)

---

N1 中学
11획 / 부수 虫

반짝이는 **불꽃(⺍)**으로 **덮인(冖)** 듯 빛나는 **벌레(虫)**는
반딧불이니 **반딧불 형**

정자 螢 – 불(火)과 불(火)에 덮인(冖) 듯 빛나는 벌레(虫)는 반딧불이니
　　　‘반딧불 형’

+ 虫(벌레 충)

훈독 **ほたる**　　음독 **けい**

훈독 螢 개똥벌레, 반딧불이 (ほたる)

음독 螢火 반딧불 (けい か)　螢光灯 형광등 (けいこう とう)　螢雪の功 형설지공 (けいせつ こう)

N4 小2
9획 / 부수 刀(刂)

中学
13획 / 부수 火(灬)

우두머리(亠)가 몸(月)에 칼(刂)을 차고 나서는 앞이니
## 앞 전

+ 亠['머리 수, 우두머리 수(首)'의 획 줄임], 月(달 월, 육 달 월), 刂(칼 도 방)

| 훈독 | まえ | 음독 | ぜん |

훈독 前向き 정면으로 향함  前髪 앞머리  名前 이름

음독 前進 전진  前者 전자  前代未聞 전대미문
前途 전도  前夜祭 전야제  空前 공전

---

앞(前)에다 불(灬)을 피우고 달이니 달일 전

+ 달이다 - ① 액체 등을 진하게 만들다.
　　　　　② 약제 등에 물을 부어 우러나도록 끓이다.
　　　　　여기서는 ②의 뜻.
+ 灬(불 화 발)

| 훈독 | いる | 음독 | せん |

훈독 煎る 볶다  煎り豆 볶은 콩

음독 煎餅 전병  煎薬 탕약  香煎 미숫가루  湯煎 중탕

**N1**
6획 / 부수 亠

머리(亠)가 불(灬)타도록 또 고민하니 또 **역**

+ 윤 赤(붉을 적) – 제목번호 396 참고
+ 亠(머리 부분 두), 灬[불 화(火)의 변형]

**N2** 中学
13획 / 부수 足(𧾷)

발(𧾷)로 밟으면 또(亦) 생기는 발자국이나 자취니
**발자국 적, 자취 적**

+ 𧾷[발 족, 넉넉할 족(足)의 변형]

| 훈독 | **あと** | 음독 | **せき** |

훈독　跡 ① 유적 ② 자취, 흔적　跡形 흔적, 자취　城跡 성터
　　　跡継ぎ 상속인, 후임자(= 跡取り, 跡目) 傷跡 상처 자국
음독　遺跡 유지　奇跡 기적　口跡 말투, 말씨　行跡 행적
　　　人跡 인적　筆跡 필적

**N2** 中学
10획 / 부수 心

또(亦) 자꾸 마음(心)에 생각하며 사모하니 사모할 **련**

정자 戀 – 실(絲)처럼 계속 말(言)과 마음(心)으로 생각하며 사모하니
　　　'사모할 련'
+ 心(마음 심, 중심 심), 絲(실 사), 言(말씀 언)

| 훈독 | **こう, こい, こいしい** | 음독 | **れん** |

훈독　恋う 그리워하다, 연모하다　初恋 첫사랑
음독　悲恋 비련

**N2** 小4
9획 / 부수 夂

또(亦) 자꾸 치면(夂) 변하니 변할 **변**

정자 變 – 실(絲)처럼 길게 말하고(言) 치면(夂) 변하니 '변할 변'
+ 夂(천천히 걸을 쇠, 뒤쳐 올 치), 夊(칠 복, = 攴)

| 훈독 | **かわる, かえる** | 음독 | **へん** |

훈독　変り目 ① 바뀔 때 ② 구별, 차이　変わり種 기인, 괴짜
음독　変形 변형　変身 변신　変人 이상한 사람　変態 변태　激変 격변
　　　不変 불변

413

흙(土)이 불(小)타듯 붉으니 붉을 적

+⑨ 亦(또 역) - 제목번호 395 참고

훈독 あか, あかい, あからむ, あからめる

음독 せき

훈독 赤色 빨강, 적색 赤子 갓난아기, 젖먹이

음독 赤血球 적혈구 赤貧 몹시 가난함
発赤 염증 등으로 피부나 점막 일부가 빨갛게 부어오르는 현상

N3 小1
7획 / 제부수

(용서는 하지만 두고 보기 위하여)

붉게(赤) 칠하고 쳐서(攵) 놓아주며 용서하니 용서할 사

+ 눈에 잘 띄도록 붉게 표시했겠지요.
+ 攵(칠 복, = 攴)

음독 しゃ

음독 赦免 사면 恩赦 특별 사면 情け容赦 인정사정 大赦 일반 사면

N1 中学
11획 / 부수 赤

붉고(赤) 붉게(赤) 빛나며 붉으니 빛날 혁, 붉을 혁

음독 かく

음독 赫赫 ① (발갛게) 빛나는 모양 ② 공적이 뚜렷한 모양

참고자
14획 / 부수 赤

입(口)이 붉어지도록(赫) 꾸짖으며 성내니 성낼 혁

음독 かく

음독 威嚇 위협

N1 中学
17획 / 부수 口

N2 中学
12획 / 부수 水(氵)

물(氵)이 또(亦) 활(弓)처럼 육지로 굽어 들어온 물굽이니
물굽이 만

[정자] 灣 – 물(氵)이 육지로 굽어(彎) 들어온 물굽이니 '물굽이 만'
+ 彎 – 실(絲)처럼 말(言)이 길고 행동은 활(弓)처럼 굽으니 '굽을 만'
+ 육지가 바다 쪽으로 조금 뻗으면 곶(串), 많이 뻗어 나가면 반도(半島),
　굽어 들어오면 만(湾)입니다.
+ 弓(활 궁)

[음독] わん
[음독] 台湾 대만　港湾 항만　湾入 바다가 활처럼 뭍으로 굽어듦

N1 中学
12획 / 부수 虫

또(亦) 벌레(虫)처럼 행동하는 오랑캐니 오랑캐 만

[정자] 蠻 – 실(絲)처럼 말(言)이 길고 벌레(虫)처럼 행동하는 오랑캐니
　　　　'오랑캐 만'

+ 말이나 뜻으로 해결하려 하지 않고 미개하여 싸우려고만 하는 민족을 오랑
　캐라 불렀습니다.
+ 虫(벌레 충)

[음독] ばん
[음독] 蛮カラ (옷차림이나 언행이) 거칠고 품위가 없음, 조잡함
　　　 蛮行 만행　蛮勇 만용　野蛮 야만　蛮人 야만인

N2 中学
13획 / 부수 角

뿔(角)로 벌레(虫)는 촉감을 알려고 휘둘러 닿으니 닿을 촉

[정자] 觸 – 뿔(角)로 애벌레(蜀)는 촉감을 알려고 휘둘러 닿으니 '닿을 촉'
+ 角(뿔 각, 모날 각, 겨룰 각)

[훈독] ふれる, さわる　[음독] しょく
[훈독] 触れる 닿다, 스치다　前触れ 예고, 전조, 조짐
　　　 触る 닿다, 손을 대다, 접촉하다, 만지다
[음독] 触手 촉수, 더듬이　触発 촉발　接触 접촉　抵触 저촉

**사람(亻)이 하나( l ) 둘(二)을 세는 잠깐이니 잠깐 사**

+ 亻[사람 인(人)의 변형], l ('뚫을 곤'이지만 여기서는 '하나'로 봄)

훈독 **ながら**

참고자
5획 / 부수 丿

---

**말(言)을 잠깐(乍) 사이에 꾸며 대며 속이니 속일 사**

+ 言(말씀 언)

음독 **さ**

음독 詐取 사취, 속여서 빼앗음  詐称 사칭  奸詐 간사, 거짓

N1 中学
12획 / 부수 言

---

**구멍(穴)을 잠깐(乍)만 파서 좁으니 좁을 착**

+ 穴(구멍 혈, 굴 혈)

음독 **さく**

음독 狭窄症 협착증(심장 또는 혈관의 판막이나 관이 좁아지는 병)

참고자
10획 / 부수 穴

---

**손(扌)으로 간격을 좁혀(窄) 짜니 짤 착**

+ 扌(손 수 변)

훈독 **しぼる**

훈독 搾る ① 세게 눌러서 짜내다 ② 무리하게 거두다, 착취하다

음독 **さく**

음독 搾取 착취  搾油 착유, 기름을 짬  圧搾 압착(눌러 짜냄)

N1 中学
13획 / 부수 手(扌)

**N1**
7획 / 제부수

술 담는 그릇을 본떠서 술 그릇 유, 술 유
또 술 마시듯이 물을 찍어 고개 들고 마시는 닭이니 닭 유
또 닭은 열째 지지니 **열째 지지 유**

+ 술과 관련된 글자에 부수로도 쓰입니다.

훈독 **とり**

---

中学
13획 / 부수 酉

술(酉)까지 준비하여 **고을(州)** 친구들에게 잔 돌리며 은혜를
갚으니 잔 돌릴 수, **값을 수**

+ 州(고을 주)

음독 **しゅう**

음독 応酬 응수(말이나 일 등을 주고받음) 報酬 보수 無報酬 무보수

---

**N1** 中学
13획 / 부수 酉

술(酉) 담그듯 소나 양의 젖을 **각각(各)** 발효하여 만든
진한 유즙이니 **진한 유즙 락**

+ 酪 酪(술 취할 명)
+ 各(각각 각)

음독 **らく**

음독 酪農 낙농(낙농업 – 젖소나 염소 등을 기르고 그 젖을 이용하는 산업)

---

**N1** 中学
14획 / 부수 酉

술(酉)까지 바치며 **알려도(告)** 뜻대로 안 되면 심하고 독하니
**심할 혹, 독할 혹**

+ 제대로 안 되는 일도 술로는 되는 경우가 있는데, 술로도 안 되니 심하다는
  데서 생긴 글자
+ 告(알릴 고, 뵙고 청할 곡)

음독 **こく**

음독 酷寒 혹한 酷使 혹사 酷暑 혹서 酷評 혹평 残酷 잔혹
　　冷酷 냉혹함 酷似 매우 닮음

N1 中学
12획 / 부수 酉

술(酉)이 **잠깐(乍)**동안 더 발효되어 되는 초니 **초 초**
또 **술(酉)**잔을 **잠깐(乍)** 사이에 돌리니 잔 돌릴 **작**

➕ 발효시켜 만든 술은 시간이 가면 더 발효되어 초가 되지요.

훈독 **す**　음독 **さく**

훈독 酢 식초　酢の物 초무침
음독 酢酸 초산(아세트산)

中学
16획 / 부수 酉

술(酉) 취했다가 정신이 **별(星)**빛처럼 말똥말똥해지며 술 깨니
술 깰 **성**
또 술 깨듯 무엇을 깨달으니 **깨달을 성**

음독 **せい**

음독 覚醒 각성(① 깨어 정신을 차림 ② 깨달아 앎)

418

참고자
9획 / 부수 酉

이쪽저쪽(ᆢ)으로 나누어 술(酉)까지 주는 우두머리니
우두머리 추

[정자] 酋 – 나누어(八) 술(酉)까지 주는 우두머리니 '우두머리 추'

[음독] しゅう

[음독] 酋長 추장

---

N1 中学
12획 / 부수 犬(犭)

개(犭)같이 행동하면 그가 우두머리(酋)일지라도 오히려
머뭇거리니 같을 유, 오히려 유, 머뭇거릴 유

[정자] 猶
+ 오히려 – ① 일반적인 기준이나 예상, 짐작, 기대와는 전혀 반대가 되거나
　　　　　　 다르게
　　　　　 ② 그럴 바에는 차라리
+ 犭(큰 개 견, 개 사슴 록 변)

[음독] ゆう

[음독] 猶予 유예(어떤 일에 대하여 결단을 내리지 못함), 우물쭈물함

---

N2 小6
12획 / 부수 寸

우두머리(酋)에게는 말 한 마디(寸)라도 높이니 높일 존

[정자] 尊

[훈독] たっとい, とうとい, たっとぶ, とうとぶ　　[음독] そん

[훈독] 尊ぶ · 尊ぶ 공경하다, 존경하다, 존중하다
尊い · 尊い ① 소중하다, 귀중하다 ② (신분이) 높다, 고귀하다

[음독] 尊厳 존엄 尊属 존속 尊顔 존안

---

N1 中学
15획 / 부수 辵(辶)

높이는(尊) 사람을 따라 가니(辶) 따라갈 준

[정자] 遵
+ 辶(뛸 착, 갈 착)

[음독] じゅん

[음독] 遵法 준법 遵守 준수(전례나 규칙, 명령 등을 그대로 좇아서 지킴)

4획 / 부수자

늙을 로(老)가 부수로 쓰일 때의 모양으로,
흙(土)에 지팡이(丿)를 짚으며 걸어야 할 정도로 늙으니
늙을 로 엄

+ '엄'은 글자의 위와 왼쪽을 덮는 부수 이름이기에 실제 독음인 '로'로 제목
  을 삼았어요.
+ 丿('삐침 별'이지만 여기서는 지팡이로 봄)

N2 小4
6획 / 부수 耂

흙(土)에 지팡이(丿)를 비수(匕)처럼 꽂으며 걸어야 할 정도로
늙으니 늙을 로

+ 匕(비수 비, 숟가락 비)

훈독 **おいる, ふける**   음독 **ろう**

훈독 老い 늙음, 늙은 사람  老け役 노역

음독 老骨 노골, 늙은 몸  老若 노약, 노소  老巧 노련
長老 ① 어떤 방면에서 경험이 많고 존경받는 사람, 대선배
② 학식과 경험이 많고 깨달음이 깊으며 덕망 있는 중

N1 小6
7획 / 부수 子

늙은(耂) 부모를 아들(子)이 받드는 효도니 효도 효

+ 子(아들 자, 첫째 지지 자, 자네 자, 접미사 자)

음독 **こう**

음독 孝心 효심, 효도하는 마음  孝行娘 효녀  親不孝 불효

N1 中学
14획 / 부수 酉

술(酉)을 발효시킬 때 효자(孝) 노릇하는 효모니 효모 효

+ 효모(酵母) – 식품 제조 시 발효와 부풀리기에 이용하는 것

음독 **こう**

음독 酵素 효소  酵母 효모, 누룩  発酵 발효

**N3** **小3**
8획 / 부수 耂

노인(耂)이 날(日)마다 낮추어 말하는 놈이나 것이니
## 놈 자, 것 자

정자 者 – 노인(耂)이 낮추어 말하는(白) 놈이나 것이니 '놈 자, 것 자'
+ 늙을 로 엄(耂) 아래에 해 일, 날 일(日)이 붙으면 일본 한자, 흰 백, 밝을
백, 깨끗할 백, 아뢸 백(白)이 붙으면 정자입니다.

훈독 **もの** 음독 **しゃ**

훈독 慌て者 덜렁이 変り者 괴짜, 기인 浮気者 바람둥이

음독 打者 타자 達者 달인 読者 독자 配偶者 배우자 武者 무사

예외 信者 신자

**中学**
16획 / 부수 貝

돈(貝)을 걸고 사람(者)이 내기하면서 도박하니
## 내기 도, 도박 도

+ 賭는 일본 한자에서 정자로 쓰입니다.
+ 貝(조개 패, 재물 패, 돈 패)

훈독 **かける** 음독 **と**

훈독 賭け事 내기, 도박, 노름

賭ける ① 내기를 하다 ② 걸다, 내기하다, 지르다

음독 賭博 도박 賭場 도박장, 노름판

**N2** **中学**
14획 / 부수 糸

실(糸)을 다루는 사람(者)에게 중요한 실마리니
## 실마리 서

정자 緒
+ 실마리 – ① 감겨 있거나 헝클어진 실의 첫머리
② 일이나 사건을 풀어 나갈 수 있는 첫머리

훈독 **お** 음독 **しょ, ちょ**

훈독 緒 실, 끈 息の緒 ① 목숨 ② 호흡

음독 緒論 서론 一緒 함께 情緒 정서(= 情緒) 内緒 비밀

由緒 유서, 유래

中学
15획 / 부수 竹(⺮)

대(⺮)를 **사람(者)**이 늘 쓰도록 깎아 만든 젓가락이니 젓가락 저

+ 저(箸) + 가락 = 젓가락
+ ⺮(대 죽)

[훈독] **はし**

[훈독] 箸 젓가락　箸置 젓가락 받침　箸箱 수저통　菜箸 긴 젓가락
刺し箸 음식을 찔러서 먹는 젓가락질　割り箸 나무젓가락

中学
12획 / 부수 火(灬)

**물건(者)** 아래에 **불(灬)**을 때서 삶으니 삶을 자

[정자] 煮
+ 灬(불 화 발)

[훈독] **にる, にえる, にやす**　[음독] **しゃ**

[훈독] 煮る 삶다, 끓이다　煮込む 푹 끓이다, 푹 삶다　煮染(め) 조림
雑煮 (설에 먹는) 떡국　煮える ① 삶아지다, 익다 ② 끓다
煮やす 끓이다, 익히다

[음독] 煮沸 펄펄 끓임

---

**403**  考 고  拷 고

N3 小2
6획 / 부수 耂

**노인(耂)**처럼 **크게(丂)** 살피고 생각하니 살필 고, 생각할 고

+ 丂['공교할 교, 교묘할 교'이지만 여기서는 큰 대(大)의 변형으로 봄]

[훈독] **かんがえる**　[음독] **こう**

[훈독] 考え 생각

[음독] 考察 고찰　考慮 고려　参考 참고　思考 사고　選考 전형

---

N1 中学
9획 / 부수 手(扌)

**손(扌)**으로 **살펴(考)** 치니 칠 고

[음독] **ごう**

[음독] 拷問 고문

9획 / 부수 口

입(口)과 입(口)을 하나(一) 같이 **크게(丂)** 벌리고 놀라니
**놀랄 악**

훈독 **おどろく**    음독 **がく**

---

中学
18획 / 부수 頁

놀랍도록(号) 작아지는 **머리(頁)** 아래 턱이니 **턱 악**

+頁(머리 혈, 책 면 엽)

훈독 **あご**    음독 **がく**

훈독 <ruby>顎<rt>あご</rt></ruby> 턱 <ruby>括<rt></rt></ruby>り<ruby>顎<rt>あご</rt></ruby> 살집이 좋은 이중 턱 <ruby>顎髭<rt>あごひげ</rt></ruby> 턱수염

음독 <ruby>顎骨<rt>がっこつ</rt></ruby> 턱뼈 <ruby>下顎<rt>かがく</rt></ruby> 하악, 아래턱 <ruby>上顎<rt>じょうがく</rt></ruby> 상악, 위턱 <ruby>顎関節<rt>がくかんせつ</rt></ruby> 턱관절

**N1** 中学
6획 / 부수 木

**N1** 中学
5획 / 부수 工

**N2** 中学
6획 / 부수 水(氵)

**나무(木)도 다 크면(丂) 죽어 썩으니 썩을 후**

+ 丂['공교할 교, 교묘할 교'이지만 여기서는 큰 대(大)의 변형으로 봄]

훈독 **くちる**　음독 **きゅう**

훈독 朽(く)葉(ば) 썩은 낙엽

　　朽(く)ちる ① (나무가) 썩다 ② (명성이) 쇠퇴하다, 헛되이 죽다

음독 不朽(ふきゅう) 불후　老朽(ろうきゅう) 노후, 낙후　腐朽(ふきゅう) (목재·금속 등이) 썩어 문드러짐

---

**(예술을 하는) 장인(工)은 크게(丂) 교묘하니 교묘할 교**

+ 교묘(巧妙) – 재치 있고 묘함
+ 工(장인 공, 만들 공, 연장 공), 妙(묘할 묘, 예쁠 묘)

훈독 **たくみ**　음독 **こう**

훈독 巧(たく)み ① 교묘함 ② 기교, 정교함 ③ 계교, 계략

음독 巧言(こうげん) 입으로만 그럴듯하게 꾸며 대는 말　巧妙(こうみょう) 교묘　技巧(ぎこう) 기교

　　精巧(せいこう) 정교　巧拙(こうせつ) 잘하고 못함

예외 口巧者(くちごうしゃ) 말주변이 좋은 사람

---

**(홍수가 나서) 물(氵)에 크게(丂) 한(一) 번 빠지면 더러우니 더러울 오**

훈독 **けがす, けがれる, けがらわしい, よごす, よごれる, きたない**

음독 **お**

훈독 汚(けが)す 더럽히다, 모독하다　汚(けが)れる 더러워지다, 더럽혀지다

　　食(た)べ汚(よご)す 지저분하게 먹다　汚(きたな)い 불결하다, 지저분하다

　　汚(けが)らわしい 더럽다, 추잡스럽다　汚(よご)す 더럽히다　汚(よご)れる 더러워지다

음독 汚水(おすい) 오수　汚染(おせん) 오염　汚点(おてん) 오점　汚物(おぶつ) 오물　汚名(おめい) 오명

말(言)을 크게(大) 한(一) 번 하고도 또 크게(丂) 부풀려
자랑하니 자랑할 과

훈독 **ほこる** 음독 **こ**

훈독 誇らしい 자랑스럽다, 뽐내고 싶다
誇る 자랑하다, 뽐내다 　誇り 자랑, 긍지

음독 誇示 과시 　誇称 과장해서 자랑함 　誇大 과대 　誇張 과장

中学
13획 / 부수 言

406　乙 을　乞 걸　之 지　芝 지　乏 핍

부리가 나오고 목과 가슴 사이가 굽은 새를 본떠서
## 새 을, 굽을 을
또 새는 십간(十干)의 둘째 천간으로도 쓰여 **둘째 천간 을**

✚ 부수로 쓰일 때는 변형된 모양(乚)으로도 쓰입니다.

훈독 **おと** 　음독 **おつ**

훈독 乙子 막내 　乙女 처녀

음독 甲乙 갑을 　乙種 을종(갑 · 을 · 병 등으로 차례를 매길 때에 그 둘째 종류)

N1 中学
1획 / 제부수

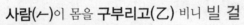

## 사람(𠂉)이 몸을 구부리고(乙) 비니 빌 걸

✚ 𠂉[사람 인(人)의 변형]

훈독 **こう**

훈독 乞う 빌다 　乞食 거지 　命乞い 목숨을 빎

中学
3획 / 부수 乙

N1
3획 / 부수 丿

초목의 싹이 움터 자라 가는 모양을 본떠서 **갈 지**
또 가듯이 무엇에 속하는 '~의'니 **~의 지**
또 향하여 가듯이 향하여 가리키는 이것이니 **이 지**

+ 비틀거리며 걷는 걸음을 '갈 지(之) 자 걸음'이라 하지요.

훈독 **の,この, ゆく, これ**    음독 **し**

---

N1  中学
6획 / 부수 草(艹)

풀(艹)처럼 번져 **가며(之)** 자라는 지초나 버섯이니
**지초 지, 버섯 지**
또 지초처럼 소중히 기르는 잔디니 **잔디 지**

+ 지초(芝草) - ① 지치. 지치과에 딸린 다년생 풀
          ② 영지(靈芝). 활엽수의 그루터기에 나는 버섯
+ 草(풀 초), 靈: 신령 령, 신령스러울 령)

훈독 **しば**

훈독 芝 잔디 芝居 연극 芝生 잔디밭 村芝居 마을 사람들이 하는 연극

---

N1  中学
4획 / 부수 丿

(바르지 못하고) **비뚤어지게(丿)** 살아 **가면(之)** 모자라고
가난하니 **모자랄 핍, 가난할 핍**

+ 丿(삐침 별)

훈독 **とぼしい**    음독 **ほう**

훈독 乏しい 부족하다, 모자라다
음독 窮乏 궁핍 欠乏 결핍 貧乏 가난함

N1

3획 / 부수 乙(乚)

힘껏(力) 새(乚) 같은 **힘(力)**이라도 또한 보태는 어조사니
또한 야, 어조사 야

+ 어조사(語助辭) – '말을 도와주는 말'로, 뜻 없이 다른 말의 기운만 도와주
는 말
+ 力[힘 력(力)의 변형], 乚[새 을, 둘째 천간 을, 굽을 을(乙)이 부수로 쓰일
때의 모양], 語(말씀 어), 助(도울 조), 辭(辭: 말씀 사, 글 사, 물러날 사)

훈독 **か, なり, また, や**　　음독 **や**

N1　中学

9획 / 부수 方

사방(方)에서 **사람(亻)**이 또한(也) 일을 행하며 은혜를 베푸니
행할 시, 베풀 시

+ 方(모 방, 방향 방, 방법 방), 亻[사람 인(人)의 변형]

훈독 **ほどこす**　　음독 **し, せ**

훈독 施す ① 베풀다 ② 설비를 하다　施し 은혜를 베풂

음독 施行 시행　施策 시책　施設 시설　施錠裝置 잠금장치
施術 시술　実施 실시　施薬 환자에게 약을 처방해서 줌
施工 시공

+ '施工'은 'せこう'로도 읽을 수 있습니다.

N1 中学
4획 / 부수 屮

땅( ノ )에서 싹(屮) 날 때 싹이 묻혀 있는 모양에서 묻힐 둔
또 묻히듯이 병사들이 숨어 진 치니 진 칠 둔

+屮[싹 날 철(屮)의 변형]

훈독 たむろ  음독 とん

훈독 屯 사람이 모인 곳, 진영
음독 駐屯 주둔(군대가 임무 수행을 위하여 일정한 곳에 얼마 동안 머무르는 일)

---

N2 中学
12획 / 부수 金

쇠(金)처럼 무거운 것에 묻힌(屯) 것처럼 둔하니 둔할 둔

+몸이 무거우면 행동이 둔하지요.
+金(쇠 금, 금 금, 돈 금)

훈독 にぶい, にぶる  음독 どん

훈독 鈍い 무디다, 둔하다  鈍る 무디어지다, 둔해지다
음독 鈍感 둔감  鈍器 둔기  鈍重 둔하고 느림, 무딤  愚鈍 우둔
遲鈍 느리고 둔함  鈍角 둔각, 90도에 가까운 각
예외 鈍い 둔하다, 더디다

---

中学
13획 / 부수 頁

묻히도록(屯) 머리(頁) 숙여 조아리니 조아릴 돈
또 조아리며 잘 정돈하니 정돈할 돈

+조아리다 – 상대편에게 존경의 뜻을 보이거나 애원하느라고 이마가 바닥에
닿을 정도로 머리를 자꾸 숙이다.
+頁(머리 혈, 책 면 엽)

음독 とん

음독 頓着 개의, 괘념  整頓 정돈  頓挫 좌절
頓狂 느닷없이 얼빠진 짓을 하는 모양  頓智 기지, 재치

참고자
10획 / 부수 月

거꾸로 선(屰) 모습의 달(月)이 생기기 시작하는 초하루니
**초하루 삭**
또 초하루부터 새로 시작하는 달이니 **달 삭**

＋ 屰 – 사람이 거꾸로 선 모습에서 '거꾸로 설 역, 거스를 역'
＋ 달은 차서 보름달을 거쳐 그믐달이 되었다가 다시 거꾸로(그믐달 반대의
　모습으로) 초승달이 되지요.

음독 **さく**

음독 朔日 그 달의 초하루(= 一日)

N1  中学
13획 / 부수 土

초하루(朔), 즉 처음부터 흙(土)을 빚어 만드니
**흙 빚을 소**

음독 **そ**

음독 塑造 소조　塑像 찰흙 · 석고 등으로 만든 상　可塑 가소
　　彫塑 조소　可塑性 가소성

中学
13획 / 부수 辶(辶)

초하루(朔), 즉 처음으로 가며(辶) 거스르니
**거스를 소**

＋동 溯 – 물(氵)이 초하루(朔), 즉 처음으로 거슬러 올라가니
　　'거슬러 올라갈 소, 거스를 소'

훈독 **さかのぼる**　　음독 **そ**

훈독 遡る 거슬러 올라가다
음독 遡及 소급(과거에까지 거슬러 올라가서 미치게 함)
　　遡上 (배를 타거나 걸어서) 거슬러 올라감(= 遡行)

**N1** 中学
6획 / 부수 口

**선비(士)의 말(口)처럼 길하고 상서로우니**
**길할 길, 상서로울 길**

+ 길하다 – 운이 좋거나 일이 상서롭다.
+ 상서(祥瑞)롭다 – 복되고 좋은 일이 있을 듯하다.
+ 口(입 구, 말할 구, 구멍 구), 祥(祥: 상서로울 상), 瑞(상서로울 서)

음독 **きち, きつ**

음독 吉例 좋은 선례 大吉 대길 吉凶 길흉 吉兆 길조

---

**N2** 中学
13획 / 부수 言

**말(言)로 좋게(吉) 묻고 따지며 잘못을 막으니**
**물을 힐, 따질 힐, 막을 힐**

+ 言(말씀 언)

훈독 **つむ, つめる, つまる**　음독 **きつ**

훈독 切り詰める ① 줄이다 ② 바싹 깎다

詰まる 가득 차다 詰まり 막힘, 끝장

詰める 채우다 追い詰める 막다른 곳에 몰아넣다

음독 詰屈 길 등이 비좁고 꼬불꼬불함 詰責 힐책 詰問 힐문

難詰 힐난 面詰 면책

**N1** 中学
7획 / 부수 士

선비(士)가 덮어(冖) 놓은 비수(匕) 하나니 **한 일**

정자 壹 – 선비(士)가 덮어(冖) 놓은 제기(豆) 하나니 '한 일'
+ 士(선비 사, 군사 사, 칭호나 직업 이름에 붙이는 말 사), 冖(덮을 멱),
　匕(비수 비, 숟가락 비), 豆(제기 두, 콩 두)

음독 いち
음독 壱万円 일만 엔

---

한(一) 곳에 **주살(弋) 두(二)** 개가 있으니 **둘 이**

정자 貳 – 주살(弋) 두(二) 개를 돈(貝) 주고 사니 '둘 이'
+ 壱과 弍는 계약서 같은 데서 변조하지 못하게 할 때 사용합니다.
+ 弋(주살 익), 貝(조개 패, 재물 패, 돈 패)

음독 に
음독 弍万円 이만 엔　弍心 배반하는 마음

**N1** 中学
6획 / 부수 弋

**N1** 中学
13획 / 제부수

좋게(吉) 받쳐놓고(䒑) 두 손으로 **갈라(攴)** 두드리는 북이니
**북 고**

+ 吉(길할 길, 상서로울 길), 攴(다를 지, 가를 지, 지출할 지)

훈독 つづみ　　음독 こ
훈독 鼓 장구, 북　小鼓 작은북
음독 鼓吹 고취　鼓動 고동　鼓舞 고무, 북돋움　鼓膜 고막　太鼓 북

---

몸(月)을 좋게(吉) 받치고(䒑) **머리카락(彡)** 휘날릴 때처럼
부푸니 **부풀 팽**

+ 月(달 월, 육 달 월), 彡(터럭 삼, 긴머리 삼)

훈독 ふくれる, ふくらむ　　음독 ぼう
훈독 膨れる 부풀다, 불룩해지다　膨らむ 부풀어 오르다, 불룩해지다
음독 膨脹 팽창　膨大 팽대　膨満 팽만(잔뜩 부풀어 오름)

**N1** 中学
16획 / 부수 肉(月)

**N1** **小3**
7획 / 제부수

제기 모양을 본떠서 **제기 두**
또 제기처럼 둥근 콩이니 **콩 두**

+ 제기(祭器) – 제사 때 쓰는 그릇
+ 祭(제사 제, 축제 제), 器(器: 그릇 기, 기구 기)

훈독 **まめ**　음독 **とう, ず**

훈독 豆粒 콩알 煎り豆 볶은 콩
음독 豌豆 완두

---

**N1** **中学**
12획 / 부수 疒

병(疒) 중 **콩(豆)** 같은 부스럼이 생기는 천연두니
**천연두 두**

+ 천연두(天然痘) – 법정 전염병의 하나. 고열과 온몸에 발진(発疹)이 생겨 잘못하면 얼굴이 얽어 곰보가 됨
+ 疒(병들 녁), 然(그러할 연), 発(發: 쏠 발, 일어날 발), 疹(발진할 진, 역병 진)

음독 **とう**

음독 痘痕 마맛자국 痘瘡 두창 種痘 종두 水痘 수두, 작은마마
天然痘 천연두

---

**N1** **中学**
18획 / 부수 門

문(門) 안에서 **제기(豆)**의 음식이 **법도(寸)**에 맞지 않는다고
싸우니 **싸울 투**

정자 鬪 – 싸움(鬥)은 제기(豆)의 음식이 법도(寸)에 맞지 않을 때도 하니 '싸울 투'

+ 鬥 – 두 왕(王王)이 발을 뻗어(丨 亅) 싸우니 '싸울 투'
+ 제사를 요즘은 약식으로도 지내지만, 옛날에는 정해진 제물을, 정해진 절차에 맞게 차려 엄숙하게 지냈는데, 그런 법도에 맞지 않으면 싸운다고 했네요.
+ 門(문 문), 寸(마디 촌, 법도 촌)

훈독 **たたかう**　음독 **とう**

훈독 闘う 싸우다 闘い 투쟁, 싸움
음독 闘犬 투견 闘牛 투우 闘争 투쟁 暗闘 암투 格闘 격투
苦闘 고전 決闘 결투 健闘 건투 戦闘 전투 奮闘 분투
力闘 역투(온 힘을 다하여 싸움)

5획 / 부수자

등지고 걸어가는 모양을 본떠서 **등질 발, 걸을 발**

+ 필순은 한국 한자와 다릅니다.

---

N3 小3
9획 / 부수 癶

걸어가(癶) 두(二) 사람(儿)이 활을 쏘면 싸움이 일어나니
**쏠 발, 일어날 발**

정자 發 – 걸어가(癶) 활(弓)과 창(殳)을 쏘면 싸움이 일어나니
'쏠 발, 일어날 발'

+ 儿(어진사람 인, 사람 인 발), 弓(활 궁), 殳(칠 수, 창 수, 몽둥이 수)

음독 **はつ, ほつ**

음독
発育 발육　発覚 발각　発芽 발아　発見 발견　発散 발산
発射 발사　発想 발상　発達 발달　発明 발명　開発 개발
活発 활발　蒸発 증발　先発 선발　発足 발족

예외 発条 ① 용수철 ② 계기

---

N1 中学
12획 / 부수 广

집(广)에 총을 쏜(発)듯 부서지고 폐하니
**부서질 폐, 폐할 폐**

정자 廢

+ 폐(廢)하다 – ① 있던 제도·기관·풍습 등을 버리거나 없애다.
　　　　　　② 해 오던 일을 중도에 그만두다.
　　　　　　③ 물건 등을 쓰지 아니하고 버려두다.

+ 广(집 엄)

훈독 **すたれる, すたる**　　음독 **はい**

훈독 廃れる 소용없게 되다　はやり廃り 유행의 성쇠, 기복
음독 廃位 폐위　廃刊 폐간　廃棄物 폐기물　廃墟 폐허　廃品 폐품
廃校 폐교　廃止 폐지　廃人 폐인

N2 小3

12획 / 부수 癶

N1 中学

15획 / 부수 水(氵)

걸어(癶) 제기(豆)처럼 납작한 곳을 디디며 오르니 **오를 등**
또 올려 기재하니 **기재할 등**

➕ 豆(제기 두, 콩 두)

| 훈독 | のぼる | 음독 | とう, と |

훈독 登る 오르다

음독 登壇 등단 登頂 등정 登山 등산 登城 (옛날 무사가 근무하기 위해서) 성으로 감

---

물(氵)이 올라(登)간 높은 곳에 있으면 맑으니 **맑을 징**

| 훈독 | すむ, すます | 음독 | ちょう |

훈독 澄む 맑다 澄ます 맑게 하다 澄まし顔 새치름한 얼굴(표정)

음독 澄明 (물이나 공기가) 맑음 清澄 청징(맑고 깨끗함)

점치던 거북이 등껍질의 갈라진 모양에 나타난 조짐이니
**조짐 조**
또 큰 숫자인 조도 나타내어 **조 조**

+ 옛날에는 거북이 등을 태워 갈라진 모양을 보고 길흉화복을 점쳤답니다.
+ 조짐(兆朕) – 좋거나 나쁜 일이 생길 기미가 보이는 현상
+ 朕(朕: 나 짐, 조짐 짐)

훈독 **きざす**　음독 **ちょう**

훈독 兆す ① 싹트다 ② 일이 일어날 징조가 보이다　兆し 조짐, 징조, 전조
음독 兆候 징후, 징조, 조짐　前兆 전조　凶兆 흉조
億兆 억조, 한없이 많은 수

N2 小4
6획 / 부수 儿

---

눈(目)으로 **조짐(兆)**을 바라보니 **바라볼 조**

+ 目(눈 목, 볼 목, 항목 목)

훈독 **ながめる**　음독 **ちょう**

훈독 眺める ① 전망하다 ② 응시하다 ③ 방관하다　眺め 풍경, 견치
음독 眺望 조망

N1 中学
11획 / 부수 目

---

손(扌)으로 **조짐(兆)**을 보이며 돋우고 끌어내니
**돋을 도, 끌어낼 도**

훈독 **いどむ**　음독 **ちょう**

훈독 挑む ① 도전하다 ② 집적거리다
음독 挑戦 도전　挑発 도발

N1 中学
9획 / 부수 手(扌)

나무(木)에 열린, **조(兆)** 자 모양의 무늬가 있는 복숭아니
**복숭아 도**

+ 복숭아나 앵두에는 조(兆) 자 모양의 무늬가 있지요.

훈독 **もも**   음독 **とう**

훈독 桃 복숭아  桃色 (복숭아꽃 같은) 분홍색
桃の節句 3월 3일. 여자아이를 위한 날

음독 桃花 복숭아꽃  桃源 도원, 별천지  桜桃 버찌, 앵두

발(⻊)로 무슨 **조짐(兆)**이라도 본 듯 뛰니 **뛸 도**

+ ⻊[발 족, 넉넉할 족(足)의 변형]

훈독 **とぶ, はねる**   음독 **ちょう**

훈독 跳ぶ 뛰다, 도약하다  跳ねる 뛰다, 뛰어오르다  縄跳び 줄넘기

음독 跳馬 도마, 뜀틀  跳躍 도약

조짐(兆)을 알아차리고 **뛰어(辶)** 달아나니 **달아날 도**

+ 辶(뛸 착, 갈 착)

훈독 **にげる, にがす, のがす, のがれる**
음독 **とう**

훈독 逃げる ① 도망치다, 달아나다 ② 회피하다  一時逃れ 일시적 모면
逃がす 놓아 주다, 놓치다  逃す 놓치다  見逃す 묵인하다
逃れる ① 달아나다, 도망치다 ② 벗어나다  夜逃げ 야반도주

음독 逃走 도주  逃避 도피  逃亡 도망

N2 小5
8획 / 제부수

새의 날개가 양쪽으로 어긋나 있음을 본떠서 어긋날 비
또 어긋나면 아니 된다고 나무라니 아닐 비, 나무랄 비

음독 ひ

음독 非合理 비합리 非常識 비상식
是非 ① 시비. 옳고 그름 ② 아무쪼록. 제발

---

中学
11획 / 부수 手(扌)

손(扌)으로 그게 아니(非)라며 물리치거나 다시 배열하니
물리칠 배, 배열할 배

음독 はい

음독 排除 배제  排出 배출, 배설  排水 배수  排他 배타  排尿 배뇨
排便 배변  排卵 배란(성숙한 난자가 난소에서 배출되는 일)
排気 배기

---

N1 中学
15획 / 부수 車

어긋날(非) 정도로 수레(車)에 많이 탄 무리니 무리 배

+ 車(수레 거, 차 차)

음독 はい

음독 輩出する (유명한 인물을) 배출하다  後輩 후배  先輩 선배
輩出 배출  同輩 나이나 신분이 서로 같거나 비슷한 사람

---

N1 中学
12획 / 부수 戸

문(戸)살을 어긋나게(非) 꽂아 만든 문짝이나 사립문이니
문짝 비, 사립문 비

+ 옛날 문은 문틀에 문살을 어긋나게 꽂아 만들었지요.
+ 戸(戶: 문 호, 집 호)

훈독 とびら    음독 ひ

훈독 扉 문짝

음독 開扉 문짝을 엶  門扉 문비, 문짝

8획 / 부수자

꽁지 짧은 새를 본떠서 **새 추**

+ 유 佳(아름다울 가), 住(살 주, 사는 곳 주)

N1 中学
15획 / 부수 言

말(言)을 새(隹)처럼 하니 누가 알아들을까에서 **누구 수**

+ 言(말씀 언)

훈독 **だれ**

훈독 誰 누구

N1 中学
11획 / 부수 口

입(口)으로 새(隹)가 지저귐은 뜻을 알 수 없는 오직 소리뿐이니 **오직 유**

또 입(口)으로 새(隹) 지저귀듯 대답하니 **대답할 유**

음독 **ゆい, い**

음독 唯一 유일　唯物論 유물론　唯美主義 유미주의, 탐미주의
唯々諾々 유유낙낙(명령하는 대로 순종함)

N1 中学
14획 / 부수 糸

실(糸)로 새(隹)를 날지 못하게 묶으니 **묶을 유**

또 묶는 끈이니 **끈 유**

+ 유신(維新) – '새롭게 묶음'으로, 정치 체제나 어떤 일이 새롭게 혁신되는 것을 말함
+ 우리나라에는 시월유신, 일본에는 명치유신이 있었지요.
+ 新(새로울 신)

음독 **い**

음독 維持 유지　繊維 섬유

N1 中学
10획 / 부수 氷(冫)

얼음(冫)처럼 냉정하고 새(隹)처럼 높이 살펴 법도에 준하여 따르니 법도 준, 준할 준

+ 통 準 – 물(冫)에서 노는 새(隹)의 많은(十) 무리처럼 법도에 준하여 따르니 '법도 준, 준할 준'
+ 준(准)하다 – ① 어떤 본보기에 비추어 그대로 좇다.
　　　　　　 ② 일정한 기준에 다음가게 이르다.
+ 冫(이 수 변)

음독 **じゅん**

음독 准看護師 간호조무사　批准 비준
　　准教授 준교수[2007년까지는 '助教授(조교수)'로 썼음]

---

N1 中学
13획 / 부수 禾

벼(禾)가 작은 새(隹)꼬리만큼 겨우 자라 어리니 어릴 치

+ 禾(벼 화)

음독 **ち**

음독 稚魚 치어　幼稚 유치함　幼稚園 유치원

예외 稚児 갓난 아기

---

中学
12획 / 부수 木

나무(木)로 만든 새(隹)꼬리처럼 짧은 몽치니 몽치 추
또 몽치처럼 이어진 등뼈니 등뼈 추

+ 몽치 – 짧은 몽둥이. 옛날에는 무기로 사용했음

음독 **つい**

음독 脊椎 척추　腰椎 요추(허리뼈)　椎間板 추간판(추간 연골)

---

中学
11획 / 부수 土

흙(土)이 작은 새(隹)만큼 조금씩 쌓이듯 쌓으니 쌓일 퇴, 쌓을 퇴
또 쌓여서 이루어진 언덕이니 언덕 퇴

음독 **たい**

음독 堆積 퇴적　堆肥 퇴비

**N1** 中学
19획 / 부수 罒

그물(罒)을 실(糸)로 떠서 **새(隹)**를 잡으려고 벌이니
**벌일 라, 그물 라**

또 그물 같은 얇은 비단도 뜻하여 **비단 라**

+ 벌이다 - ① 일을 계획하여 시작하거나 펼쳐 놓다.
　　　　　② 놀이판이나 노름판 등을 차려 놓다.
　　　　　③ 여러 가지 물건을 늘어놓다.
+ 罒(그물 망, = 网, 罓)

음독 **ら**

음독 羅針盤 나침반　羅列 나열　網羅 망라(널리 받아들여 모두 포함함)

**N1** 中学
14획 / 부수 大

큰(大) 새(隹)가 발 **마디(寸)**를 굽혀 잡듯 남의 것을 빼앗으니
**빼앗을 탈**

+ 大(큰 대), 寸(마디 촌, 법도 촌)

훈독 **うばう**　　음독 **だつ**

훈독 奪う ① 빼앗다, 빼앗아 가다 ② (주의, 마음을) 사로잡다, 끌다

음독 強奪 강탈　侵奪 침탈　剝奪 박탈　略奪 약탈
　　 奪回 탈회, 되빼앗음　奪取 탈취

**N1** 中学
16획 / 부수 手(扌)

손(扌)으로 머리(亠)까지 **작은(彡) 새(隹)**처럼 안으니
**안을 옹**

+ 扌(손 수 변), 亠(머리 부분 두), 彡[작을 요, 어릴 요(幺)의 변형]

음독 **よう**

음독 擁護 옹호　抱擁 포옹　擁立 옹립(임금으로 받들어 모심)

中学
13획 / 부수 手(扌)

손(扌)으로 **새(隹)**처럼 곧(乃) 끌어 가지니
**끌 휴, 가질 휴**

+ 乃(곧 내, 이에 내)

훈독 **たずさえる, たずさわる**　　음독 **けい**

훈독 携わる 관계하다, 종사하다
　　 携える ① 휴대하다 ② 함께 가다, 제휴하다

음독 携行 가지고 다님　提携 제휴　必携 꼭 휴대하거나 가져야 함

**참고자**

11획 / 부수 山

산(山)에 새(隹)가 나는 것처럼 높으니 **높을 최**

**+** 새가 평지에서 날 때보다 산에서 날 때가 더 높겠지요.

---

**N1** **中学**

13획 / 부수 人(亻)

사람(亻)에게 **높이(崔)** 오르라고 재촉하며 열고 베푸니

**재촉할 최, 열 최, 베풀 최**

훈독 **もよおす** 음독 **さい**

훈독 催す ① 개최하다 ② 불러일으키다 ③ 재촉하다
催し 행사, 이벤트 雪催い 눈이 올 듯이 흐린 모양

음독 催眠 최면 催涙 최루 開催 개최 主催 주최

---

**N1** **中学**

12획 / 부수 火(灬)

새(隹)의 깃처럼 불(灬)에 잘 타니 **탈 초**

**+** 灬(불 화 발)

훈독 **こげる, こがす, こがれる, あせる** 음독 **しょう**

훈독 焦げる 눋다, 타다 焦がす 태우다 焦(げ)茶 짙은 갈색
焦がれる 연모하다, 애태우다 焦る 안달하다, 초조하게 굴다

음독 焦慮 애태움, 초조해 함 焦心 초심, 초조해 함 焦土 초토

---

**N1** **中学**

17획 / 부수 石

바위(石) 중 뱃사람의 속을 **태우는(焦)** 암초니 **암초 초**

**+** 암초(暗礁) – ① 수면 아래에 잠겨 있어 배와 충돌할 위험이 있는 바위
② '뜻밖의 어려움이나 장애'의 비유적인 말

**+** 石(돌 석), 暗(어두울 암, 몰래 암)

음독 **しょう**

음독 岩礁 암초(= 暗礁) 珊瑚礁 산호초 座礁 좌초

**N2** 中学
10획 / 부수 隹

새(隹) 한 마리만 **또(又)** 날아가는 홀로니 **홀로 척**
또 홀로 한 척씩 배를 세는 단위인 외짝이니 **외짝 척**

+ 척(隻) – 배의 수효를 세는 단위
+ 又(오른손 우, 또 우)

[음독] **せき**

[음독] 一隻 (배) 한 척　隻手 척수, 한쪽 손　数隻 몇 척

---

**N1** 中学
16획 / 부수 犬(犭)

개(犭)가 풀(艹) 속에 있는 새(隹)를 **또(又)** 잡아와 얻으니
**얻을 획**

[정자] 獲
+ 사냥을 가거나 농사일에 따라온 개가 짐승이나 꿩 같은 새를 잡아 온다는
　글자네요.
+ 犭(큰 개 견, 개 사슴 록 변), 艹(초 두)

[훈독] **える**　　[음독] **かく**

[훈독] 獲る ① 사냥이나 고기잡이해서 동물을 잡다 ② 쟁취하다
　　　 獲物 ① (어렵에서) 수렵물, 어획물, 사냥감 ② 전리품, 빼앗은 것

[음독] 獲得 획득　漁獲 어획

---

**N1** 中学
18획 / 부수 禾

벼(禾)를 풀(艹) 속의 새(隹)들이 **또(又)** 먹을까 염려되어
거두니 **거둘 확**

[정자] 穫
+ 새가 많았던 옛날에는 곡식이 익어갈 무렵이면 들에 나가 새를 쫓다가
　곡식이 어느 정도 익으면 거뒀지요.
+ 禾(벼 화)

[음독] **かく**

[음독] 収穫 수확

11획 / 부수 隹

(키가 크고 흰색이라) **사람(⺊)**마다 **한(一)**번쯤 보았을
**새(隹)**는 황새니 황새 관

[정자] 雚 – 풀(艹) 속에 입(口)과 입(口)을 넣어 먹이를 찾는 새(隹)는 황새니
'황새 관'

+ ⺊[사람 인(人)의 변형]

---

N1 中学
13획 / 부수 力

**황새(雚)**처럼 의젓하도록 **힘(力)**써 권하니 권할 권

[정자] 勸

+ 力(힘 력)

[훈독] **すすめる**　[음독] **かん**

[훈독] 勧める 권하다, 권유하다　勧め ① 추천 ② 조언

[음독] 勧告 권고　勧誘 권유

---

N1 中学
15획 / 부수 欠

**황새(雚)**가 **하품(欠)**하듯 입 벌려 기뻐하니 기뻐할 환

[정자] 歡

+ 欠(하품 흠, 모자랄 결)

[음독] **かん**

[음독] 歓喜 환희　歓呼 환호　歓声 환성　交歓 다 같이 즐김
歓談 환담, 즐겁게 이야기함　歓楽 환락

N1 中学
21획 / 부수 鳥

목이 길어 **하늘(一)**을 찌르는 모습으로 날아가는 작은 **새(隹)**나 큰 **새(鳥)**는 모두 학이니 **학 학**

+ 隹(새 추)는 작은 새, 鳥(새 조)는 큰 새나 보통의 새를 나타냅니다.
+ 一('덮을 멱'이지만 여기서는 하늘의 모양으로 봄)

훈독 **つる**

훈독 鶴 학, 두루미　千羽鶴 종이학을 실에 꿰어 단 것
　　　つる　　　　　　　　せん ば づる

---

N1 中学
12획 / 부수 隹

**열(ナ)** 마리를 **사사로이(厶)** 거느린 **새(隹)**는 수컷이며 크니 **수컷 웅, 클 웅**

+ 보통 수컷 한 마리에 암컷 열 마리의 비율로 짐승을 기릅니다.
+ ナ[열 십, 많을 십(十)의 변형], 厶(사사로울 사, 나 사)

훈독 **お, おす**　　음독 **ゆう**

훈독 雄しべ (식물의) 수술, 수꽃술　雄 수컷　雄羊 숫양
　　　お　　　　　　　　　　　　　　お/おす　　お ひつじ
　　　雄々しい 사나이답고 용감하다, 씩씩하다, 장하다
　　　お お

음독 雄飛 기운차고 용기있게 활동함
　　　ゆう ひ
　　　雄大 웅대함　雄弁 웅변　英雄 영웅
　　　ゆうだい　　　ゆうべん　　　えいゆう

예외 雄鳥 수탉
　　　おんどり

N2 小2
6획 / 제부수

새의 날개와 깃을 본떠서 **날개 우, 깃 우**

정자 羽

훈독 **は, はね**    음독 **う**

훈독 羽飾(はねかざ)り 새털로 만든 모자나 양복 등의 장식, 새털 장식

음독 羽化(うか) 번데기가 성충이 됨
羽翼(うよく) ① 우익 ② 새의 날개 ③ 한편이 되어 돕거나 도와주는 사람

예외 一羽(いちわ) (새나 토끼의) 한 마리

---

N1 中学
17획 / 부수 羽(羽)

깃(羽) 중 각각 **다른(異)** 쪽에 있는 날개니 **날개 익**
또 두 날개가 함께 움직여 나는 것을 도우니 **도울 익**

정자 翼

+ 異(다를 이) – 제목번호 272 참고

훈독 **つばさ**    음독 **よく**

훈독 翼(つばさ) 날개

음독 左翼(さよく) 좌익  右翼(うよく) 우익  尾翼(びよく) (비행기의) 꼬리 날개

---

N1 中学
21획 / 부수 足(⻊)

**발(⻊)**로 **날개(ㅋㅋ)** 가진 **새(隹)**가 다닐 때는 팔짝팔짝 뛰니
**뛸 약**

정자 躍

+ ⻊[발 족, 넉넉할 족(足)의 변형], ㅋㅋ[날개 우, 깃 우(羽)의 변형]

훈독 **おどる**    음독 **やく**

훈독 躍(おど)る ① 뛰다 ② 들쭉날쭉하다
躍(おど)り上(あ)がる 놀라거나 기뻐서 펄쩍 뛰어오르다, 벌떡 일어나다

음독 躍進(やくしん) 약진  一躍(いちやく) 일약  活躍(かつやく) 활약  飛躍(ひやく) 비약(나는 듯이 높이 뛰어오름)
躍動(やくどう) 생기있고 활발하게 움직임

---

N2 中学
17획 / 부수 水(氵)

**물(氵)** 속에 **날개(ㅋㅋ)**를 넣고 **새(隹)**들도 몸을 씻으니 **씻을 탁**
또 씻어 빠니 **빨 탁**

정자 濯

음독 **たく**

음독 洗濯(せんたく) 세탁

N1 小2
4획 / 부수 八

나눔(八)에 **사사로움(ム)** 없이 공평해야 하는
국가나 관청이니 **공평할 공, 국가 공, 관청 공**
또 공평한 사람이 대중에게 통하고 귀공자니
**대중 공, 귀공자 공**

+ 공평(公平)하다 – 어느 쪽으로도 치우치지 않고 고르다.
+ ム(사사로울 사, 나 사), 平(平: 평평할 평, 평화 평)

훈독 **おおやけ**　　음독 **こう**

훈독 公 ① 정부, 공공 단체 ② 공공 ③ 공공연한

음독 公園 공원　公演 공연　公開 공개　公衆 공중　公然 공공연함
公団 공단　公認 공인　公表 공표　公平 공평

---

N1 中学
11획 / 부수 言

말하여(言) **공평하게(公)** 판정 받고자 소송하니
**소송할 송**

+ 소송(訴訟) – 판결을 법원에 요구하는 절차
+ 言(말씀 언), 訴(소송할 소)

음독 **しょう**

음독 訴訟 소송　争訟 쟁송(서로 다투어 송사함)

---

N1 中学
10획 / 부수 羽(羽)

두루(公) 새의 **깃(羽)**처럼 수염 난 늙은이니 **늙은이 옹**

정자 翁
+ 나이 들수록 수염이 많이 나지요.

음독 **おう**

음독 塞翁が馬 새옹지마　老翁 노옹

446

**참고자**
3획 / 제부수

사람이 누워 있는 모양을 본떠서 **주검 시, 몸 시**

+ 㣫 戸(문 호, 집 호) – 제목번호 436 참고
+ 사람이나 집과 관련된 한자에 부수로도 쓰입니다.

N1 中学
5획 / 부수 尸

**몸(尸)의 머리털을 비수(匕)로 깎은 여승이니 여승 니**

+ 匕(비수 비, 숟가락 비)

훈독 **あま**  음독 **に**

훈독 尼 ① 여승, 비구니 ② 수녀
尼寺 ① 신중절(여승만 사는 절) ② (가톨릭에서) 수녀원
음독 尼僧 여승  比丘尼 비구니

N2 中学
8획 / 부수 水(氵)

**물(氵)에 이겨 집의 몸(尸) 같은 벽에 비수(匕) 같은 흙손으로 바르는 진흙이니 진흙 니**

훈독 **どろ**  음독 **でい**

훈독 泥 진흙탕  泥沼 수렁  泥棒 도둑질, 도둑
음독 泥水 흙탕물  泥酔 만취  泥濘 진창(질퍽거리는 곳)
拘泥 구애(거리끼거나 얽매임), 신경쓰다  泥土 진흙
예외 泥鰌 미꾸라지

**N1** 中学
5획 / 부수 尸

몸(尸)에서 **많이(九)** 뒤로 내민 꽁무니나 엉덩이니
꽁무니 **고**, 엉덩이 **고**

+ 尸(주검 시, 몸 시), 九(아홉 구, 클 구, 많을 구)

훈독 **しり**

훈독 尻 ① 엉덩이 ② 뒤 ③ 끝 尻取り 끝말잇기
尻込み ① 뒷걸음질 ② 후퇴 ③ 망설임, 꽁무니 뺌
目尻 눈초리 尻目 뒷눈질, 곁눈질 川尻 강어귀

예외 尻尾 꼬리

**N1** 中学
7획 / 부수 尸

주검(尸)으로 소화되어 나오는 **물(水)**이 오줌이니 오줌 **뇨**

음독 **にょう**

음독 尿道 요도 血尿 혈뇨 屎尿 배설물 糖尿病 당뇨병
放尿 방뇨 糞尿 분뇨

中学
14획 / 부수 水(氵)

물(氵)이 뚫어진 **지붕(尸)**에서 **비(雨)**만 오면 새니 샐 **루**

+ 尸['주검 시, 몸 시'지만 여기서는 지붕으로 봄], 雨(비 우)

훈독 **もる, もれる, もらす** 음독 **ろう**

훈독 漏る (액체가) 새다 雨漏り (지붕, 천장에서) 비가 샘
漏れ聞く 주워듣다 水漏れ 물이 샘 漏らす 누설하다, 놓치다
漏れる ① (물이나 빛 등이 틈에서) 새다 ② 빠지다, 누락되다 ③ 누설되다

음독 漏出 누출 漏電 누전 欠漏 누락, 빠짐 早漏 조루 脱漏 탈루, 빠짐

예외 漏斗 깔때기

**N1** 中学
11획 / 부수 寸

**주검(尸)**이 **보여도(示)** 두려워하지 않고 **법도(寸)**를 지켜 처리하는 벼슬이니 **벼슬 위**

+ 示(보일 시, 신 시), 寸(마디 촌, 법도 촌)

음독 い

음독 中尉 중위　少尉 소위　大尉 대위

---

**N1** 中学
15획 / 부수 心

**벼슬(尉)**아치가 **마음(心)**으로 위로하니 **위로할 위**

+ 위로(慰勞) – 따뜻한 말이나 행동으로 괴로움이나 슬픔을 달래 주는 것
+ 心(마음 심, 중심 심), 勞(勞: 수고할 로, 일할 로)

훈독 **なぐさめる, なぐさむ**　　음독 い

훈독 慰める 위로하다, 달래다　慰む 마음이 풀리다
慰み ① 위로, 위안 ② 기분 전환　慰め 위로, 위안

음독 慰安 위안　慰問 위문　慰勞 위로

---

**N2** 中学
12획 / 부수 辵(辶)

**몸(尸)**이 **양(羊)**처럼 천천히 **가(辶)** 더디고 늦으니 **더딜 지, 늦을 지**

정자 遲 – 무소(犀)처럼 천천히 가(辶) 더디고 늦으니 '더딜 지, 늦을 지'

+ 犀 – 몸(尸)에 물(氺) 적시고 사는 소(牛)는 무소니 '무소 서'
+ ㄹ은 ㅅ, ㄷ, ㄴ 앞에서 탈락되니 '물소'가 '무소'로 된 것입니다.
+ 尸(주검 시, 몸 시), 氺[물 수 발(水)의 변형], 牛(소 우)

훈독 **おくれる, おくらす, おそい**　　음독 ち

훈독 遅れる 늦다, 더디다　手遅れ 때를 놓침, 때늦음　遅咲き 늦게 핌
遅らす 늦추다, 늦게 하다　遅い 느리다, 늦다　遅れ 늦음, 늦은 정도

음독 遅延 지연　遅刻 지각　遅速 지속　遅滞 지체　遅鈍 느리고 둔함

참고자

13획 / 부수 辛

몸(尸)과 입(口)으로 백성들의 **어려움(辛)**을 물리치는
임금이니 **물리칠 벽, 임금 벽**
또 물리치고 한쪽으로 치우치니 **치우칠 벽**

+ 尸(주검 시, 몸 시), 辛(매울 신, 고생할 신)

음독 **へき**

음독 辟易 두려워서(질려서) 물러남  復辟 물러났던 왕이 다시 왕위에 오름

---

N1 中学

18획 / 부수 疒

병(疒)처럼 한쪽으로만 **치우치는(辟)** 버릇이니 **버릇 벽**

+ 疒(병들 녁)

훈독 **くせ**  음독 **へき**

훈독 癖 버릇, 습관  口癖 입버릇  酒癖 술버릇  手癖 손버릇, 도벽
難癖 트집

음독 悪癖 못된 버릇, 악습  習癖 버릇  性癖 버릇, 성향  潔癖 결벽

예외 癇癖 짜증

---

치우친(辟) 곳으로 **뛰어가(辶)** 피하니 **피할 피**

N1 中学

16획 / 부수 辵(辶)

훈독 **さける**  음독 **ひ**

훈독 避ける 피하다, 멀리하다

음독 避暑 피서  避難 피난  不可避 불가피

---

물리치려고(辟) **흙(土)**으로 막은 벽이니 **벽 벽**

N2 中学

16획 / 부수 土

훈독 **かべ**  음독 **へき**

훈독 壁 벽  壁土 바람벽에 바른 흙

음독 壁画 벽화  壁間 벽의 기둥과 기둥 사이  壁面 벽면
岸壁 ① 안벽 ② 물가의 가파른 벼랑 ③ 선박을 대기 위해 부두 또는
항안을 따라서 시설한 배를 매어 두는 벽

中学
18획 / 부수 玉(王)

임금(辟)이나 사용하는 귀한 **구슬(玉)**이니 구슬 **벽**

**+** 벽(璧) – 얇게 고리 모양으로 만든 옥. 중국 주(周)나라 때부터 한(漢)나라에 걸쳐 제기(祭器) · 보물(宝物) · 장식품(装飾品)으로 애호되었는데 여러 무늬가 있다고 합니다.

 へき

음독 完璧 완벽 双璧 쌍벽(우열을 가리기 어려운 둘)

431 屋 옥 握 악

N3 小3
9획 / 부수 尸

몸(尸)이 이르러(至) 쉬는 집이니 집 **옥**

**+** 至(이를 지, 지극할 지)

훈독 や    음독 おく

훈독 屋根 지붕 薬屋 약국 楽屋 분장실 部屋 방 花屋 꽃집
八百屋 채소 가게

음독 屋外 옥외 屋上 옥상 家屋 가옥

N1 中学
12획 / 부수 手(扌)

손(扌)으로 집(屋)안일을 잡아 쥐니 잡을 **악**, 쥘 **악**

훈독 にぎる    음독 あく

훈독 握る 쥐다 御握り 주먹밥 一握り 한 줌, 극히 적음

음독 握手 악수 握力 악력(쥐는 힘)

9획 / 부수 又

지붕(尸)을 **두(二)** 번이나 **장인(ㄱ)**의 **손(又)**을 빌려 고쳐야
하는 허물이니 **빌릴 가, 허물 가**

**+** 尸[주검 시, 몸 시(尸)의 변형이지만, 여기서는 지붕으로 봄], ㄱ[장인 공,
　만들 공, 연장 공(工)의 변형], 又(오른손 우, 또 우)

N1 中学
13획 / 부수 日

날(日)을 **빌린(叚)** 듯 겨를이 있고 한가하니
**겨를 가, 한가할 가**

**+** 日(해 일, 날 일)

훈독 **ひま**　음독 **か**

훈독 暇 틈, 한가함　暇潰し 심심풀이, 시간 때우기　暇な時 시간이 있을 때
暇取る 시간이 걸리다

음독 休暇 휴가　余暇 여가　寸暇 극히 짧은 짬

**N2** **小5**
8획 / 부수 尸

몸(尸)이 **오래(古)** 머물러 사니 살 거

+ 古(오랠 고, 옛 고)

훈독 いる, おる    음독 きょ

훈독 芝居(しばい) 연극  鳥居(とりい) 도리이(신사 입구에 있는 '井'자 모양의 나무 기둥)

음독 居住(きょじゅう) 거주  居室(きょしつ) 거실  別居(べっきょ) 별거

**N1** **中学**
11획 / 부수 手(扌)

손(扌)으로 **살려고(居)** 무엇을 잡고 의지하니 의지할 거

훈독 すえる, すわる

훈독 据(す)える 설치하다, 고정시키다

据(す)わる ① 움직이지 않다 ② (도장이) 찍히다

据(す)え置(お)く ① 움직이지 않도록 놓다 ② (변동할 것을) 그대로 두다
③ 저금 · 채권 등을 일정 기간에 거치해 두다

**中学**
13획 / 부수 衣(衤)

옷(衤)에서 **앉을(居)** 때처럼 늘어지는 옷자락이니
옷자락 거

+ 衤 - 옷 의(衣)가 한자의 왼쪽에 붙는 부수로 쓰일 때의 모양으로 '옷 의 변'

훈독 すそ

훈독 裾(すそ) 옷자락  山裾(やますそ) 산기슭  裾野(すその) 기슭이 완만하게 경사진 들판

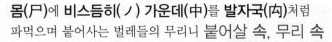

N1 小5
12획 / 부수 尸

N1 中学
15획 / 부수 口

몸(尸)에 **비스듬히(丿) 가운데(中)**를 **발자국(内)**처럼
파먹으며 붙어사는 벌레들의 무리니 **붙어살 속, 무리 속**

정자 屬 – 몸(尸)의 진액(氺)을 빨아먹으려고 벌레(蜀)들이 붙어사는 무리니
'붙어살 속, 무리 속'

+ 内 – 성(冂)처럼 사사로이(厶) 남긴 발자국이니 '발자국 유'
+ 尸(주검 시, 몸 시), 氺['물 수 발(氺)'의 변형으로 여기서는 진액으로 봄],
  冂(멀 경, 성 경), 厶(사사로울 사, 나 사)

음독 **ぞく**

음독 属僚 하급 관리〔ぞくりょう〕  属国 속국〔ぞっこく〕  帰属 귀속〔きぞく〕  貴金属 귀금속〔ききんぞく〕  属性 속성〔ぞくせい〕

---

입(口)으로 **붙어살게(属)** 해 달라고 부탁하니
**부탁할 촉**

정자 囑

음독 **しょく**

음독 嘱託 촉탁, 일을 맡김〔しょくたく〕  嘱目 관심을 갖고 봄〔しょくもく〕  委嘱 위촉〔いしょく〕

## 몸(尸) 구부리고(乁) 길이를 재는 자니 자 척

+ 乁('파임 불'이지만 여기서는 구부리는 모양으로 봄)

음독 **しゃく**

음독 尺度 척도 尺貫法 척관법(길이의 단위는 척, 양의 단위는 승, 무게의 단위는 관으로 하는 도량형법)

N1 小6
4획 / 부수 尸

---

## 손(扌)으로 자(尺)를 재어 가리니 가릴 택

정자 擇 – 손(扌)으로 엿보아(睪) 가리니 '가릴 택'
+ 睪 – 그물(罒) 쳐 놓고 걸리기를 바라며(幸) 엿보니 '엿볼 역'
+ 罒(그물 망, = 网, 㓁), 幸(행복할 행, 바랄 행)

음독 **たく**

음독 採択 채택 三者択一 삼자 택일 選択 선택

N1 中学
7획 / 부수 手(扌)

---

## 물(氵) 깊이를 자(尺)로 재며 막아둔 연못이니 연못 택
## 또 연못물은 여러모로 잘 쓰여 은혜를 주니 은혜 택

정자 澤 – 물(氵)을 엿보아(睪) 막아 둔 연못이니 '연못 택'
또 연못물은 여러모로 잘 쓰여 은혜를 주니 '은혜 택'

훈독 **さわ**　　음독 **たく**

훈독 沢 얕은 못
음독 沢山 많음 光沢 광택 贅沢 사치 沼沢 소택, 늪과 못

N1 中学
7획 / 부수 水(氵)

---

## 나누고(采) 자(尺)로 재며 푸니 풀 석

정자 釋 – 나누고(采) 엿보아(睪) 푸니 '풀 석'
+ 采(분별할 변, 나눌 변)

음독 **しゃく**

음독 釈義 뜻을 해석함 釈然 석연 釈放 석방 釈明 해명 解釈 해석
稀釈 희석 注釈 주석 会釈 가볍게 인사함

N1 中学
11획 / 부수 采

N2 小2
4획 / 제부수

한 짝으로 된 문을 본떠서 **문 호**
또 문이 한 짝 달린 집이니 **집 호**

+ 윤 尸(주검 시, 몸 시) - 제목번호 427 참고

훈독 **と** 음독 **こ**

훈독 雨戸<sup>あまど</sup> 덧문 井戸<sup>いど</sup> 우물 戸棚<sup>とだな</sup> 찬장 網戸<sup>あみど</sup> 철망 등을 친 창문이나 문

음독 戸籍<sup>こせき</sup> 호적

---

N2 中学
7획 / 부수 戸

**문(戸)**이 **크게(大)** 잠겨서 일이 어그러져 되돌리니
**어그러질 려, 되돌릴 려**

정자 戾 – 문(戸)에 있는 사나운 개(犬) 때문에 일이 어그러져 되돌리니
'어그러질 려, 되돌릴 려'

+ 어그러지다 – ① (짜여 있어야 할 것이) 각각 제자리에서 물러나 서로 맞지
아니하다.
② (생각했던 일이나 기대했던 일이) 그대로 되지 아니하다.
③ 사이가 좋지 않게 되다.

+ 犬(개 견)

훈독 **もどす, もどる** 음독 **れい**

훈독 戻<sup>もど</sup>す 되돌리다, 돌려주다 払<sup>はら</sup>い戻<sup>もど</sup>す 환불하다 差<sup>さ</sup>し戻<sup>もど</sup>し 환송, 반려
取<sup>と</sup>り戻<sup>もど</sup>す 되찾다, 회복하다 戻<sup>もど</sup>る 되돌아가다, 되돌아오다

음독 返戻<sup>へんれい</sup> 반려, 돌려줌 戻入<sup>れいにゅう</sup> 일단 지출한 예산을 어떤 이유로 본디 세출
예산 과목에 되돌려 넣음

---

N2 中学
10획 / 부수 水(氵)

**물(氵)** 중 일이 **어그러질(戻)** 때 흘리는 눈물이니 **눈물 루**

정자 淚

훈독 **なみだ** 음독 **るい**

훈독 涙<sup>なみだ</sup> 눈물 涙<sup>なみだ</sup>ぐむ 눈물 짓다 涙<sup>なみだ</sup>ぐましい 눈물겹다

음독 涙痕<sup>るいこん</sup> 눈물 자국 涙腺<sup>るいせん</sup> 눈물샘 涙道<sup>るいどう</sup> 눈물길 感涙<sup>かんるい</sup> 감격의 눈물
声涙<sup>せいるい</sup> 목소리와 눈물 落涙<sup>らくるい</sup> 낙루

N1 中学
10획 / 부수 戶

문(戶) 같은 틀에 깃(羽)처럼 가벼운 것을 붙여 만든 부채니
부채 선

[정자] 扇
+ 羽(羽: 날개 우, 깃 우) - 제목번호 425 참고

[훈독] **おうぎ**　[음독] **せん**

[훈독] 扇 부채　舞扇 춤출 때 쓰는 부채
[음독] 扇子 접었다 펴는 부채　扇風機 선풍기
扇動 선동(남을 부추겨 어떤 일이나 행동에 나서도록 함)
扇状地 선상지(하천에 의하여 운반된 자갈과 모래가 평지를 향하여
부채 모양으로 퇴적하여 이루어진 지형)
[예외] 団扇 부채

---

N1 中学
11획 / 부수 口

마음의 문(戶)을 치듯(攵) 말하며(口) 열리도록 일깨우니
열 계, 일깨울 계

[정자] 啓
+ 문 같은 물질적인 것을 열면 열 개(開), 마음의 문이 열리도록 일깨우면 열
계, 일깨울 계(啓)입니다.
+ 攵(칠 복, = 攴), 口(입 구, 말할 구, 구멍 구)

[음독] **けい**

[음독] 啓示 (신의) 계시　啓発 계발　啓蒙 계몽
拝啓 '삼가 아뢰다'는 뜻의 편지 머리말

N2 中学
8획 / 부수 肉(月)

문(戶)처럼 몸(月)에서 쩍 벌어진 어깨니 어깨 견

[정자] 肩
+月(달 월, 육 달 월)

[훈독] かた　[음독] けん

[훈독] 肩 어깨　肩入れ 도움, 편듦　肩掛け (어깨에 걸치는) 숄
肩口 어깻죽지　肩車 목말　肩こり 어깨 결림　肩身 체면
路肩 갓길

[음독] 肩甲骨 견갑골(어깨뼈)　肩摩 몹시 붐벼 어깨가 서로 부딪침
路肩 갓길　肩章 견장　双肩 양어깨　比肩 비견, 견줌

N2 中学
12획 / 부수 隹

집(戶)에 갇힌 새(隹)처럼 남의 집에서 품 파는 머슴이니
품 팔 고, 머슴 고

[정자] 雇
+隹(새 추)

[훈독] やとう　[음독] こ

[훈독] 雇う 고용하다　日雇い 일용직

[음독] 雇用 고용　解雇 해고(고용주가 고용 계약을 해제하여 피고용인을 내보냄)
雇員 임시 직원

N1 中学
21획 / 부수 頁

(주인에게 묻기 위하여) 머슴(雇)의 머리(頁)는 자주 돌아보니
돌아볼 고

[정자] 顧
+頁(머리 혈, 책 면 엽)

[훈독] かえりみる　[음독] こ

[훈독] 顧みる 뒤돌아보다, 회고하다

[음독] 顧客 (단골)고객　顧問 고문　回顧 회고, 회상
顧慮 고려(① 이미 지난 일을 다시 돌이켜 생각함 ② 앞일을 헤아려 염려함)

6획 / 부수자

## 뚜껑(ㅛ)을 덮으니(冂) 덮을 아

+ ㅛ(뚜껑의 모양), 冂['멀 경, 성 경'이지만 여기서는 덮을 멱(冖)의 변형으로 봄]

참고자

9획 / 부수 土

## 덮어(襾) 흙(土)으로 막으니 막을 인

+ 襾(덮을 아), 土(흙 토)

N2 中学

13획 / 부수 火

## 불(火)을 잘 타지 못하게 **막으면(垔)** 나는 연기니 연기 **연**
## 또 연기 내며 피우는 담배니 담배 **연**

+ 동 烟 – 불(火)로 말미암아(因) 나는 연기니 '연기 연'
　　　또 연기 내며 피우는 담배니 '담배 연'
+ 火(불 화), 因(말미암을 인, 의지할 인)

훈독 **けむる, けむり, けむい** 　　음독 **えん**

훈독 煙る 연기가 나다　煙 연기　湯煙 뜨거운 목욕물에서 나는 김
　　煙たい ① 냅다(연기로 인해 눈이나 목구멍이 쓰라린 느낌이 있다.)
　　② (가까이 하기가) 거북하다, 어렵다

음독 黒煙 검은 연기　人煙 인가(人家), 인가(人家)에서 나는 연기
　　煤煙 매연　煙突 ① 굴뚝 ② (손님을 태운) 택시가 미터기를 켜지 않
　　은 채(혹은 미터기를 조작하여), 요금을 기사가 착복하는 부정행위
　　煙霧 ① 연기와 안개 ② 스모그　喫煙 흡연

예외 煙草 담배

N2　小4
9획 / 부수 襾(襾)

몸을 **덮어(襾)** 입는 옷이 **여자(女)**에게는 더욱 중요하고 필요하니 중요할 요, 필요할 요

＋襾(덮을 아)

훈독 **いる, かなめ**　음독 **よう**

훈독 要る 필요하다　要 가장 중요한 점, 요점

음독 要求 요구　要素 요소　要望 요망　要覧 요람　要領 요령
強要 강요

N2　中学
13획 / 부수 肉(月)

몸(月)에서 **중요한(要)** 허리니 허리 요

＋허리를 다치면 몸을 잘 움직이지도 못하니 허리가 중요하지요.
＋月(달 월, 육 달 월)

훈독 **こし**　음독 **よう**

훈독 腰 허리　物腰 언행(사람을 대하는 말씨나 태도)
腰だめ 총대를 허리에 대고, 어림겨냥으로 총을 쏨, 어림짐작으로
일을 처리함　及び腰 엉거주춤한 자세나 태도

음독 柳腰 날씬한 미인의 허리　腰痛 요통(허리와 엉덩이 부위가 아픈 증상)
腰部 허리 부분

**N1** **小4**
11획 / 부수 示

덮인(覀) 것이 잘 **보이게(示)** 표시한 표니 표 **표**

**+** 示(보일 시, 신 시)

[음독] **ひょう**

[음독] 伝票 전표 投票 투표

---

**N1** **中学**
14획 / 부수 水(氵)

물(氵) 위에 **표(票)**나게 뜨니 뜰 표
또 물(氵)가에서 **표(票)**나게 빨래하니 빨래할 표

[훈독] **ただよう** [음독] **ひょう**

[훈독] 漂う 표류하다, 떠돌다, 방황하다

[음독] 漂流 표류 漂白 표백 漂着 표착

---

**N1** **中学**
15획 / 부수 辵(辶)

덮어(覀) 크게(大) 몸(己)을 옮겨 **가니(辶)** 옮길 천

[정자] 遷 - 덮어(覀) 크게(大) 무릎 꿇어(卩) 항복하고 옮겨 가니(辶) '옮길 천'
**+** 己(몸 기, 자기 기, 여섯째 천간 기), 卩(무릎 꿇을 절, 병부 절, = 㔾)

[음독] **せん**

[음독] 変遷 변천 遷延 일이나 시간 등을 미루고 지체함
遷都 천도, 도읍을 옮김

**N1**
10획 / 부수 木

中学
13획 / 부수 心(忄)

가시로 **덮인(覀) 나무(木)** 열매는 밤이니 **밤 률**

+ 覀 粟(벼 속, 조 속)
+ 木(나무 목), 米(쌀 미)

훈독 **くり**

훈독 栗<sup>くり</sup> 밤, 밤나무 栗色<sup>くりいろ</sup> 밤색 団栗<sup>どんぐり</sup> 도토리
毬栗頭<sup>いがぐりあたま</sup> 짧게 깎은 머리

---

**마음(忄)에 밤(栗)송이처럼 가시 돋치게 두려우니
두려울 률**

음독 **りつ**

음독 慄然<sup>りつぜん</sup> 겁이 나서 소름이 끼치는 모양
戦慄<sup>せんりつ</sup> 전율(① 몹시 무섭거나 두려워 몸이 벌벌 떨림 ② 몸이 떨릴
정도로 감격스러움을 비유적으로 말함)

N1 小4
4획 / 부수 二

나무로 엇갈려 만든 우물이나 우물틀 모양을 본떠서

## 우물 정, 우물틀 정

+ 옛날에는 우물을 파고 흙이 메워지지 않도록 통나무를 井 자 모양으로 짜서 쌓아 올렸지요.

훈독 **い**    음독 **せい, しょう**

훈독 油井 석유의 원유를 퍼내는 샘

음독 天井 천장 市井 거리, 시민 사회, 항간

中学
5획 / 부수 二

우물(井)에 돌(丶)을 던지듯 밥 위에 무엇을 더한 덮밥이니

## 덮밥 정

+ 丼도 원래 '우물 정'이지만 일본 한자에서는 '덮밥 정'으로 많이 사용됩니다.
+ 丶('점 주, 불똥 주'지만 여기서는 돌로 봄)

훈독 **どんぶり, どん**

훈독 丼 덮밥 鰻丼 장어덮밥 親子丼 닭고기 계란덮밥 天丼 튀김 덮밥
カツ丼 돈가스 덮밥 牛丼 소고기 덮밥

N1 中学
6획 / 부수 刀(刂)

우물틀(开) 같은 형틀에 매어 칼(刂)로 집행하는 형벌이니

## 형벌 형

+ 윤 刊(책 펴낼 간) – 1권 제목번호 088 참고
+ 刂(칼 도 방)

음독 **けい**

음독 刑法 형법 求刑 구형 減刑 감형 処刑 처형 刑罰 형벌

참고자

10획 / 부수 冂

우물틀(井)처럼 **거듭(再)** 쌓으며 짜니
쌓을 구, 짤 구

+ 再(다시 재, 두 번 재) – 1권 제목번호 145 참고
+ 필순은 한국 한자와 다릅니다.

N1 中学

13획 / 부수 水(氵)

물(氵)이 **쌓여(冓)** 흐르는 개울이니 개울 구

+ 개울 – 골짜기나 들에 흐르는 작은 물줄기

| 훈독 | **みぞ** | 음독 | **こう** |

훈독 溝(みぞ) 개천, 도랑, 수채
鼻溝(はなみぞ) 인중(콧구멍 언저리의 조금 오목한 부분)

음독 海溝(かい こう) 해구(바다 밑바닥에 있는 좁고 길게 움푹 팬 곳) 排水溝(はいすい こう) 배수구
集水溝(しゅうすい こう) 집수구(빗물이나 생활 배수를 모아서 흘리는 도랑)

N1 中学

17획 / 부수 貝

돈(貝)을 **쌓아(冓)** 모아서 물건을 사니 살 구

+ 貝(조개 패, 재물 패, 돈 패)

| 음독 | **こう** |

음독 購入(こう にゅう) 구입 購読(こう どく) 구독 購買(こう ばい) 구매

464

N3 小3
12획 / 부수 宀

집(宀)의 우물(井) 하나(一)에서 나뉘어(八) 나온 물이
얼음(冫)처럼 차니 **찰 한**

+ 宀(집 면), 冫[이 수 변(冫)의 변형]

훈독 **さむい**    음독 **かん**

훈독 寒がる 추워하다, 추위를 (고통스럽게) 느끼다
음독 防寒 방한 寒暑 ① 추위와 더위 ② 겨울과 여름 嚴寒 엄한, 심한 추위

中学
13획 / 부수 土

집(宀)의 벽을 우물틀(井)처럼 하나(一)씩 나누어(八)
흙(土)으로 막으니 **막을 색**

또 출입을 막고 지키는 변방이니 **변방 새**

+ 八(여덟 팔, 나눌 팔), 土(흙 토)

훈독 **ふさがる, ふさぐ**    음독 **さい, そく**

훈독 塞がる 막히다 塞ぐ 막다, 가로막다
음독 要塞 요새 防塞 바리케이드 閉塞 닫아서 막음 脳梗塞 뇌경색

흙(土)이 일을 **도와주려는(襄)** 듯 고운 흙으로 된 땅이니
**고운 흙 양, 땅 양**

정자 壤
+ 襄 – 옷(衣)을 나누어(八) 싸고 우물틀(井)처럼 얽혀 한(一)결같이 도우니
　'도울 양'
+ 襄 – (드러나지 않게) 옷(衣) 속에 입들(口口)을 가리고 우물틀(井)처럼
　얽혀 한(一)결같이 도우니 '도울 양'
+ 돌이 섞이지 않은 고운 흙이 일을 하거나 곡식의 생육에 도움을 주지요.

음독 じょう
음독 土壌 토양

N1 中学
16획 / 부수 土

여자(女) 중 일을 **도와주는(襄)** 아가씨니 **아가씨 양**

정자 嬢

음독 じょう
음독 お嬢さん 아가씨, 따님　令嬢 영애, 따님　愛嬢 사랑하는 따님

N1 中学
16획 / 부수 女

말(言)로라도 **도우려고(襄)** 사양하고 겸손하니
**사양할 양, 겸손할 양**

정자 譲

훈독 ゆずる　음독 じょう
훈독 譲る 양도하다, 물려주다　親譲り 대물림, 부모로부터 물려받음
음독 譲渡 양도　譲歩 양보　謙譲 겸양

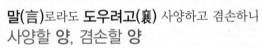

N1 中学
20획 / 부수 言

술(酉)이 되도록 **도와(襄)** 빚으니 **빚을 양**

정자 醸
+ 酉(술 그릇 유, 술 유, 닭 유, 열째 지지 유)

훈독 かもす　음독 じょう
훈독 醸す (술, 간장 등을) 빚다, 양조하다
　醸し出す (어떤 기분 등을) 빚어내다, 자아내다
음독 醸造 양조　醸成 ① (술 등을) 빚음 ② (어떤 상황을) 조성함

N1 中学
20획 / 부수 酉

466

참고자
9획 / 부수 夂

사람(宀)들은 해(日)가 지면 **걸어서(夂)** 집으로
다시 돌아오니 **다시 부, 돌아올 복**

+ 宀[사람 인(人)의 변형], 夂(천천히 걸을 쇠, 뒤져 올 치)

---

N2 小5
12획 / 부수 彳

**걸어서(彳) 다시 돌아오니(复)** 다시 부, 돌아올 복

+ 彳(조금 걸을 척)

음독 **ふく**

음독 復帰 복귀 復旧 복구 復元 복원 復興 부흥 復活 부활
復習 복습 往復 왕복 反復 반복 報復 보복

---

N1 中学
18획 / 부수 襾(覀)

**덮어(襾) 버리고 다시(復)** 하도록 뒤집히니
**덮을 부, 다시 복, 뒤집힐 복**

+ 襾(덮을 아)

훈독 **おおう, くつがえす, くつがえる** 음독 **ふく**

훈독 覆う 덮다 覆す 뒤집다 覆る 뒤집히다
음독 覆面 복면 転覆 전복(① 차나 배 등이 뒤집힘 ② 사회 체제가 무너지
거나 정권 등을 뒤집어엎음)

---

N1 中学
15획 / 부수 尸

**몸(尸)이 가거나 돌아올(復)** 때 신을 신고 밟으니
**신 리, 밟을 리**

+ 尸(주검 시, 몸 시)

훈독 **はく** 음독 **り**

훈독 履く 신다 履物 신, 신발
음독 履行 이행 草履 조리(일본식 짚신, 기모노를 입을 때 신는 신발)
履歴 이력 弊履 헌신짝

6획 / 부수자

범 가죽 무늬를 본떠서 **범 호 엄**

+ 엄 – 한자의 위와 왼쪽을 덮는 부수 이름
+ 엄은 부수 이름이기에 실제 뜻을 갖는 '범 호' 음으로 제목을 삼았습니다.

N1 中学
8획 / 부수 虍

**범(虍)**은 사람처럼 영리하니 **사람 인 발(儿)**을 붙여서
**범 호**

+ 범 – 호랑이
+ 儿(어진사람 인, 사람 인 발)

훈독 **とら**　　음독 **こ**
훈독 虎 호랑이　虎の巻 ① 강의 등의 기초 자료가 되는 책 ② 참고서
음독 猛虎 ① 사나운 범 ② 몹시 사나운 사람　白虎 백호

N1 中学
10획 / 부수 辵(辶)

언덕(厂)을 두(二) 번이나 수건(巾) 두르고 왔다갔다(辶)
하며 전하니 **전할 체**

정자 遞 – 언덕(厂)을 범(虎)이 왔다갔다(辶) 하듯 이리저리 다니며 전하니
'전할 체'
+ 厂(굴 바위 엄, 언덕 엄), 辶(뛸 착, 갈 착), 巾(수건 건)

음독 **てい**
음독 遞減 체감(등수를 따라서 차례로 덜어 감)　遞次 순차, 순서를 따름
遞信 ① 여러 곳을 거쳐 음신을 전달함 ② 우편 · 전신 등의 업무
遞送 차례로 여러 사람을 거쳐서 보냄

**N1** 中学
11획 / 부수 虍

범(虍)이 같이(||) 어울려 이쪽(丶)저쪽(丿)으로 다니는
땅(一)은 다른 동물이 모두 도망가 비니 **빌 허**
또 비어 아무것도 못 잡아 헛되니 **헛될 허**

정자 虛 – 범(虍)이 이쪽(丬)저쪽(丬)으로 다니는 땅(一)은 다른 동물이 모두
도망가 비니 '빌 허'
또 비어 아무것도 못 잡아 헛되니 '헛될 허'

훈독 **むなしい**   음독 **きょ, こ**

훈독 虚しい 허무하다, 공허하다

음독 虚栄 허영  虚構 허구  虚弱 허약  虚無 허무  虚空 허공

---

**N1** 中学
15획 / 부수 戈

헛된(虛), 즉 거짓 **창(戈)**으로 놀라게 하며 놀고 희롱하니
**놀 희, 희롱할 희**

정자 戲
+ 戈(창 과)

훈독 **たわむれる**   음독 **ぎ**

훈독 戯れ 장난, 농담  戯れる 놀다, 장난치다

음독 戯画 희화  戯曲 희곡  遊戯 유희  児戯 어린애 장난, 유치한 일

---

**N1** 中学
9획 / 부수 虍

범(虍)이 **발톱(⺕)**으로 해치듯이 사납게 학대하니
**사나울 학, 학대할 학**

정자 虐
+유 ⺕(고슴도치 머리 계, 오른손 우) – 제목번호 335 참고
+⺕ [손톱 조(爪)의 변형]

훈독 **しいたげる**   음독 **ぎゃく**

훈독 虐げる 학대하다

음독 虐待 학대  自虐 자학  虐殺 학살  残虐 잔학

N2 小4
9획 / 부수 肉(月)

N2 中学
15획 / 부수 肉(月)

밭(田)처럼 넓어 **몸(月)**에서 음식물을 담아 소화시키는
밥통이니 **밥통 위**

+ (유) 冒(무릅쓸 모) – 제목번호 108 참고
+ 田(밭 전, 논 전), 月(달 월, 육 달 월)

**음독** い

**음독** 胃弱 만성적으로 위가 약함   胃下垂 위하수   胃酸 위산   胃腸 위장
い じゃく                            い か すい        い さん        い ちょう
胃痛 위통
い つう

---

범(虍) 무늬와 **위(胃)**의 주름처럼 생긴 살갗이니
**살갗 부**

+ 虍(범 호 엄)

**음독** ふ

**음독** 皮膚 피부   完膚 흠이 없는 피부, 결점이나 흠이 없는 곳
ひ ふ         かん ぷ

참고자
16획 / 부수 皿

범(虍)처럼 입이 크고 **밭(田)**처럼 가운데가 넓은 밥**그릇(皿)**
이니 밥그릇 로

+ 田(밭 전, 논 전), 皿(그릇 명)

N1 中学
8획 / 부수 火

**불(火)**을 담는 **집(戶)** 같은 화로니 화로 로

정자 爐 – 불(火)을 담는 그릇(盧) 같은 화로니 '화로 로'
+ 화로(火炉) – 불을 담아 두는 그릇
+ 火(불 화), 戶(戶: 문 호, 집 호)

음독 ろ

음독 炉端焼き 화로에 음식을 구워먹는 식당  香炉 향로  原子炉 원자로
炉辺 화롯가  暖炉 난로

N1 中学
13획 / 부수 虍

범(虍) 같은 짐승을 **사내(男)**가 사로잡으니 사로잡을 로

정자 虜 – 범(虍) 같은 짐승을 꿰뚫어(冊) 힘(力)으로 사로잡으니 '사로잡을 로'
+ 男(사내 남), 冊(꿰뚫을 관), 力(힘 력)

음독 りょ

음독 捕虜 포로
醜虜 ① 더럽고 보기 흉한 이국인 ② 포로를 천하게 일컫는 말

N1 中学
15획 / 부수 心

범(虍)처럼 무서운 것을 자꾸 **생각하고(思)** 염려하니
생각할 려, 염려할 려

+ 思(생각할 사)

음독 りょ

음독 遠慮 조심함  遠慮深い 몹시 조심스럽다  配慮 배려
苦慮 고려, 애써 여러 가지로 생각함  思慮 사려
深慮 심려(깊은 생각)  熟慮 숙려, 숙고  浅慮 얕은 생각

10획 / 부수자

하나(一)의 **구멍**(口)이 성(冂)처럼 **패이고**(八) 아래를
**막은**(丅) 솥의 모양에서 **솥 력, 막을 격**

+ 口(입 구, 말할 구, 구멍 구), 冂(멀 경, 성 경), 八(여덟 팔, 나눌 팔)

N1 中学
13획 / 부수 阜(阝)

**언덕**(阝) 같은 장애물이 **막으니**(鬲) **막을 격**
또 막으면 사이가 뜨니 **사이 뜰 격**

+ 阝(언덕 부 변)

훈독 **へだてる, へだたる**    음독 **かく**

훈독 隔てる ① 사이에 두다 ② 가로막다  隔たり 간격, 격차, 거리, 차이
隔たる ① (공간적으로) 떨어지다 ② (세월이) 지나다, 경과하다
隔て ① 칸막음, 칸막이 ② 차별, 구별 ③ 격의

음독 隔日 격일  隔週 격주  間隔 간격  隔月 격월

N1 中学
16획 / 부수 虫

**솥**(鬲)에 들어간 **벌레**(虫)처럼 녹아 물과 화하니
**녹을 융, 화할 융**

+ 화(和)하다 - ① (무엇을) 타거나 섞다.
　　　　　　　② (날씨나 바람·마음 등이) 따뜻하고 부드럽다.
화(化)하다 - 다른 상태가 되다.
여기서는 和, 化의 뜻 모두 됨.

음독 **ゆう**

음독 融合 핵융합  融資 융자  融通 융통, 융통성  融和 융화
融解 융해  金融 금융

N1 中学
13획 / 부수 犬

**남쪽**(南)에서 **개**(犬)를 삶아 바치니 **바칠 헌**

정자 獻 - 범(虍) 대신 솥(鬲)에 개(犬)를 삶아 바치니 '바칠 헌'
+ 南(남쪽 남), 犬(개 견), 虍(범 호 엄), 鬲(솥 력, 막을 격)

음독 **けん, こん**

음독 献金 헌금  献血 헌혈  文献 문헌  献立 ① 식단, 메뉴 ② 준비
一献 ① 한 잔의 술 ② 간단한 술 대접

7획 / 부수자

먹이를 잡기 위해 몸을 웅크린 사나운 짐승을 본떠서
**사나운 짐승 치**
또 지렁이 같은 발 없는 벌레로도 보아 **발 없는 벌레 치**

中学

14획 / 부수 豸

**발 없는 벌레(豸)처럼 흰(白) 탈을 쓴 사람(儿) 모양이니
모양 모**

+ 白(흰 백, 밝을 백, 깨끗할 백, 아뢸 백), 儿(어진사람 인, 사람 인 발)

음독 **ぼう**

음독 外貌 외모(がい ぼう) 風貌 풍모(ふう ぼう) 変貌 변모(へん ぼう) 美貌 미모(び ぼう)

N1 中学

16획 / 부수 土

**발 없는 벌레(豸)처럼 계속 머물러(艮) 흙(土)을 파 개긴히니
개간할 간**

+ 개간(開墾) – 거친 땅이나 버려둔 땅을 일구어 쓸모 있는 땅으로 만듦
+ 艮(멈출 간, 어긋날 간), 土(흙 토), 開(열 개)

음독 **こん**

음독 開墾 개간(かい こん)

N1 中学

17획 / 부수 心

**발 없는 벌레(豸)처럼 머물러(艮) 먹이를 구하는 마음(心)이
간절하니 간절할 간**

+ 간절(懇切)하다 – 마음속에서 우러나와 바라는 정도가 매우 절실하다.
+ 心(마음 심, 중심 심), 切(모두 체, 끊을 절, 간절할 절)

훈독 **ねんごろ** 음독 **こん**

훈독 懇ろ(ねんご) ① 공손함 ② 친밀함 懇ろだ(ねんご) 정중하다

음독 懇願 간절히 원함(こん がん) 懇親会 친목회(こん しん かい) 懇談 간담, 간담회(こん だん)
懇切 간절, 친절하고 자상함(こん せつ) 懇篤 친절하고 정이 두터움(こん とく)

참고자

7획 / 제부수

N1 中学

12획 / 부수 土

N1 中学

11획 / 부수 豕

서 있는 돼지를 본떠서 돼지 시

---

흙(土)으로 덮어(冖) 돼지(豕)처럼 크게 쌓은 무덤이니
무덤 총

+ 土(흙 토), 冖(덮을 멱)

훈독 つか

훈독 塚 총, 무덤  貝塚 패총, 조개무지

---

(다른 짐승에 비해) 살(月)이 많은 돼지(豕)니 돼지 돈

+ 돼지는 다른 짐승에 비해 살이 많기 때문에 돼지 시(豕)에 달 월, 육 달 월(月)을 붙여 만든 글자

훈독 ぶた    음독 とん

훈독 豚 돼지  子豚 돼지 새끼  豚肉 돼지고기  豚箱 유치장

음독 豚舍 돼지우리  豚脂 돼지기름  養豚 돼지를 기름

예외 河豚 복, 복어  海豚 돌고래

**N3** **小2**
10획 / 부수 宀

지붕(宀) 아래 돼지(豕)처럼 먹고 자는 집이니 **집 가**
또 어느 분야에 일가를 이룬 전문가도 뜻하여 **전문가 가**

+ 일가(一家) – ① 성과 본이 같은 겨레붙이
② 어느 분야에 뛰어나 독자적인 경지를 이루는 상태
여기서는 ②의 뜻.

훈독 **いえ, や, うち** 음독 **か, け**

훈독 家蔵 재산, 가산 家 집, 가정 家賃 집세 貸家 셋집

음독 家事 집안일 家族 가족 家宅 가택 家来 하인 国家 국가
写真家 사진가 専門家 전문가 一家言 일가견

---

**N1** **中学**
13획 / 부수 女

여자(女)가 남편 집(家)으로 시집가니 **시집갈 가**

훈독 **よめ, とつぐ** 음독 **か**

훈독 嫁ぐ 시집가다, 출가하다 嫁 며느리, 신부 花嫁 신부
嫁ぎ先 시집간 곳, 시집

음독 再嫁 재가(결혼하였던 여자가 남편과 사별하거나 이혼하여 다른 남자
와 결혼함) 転嫁 전가(잘못이나 책임을 다른 사람에게 넘겨씌움)
嫁する 시집가다, 출가하다

---

**N1** **中学**
15획 / 부수 禾

(옛날에) 벼(禾) 같은 곡식은 집(家)집마다 심었으니 **심을 가**

+ 한자가 만들어지던 시절에는 대부분 농사를 지었지요.
+ 禾('벼 화'로 곡식의 대표)

훈독 **かせぐ** 음독 **か**

훈독 稼ぐ (돈, 시간 등을) 벌다 稼ぎ ① 벌이 ② 일함 ③ 일, 생업

음독 稼業 생업, 직업 稼働 ① 일함 ② 기계가 움직임, 기계를 움직임

N1 中学
10획 / 부수 辵(辶)

돼지(豕)를 뛰어가(辶) 쫓으니 쫓을 축

+ 농촌에는 지금도 멧돼지 피해가 심하다지요.

음독 ちく

음독 逐次 차례차례로 逐一 차례로, 낱낱이 角逐 각축
放逐 내쫓음, 추방

N1 中学
12획 / 부수 辵(辶)

이쪽(丷)저쪽(丷)으로 쫓아(逐) 다니며 정성들여 드디어 이루니
드디어 수, 이룰 수

정자 遂 - 팔(八)방으로 쫓아(逐)다니며 정성들여 이루니 '드디어 수, 이룰 수'
+ 八(여덟 팔, 나눌 팔)

훈독 とげる     음독 すい

훈독 遂げる 이루다, 달성하다 成し遂げる 끝까지 해내다, 완수하다
음독 遂行 수행 完遂 완수 未遂 미수

N1 小4
12획 / 부수 阜(阝)

언덕(阝)에 있는 이쪽저쪽(丷)의 많은 돼지(豕) 무리니
무리 대

또 무리를 이루는 군대도 뜻하여 군대 대

정자 隊 - (돼지는 여러 마리가 모여 살아) 언덕(阝)에 있는 여덟(八) 마리의
돼지(豕) 무리니 '무리 대'
또 무리를 이루는 군대도 뜻하여 '군대 대'

+阝(언덕 부 변)

음독 たい

음독 軍隊 군대 部隊 ① 부대 ② 집단, 무리, 떼 楽隊 악대

N1 中学
15획 / 부수 土

한 무리(隊)가 흙(土)으로 떨어지니 떨어질 추

정자 墜
+ 인격 등 정신적인 것이 떨어지면 '堕(떨어질 타)', 명예나 지위를 포함한
물질적인 것이 떨어지면 '墜(떨어질 추)'입니다.

음독 つい

음독 墜落 추락 墜死 추락사
撃墜 격추(비행기나 비행선 등을 쏘아 떨어뜨림)

N2 小6
5획 / 부수 几

천천히 걸으며(夂) 안석(几)처럼 편한 곳에 사니
## 곳 처, 살 처
또 살면서 많은 일을 처리하니 처리할 처

정자 處 – 범(虍)처럼 천천히 걸으며(夂) 안석(几)같이 편한 곳에 사니
'곳 처, 살 처'
또 살면서 많은 일을 처리하니 '처리할 처'

+ 夂(천천히 걸을 쇠, 뒤져 올 치), 几(안석 궤, 책상 궤)

훈독 ところ　음독 しょ

훈독 御食事処 식사하는 곳

음독 処置 처치　対処 대처　処女 미혼 여성　仮処分 가처분

---

N1 中学
8획 / 부수 手(扌)

손(扌)으로 어느 곳(処)을 잡고 의지하니 의지할 거

정자 據 – 손(扌)으로 범(虍)이나 돼지(豕)를 잡으려고 무엇에 의지하니
'의지할 거'

+ 扌(손 수 변), 虍(범 호 엄), 豕(돼지 시)

훈독 よる　음독 きょ, こ

훈독 拠る 준하다, 근거로 삼다　拠所 ① 근거 ② 의지, 기반

음독 拠点 거점　根拠 근거　準拠 준거　証拠 증거

참고자
9획 / 부수 크

손(크)으로 돼지(豕)가 물어 끊듯이 끊으니 끊을 단

[정자] 彖 – 엇갈려(山) 돼지(豕)가 여기저기를 물어 끊으니 '끊을 단'
+ 크(고슴도치 머리 계, 오른손 우), 豕(돼지 시)

中学
15획 / 부수 糸

실(糸)로 끊어진(彖) 곳을 잇듯이 서로를 이어주는 인연이니
인연 연

[정자] 緣
+ 糸(실 사, 실 사 변)

[훈독] **ふち**   [음독] **えん**

[훈독] 緣 가장자리, 둘레   額緣 액자   緣取り 가를 채색하거나 장식을 베풂

[음독] 緣側 툇마루   緣談 혼담   悪緣 악연   血緣 혈연   緣故 연고, 연줄

참고자
10획 / 부수 刀(刂)

손(크)으로 잡고 물(氺)로 씻으면서 칼(刂)로 껍질을 벗기니
벗길 박

[정자] 剝 – 나무 깎듯이(彔) 칼(刂)로 껍질을 벗기니 '벗길 박'
+ 彔 – 엇갈려(山) 한(一) 곳으로 물(氺) 같은 수액이 나오도록 나무를 깎으니
  '나무 깎을 록'
+ 氺(물 수 발), 刂(칼 도 방)

[훈독] **はがす, はがれる, はぐ, はげる**

[음독] **はく**

[훈독] 剝がす 벗기다   剝がれる 벗겨지다   剝ぐ 벗기다
剝げる 벗겨지다

[음독] 剝製 박제   剝奪 박탈

2획 / 부수자

(옛날 갓을 쓸 때) 상투를 튼 머리 부분 모양에서 **머리 부분 두**

+ 상투 – ① 예전에, 장가든 남자가 머리털을 끌어 올려 정수리 위에 틀어
감아 맨 것
② 최고로 오른 주식 시세를 속되게 이르는 말
여기서는 ①의 뜻.

2획 / 부수자

팔로 사사로이 나에게 끌어당기는 모양에서
**사사로울 사, 나 사**

+ 지금은 부수로만 쓰이고 '사사롭다'의 한자로는 '사사로울 사(私)'를 씁니다.

N1 中学
6획 / 부수 儿

**머리(亠)**에 **사사로운(厶)** 생각을 **사람(儿)**마다 가득 차게
채우니 **가득 찰 충, 채울 충**

+ 儿(어진사람 인, 사람 인 발)

훈독 **あてる**　음독 **じゅう**

훈독 充てる 충당하다
음독 充満 충만, 가득함　充電 충전

N1 中学
14획 / 부수 金

**쇠(金)**로 만든 장치에 총알을 **채워(充)** 쏘는 총이니 **총 총**

+ 金(쇠 금, 금 금, 돈 금)

음독 **じゅう**

음독 銃撃 총격　銃口 총구　銃傷 총상　銃弾 총탄　小銃 소총
拳銃 권총

**N1 中学**
13획 / 부수 言

말(言)을 살진 **돼지(亥)**처럼 넓게 갖추어 바로 그것이라 하니
넓을 해, 갖출 해, 그 해

+ 亥 – 돼지 머리(亠)와 뼈대 모양을 본떠서 '돼지 해'
  또 돼지는 열두째 지지니 '열두째 지지 해'

음독 **がい**

음독 該<sup>がい とう</sup>当 해당  該<sup>がい はく</sup>博 해박

---

**中学**
16획 / 부수 骨

뼈(骨) 중 **돼지(亥)** 같은 동물의 뼈니 뼈 해

+ 참 骨(뼈 골) – 제목번호 368 참고
+ 처음에는 돼지 뼈를 뜻했으나 요즘은 모든 동물의 뼈에 사용되지요.

음독 **がい**

음독 遺<sup>い がい</sup>骸 유해  死<sup>し がい</sup>骸 시체, 송장  形<sup>けい がい か</sup>骸化 형해화(유명무실화)

---

**N1 中学**
10획 / 부수 木

나무(木)에서 **돼지(亥)** 가죽처럼 단단한 껍질로 둘러싸인 씨나
알맹이니 씨 핵, 알맹이 핵

음독 **かく**

음독 核<sup>かく しん</sup>心 핵심  結<sup>けっ かく</sup>核 결핵  核<sup>かく はん のう</sup>反応 핵반응

---

**N1 中学**
8획 / 부수 力

**돼지(亥)**가 힘(力)으로 밀고 들어가듯 죄상을 파고들어
캐물으니 캐물을 핵

+ 돼지는 주둥이나 머리로 밀고 들어가는 힘이 아주 세지요.

음독 **がい**

음독 弾<sup>だん がい</sup>劾 탄핵(죄상을 들어서 책망함)

**N1 中学**
13획 / 부수 言

말(言)을 살진 **돼지(亥)**처럼 넓게 갖추어 바로 그것이라 하니
넓을 해, 갖출 해, 그 해

+ 亥 – 돼지 머리(亠)와 뼈대 모양을 본떠서 '돼지 해'
  또 돼지는 열두째 지지니 '열두째 지지 해'

음독 **がい**

음독 該当[がいとう] 해당  該博[がいはく] 해박

---

**中学**
16획 / 부수 骨

뼈(骨) 중 **돼지(亥)** 같은 동물의 뼈니 뼈 해

+ 참 骨(뼈 골) – 제목번호 368 참고
+ 처음에는 돼지 뼈를 뜻했으나 요즘은 모든 동물의 뼈에 사용되지요.

음독 **がい**

음독 遺骸[いがい] 유해  死骸[しがい] 시체, 송장  形骸化[けいがいか] 형해화(유명무실화)

---

**N1 中学**
10획 / 부수 木

나무(木)에서 **돼지(亥)** 가죽처럼 단단한 껍질로 둘러싸인 씨나
알맹이니 씨 핵, 알맹이 핵

음독 **かく**

음독 核心[かくしん] 핵심  結核[けっかく] 결핵  核反応[かくはんのう] 핵반응

---

**N1 中学**
8획 / 부수 力

**돼지(亥)**가 힘(力)으로 밀고 들어가듯 죄상을 파고들어
캐물으니 캐물을 핵

+ 돼지는 주둥이나 머리로 밀고 들어가는 힘이 아주 세지요.

음독 **がい**

음독 弾劾[だんがい] 탄핵(죄상을 들어서 책망함)

N1
4획 / 부수 二

둘(二)이 **사사롭게(厶)** 말하니 말할 운

+ 厶(사사로울 사, 나 사)

훈독 **いう**　음독 **うん**

훈독 云う 말하다

음독 云々 운운, 왈가왈부

---

N1 中学
11획 / 부수 阜(阝)

**언덕(阝)** 아래는 **지금(今)**도 **말하자면(云)** 그늘이니
그늘 음

+阝(언덕 부 변), 今(이제 금, 오늘 금)

훈독 **かげる**　음독 **いん**

훈독 陰 그늘　陰口 험담　陰干し 그늘진 곳에서 말림
陰り ① 해가 기울어 어두워짐 ② 그늘이 있는 모양
陰る 그늘지다, (햇빛이) 가려지다　日陰 응닐, 음지

음독 陰惨 처참함　陰性 음성　陰謀 음모　緑陰 나무 그늘(= 木陰)
陰々 음침한 모양　陰気 음기　陰気臭い 어둡고 음침하다
光陰 세월, 시간

**N2** **小4**
8획 / 부수 厶

사사로이(厶) 크게(大) 머리(彡)를 꾸미고 행사에 참여하니
**참여할 참**
또 **사사로울 사(厶)**와 **큰 대(大)** 아래에 **삐침 별(丿)**을
세 개나 썼으니 **석 삼**

[정자] 參 – 장식품(厽)을 사람(人)이 머리(彡)에 꽂고 행사에 참여하니
'참여할 참'
또 사람 인(人)에 사사로울 사(厶)와 삐침 별(丿)을 셋이나 썼으니
'석 삼'

+ '석 삼'으로는 변조하면 안 되는 계약서 등에 쓰입니다.
+ 厶('사사로울 사, 나 사'지만 정자에서는 장식품으로 봄), 彡(터럭 삼, 긴
머리 삼)

[훈독] **まいる** [음독] **さん**
[훈독] 墓参り 성묘 <sup>はか まい</sup> 寺参り 절에 참배함 <sup>てら まい</sup>
[음독] 参照 참조 <sup>さんしょう</sup> 参内 참조 <sup>さん だい</sup> 降参 항복, 굴복 <sup>こう さん</sup>

**N1** **中学**
11획 / 부수 心(忄)

(직접 하지 못하고) **마음(忄)**으로만 **참여하면(参)** 슬프니
**슬플 참**

[정자] 慘

[훈독] **みじめ** [음독] **さん, ざん**
[훈독] 惨め 비참함, 참담함 <sup>みじ</sup> 惨めだ 비참하다 <sup>みじ</sup>
[음독] 悲惨 비참 <sup>ひ さん</sup> 惨死 참사 <sup>ざん し</sup> 惨敗 참패 <sup>ざんぱい</sup> 惨劇 참극 <sup>さんげき</sup>
惨殺 참살, 끔찍하게 죽임 <sup>ざんさつ</sup>

마음(忄)이 망할(亡) 정도로 바쁘니 바쁠 망

+ 忄(마음 심 변), 亡(망할 망, 달아날 망, 죽을 망)

훈독 いそがしい    음독 ぼう

훈독 忙しい 바쁘다

음독 忙殺 매우 분주함  忙中 망중, 바쁜 가운데
多忙 다망, 대단히 바쁨(= 繁忙)

N2 中学
6획 / 부수 心(忄)

(그릇된 생각이나 행동으로) 정신이 망한(亡) 여자(女)처럼 망령되니 망령될 망

+ 망령(妄靈) - 정신이 흐려서 말과 행동이 정상을 벗어난 상태
+ 靈(靈: 신령스러울 령, 신령 령)

음독 もう

음독 妄言 망언  妄信 망신  妄想 망상  迷妄 사리에 어둡고 생각이 그릇됨
+ '妄言'은 'ぼうげん'로도 읽을 수 있습니다.

中学
6획 / 부수 女

그물(罔)로 고기를 잡아 죽여(亡) 없으니 없을 망

+ 罔[그물 망(网, = 罓, 罒)의 변형]

참고자
8획 / 부수 网(罓)

실(糸)로 만들어 없는(罔) 것처럼 쳐 놓은 그물이니 그물 망

+ 糸(실 사, 실 사 변)

훈독 あみ    음독 もう

훈독 網 그물, 망  網戸 방충용 망창, 철망 등을 친 창문이나 문
投網 투망, 쳉이(물고기를 잡는 그물의 하나)

음독 網膜 망막  網羅 망라(빠뜨림 없이 모든 것에 미침)  魚網 어망
法網 법망(죄를 지은 사람에게 제재를 할 수 있는 법률이나 그 집행 기관을 말함)

N1 中学
14획 / 부수 糸

N3 小3
5획 / 부수 厶

어떤 **땅(土)**으로 **사사로이(厶)** 가니 갈 거
또 가서 제거하니 제거할 거

훈독 **さる** 　 음독 **きょ, こ**

훈독 去る 떠나다, 제거하다
음독 消去 지워버림, 지워져 없어짐, 사라짐　去勢 거세　死去 사망, 죽음

---

中学
13획 / 부수 草(艹)

**풀(艹)**을 **제거하듯(去)** 베어 **그릇(皿)**을 덮는 뚜껑이니
덮을 개, 뚜껑 개

정자 蓋
+ 艹(초 두), 皿(그릇 명)

훈독 **ふた** 　 음독 **がい**

훈독 蓋 뚜껑, 덮개
음독 口蓋 입천장, 구개　頭蓋骨 두개골

---

N1 中学
7획 / 부수 卩

**가서(去)** **무릎 꿇려(卩)** 물리치니 물리칠 각
+卩(무릎 꿇을 절, 병부 절)

음독 **きゃく**

음독 消却 ① 지워없앰 ② 써 버림, 소비함(= 費消)　退却 퇴각
脱却 벗어남, 빠져 나옴　返却 되돌려 줌, 반환　忘却 망각
冷却 냉각　売却 매각　焼却 소각, 태워버림　却下 기각
閑却 방치해 둠, 등한시함

---

N1 中学
11획 / 부수 肉(月)

**몸(月)**이 **물러날(却)** 때 구부려 쓰는 다리니 다리 각

훈독 **あし** 　 음독 **きゃく, きゃ**

훈독 雨脚 빗발　机の脚 책상 다리
음독 脚本 각본　脚注 각주　脚立 접사다리(접는 사다리)
三脚 삼각, 삼각 받침대

**N2** **小3**

8획 / 부수 肉(月)

머리(亠)부터 내(厶) 몸(月)처럼 기르니 **기를 육**

➕ 亠(머리 부분 두), 厶(사사로울 사, 나 사), 月(달 월, 육 달 월)

훈독 **そだつ, そだてる, はぐくむ**    음독 **いく**

훈독 育<sup>そだ</sup>ち ① 성장 ② 육성의 방식 育<sup>そだ</sup>ての親<sup>おや</sup> 양부모

음독 育児<sup>いくじ</sup> 육아 育成<sup>いくせい</sup> 육성 教育<sup>きょういく</sup> 교육 訓育<sup>くんいく</sup> 훈육 飼育<sup>しいく</sup> 사육

---

**N1** **中学**

15획 / 부수 彳

걸을(彳) 때부터 **기르기(育)**를 **치며(攵)** 엄하게 하면 사리에
통하고 뚫으니 **통할 철, 뚫을 철**

➕ 彳(조금 걸을 척), 攵(칠 복, = 攴)

음독 **てつ**

음독 徹底<sup>てってい</sup> 철저 一徹<sup>いってつ</sup> 완고하고 융통성이 없음, 외고집 徹夜<sup>てつや</sup> 철야, 밤새움

---

**N1** **中学**

15획 / 부수 手(扌)

손(扌)으로 **길러서(育) 쳐(攵)** 거두니 **거둘 철**

➕ 扌(손 수 변)

음독 **てつ**

음독 撤回<sup>てっかい</sup> 철회 撤去<sup>てっきょ</sup> 철거 撤収<sup>てっしゅう</sup> 철수 撤退<sup>てったい</sup> 철퇴 撤廃<sup>てっぱい</sup> 철폐

**N3** **小2**
5획 / 부수 口

사사로운(厶) 말(口)들처럼 무수히 뜬 별이니 **별 태**
또 **사사로운(厶) 말(口)들에도 나는 기쁘니 나 이, 기쁠 이**
또 누각 대, 정자 대(臺)의 약자로, **사사로이(厶) 입(口)**
다물고 이르는 누각이나 정자니 **누각 대, 정자 대**
또 태풍 태(颱)의 일본식 약자로 **태풍 태**

+ 颱 – 바람(風) 중 누각(台)도 흔들리게 부는 태풍이니 '태풍 태'

음독 **だい, たい**

음독 高台 ① 높은 건물 ② 굽이 높은 그릇, 도자기 灯台守 등대지기
灯台 등대

---

**N1** **中学**
9획 / 부수 肉(月)

몸(月)에 별(台)처럼 작은 생명이 잉태되어 아이 배니
**아이 밸 태**
또 아이를 뱀은 생명이 시작한 처음이니 **처음 태**

+ 태(胎) – (아기를 밴 때에) 태아를 싸고 있는 조직으로 태반(胎盤)과 탯줄
+ 盤(쟁반 반)

음독 **たい**

음독 胎児 태아 胎動 태동 胎盤 태반

---

**中学**
7획 / 부수 氷(冫)

찬(冫)물도 기쁘게(台) 사용하는 대장간이니 **대장간 야**
또 대장간에서 쇠를 단련하니 **단련할 야**

+ 冶 冶(다스릴 치) – 1권 제목번호 342 참고
+ 대장간에서는 쇠를 강하게 단련시키기 위하여 불에 달구었다가 찬물에 넣는
  일을 반복하지요.

음독 **や**

음독 冶金 야금(광석에서 쇠붙이를 공업적으로 골라내거나 합금을 만드는 일)

예외 鍛冶 대장장이

---

**N1** **中学**
9획 / 부수 心

누각(台)에서 놀기만 하는 마음(心)처럼 게으르니
**게으를 태**

훈독 **おこたる, なまける**    음독 **たい**

훈독 怠る ① 태만하다 ② 방심하다 怠ける 게으름 피우다

음독 怠慢 태만 倦怠 권태

**N1** **小6**
6획 / 제부수

하나(一)의 **사사로운(厶) 땅(土)**에 이르니 **이를 지**
또 이르러 보살핌이 지극하니 **지극할 지**

훈독 いたる   음독 し

훈독 至って 몹시, 극히, 매우
음독 夏至 하지  冬至 동지  至当 지당

---

**N1** **中学**
11획 / 부수 穴

**구멍(穴)** 끝에 **이르러(至)** 막히니 **막힐 질**

+ 穴(구멍 혈, 굴 혈)

음독 ちつ

음독 窒素 질소  窒息 질식

---

**N2** **中学**
8획 / 부수 刀(刂)

무사히 목적지에 **이르려고(至)** 위험을 대비하여 **칼(刂)**을
가지고 이를 정도로 주도면밀하니 **이를 도, 주도면밀할 도**

+ 주도면밀(周到綿密) – (주의가) 두루 이르러(미쳐) 자세하고 빈틈이 없음
+ 刂(칼 도 방), 周(두루 주, 둘레 주), 綿(솜 면, 자세할 면, 이어질 면), 密(빽빽할 밀, 비밀 밀)

음독 とう

음독 到達 도달  到着 도착  到底 도저(아무리 하여도)
殺到 쇄도, 밀려듦

---

**N2** **中学**
10획 / 부수 人(亻)

**사람(亻)**에 **이르는(至)** 것이 **칼(刂)**이면 찔려 넘어지고 거꾸로
되니 **넘어질 도, 거꾸로 도**

훈독 たおす, たおれる   음독 とう

훈독 倒す 쓰러뜨리다  倒れる 쓰러지다  共倒れ 함께 쓰러짐
음독 倒産 도산  倒置 도치  倒立 물구나무 서기  打倒 타도  圧倒 압도

N1 中学
10획 / 부수 至

지성으로(至) 치며(攵) 지도하면 꿈을 이루고 목표에 이르니
**이룰 치, 이를 치**

+ 攵(칠 복, = 攴)

훈독 **いたす**　　음독 **ち**

훈독 致す ① 이르게 하다, 초래하다 ② 'する'의 겸양어

음독 致死 치사　致命傷 치명상　一致 일치(= 合致)　極致 극치
招致 초청하여 오게 함　誘致 유치, 행사나 사업 등을 이끌어 들임

中学
16획 / 부수 糸

실(糸)이 잘 **이르게(致)** 짜져 빽빽하니 **빽빽할 치**

+ 천은 날실에 씨실이 잘 이르게 짜지지요.
+ 糸(실 사, 실 사 변)

음독 **ち**

음독 緻密 치밀　精緻 정교하고 치밀함

N1 中学
13획 / 부수 木

머릿(亠)속의 사심(厶)을 하나(一)의 그릇(凵)에 담아
나무(木) 위로 던져버리니 **버릴 기**

\+ 亠(머리 부분 두), 凵(입 벌릴 감, 그릇 감), 木(나무 목)

음독 **き**

음독 棄却 기각 棄権 기권 投棄 투기 破棄 파기 放棄 포기
遺棄 유기

---

N1 中学
10획 / 부수 草(艹)

풀(艹) 하나(一) 풀(艹) 하나(一)마다 시(十)월의 가을바람에
단풍들어 화려하게 빛나니 **화려할 화, 빛날 화**

\+ 꽃보다 단풍이 더 아름답다고 하지요.

훈독 **はな** 음독 **か, け**

훈독 華華しい 눈부시다, 매우 화려하다
華やぐ 화려해지다 華やかだ 화려하다
華やか 화려함, 눈부신

음독 華僑 화교 華燭 화촉 華麗 화려 法華 법화 繁華 번화
栄華 영화 華美 화려

참고자
7획 / 부수 夊

믿음직스럽도록(允) 의젓하게 **천천히 걸어(夊)** 가니
의젓하게 걸을 준, 갈 준

+ 允 – 내(厶)가 사람(儿) 중 맏이를 진실로 믿고 허락하니
　　'맏 윤, 진실로 윤, 믿을 윤, 허락할 윤'
+ 厶(사사로울 사, 나 사), 儿(어진사람 인, 사람 인 발), 夊(천천히 걸을 쇠,
　 뒤져 올 치)

N1　中学
9획 / 부수 人(亻)

사람(亻)이 **의젓하게 걸을(夋)** 정도로 실력이 뛰어나니
뛰어날 준

+ 자신이 있고 실력이 있으면 걸음걸이부터 의젓하지요.

음독　**しゅん**

음독　俊傑 <sup>しゅんけつ</sup> 준걸, 재주와 지혜가 뛰어난 사람　俊才 <sup>しゅんさい</sup> 수재
　　　俊敏 <sup>しゅんびん</sup> 준민, 두뇌 회전이 빠르고 행동이 날렵함　俊英 <sup>しゅんえい</sup> 뛰어나고 빼어남

N1　中学
10획 / 부수 口

입(口)으로 **가도록(夋)** 부추기니 부추길 사

+ 口(입 구, 말할 구, 구멍 구)

훈독　**そそのかす**　　음독　**さ**

훈독　唆す <sup>そそのか</sup> 부추기다
음독　教唆 <sup>きょうさ</sup> 교사(남을 부추겨 일을 꾀함)

참고자

3획 / 제부수

작고 어린 아기 모양을 본떠서 **작을 요, 어릴 요**

+ '실 사, 실 사 변(糸)의 일부분이니 작다는 데서 작을 요, 어릴 요(幺)'라고 도 합니다.

---

N1 中学
4획 / 부수 幺

**작은(幺) 힘(力)에서 또 일부(丿)가 빠지면 보이는 허깨비니 허깨비 환**

+ 허깨비 – ① 기(氣)가 허하여 착각이 일어나 없는데 있는 것처럼, 또는 다른 것처럼 보이는 물체
　　　　　② 생각한 것보다 무게가 아주 가벼운 물건
　　　　　여기서는 ①의 뜻.

+ 丿['삐침 별'이지만 여기서는 힘 력(力)의 일부로 봄], 気(氣: 기운 기, 대기 기)

훈독 **まぼろし**　　음독 **げん**

훈독 幻 환상, 환영

음독 幻覚 환각　幻想 환상　幻聴 환청　夢幻 ① 몽환 ② 꿈과 환상

---

N1 中学
9획 / 부수 幺

**산(山) 속에 작고(幺) 작은(幺) 것이 보이지 않게 숨어 아득하니 숨을 유, 아득할 유**

+ 아득하다 – ① 보이는 것이나 들리는 것이 희미하고 매우 멀다.
　　　　　　② 까마득히 오래되다.
　　　　　　③ 정신이 흐려진 상태이다.
　　　　　　여기서는 ①의 뜻.

음독 **ゆう**

음독 幽遠 유원, 깊고 오묘함　幽玄 유현, 깊고 그윽함　幽閉 유폐
　　幽境 속세를 떠난 조용한 곳　幽谷 깊은 산골짜기

N2 中学

12획 / 부수 幺

(아직은) **작고(幺) 작게(幺)** 보이는 **창(戈)**과 **사람(人)**이지만 몇이나 되는지 살피는 기미니 **몇 기, 기미 기**

+ 기미(幾微·機微) – (앞일에 대한 다소 막연한 예상이나 짐작이 들게 하는) 몇 가지 작은 조짐, 낌새
+ 戈(창 과), 微(微: 작을 미), 機(베틀 기, 기계 기, 기회 기)

훈독 **いく**　음독 **き**

훈독 幾日 며칠
음독 幾何学 기하학

---

中学

15획 / 부수 田

서울에서 **얼마(幾)** 떨어지지 않은 **밭(田)** 같은 땅이 경기니 **경기 기**

+ 경기(京畿) – 왕도(王都)의 둘레 500리 이내의 땅
+ 幾[몇 기, 기미 기(幾)의 획 줄임], 田(밭 전, 논 전), 京(서울 경), 都(都: 도시 도, 모두 도), 里(마을 리, 거리 리)

음독 **き**

음독 近畿地方 긴키 지방(교토 부, 오사카 부, 시가 현, 효고 현, 나라 현, 와가야마 현, 미에 현을 합쳐서 부르는 말)

**N1** **小6**
11획 / 부수 邑(阝)

어린(彡) 시절 **멈추어(艮)** 살던 시골 **고을(阝)**이 고향이니
**시골 향, 고향 향**

[정자] 鄕 – 어린(彡) 시절 흰(白) 쌀밥을 숟가락(匕)으로 먹으며 살던 시골
고을(阝)이 고향이니 '시골 향, 고향 향'

+ 彡[작을 요, 어릴 요(幺)의 변형], 艮[멈출 간, 어긋날 간(艮)의 변형], 阝(고을
읍 방), 白(흰 백, 밝을 백, 깨끗할 백, 아뢸 백), 匕(비수 비, 숟가락 비)

[훈독] **さと** [음독] **きょう, ごう**

[음독] 望郷 고향을 그리워하며 생각함 郷土 향토 近郷 가까운 마을
在郷 시골에 있음 異郷 타향, 타국

---

**N1** **中学**
20획 / 부수 音

시골(郷)에서 **소리(音)**치면 메아리가 울리듯 울리는 소리니
**울릴 향, 소리 향**

[정자] 響

+ 音(소리 음)

[훈독] **ひびく** [음독] **きょう**

[훈독] 響く 울리다, 진동하다 鳴り響く 널리 퍼지다
響き ① 울림 ② 반응, 미치는 영향 ③ 메아리

[음독] 交響楽 교향악 余響 여운 音響 음향

**참고자**
8획 / 부수 爪(爫)

**손톱(爫)만으로는 사내(夫)도 어찌할 수 없으니 어찌 해**

정자 奚 – 손톱(爫)만으로는 세상의 작고(幺) 큰(大) 일을 어찌할 수 없으니 '어찌 해'

+ 爫(손톱 조), 夫(사내 부, 남편 부), 大(큰 대)

---

N1 中学
11획 / 부수 水(氵)

**물(氵)이라고 어찌(奚) 말할 수 없는 작은 시내니 시내 계**

정자 溪

음독 けい

음독 雪渓<sup>せっけい</sup> 눈이 연중 녹지 않고 있는 높은 산골짜기 渓流<sup>けいりゅう</sup> 시냇물

---

N1 中学
19획 / 부수 鳥

**(닭은 날지 못하니) 어찌(奚) 새(鳥)란 말인가에서 닭 계**

정자 鶏

+ 鳥(새 조)

훈독 にわとり 음독 けい

훈독 鶏<sup>にわとり</sup> 닭

음독 鶏舎<sup>けいしゃ</sup> 닭장 養鶏<sup>ようけい</sup> 양계 鶏卵<sup>けいらん</sup> 계란, 달걀

N2 中学
12획 / 부수 水(氵)

N1 中学
18획 / 부수 頁

물(氵)이 햇(日)빛같이(丨丨) 이쪽(丶)저쪽(丿)으로
스며(一)들어 젖으니 젖을 습

정자 濕 – 물(氵)이 햇(日)빛이나 작고(幺) 작은(幺) 불(灬)빛처럼 스며들어
젖으니 '젖을 습'

+ 灬(불 화 발)

훈독 しめる, しめす　음독 しつ

훈독 湿る 습기차다, 눅눅해지다　湿す 적시다, 축이다　お湿り 가랑비

음독 湿気 습기　湿疹 습진　湿地 습지　多湿 다습　防湿 방습

해(日)와 같이(丨丨) 이쪽(丶)저쪽(丿)의 땅(一)에
머리(頁)가 드러나니 드러날 현

정자 顕 – 햇(日)빛이나 작고(幺) 작은(幺) 불(灬)빛에도 머리(頁)는 드러나니
'드러날 현'

+ 頁(머리 혈, 책 면 엽), 幺(작을 요, 어릴 요)

음독 けん

음독 顕著 현저　顕微鏡 현미경

N2 中学
10획 / 부수 田

中学
13획 / 부수 草(艹)

머리(亠) 작은(幺) 어린 짐승을 밭(田)에서 기르니
기를 축

음독 **ちく**

음독 畜産 축산 家畜 가축 牧畜 목축

---

풀(艹)을 가축(畜)에게 먹이려고 쌓으니 쌓을 축

훈독 **たくわえる** 음독 **ちく**

훈독 蓄える 비축하다 蓄え ① 쓰고 남은 물건을 모아둠 ② 저금

음독 蓄積 축적 貯蓄 저축 備蓄 비축

**N1** **中学**
5획 / 제부수

머리(亠) 아래 **작은(幺)** 것이 검고 오묘하니
**검을 현, 오묘할 현**

+ 오묘(奧妙)하다 – 심오하고 묘하다.
+ 奧(奧: 속 오), 妙(묘할 묘, 예쁠 묘)

**음독** げん

**음독** 玄関 현관 玄米 현미

---

**中学**
11획 / 부수 舟

배(舟)에서 **검게(玄)** 칠한 뱃전이니 **뱃전 현**

**음독** げん

**음독** 舷側 뱃전(배의 안쪽 가장자리 부분)
右舷 우현(오른쪽 뱃전) 左舷 좌현(왼쪽 뱃전)

---

**N1** **中学**
8획 / 부수 弓

활(弓)을 맨 **검은(玄)** 줄이 활시위니 **활시위 현**

+ 활시위 – 활 줄
+ 현(弦) – 활에 걸어서 켕기는 줄, 화살을 여기에 걸었다가 놓으면 날아감
+ 弓(활 궁)

**훈독** つる **음독** げん

**훈독** 弦 활시위

**음독** 弦楽 현악 管弦 관현 上弦 상현(상현달)
正弦 정현(직각 삼각형에서 빗변으로 높이를 나눈 값)

**참고자**
9획 / 부수 草(艹)

풀(艹) 어린 것 두 **개(幺幺)**가 겹쳐 검으니 **검을 자**

또 검으면 눈에 잘 보이니 지시 대명사로도 쓰여 **이 자**

[정자] 茲 – 검은(玄) 빛 두 개가 겹쳐 더 검으니 '검을 자'
또 검으면 눈에 잘 보이니 지시 대명사로도 쓰여 '이 자'

---

**N1** **小4**
12획 / 부수 水(氵)

(과일이나 채소가) **물(氵)** 같은 형태로 영양분을 빨아들여
**이렇게(玆)** 불어나 드는 맛이니 **불을 자, 맛 자**

+ 玆[검을 자, 이 자(茲)의 변형]

| 훈독 | **しげる** | 음독 | **じ** |

훈독 滋る 초목이 무성하다, 빽빽히 들어차다
음독 滋味 깊은 맛 滋養分 자양분(몸의 영양을 좋게 하는 성분)

---

**N1** **中学**
13획 / 부수 心

속이 **검게(玆)** 타도 변치 않는 **마음(心)**으로 사랑해 주는
어머니니 **사랑 자, 어머니 자**

+ 心(마음 심, 중심 심)

| 훈독 | **いつくしむ** | 음독 | **じ** |

훈독 慈しむ ① 자비를 베풀다 ② 애지중지하다
慈しみ ① 귀여워 함 ② 불쌍히 여김 ③ 은혜와 덕택
음독 慈愛 자애 慈悲 자비

실을 감아놓은 실타래를 본떠서 **실 사, 실 사 변**

훈독 **いと** 음독 **し**

훈독 糸目 ① 가는 실 ② 벌이줄  毛糸 털실

음독 製糸 고치나 솜 등으로 실을 만듦
糸竹 ① 악기 ② 음악, 관현  蚕糸 명주실

**N2 小1**
6획 / 제부수

하나( 丿 )의 **실(糸)**처럼 이어지는 혈통이니
**이을 계, 혈통 계**

음독 **けい**

음독 系譜 계보, 족보  系統 계통

**N1 小6**
7획 / 부수 糸

**실(糸)** 중 **물건(日)**과 **물건(日)**을 **이어(乚)** 묶는 노끈이니
**노끈 승**

[정자] 繩 – 실(糸)로 힘쓸(黽) 수 있게 만든 노끈이니 '노끈 승'
+ 黽 – 무엇에 매여 힘쓰는 모양이나 맹꽁이를 본떠서 '힘쓸 민, 맹꽁이 맹'
+ 日('가로 왈'이지만 여기서는 물건으로 봄)

훈독 **なわ** 음독 **じょう**

훈독 繩 새끼줄  繩張り 세력 범위, 세력권

음독 繩文 꼰 무늬, 새끼줄 무늬  自繩自縛 자승자박

**N1 小4**
15획 / 부수 糸

**머리(⺈)**와 **몸(日)**과 **등판(日)** 아래 **꼬리(乚)**를 본떠서
**거북 구, 거북 귀**
또 갈라진 거북 등처럼 터지니 **터질 균**

[정자] 龜 – 거북의 머리(⺈)와 등판(一) 등뼈(丨)와 꼬리(乚) 양쪽 다리(⺕ 㲋)를 본떠서
'거북 구, 거북 귀'
또 갈라진 거북 등처럼 터지니 '터질 균'

훈독 **かめ** 음독 **き**

훈독 亀 거북  亀の甲 거북의 등딱지

음독 亀甲括弧 ()(꺽쇠 괄호, 대괄호)  亀裂 균열

**N2** **小4**
10획 / 부수 子

아들(子)의 대를 **이어주는**(系) 손자니 손자 손

훈독 **まご**　음독 **そん**

훈독 孫子 ① 손자와 아들 ② 자손

음독 嫡孫 적손[적자(嫡子)의 정실이 낳은 아들] 曾孫 증손

---

中学
13획 / 부수 辵(辶)

**손자**(孫)처럼 **따르며**(辶) 겸손하니 겸손할 손

+ 겸손(謙遜) – 남을 존중하고 자기를 내세우지 않는 태도
+ 謙(謙: 겸손할 겸)

음독 **そん**

음독 謙遜 겸손 不遜 불손

---

**N3** **小3**
9획 / 부수 目

한 **눈**(目)에 **덮어**(ㄴ) 바라볼 정도로 **작은**(小) 고을이니
고을 현

정자 縣 – 한 눈(目)에 덮어(ㄴ) 바라볼 정도로 조금(小)씩 혈통(系)이 같은
사람들이 모여 사는 고을이니 '고을 현'

+ 目(눈 목, 볼 목, 항목 목), ㄴ(감출 혜, 덮을 혜, = 匸), 小(작을 소)

음독 **けん**

음독 県庁 현청
県 현(일본의 지방 행정 단위) 県知事 현지사(한국의 도지사)

---

**N1** 中学
20획 / 부수 心

**고을**(縣)에서 **마음**(心) 나쁜 자들을 매달고 멀리하니
매달 현, 멀 현

+ 心(마음 심, 중심 심)

훈독 **かける, かかる**　음독 **けん, け**

훈독 懸ける ① 늘어뜨리다 ② 내던지다 懸かる 걸리다
命懸け 목숨을 걺, 죽을 각오로 함

음독 懸案 현안 懸賞 현상 懸念 걱정, 근심 懸垂 매달림, 매어닮
懸命 힘껏 열심히, 결사적으로 함 懸想 이성을 그리워 함, 사모, 연모

# 찾아보기

▶ 한자 뒤의 숫자는 **제목번호**입니다.
▶ 두음법칙을 고려하여 달리 발음될 수 있는
한자들도 찾기 쉽도록 모두 수록하였습니다.

504

(뒤의 숫자는 제목번호)
찾아보기

(뒤의 숫자는 세목번호)
찾아보기

（뒤의 숫자는 제목번호）
찾아보기

521

522

좋은 책을 만드는 길, 독자님과 함께 하겠습니다.

## 일본어 한자암기박사2 상용한자 심화학습
- 읽으면 저절로 외워지는 기적의 암기공식

| | |
|---|---|
| 개정1판2쇄 발행 | 2023년 05월 10일 (인쇄 2023년 03월 30일) |
| 초 판 발 행 | 2016년 08월 10일 (인쇄 2016년 06월 22일) |
| 발 행 인 | 박영일 |
| 책 임 편 집 | 이해욱 |
| 저 자 | 박원길 · 박정서 |
| 편 집 진 행 | 박은경 |
| 표지디자인 | 김지수 |
| 편집디자인 | 조은아 · 장성복 |
| 발 행 처 | (주)시대고시기획 |
| 출 판 등 록 | 제10-1521호 |
| 주 소 | 서울시 마포구 큰우물로 75 [도화동 538 성지 B/D] 9F |
| 전 화 | 1600-3600 |
| 팩 스 | 02-701-8823 |
| 홈 페 이 지 | www.sdedu.co.kr |

일본어
2

| | |
|---|---|
| I S B N | 979-11-383-0085-8(14730) |
| 정 가 | 20,000원 |